法学教育研究

Legal Education Research

2020

第二十九卷　杨宗科 主编

法律出版社
LAW PRESS·CHINA

CSSCI来源集刊

《法学教育研究》已许可中国学术期刊（光盘版）电子杂志社在中国知网及其系列数据库产品中以数字化方式复制、汇编、发行、信息网络传播《法学教育研究》全文；《法学教育研究》已许可北大法宝法学期刊数据库以电子形式对本书进行制作、以不脱离于数据库的形式进行传播和销售。本书被北京万方数据股份有限公司、万方数据电子出版社数据库收录，相关著作权使用费和稿费由本书一并支付。本书已被维普网全文收录。如无特别说明，作者提交文章发表的行为即视为同意上述声明。

法学教育研究　（第29卷）

Contents

· Exploration of Theories ·

· Professional Ethics in Legal Education ·

· Teaching Research ·

· Comparative Study ·

理论探讨

编者按：

2019年11月15~16日，由西北政法大学主办，西北政法大学高等教育研究所、《法学教育研究》编辑部承办的《法学教育研究》第三届专题研讨会在西安隆重召开，主题是“新时代卓越法治人才培养理论与实践”。来自23所大学、研究院的专家学者共计100余人围绕“德法兼修的卓越法治人才培养的研究与实践、法学学科建设的理论与实践、新技术对法学教育教学的影响与应用、新中国法学教育70年的回顾与前瞻、教育法治建设的学理与策略、域外法学教育视界”等分议题，共做了39场报告。本书从与会论文中遴选优秀论文若干陆续刊发。

中国法学教育70年：发展历程、问题反思和未来展望*

李其瑞**　冯飞飞***

摘　要：回顾中国法学教育70年历程，我国法学教育取得了令人瞩目的成就，法学教育从数量到质量的跨越式发展，培养了一大批法律专业人才，形成了多层次、多类型法学人才培养体系。但我国法学教育在法学实践教育、跨学科领域的复合型法律人才及国际型涉外人才培养等方面仍存在比较明显的不足。因此，我国法学教育需要形成中国特色社会主义法学的教育教学模式，加强学科之间的交流与融合，着力推进法律人才实践能力的培养，积极探索国际型涉外法律人才培养模式。

关键词：法学教育　历程　反思　展望

在人类法治文明与法律文化的发展过程中，中华民族曾做出过伟大的贡献，不仅最早开启了世界

---

* 基金项目：国家社会科学基金重大项目2017年度“社会主义核心价值观与法治文化建设研究”（项目编号：17VHJ005）。

** 李其瑞，西北政法大学教授，博士生导师，研究方向：法哲学、法治文化理论。

*** 冯飞飞，西北政法大学2019级博士研究生，研究方向：法哲学。

东方文明的大门,而且对人类法治、法学及法学教育的生成与发展进行了积极的探索与光辉的实践。早在公元前2世纪,中国就产生了私塾性质的法学教育,到了秦代建立“以吏为师”“以法为教”的教育体制,在汉代开始设律博士,历史上产生了大量的律学家。唐宋将与律学教育直接相关联的明法考试置于科举考试的范围内,明朝时推行了全民性的普法教育。清朝初期注重刑名幕友及讼师在法学教育中的作用。虽然我国法学教育日久岁深,源远流长,但正规的职业化法学教育则是在清末民初才出现的。进入民国后,法政教育得到整顿和规范,完成了大学学制和法学教育的定型和发展。“1949年民国政府留下的227所高校中,有53所设有法律院系。”①这些都为新中国法学教育积累了丰富的历史文化资源,成为社会主义新型法学教育的精神命脉和文化支撑。中华人民共和国成立后,法学教育发生了鱼龙变化,形成了以马克思主义为指导的社会主义法学教育体系和法律人才培养模式。抚今追昔,鉴往知来。习近平总书记指出:“治理国家和社会,今天遇到的很多事情都可以在历史上找到影子,历史上发生过的很多事情也都可以作为今天的镜鉴。”②在中华人民共和国成立70年之际,回顾我国法学教育发展历程,总结得失,展望未来,就具有十分重要的理论意义和现实意义。

一、中国法学教育的发展历程

法学教育是培养法律专门人才的一种教育活动。中国成立70年,法学教育历经初创、停滞、恢复、发展和平稳的过程,已经完成了从数量到质量、从一元到多元、从西化到本土化等多方面的根本性转变,初步形成了具有中国特色的社会主义法学教育体系。

① 王健:《新中国法学教育六十年》,载王健:《以法为教》,高等教育出版社2018年版,第123页。

② 习近平在中共中央政治局第十八次集体学习时的讲话(2014年10月13日)。

(一)法学教育的历史沿革

1. 法学教育的形成初创阶段(1949～1957年)

中华人民共和国成立后,由于废除了国民党旧的法律体系和彻底抛弃了旧有的法学理论,中国社会主义法学理论在初创阶段主要移植和学习苏联的法学知识。其特点表现在"基本上否定了传统法律文化和资产阶级法律文化之时,法学知识上全面移植社会主义苏联的法学知识体系和普及马克思主义经典作家的法律思想观点"。③ 总体来看,这一阶段法学教育的发展主要表现在以下几个方面:

第一,确立了法学教育的指导思想是马克思列宁主义。民国时期,"以'六法全书'为基础以大陆法系为模本建立起来的法学教育体系随着国民党政权的被推翻,也随即灭亡"。④ 1949年10月,随着中华人民共和国的成立,中国法学教育也走上了一条全新的道路。在马克思主义的社会主义政法教育方针指导下,新中国在废除旧法统的同时,也对旧的法学教育机构进行了调整和改造。法学教育在意识形态层面发生了重大变化,在法学教育领域废除和批判"旧法",确立马列主义、毛泽东思想的国家观和法律观。

第二,法学教育体系和法律人才培养模式发生了根本性变革。1950年,在北京创办的中国人民大学法律系是新中国第一所高等法学教育机构,培养模式、专业设置和课程体系基本上承袭苏联模式,除了培养本科生和研究生外,还举办了多期法学教师培训班。1951年4月,在北京创办了新法学研究院,以解决"团结改造社会上失业的旧的高级司法人员,给以出路",并为新政权培训司法干部。⑤ 1952～1953年前后,对民国时期留下的法律教育机构进行了大规模的院系调整。除了中国人民大学法律系和武汉大学法律系不变外,在原东北行政学院基础上,设立东北人民大学法律系(现吉林大学法学院)。在西北大学设立司法专修科

---

③ 张小军:《马克思主义法学理论在中国的传播与发展(1919～1966)》,中国人民大学出版社2016年版,第261页。

④ 王健:《论中国的法律教育》,载《比较法研究》1994年第2期。

⑤ 王健:《论中国的法律教育》,载《比较法研究》1994年第2期。

(1954年设立法律系)。1953年院系调整后,形成了全国法科布局的新格局,即当时的北京、华东、西南、中南四所政法学院和东北人民大学法律系、中国人民大学法律系、武汉大学法律系、西北大学司法专修科(1954年改为法律系)。1953年3月,中共中央西北局决定改组西北人民革命大学,成立西北政法干部学校(1954年更名为中央政法干部学校西北分校)。1954年4月,全国政法教育工作会议决定恢复北京大学、复旦大学法律系并扩建西北大学法律系。1958年8月,西北大学法律系调入中央政法干部学校西北分校,成立西安政法学院(1963年更名为西北政法学院)。同年,复旦大学法律系并入上海市社会科学院。1963年10月,教育部和最高人民法院召开全国政法教育工作会议,⑥重新把我国法学教育体系调整为新"五院四系"格局,即北京、西南、华东、西北、中南五所政法院校和北京大学、人民大学、吉林大学、武汉大学四个法律系。⑦"文化大革命"发生后,由于受到"左"的思潮影响,法学教育逐渐走向停滞。

第三,译介和推出了一大批马克思主义法学的经典著作和研究成果。自20世纪50年代初,大量翻译出版了马克思、恩格斯、列宁、斯大林的法学著作,选编了马克思、恩格斯等马克思主义经典作家关于国家和法的论述,如复旦大学法律系选编的《马克思恩格斯论国家和法》(1958),译介了苏联法学家的法学论著和全面引进了苏联的法学教材,如维辛斯基的《国家与法的理论问题》(1955)。时任中央政治法律委员会主任董必武为该书中文版题词:"欢迎这本书出版,读了这本书,可帮助我们加深对马克思列宁主义关于'国家和法'的学说的理解。"⑧当然,由于时代和历史的局限性,我们对维辛斯基法律理论的认识还不甚准确,对其教条化马克思主义的实质还没有清晰的辨析力,造成了我国法治建设道路上的坎坷和教训。这一阶段,在马克思主义法学理论研究方

⑥ 参见侯强:《政治社会化与当代中国法学教育现代化的历史反思》,载《中国法学教育研究》2007年第3期。

⑦ 参见霍宪丹:《法律教育:从社会人到法律人的中国实践》,中国政法大学出版社2010年版,第9页。

⑧ [苏]安·扬·维辛斯基:《国家和法的理论问题》,法律出版社1955年版,扉页。

面推出了一大批卓越的研究成果，如老一辈法学家孙国华《我国人民民主法制在社会主义建设中的作用》（1955），张思之《什么是法律》（1955），张友渔、王叔文合著《法学基本知识讲话》（1963），杨兆龙关于"法律继承论""及时立法论"和"无罪推定论"等著作和系列论文，为推进马克思主义法学中国化奠定了理论基础。

2. 法学教育进入停滞挫折时期（1958～1977年）

这一阶段，由于受到"左"倾错误的影响，法学教育也随之走向停滞，[9]法律制度的建设也完全停顿并遭到严重破坏。[10] 中国法学教育遭受了一场空前严重的灾难，出现了长达十年之久的"停滞期"。"文化大革命"给社会主义法治建设选择什么道路提供了多方面的、深刻的经验教训，需要我们认真地反思和总结。正如习近平总书记指出的："历史总是要向前发展的，我们总结和吸取经验教训，目的是以史为鉴、更好前进。"[11]

3. 法学教育进入恢复期（1978～1992年）

1978年产生了"七八宪法"并在全国逐步恢复高等法学教育。凡是历史上举办过法律院系的大学基本上都恢复开办了法学专业，到1988年时，本科生有28,325名，硕士3847人，从1979～1988年，恢复重建80多个法学院，这80多所学校奠定了中国法学教育的基础。目前来看，这80多所法学院校是中国法学教育的核心力量和教研重镇。1985年的《中共中央关于教育体制改革的决定》促进了法学教育80年代中后期的大发展，到1991年年底，法学院系已达116所，在校生达40,741人，在全国高校在校生人数中占1.7%左右。全国只有青海和西藏的高校尚未设置法学专业。自1988年，以中国政法大学为首的五大政法院系开始试办法律函授、夜大学、"专升本"教育。1988年司法部会同高等教育自学考试指导委员会面向全社会开考法律专业。法学教育在这一阶段

---

⑨ 参见王健：《以法为教》，高等教育出版社2018年版，第80～83页。

⑩ 参见朱庆跃：《"左"倾错误指导下党的权力运行秩序构建的失误化——以1966～1976年为例》，载《延边大学学报》（社会科学版）2012年第6期。

⑪ 习近平：《在纪念毛泽东同志诞辰120周年座谈会上的讲话》，载《人民日报》2013年12月27日，第2版。

得到恢复重建,确立了指导思想、方针任务、培养目标和学制体制等,制定了全国统一的法律专业教学计划和指导性教学大纲,并在 80 年代中后期加速发展。但该阶段在发展规模的同时布点过多、师资短缺等矛盾也日益显露,速度与质量的矛盾并未在发展过程中得到平衡。

4. 法学教育的快速发展期(1993 ~ 2011 年)

随着 1992 年邓小平南方讲话和社会主义市场经济体制的建立,1997 年党的十五大提出"依法治国,建设社会主义法治国家"的治国方略,中国法学教育进入一个快速发展的阶段。1999 年教育部推出"扩招"政策之后,法学教育办学规模急剧扩张,各类院校几乎都开始兴办法学学科。由于法学办学成本低、投入少,师资力量也可以从公共课和政教专业的老师中转。在这个背景下,几乎有条件的院校都办了法学。法学院校从几十所增加到两百所,以至激增至现在的 620 多所。截至 2011 年,我国法学专业本科在校生达到了 296,551 人。《法学教育"九五"发展规划和 2010 年发展设想》强调,要逐步调整法学教育层次结构,指出"在层次结构上调整专科、本科、研究生教育及复合型、外向型法律人才的发展的侧重点"。[12] 五所政法院校在 20 世纪 90 年代逐步取消了专科教育,并开始招收第二学士学位生。从 1996 年起开始招收和培养"法律硕士专业学位研究生"(Juris Master, JM),2011 年招收法律硕士的高校已经达到 118 所。[13] 法律硕士招生规模普遍较大,五所政法类院校和北京大学、清华大学等法学院招生人数每年都在 200 人以上。

在学术类法学研究生培养方面,规模和增速也是前所未有的。2011 年发表的法学论文 20,620 篇,译文 186 篇,合计 20,806 篇,比 1992 年增长了 6 倍。全国高校 1992 ~ 2011 年共出版法学著作、译著 34,797 部,比 1992 年增长了 2.7 倍。

5. 法学教育进入相对平稳时期(2012 年至今)

2012 年,党的十八大召开,中国的法学教育也随之出现新的局面。

---

⑫ 曾宪义:《中国的法学教育体制及改革》,载《法学家》1998 年第 5 期。

⑬ 参见《全国法律硕士培养单位名录(1994 ~ 2014)》,载王健:《高级法律职业人才培养之路》,法律出版社 2015 年版,附录 1。

这主要体现在，明确划分了法学硕士与法律硕士的培养目标及标准，同时对全日制博士和在职博士的培养数量进行了规范和控制。2017年，教育部公布了法学硕士和博士学位授权点的评审结果，目前全国一级学科法学硕士点总计216个（含19所1～2个法学二级硕士点）；全国法律硕士点243个；全国法学一级学科博士点52个（含2012年教育部批准的西北政法大学“服务国家特殊需求”法学一级学科博士点，福州大学二级学科博士点1个）。⑭ 据教育部《2012年全国教育事业发展统计公报》和全国普通高校法学类专业研究生情况表的统计，2012年，全国普通高校法学类专业硕士研究生共招生36,654人，在校生104,434人，毕业生37,430人。2012年，全国普通高校共招收法学类专业博士研究生3455人，在校生14,362人，毕业生2663人。全国招收法学类专业博士研究生的院校共有39所，与2011年的33所相比，增加了6所。中国的法学教育与之前的快速发展相比这一阶段进入了相对的平稳期。

这一时期的办学从以提高质量为核心的内涵发展成为法学院追求的目标。2011年12月，教育部、中央政法委联合发布《关于实施卓越法律人才教育培养计划的若干意见》，2018年9月再次发布《关于坚持德法兼修实施卓越法治人才教育培养计划2.0的意见》，2018年12月，教育部高等学校法学类专业教育指导委员会通过《2018～2022年教育部高等学校法学类专业教学指导委员会五年工作计划》，进一步要求法学教育应与国家法治建设新任务新要求相适应，强化法学实践教育，构建法治人才培养。2019年10月，教育部发布《关于深化本科教育教学改革全面提高人才培养质量的意见》，进一步明确了我国法学教育要坚持内涵式高质量的发展之路。

（二）中国法学教育业已完成的转变及特点

我国社会主义法学教育经历了70年的发展，完成了以下几个方面的转变，初步形成了法学教育的自身特点。

第一，法学教育培养目标从“又红又专”的政法干部到“立德树人、

⑭ 参见王健：《法科博士和硕士点数量的最新变化》，载《西北法学理论》公众号（2018年4月6日）。

德法兼修、明法笃行”法律人才的转变。1949年中华人民共和国成立后,法学教育从精神层面发生了重大变化,其一改民国以来法学教育重在培养制度变迁所需法律人才的目标,转而强调培养阶级斗争和政权建设为目标的政法工作者。1951年6月,教育部颁布了《法学院、法律系课程草案》,规定的主要内容是:“以毛泽东思想为指导和《共同纲领》为基础,培养了解当前政策法令为人民服务的法律工作干部为目标。”⑮改革开放以来,法律人才培养目标几经探索,在党的十八大后,教育部推出了卓越法律人才培养计划,培养目标确立为“立德树人、德法兼修、明法笃行”,适应我国社会需要的高素质法律人才。

第二,法学教育规模经历了从数量到质量的转变。我国法学教育从中华人民共和国建立初期的“五院四系”,发展到今天法学院校627所,在校法学本科生31万人,法学硕士1万余人,法律硕士1万人左右,法学博士约1100人,无论是法学院的规模,还是招生规模,均居世界首位。现在虽然没有大幅度地减少,但随着2018年教育部卓越法律人才培养计划2.0版的推出,同时对这些院校也进行了规范和调整,基本上实现了从重数量到重质量的转变。同时,还形成了一支以高等院校法学教师为主、科研机构和实务部门共同参与、专兼职结合的法学师资队伍,并形成了稳定的师资培养模式,为中国法学教育的可持续发展奠定了基础。

第三,法学教育从专业教育、学科教育转向职业教育的培养路径转变。中华人民共和国建立之初,法学教育偏重培养理论和学术人才,硕士、博士高层次培养机制不全,人才缺乏。法学本科教育也就肩负了培养学术研究和法学师资队伍的任务。现在根据全面依法治国和法治建设的实际情况及现实需要,法学教育正在从学术型教育转向职业型教育,从法学人才培养到法治人才培养的转变。⑯ 培养了一大批有法律专业基础和法律素养的法治人才工作队伍,为中国的法治建设提供了源源

⑮ 杨振山:《中国法学教育沿革之研究》,载《政法论坛》2000年第4期。

⑯ 参见徐显明等:《改革开放四十年的中国法学教育》,载《中国法律评论》2018年第3期。

不断的人才资源。

第四，法学教育完成了从一元化向多元化的转变。新中国法学教育建立之初，法学教育专业、学科、学位等层次单一，现在我国法学教育类别无论从专业设置、学科划分，还是从学位授予层次和类别上，都实现了跨越式发展，完成了从一元到多元的转变。形成了包括各个学历层次在内的学历教育和非学历教育的法治人才培养体系，为适应不同法治工作岗位设置了不同的法学教育培养方案和培养模式。全国高等院校陆续出台了法学教育质量报告和保障体系，使法学专业教育质量持续提升，各类别法律职业资格考试的社会认可度不断提高，法学专业在社会的辨识度和公信力方面保持了较高水平。

第五，法学教育从改革开放初的西化教育向本土化的转变。法学教育同其他人文社会科学一样，自中华人民共和国建立70年，尤其是改革开放以来，经历了从过去的理论不自信转向理论自信的过程。新中国成立初期法学学科体系、学术体系、教材体系模仿苏联，随后又模仿德国、日本和美国，到现在我们初步形成了中国特色社会主义的法学教育体系。法学教育在融通传统文化资源与外来文化资源方面的能力不断增强，中国特色社会主义的法学教育模式正在逐步形成和展开。

二、中国法学教育的问题反思

回顾70年中国法学教育的历史，其记载了70年中国曲折发展的足迹，体现了70年中国各方面进步的成果。法学教育伴随着改革开放的成功推进，也取得了举世瞩目的成就，中国已成为世界法学教育的大国。但是我国法学教育也面临着诸多挑战，这些挑战既有历史流弊，又有发展中产生的新问题和新矛盾；既体现在创新法学教育的宏观场域，也深藏在法学教育实践的微观层面。

（一）马克思主义法学的主导地位有待进一步加强

习近平总书记指出："在我国，不坚持以马克思主义为指导，哲学社会科学就会失去灵魂、迷失方向,最终也不能发挥应有作用。”⑰在法学教育过程中,马克思主义法学的主导地位和法学话语体系的本土化在法学教育中还没有完全占领主阵地,法学研究的西化倾向导致马克思主义在法学教育中的指导地位尚不突出,法律的民族性与本土性也是中国法律教育面临的重大问题,形形色色的各类西方法学理论和话语体系依然是中国法学教育的主流,这种现象若不解决,中国就不可能有自主性法学教育理论和法学话语体系。

(二)法学学科间之间的条块分割现象亟待解决

法学学科内部、传统学科和新兴学科之间存在“以邻为壑”“条块分割”的现象。一方面,我国高等法学教育的师资队伍门户隔离严重,存在许多研究公法的教师不会涉足私法,反过来也是一样;另一方面,在人才培养的学科设置方面,存在跨学科法律人才缺乏的现象。从我国现状来看,法医学、证券金融市场、涉外法律业务、发明专利、高科技开发等法律业务日益增多,然而,能胜任这些跨专业法律业务的法治人才极其匮乏,即通晓法律知识的人不懂其他学科专业知识,通晓其他学科专业知识的人又不懂法律。2013年1月,菲律宾向联合国海洋法庭提起针对中国南海的仲裁案,在中国法学界找不到几个有实力的海洋法专家,国家需要的时候能够派上用场的专家屈指可数。由于法学学科设置和管理体制的原因,法学新兴学科、传统法学学科之间跨学科人才培养目前还存在障碍。为此,法律教育必须充分顾及和考虑新兴领域和特殊领域人才的培养,加强跨学科性、交叉性、综合性法治人才队伍培养的制度体系建设。

(三)法学教育理论与实践脱节问题需要从根本上加以解决

法学教育仍存在以说教为主、法律实践落后、法治人才应用能力培养欠缺的现象。国内法律实务界普遍认为,高等法学教育培育出来的人才没有实践能力,在面对实际问题时往往无所适从。造成这种现象的原因是多方面的,比如,法学院校招生规模庞大,集体实习难以组织,而由

⑰ 习近平:《在哲学社会科学座谈会上的讲话》,载《人民日报》2016年5月19日,第2版。

学生自主到法律实务部门实习。这样会导致许多法学院校学生实习课程虚化，走过场，甚至还有开假实习证明现象。再如，法科大学教师大部分是从学校到学校的年轻博士，全国各地方法学院校至少有60%以上的老师到高校工作后，就基本不再接触法律实务部门。尽管法律院校很多课堂都提倡案例教学法，在教学中大量引用案例，但这些案例的讲授都是为了服务于理论知识的学习，也都是老师们从文献或媒体得来，并没有涉及实际操作的经验和感受。由于对不断变化的社会现实了解甚少，教师相应地缺乏回答和解决法律实践问题的能力。国家自2013年起，在高等法学院校和法律实务部门之间推出了互聘制度，即在高校法学教师队伍中选聘1000名人员到法律实务部门兼职或挂职；在法律实务部门选聘1000名左右有较高理论水平的专家到高校法学院系承担教学任务。⑱ 这一举措缓解了上述理论与实践脱节的窘况，但仍没有从根本上解决问题。

（四）法学教育应对标国际化涉外法治人才的培养需求

随着我国进一步深化改革开放以及“一带一路”、粤港澳大湾区和海南等16个自贸区的建设与发展，国内外大批企业要进行对外交流与合作，中国大批企业走出国门，进行海外投资、并购等商业运作。迫切需要国内法、外国法和国际法互动、多法系交融的涉外法治人才，以应对频频发生的国际法律摩擦和自身利益维护。然而当下，国际型的涉外法治人才总体处于稀缺状态，仅上海一地，2万名律师中能够处理一般涉外法律事务的律师只有100人左右，发达地区既懂外语又懂法律的高端涉外法律人才尚存在如此窘况，更何况其他内陆省份？在涉外法律服务市场上，真正能从事代理涉外经贸法律实务的中国律师人数极少。目前为止，在中国的律师事务所找不到一个中国律师能独立承担一起涉外的反倾销诉讼，通常需要聘用欧美律师予以合作或协助办案。2019年3月，华为公司向美国联邦法院提起诉讼状告美国《2019财年国防授权法》第889条的合宪性，并请求法院判令永久禁止该限制条款的实施。负责此

---

⑱ 参见舒洪水：《改革开放四十年来高校法学教育与实务部门的关系发展与展望》，载《法学教育研究》2019年第2期。

案件的首席律师是美国众达律师事务所合伙人Glen D. Nager。因此,无论是为中国的和平崛起,还是参与联合国等各种国际组织而发挥我国作为一个负责任大国的国际义务;无论是为运用WTO等国际机构提供法律服务平台、解决国际贸易纠纷,还是为配合中国企业“走出去”战略提供法律服务,都亟需一批具有国际视野,精通国内外法律,具有较强涉外法律执业综合能力的国际型法律人才。

三、中国法学教育的未来展望

由于中国法学教育在复合型法律人才培养机制、法律人才实践能力的训练、国际涉外人才的培养等方面存在种种问题,因此亟需通过深化改革、积极探索,以期提出解决问题的方案。

(一)形成中国特色社会主义法学理论体系、学科体系和话语体系

中国法学界要旗帜鲜明地明确马克思主义法学理论在我国法学教育中的指导地位,认真总结当代中国社会的法律实践,提炼出其中隐含的制度性智慧和经验,最终将其转化为本土化的法学话语体系。“并由此获得一种基于中国立场、视角及态度来理解和发现中国并对中国经验、学术有自信。”[19]倘若中国的法学教育培养出来的法治人才对国外法治文明了如指掌,却对本国的法律制度和本国的现实国情不熟悉,不能从中国实际出发提出解决中国问题的法律方案,这就难以承担起实现中华民族的伟大复兴的历史使命。因此,高等法学教育要以立足本国国情,体现中国的民族性,以促进法学教育的发展为目标,对外来法律文化进行甄别和升级改造,使其与我国优良的传统文化基因相结合,形成既体现时代特点又有中国特色的法律教育模式。[20] 还有,中华法系这个宝藏我们对它的挖掘还远远不够。要把中华五千年的历史积淀充分利用

---

⑲ 朱苏力:《追问法学教育承担的历史使命》,载《法制日报》2011年5月4日,第5版。

⑳ 参见吴结:《关于高等教育国际化内涵的多维思考》,载《厦门广播电视大学学报》2010年第4期。

起来，比如《唐律》中要求官员廉洁奉公，严禁贪赃枉法的“六赃”规定；又如举重以明轻，举轻以明重的司法原则，都是中国优秀传统司法经验；再如中国传统儒家文化特别重视教育，注重教学规律性东西的总结，这些法律思想中蕴含着现代法学教育所需要的诸多宝贵资源。法学教育的发展既要强调中国的主体意识和文化自信，同时又要兼容并蓄、形成中国特色的法学软实力并为世界法治文明贡献中国话语。

（二）探索“高校——行业联合培养”的跨学科复合型法律人才培养机制

2019年4月，教育部、中央政法委、科技部等13个部门正式联合启动“六卓越一拔尖”计划2.0版，明确提出把新技术融入哲学、文学、语言等课程中，同时对传统文科进行学科重组、文理交叉并为学生提供综合性的跨学科学习，实现高等教育内涵式发展。[21] 我们要注重法学学科内部以及法学与其他各学科之间的相互融合与发展。当今社会除了专门的法律职业人员以外，同时还需要法律与金融、法律与科技等众多跨专业跨学科的法律人才。法律教育培养目标应当有别于传统的法律人才的培养，应当更加注重综合能力的培养。在社会实践中比较常见的有“法律＋N”的学科交叉型法律人才。因此，法学教育必须考虑社会的行业需求和实务部门对法律人才培养质量的要求，探索“高校——行业联合培养”机制。当然，学校不可能把法科学生全部培养成具有全学科领域的复合型人才，但法学教育不应局限于仅仅培养法律专才，各高校应当根据本校的学科优势和特色，为在校学生提供跨学科的课程体系，由学生按照自己的学习兴趣和职业生涯规划，选择不同方向的跨学科课程，从而满足社会对不同层次不同学科融合的优秀人才的需求。

（三）深入推行“互聘计划”，着力加强法律人才实践能力的训练

2017年5月，习近平总书记在中国政法大学考察时强调：“没有正确的法治理论引领，就不可能有正确的法治实践。高校作为法治人才培养的第一阵地，要充分利用学科齐全、人才密集的优势，加强法治及其相关领域

---

[21] 参见孙佑海：《全力推进新法学学科建设》，载《中国社会科学报》2019年10月9日，第5版。

基础性问题的研究,对复杂现实进行深入分析、作出科学总结,提炼规律性认识,为完善中国特色社会主义法治体系、建设社会主义法治国家提供理论支撑。”㉒因此,高校作为法治实践的第一阵地,法治实践教育尤为重要。

第一,扩大高校教师+法律实务部门互聘计划范围。2013年8月,中央政法委员会、教育部、最高人民法院、最高人民检察院、公安部、司法部联合下发《关于实施高等学校与法律实务部门人员互聘“双千计划”的通知》,该计划在首批基地院校的探索和实践已经证明取得了良好的效果。2019年10月,中央政法委、教育部联合召开“中国政法实务大讲堂”动员部署会,全面启动中国政法实务大讲堂组织实施工作,审议通过了《中国政法实务大讲堂工作方案》。第一批到中国政法大学、北京大学等16所知名法学院校的授课人员是中央和省两级政法机关省部级40多名领导干部,主要授课内容为阐释我国政法领域重大实践和理论问题。㉓这些举措将推动政法机关与法学院校的有效联动,法治理论与法治实践的有机融合,把法治中国建设的成功经验带进法学院校,让法学教育与研究更接地气、更有实效,推动法治人才培养上水平。但对于全国规模的法科学生而言,这个数量并不大。可以考虑形成长效机制,增加互聘人数,并适当放宽要求。“互聘计划”既能使师资力量得到改善,加强师资队伍的司法实务经验,也可以提高法律实务部门人员的理论水平,在开放与共享的新发展理念下,积极扩大“互聘计划”的范围和数量,从而极大地推进我国法律人才实践能力的培养。

第二,增加法科本硕学生实习实践期限。目前法科学生都有实习环节的要求,学生在实习环节中学到了一些实践知识,然而实习时间较短,加上由于个人所在的部门和环境不同,有很多实习学生反映没有学到东西。还有学生抱怨,他们在律所打杂,或是在法院订案卷,有的学生在实习单位帮不上忙,反倒添乱。因此,法科学生的实践训练可以参考医科

㉒ 《习近平在中国政法大学考察时强调立德树人德法兼修抓好法治人才培养励志勤学刻苦磨炼促进青年成长进步》,载《人民日报》2019年5月4日,第1版。

㉓ 参见蔡长春:《中国政法实务大讲堂稳步推进精彩纷呈》,载《法制日报》2019年11月30日,第1版。

学生的实践训练经验,学制实行5年,前4年在校学习,中间有短期实习,第5年完全在司法实务部门实习,各个司法程序和环节全部实习一轮,才能走出校门。法学和医学一样,是职业性非常强的学科,自古希腊以来,人们就经常拿这两个学科相比较,先哲们大多都认为,法学和医学的共同点在于,它们不仅需要扎实的理论,而且需要实践经验的积累。因此,可以考虑在有硕士点的法律院校,推行法科本硕连读学制,6年或7年学制,中间须在法律实务部门"全流程"(各个部门和诉讼程序)实习1年。这样经历"全流程"、所有诉讼程序的法科学生,毕业到法律实务部门的实践能力必将获得极大提高。

第三,增强司法实践技能的方法训练。加大案例式教学在课堂教学中的广泛应用,课堂案例与授课的原理相结合只是案例教学的一个方面,还需注重案例教学中方法技能和逻辑思维能力的训练,通过法庭论辩、法律修辞、法律诊所等方式,引导学生从职业的角度思考和讨论现实中的法律问题,从而提升学生运用法治思维和法治方式处理问题的能力,成为具备缜密逻辑推理能力和法律分析能力的高素质法律人才。目前,我国高等法学教育应加强对学生的法律思维及其逻辑分析能力的培养和训练,只有这样,培养出来的法科学生才能在不断变化的社会实践和复杂法律问题面前应对自如。

(四)积极探索和完善国际型涉外法律人才的培养模式

第一,拓宽国际视角,形成国际化的办学理念,把法学人才培养目标纳入全球格局。综观世界各国的一流法学院,都十分强调国际化法律人才的培养,如哈佛大学、耶鲁大学、纽约大学,在其课程设置中都要求一年级新生必须通过一门国际类法律课程,都把国际化人才列为其办学目标。因此,在这一认识基础上,我国的法律人才培养应具有国际视野,即学生不仅要有本国法律的坚实基础,而且要了解世界主要国家的法律体系和制度,不仅要学会适用国际规则,而且要能够在将来参与国际规则的制定和运作,使学生具备在国际层面上运用本国、外国和国际法律处理涉外事务,参与国际竞争和保护国家利益的综合能力和素质。

第二,改革课程体系,加强国际法和外国法的教学内容,同时在改革司法考试内容上增设国际涉外法律比重。我国法律院校在讲授中国法律知识体系的基础上,还应通过开设系统的普通法精要课程,培养学生掌握在国际舞台上占有主导地位的英美法律体系理论及其应用,打下中西法律和不同法系的复合型法律基础。邀请国内外法律实务界人士,举办国际性会议和开设国际法律实务讲座,使学生了解全球法学研究前沿和国际法律实践动态,参与国际法律大赛,在国际舞台上锻炼队伍,培养人才。积极创造条件,让学生参与境外法律实习,获取国际法律服务的经验,设立专项经费,推动国际交流。将一些具有涉外学术背景、外语水平高的法律人才揽入高校。另外,除了现有的师资访学计划外,可以考虑加大对师资进行有计划的培养,派遣有综合专业素质能力的教师到国内外知名法学院接受专门的比较法培训。同时,在司法考试的基础上应再设国际涉外法律执业资格考试,以引导和促进这一领域专业人才的成长。

四、结语

法学兴则法治兴,法治兴则国家兴。党的十九届四中全会提出,到2035年“各方面制度更加完善,基本实现国家治理体系和治理能力现代化”,到21世纪中叶“全面实现国家治理体系和治理能力现代化,使中国特色社会主义制度更加巩固、优越性充分展现”。实际上,国家治理现代化的过程就是国家治理制度化、体系化和法治化的过程。法学教育机制的建设和法治工作队伍的培养是国家法治建设的重要组成部分,处于基础性和先导性地位。著名法学教育家孙晓楼教授曾指出:“一国法律教育的得失,有关国家法治的前途。”㉔若没有法学教育的繁荣和发展,没有法学智力和法治人才的支持,国家治理现代化就失去了根基。因此,要把法学教育融入全面依法治国基本方略的大战略之中,坚持马克思主义在我国法学教育和法学研究的指导地位,建设以马克思主义为指导的

㉔ 孙晓楼等:《法律教育》,中国政法大学出版社2004年版,第6页。

法学学科体系、学术体系、话语体系。使我国法学教育不仅要有中国"本土法治"意识,还要有国际化的办学理念,处理好法学理论教学与法学实践教学的相互关系,形成中国特色社会主义的法学教育模式,提升中国法学教育的世界影响力和文化软实力,为人类法治文明建设贡献中国智慧。

70 Years' Development of Chinese Legal Education: Historical Development, Reflections on Problems and Prospect

Li Qirui   Feng Feifei

Abstract: This article first reviews 70 years' development of Chinese legal education and the authors point out that Chinese legal education has made remarkable achievements. With the leap-forward development of legal education from quantity to quality, Chinese legal education has cultivated a large number of legal professionals and formed a multi-level and multi-type legal personnel training system. However, the legal education still has obvious shortcomings in the aspects of practical legal education, the cultivation of interdisciplinary compound legal talent, and international legal talent for tackling international legal affairs. Therefore, Chinese legal education needs to develop its unique cultivation mode with Chinese characteristics, strengthen the academic exchanges and integrations among disciplines, to focus on promoting the cultivation of students' practical capability and actively explore the cultivation model for the legal talent who are qualified for international legal affairs.

Key Words: legal education, historical development, reflections, prospect

中国法律史学的恢复与繁荣（1978～2019）*

张岩涛**

摘　要：改革开放四十年以来，中国法律史学科在思想解放的时代大潮中得风气之先，在学科建制层面率先完善，积极参与并引领了改革开放之初的学术讨论，营造了一种全新的学术氛围。指导思想的动态演变间接推动了中国法律史研究领域和研究方法的拓展与转型，促进中国法律史学科在反思中发展，在发展中回归学科自身的研究理路中来。

关键词：中国法律史　改革开放　长春会议　指导思想

“文化大革命”结束之后，政治环境的改善，思想解放的推动，学术大讨论的展开以及哲学社会科学研究领域的逐步解禁，使中国法律史学科的发展逐

---

* 基金项目：2015年度中国人民大学“中央高校建设世界一流大学（学科）和特色发展引导专项资金”项目（项目编号：15XNLG06）。

** 张岩涛，中国人民大学法学院博士研究生，美国华盛顿大学法学院、亚洲法律研究中心联合培养博士生，研究方向：法学理论、中国传统法律文化。中国人民大学法学院马小红教授对本文写作思路和资料搜集等方面提供了大量的指导和帮助，特此感谢，但文责自负。

渐突破了方法论和既往理论框架的限制,在“质”和“量”两个方面出现了巨大的进步,“质”的方面主要表现在,中国法律史学科由于突破了传统的阶级斗争观点的束缚,呈现出体系完善、学术自治、多元面向和学科融合的整体态势;“量”的方面主要表现在,中国法律史研究成果出现了指数增长的趋势,总体呈现出了“多元一体”的格局,“多元”,指的是学术成果大致呈现出了古代案例评述、文本汇编、教材、专著、论文以及会议报告等“多元”结构,研究领域也呈现出了基础问题研究与新问题研究、通史研究与断代史研究以及史料整理研究的“多元”格局。“一体”,指的是这一时期所有的研究成果都是基于中国法律史学的学科特质并以此特质为中心形成的学术和身份认同体系,这种学科特质体现在作为法学和史学研究交叉的中国法律史学,在研究旨趣、研究路径和价值取向等方面都是以法学研究为基本立场和中心的,服务于中国在新时期社会经济发展、政治环境维持和法律制度完善的实际。纵观改革开放以来的四十年,中国法律史学经历了恢复和繁荣两个时期,恢复时期主要包括“文化大革命”结束至1979年中国法律史学会成立,这一时期的中国法律史学在学科建制、队伍建设以及科研教育等方面实现了基本完善,为学科的发展奠定了基础;①繁荣时期包括20世纪80年代至今近四十年的时间,以世纪之交为分界点,根据中国法律史研究方法和研究范式的不同,这一时期又可以分为发展和拓展两个时期。本文通过对改革开放以来中国法律史学恢复和繁荣过程的历史性描述,展现中国法律史学反思与回归的过程。

① 曾宪义教授曾指出:“七十年代末,中国一批法律史学者在党的十一届三中全会精神指引下,率先开展学术研究,不断开拓,为排除‘左’倾干扰,恢复发扬学术研究的科学性进行了大量的工作,不仅为推动、繁荣中国的法学研究做出了突出贡献,而且为法律史学科的进一步发展奠定了重要的理论、思想和学术基础。”曾宪义:《法律史学科的研究现状与发展趋势的调查报告》,载《法学家》1995年第6期。

一、中国法律史学的恢复(1978～1979年)

中华人民共和国成立以后,"中国法律史学"受苏联国家法学的影响,在学科名称上多以"中国国家与法权历史"命名,阶级分析方法几乎成为法律史研究的唯一方法,意识形态批判替代了客观的历史分析和理性的法学研究,将中国两千年的法律史简化成了一部"阶级斗争史"。② "文化大革命"时期,受政治运动影响,中国法律史在学科建制上被取消,中国法律史研究工作几乎完全中断。"文化大革命"结束之后,伴随着中国法律史学会的成立,中国法律史学在法学界率先成立了自己的学术团体,法律史研究的基本问题又重新被讨论,中国法律史研究逐渐恢复并渐成规模。

1977年10月12日,国务院批转教育部《关于一九七七年高等学校招生工作的意见》和《关于高等学校招收研究生的意见》,教育部等相关机构相继颁布了一系列文件(见表1)③。

---

② 参见杜飞进、孔小红:《转折与追求——新时期法学论析》(上中下),分别载《中国法学》1989年第1、2、3期;刘海年、马小红:《五十年来的中国法制史研究》,载韩延龙主编:《法律史论集》(第3卷),法律出版社2001年版,第1～49页;马小红:《中国法律思想史学科的设置和发展》,载韩延龙主编:《法律史论集》(第4卷),法律出版社2002年版,第188～203页;韩秀桃:《中国法律史学史——一个学科史问题的透视》,载《法制与社会发展》2003年第6期;邓建鹏:《回归法学教育的立场——中国法制史教学的困境与思考》,载《法学教育研究》2011年第2期;方潇:《当下中国法律史研究方法刍议》,载《江苏社会科学》2016年第2期;马小红,张岩涛:《中国法律史研究的时代图景(1949～1966)——马列主义方法论在法律史研究中的表达与实践》,载《政法论丛》2018年第2期;俞荣根、秦涛、Hou Jian:《改革开放四十年中国法思想史研究》,载《孔学堂》2018年第3期。

③ 参见付子堂主编:《当代中国转型时期的法学教育发展之路》,法律出版社2010年版,第24～25页;曹义孙、胡晓进编著:《三十年中国法学教育大事记(1949～1978)》,中国政法大学出版社2010年版;曹义孙、胡晓进、梁文永编著:《三十年中国法学教育大事记(1978～2008)》,中国政法大学出版社2009年版。

表1　1977～1983年中国法学教育恢复大事记

时间	大事
1977年10月12日	国务院批转教育部《关于1977年高等学校招生工作的意见》
1977年11月3日	教育部、中国科学院联合发出《关于1977年招收研究生的通知》
1978年6月7～29日	教育部在武汉召开全国高等学校文科教学工作座谈会,划清了文科教学工作中的一些方针政策的是非界线
1978年7月11日	中国人民大学法律系正式恢复
1978年8月5日	最高人民法院、最高人民检察院、公安部、教育部下发《关于国务院批准恢复北京政法学院、西北政法学院的通知》
1979年4月23日	《法学研究》正式创刊
1979年7月21日	华东政法学院复校
1979年12月	西北政法学院复校
1980年2月12日	第五届人大常委会第十三次会议审议通过《中华人民共和国学位条例》
1981年	司法部会同最高人民法院、最高人民检察院联合发出《关于积极办好法律函授教育的通知》
1981年1月13日	国务院批转教育部《关于高等教育自学考试试行办法的报告》。高等教育自学考试在北京、天津、上海、辽宁三市一省先行试点
1981年5月20日	国务院批准了《中华人民共和国学位条例暂行实施办法》
1981年9月5日	国务院批转教育部《关于大力发展高等学校函授教育和夜大学的意见》
1982年	法学博士研究生开始招生
1983年	司法部制定了《关于发展法律函授教育的若干意见》《法律专科、函授教学方案》等一批规章
1983年12月31日	司法部、教育部联合召开的“全国高等法学教育座谈会”,确定了“除了继续巩固、提高和发展大学本科外,应大力发展大专、中专这两个层次”

1981年7月,司法部召开的政法学院教育工作座谈会上指出:"恢复法学教育并不是简单地恢复到'文革'前十七年的法学教育,而是要在全面准确地理解马克思主义法制观的基础上,重建新中国法学教育。"④"恢复"和"重建"成为了改革开放之初新中国法学教育和研究复兴的两条重要道路。

伴随着新中国法学教育的复苏,中国法律史学作为一门有着深厚历史传统和丰富理论来源的学科,立足于改革开放后中国经济社会发展的实践,在其他部门法学尚未健全的情况下,担起了为"以阶级斗争为纲"到"以经济建设为中心"的转变进行合法性论证的任务,引领了改革开放初期法学界关于基本理论问题的探讨,助推着中国法学研究一次次突破理论禁区。按照费孝通的观点,学科建制主要包括五个方面,"一是学会,这是群众性组织,不仅包括专业人员,还要包括支持这门学科的人员;二是专业研究机构,它应在这门学科中起带头、协调、交流的作用;三是各大学的学系,这是培养这门学科人才的场所,为了实现教学与研究的相结合,不仅在大学要建立专业和学系,而且要设立与之相联系的研究机构;四是图书资料中心,为教学研究工作服务,收集、储藏、流通学科的研究成果、有关的书籍、报刊及其他资料;五是学科的专门出版机构,包括专业刊物、丛书、教材和通俗读物"。⑤ 中国法律史学在改革开放之初的恢复离不开这几个方面的发展,尤其是中国法律史学会的成立对于学科建制的恢复和完善起着至关重要的组织和协调作用。

1979年9月12~18日,由中国社会科学院法学研究所、吉林大学等9个单位联合筹办的全国法制史、法律思想史学术讨论会在吉林长春召开,此次会议是"新中国成立以来我国法律史学界首次规模较大的学术讨论会"。⑥ 1979年的长春会议预示着中国法律史学科的萌动和复苏,为未来中国法律史研究的展开规划了蓝图。此次会议共解决了四个问题。

---

④ 汤能松等:《探索的轨迹——中国法学教育发展史略》,法律出版社1995年版,第412页。

⑤ 费孝通:《略谈中国的社会学》,载《社会学研究》1994年第1期。

⑥ 《我国法律史学界的空前盛会——中国法律史学会成立纪实》,载中国法律史学会《法律史论丛》编委会编:《法律史论丛》(一),中国社会科学出版社1981年版,第479页。

首先,中国法律史的学科称谓以及学科划分的问题。“中国法制史”和“中国法律思想史”的学科名称得到了与会者的普遍认可,标志着中国法律史学开始逐渐摆脱了国家法学的桎梏,使本学科不再是国家法权导向的历史叙述和斗争工具,而是成为一种以实事求是为基本原则,以科学的理论和客观的资料为基础的着眼于中国历史法文明研究的一门学科。此次会议确定了法律史学科包括中国法制史、中国法律思想史、外国法制史和西方法律思想史四个分支学科,为中国法律史研究确立了一个知识坐标和学科标准体系,为学术沟通和交流提供了一个科学合理的知识分类标准,有利于强化学术共同体的身份认同。

其次,此次会议对法律史领域的基本理论问题进行了重新审视和讨论,虽然这些基本问题在新中国成立初期曾经有过大范围的讨论,但是此次讨论在思想解放的时代背景下被赋予了新的意义和内涵。与会代表对于中国法律史的研究对象和研究方法各抒己见,展开了激烈的讨论,确立了中国法律史研究中实事求是的原则,对新中国成立十七年中国法律史研究中僵化单一的研究方法和进路提出了质疑和挑战,对于法律史学科的结构认知和逻辑展开具有颠覆性的意义。

再次,规划了未来法律史研究的蓝图。张晋藩先生提出了编写《中国法制史》(多卷本)的建议报告,为推动此项工作的展开,必须进行必要的准备,以解决与建立学科体系有关的一系列问题为先,以坚实的专题研究为基础,“大力发掘、整理、编纂中国法制史的史料,使文献资料、地下文物、社会调查、历史档案、私家笔记等结合起来”,⑦充分发挥各高校政法院系的力量。会上李光灿先生也提出了编写《中国法律思想史》(多卷本)的建议,并提出了编写方案。

最后,长春会议上,与会代表讨论并通过了《中国法律史学会章程》,对学会的性质、宗旨、业务范围以及会员权利义务等作了明确的规定,标志着新中国第一个法学学术组织——中国法律史学会的成立。

中国法律史学会的成立顺应了思想解放的时代大潮,也是中国法律

---

⑦ 张晋藩:《但开风气不为先:我的学术自述》,中国民主法制出版社2015年版,第31页。

史学自改革开放以来第一次富有实践色彩和建构意义的尝试和探索,有一定的自发性和自治性,为学术共同体内部沟通、交流提供了一个对话机制和组织平台。学会规定每年组织一次年会,并承担了学会刊物《法律史通讯》的编印和《法律史论丛》的编写出版工作,法律史学会的成立标志着法律史开始由幼稚、陈旧朝着一个包容、丰满和成熟学科的转变。

在专门性研究机构方面,中国社会科学院法学研究所在中国法律史学科的恢复过程中起着重要的引领和协调作用。法学所在法学研究的恢复过程中更是起到了特殊的作用,谢伏瞻在法学研究所60周年所庆的学术研讨会上提道:"改革开放之初,法学所众多学者积极地加入了宣传马克思主义法律观和社会主义法治理论的行列,还最早组织人治与法治的大讨论,为确立法治的核心价值地位做出了贡献。"⑧中国社会科学院法学所法制史研究室率先开展了本领域的对外学术交流。⑨ 中国法律史依托高校资源,在师资配置、人才培养以及教材编写等方面同步完善,实现了中国法律史向兼具制度设施和智力资源、历史传承和现实关怀的现代学科转变。

在图书资料方面,中国法律史学的研究主要依托历史资料和文献典籍,中华人民共和国成立以来,受中央政策影响,文物考古工作收获颇丰。尤其是自1978年以来,各科研机构与高等院校的法律史文献及研究成果的收集整理不断丰富,为中国法律史学的恢复和发展提供了坚实的资料基础。

---

⑧ 谢伏瞻:《不忘法治初心 牢记学术使命 打造中国特色法学体系——在法学所60周年所庆学术研讨会上的重要讲话》,载中国法学网:http://www.iolaw.org.cn/showNews.aspx?id=67965,最后访问日期:2018年11月11日。

⑨ 1981年6月1~15日,中国社会科学院法学考察团应日中文化交流协会的邀请,对日本法制史研究状况进行了考察,对日本的中国法制史研究状况、研究特点、学术交流情况等进行了实地考察。同年6月28日至7月7日,东京大学滋贺秀三、寺田浩明,明治大学岛田正郎、冈野诚等人应中国社会科学院邀请,对我国进行了访问。滋贺秀三、岛田正郎、冈野诚分别作了《日本研究中国法制史的历史和现状》、《日本对东北亚法制史的研究》以及《日本对唐律的研究》的报告,加深了两国法制史学者之间的关系。参见中国社会科学院赴日法学考察团:《日本的法制史研究概况》,载《法学研究》1981年第6期;韩延龙、刘海年:《日本中国法制史学者代表团访问我国》,载《法学研究》1981年第6期。

二、中国法律史学的发展(1980～1999年)

(一)法律史研究的反思——指导思想的演变

一个时代有一个时代的主题和任务,也有与之相对应的世界观、价值观和方法论。“在研究中确立正确的指导思想,核心就是要确立正确的世界观、价值观和方法论。”⑩法律史研究中树立正确的指导思想指的是既符合学科发展的客观规律,又能够体现出特定时代背景下学科建设与社会发展之间的和谐关系,同时能够为哲学社会科学的多元建构、自由发展和多维拓展起到正确的价值导向作用,引导人们能够系统、正确地进行认识世界和改造世界的活动。

“文化大革命”结束以后,中国哲学社会科学迎来了思想解放的春天。中国法律史学科在改革开放之初更是得风气之先,率先进行改革,“真理标准大讨论”确立了法律史研究中实事求是的原则,思想的解放必然会带来学术研究中价值观和方法论的多元、开放和包容。20世纪八九十年代是中国法律史指导思想的转型期,主要表现在弱化阶级分析和批判功能、逐渐脱离苏联法学的影响、强化学术研究的现实指导意义、加强对史料的利用以及注重研究方法的客观性和去意识形态化,总体上实现了法律史研究从批判功能导向到史鉴功能导向的转变。至20世纪末逐渐发展成为一门“显学”,名噪一时。纵观20世纪八九十年代中国法律史研究指导思想的动态变化,我们可以发现中国法律史发展的基本脉络。

以20世纪80～90年代出版的中国法制史教材为例,我们可以一窥其历史变化。

1981年由山西人民出版社出版的《中国法制史简编》(以下简称

---

⑩ 吴怀连:《论中国社会学研究的指导思想》,载《探索》2018年第2期。

《简编》)[11]的前言中,编者点出了本书编写的指导思想:

"马克思列宁主义、毛泽东思想,是研究中国法制史的指导思想,只有用历史唯物主义的观点和阶级分析的方法,给几千年的法制史以批判的总结,才能正确地认识中国历史上国家与法律活动中的现象与本质的关系,正确地解决历史与现实的关系,正确地贯彻'古为今用'的方针。四千年的剥削阶级的国家和法律,有它的特点,其中有大量的糟粕,也有一些对我们社会主义法制建设有用的东西。……我们之所以需要研究和学习中国法制史,就是因为今天的中国是历史的中国的一个发展,我们是马克思主义的历史主义者,我们不应当隔断历史,不应当拒绝吸收对我们加强社会主义法制建设有用的历史遗产。"[12]

《简编》一书将马列主义和毛泽东思想作为法律史研究的指导思想,中国法律史研究由单纯的"批判"转向了"批判吸收",价值观的转向预示着一个学科体系的禁锢逐渐松动,学科自我意识开始萌生,"反思和发展"成为这一时期中国法律史研究的主旋律。1981 年由张晋藩、张希坡、曾宪义等人编著了《中国法制史》(四卷本)教材,教材开篇对中国法制史科学的研究对象、方法和任务进行了概述:

"中国法制史是一门以马克思主义为指导思想、研究我国进入阶级社会后各种类型的法律制度的实质、内容、特点和它的发展规律性的科学。……研究中国法制史须要坚持辩证唯物主义与历史唯物主义的科学方法,努力做到:(1)从具体的历史事实出发,详细占有资料,阐明各种资料之间的内在联系,解释法制发展中一般规律和特殊规律。(2)阶

---

⑪ 1979 年北京大学法律系中国法制史组为了满足教学科研的需要,由肖永清、张国华、饶鑫贤、范明辛、蒲坚、赵昆坡等人集体执笔,编写了一部中国法制史讲义,作为教材使用。后该讲义于 1981 年由山西人民出版社正式出版发行,《中国法制史简编》(上、下两册),肖永清主编。

⑫ 肖永清主编:《中国法制史简编》(上册),山西人民出版社 1981 年版。

级分析和历史分析的统一。……法律制度的变化是整个社会变化的产物，也是一定的‘历史运动’的产物，简单地加以肯定或否定都不是科学的态度，只有对法律制度的发生发展进行阶级的和历史的分析，才能给予正确的评价。(3)科学地对待法律遗产，反对片面化。……运用马克思主义的立场、观点、方法去研究中国法制史，揭示它的发展规律，是对马克思主义法律学说的科学性和真理性的有力证明。同时也为世界法制史提供了一个良好的标本。……中国法制史学科的重要任务就是要总结历史的经验，为建设社会主义法制服务。”⑬

受1979年长春会议的影响，学者开始对新中国成立后三十年的法律史的研究状况进行反思，阶级分析方法虽然依旧在法律史研究中出现，但是其往往多以与历史分析方法相结合的面貌出现。此外，阶级分析方法在后期法律史研究的过程中呈现不断弱化的趋势。另外，对待法律遗产的态度开始由“片面化”向“科学化”的方向转变，这与改革开放初期关于“法的阶级性和继承性”问题的讨论具有密切的关系，再就是法律史研究的现实借鉴意义成为了历史法学研究的主要价值之一。1982年，乔伟的《中国法律制度史》问世，该书“导论”阐述了中国法律制度史的学科地位、研究对象、目的和研究方法，对既往研究进行了总结，具有一定的反思意义。该书反思了中国法律史研究的“去苏联化”问题，其指出：

“五十年代初期，我们采用《苏联国家与法权通史》作为教本，内容以俄国的历史为主，根本不涉及中国的法律制度。而且就其研究对象来看，是把国家的政治制度和法律制度放到一起进行讲授，并以前者为主。后来虽然感到教学内容脱离中国实际，课程体系又十分庞杂，但却没有决心割爱，仍然仿照其研究对象和课程体系来进行改革。于是，三十年来，由《苏联国家与法权通史》，一变而为《中国国家与法权的历史》，再

⑬ 张晋藩、张希坡、曾宪义编著：《中国法制史》（第1卷），中国人民大学出版社1981年版，第7～11页。

变而为《中国国家与法律制度史》;变来变去,仍未脱离其窠臼。……这就是建国三十年来使得这个学科之所以不能获得充分发展的一个重要原因。现在我们已经具备充分理由与条件来彻底改变这种不合理的现象了,绝不应当再把政治制度作为法制史的研究对象,而应当使它成为一个独立的学科。"⑭

其实自50年代人民大学法律系编写讲义时就已经具有这种"去苏联化"倾向了,但是由于受到政治和意识形态因素的影响,并没有从根本上解决中国法律史研究的苏化倾向。1982年,为了适应法学教育发展的需要,法学教材编辑部在有关单位和法学界的关注和支持下,组织部分专家、学者和教师,编写了一套高等学校法学试用教材。这套教材的编写以马列主义和毛泽东思想为指导,并参照了中国人民大学、北京大学和其他法律院校的相关科研成果。⑮《中国法制史》一书的《绪论》中指出:

"《中国法制史》以马克思列宁主义、毛泽东思想作为指导思想,这是这门学科成为真正科学的根本保证,也是与旧中国法制史研究的主要区别点。……以马列主义、毛泽东思想为指导,是指掌握马列主义的基本原理和立场、观点、方法去占有史料、分析史料,综合已有的研究成果,进行新的理论探索。只有如此,才能建立起正确的历史观和科学的方法论,保证中国法制史的教学研究工作沿着正确的方向发展。"⑯

对于历史观和方法论的反思已经成为中国法律史研究领域普遍关注的一个问题,有反思才会有改进,才能使一个学科跳出历史的局限,这

---

⑭ 乔伟:《中国法律制度史》(上册),吉林人民出版社1982年版,第1~16页。

⑮ 本书是集体编写的,初稿执笔人有:张晋藩、张警、游绍尹、乔伟、沈国锋、杨永华、方克勤、张希坡。经过统稿会议集体讨论、修改后,由主编张晋藩、副主编乔伟、游绍尹最后修改定稿,杨永华还参加了本书的资料核对工作。

⑯ 法学教材编辑部《中国法制史》编写组:《中国法制史》,群众出版社1982年版,第6~7页。

也是一个学科开始进行自主性建构和走向繁荣的重要表现。1990年薛梅卿、叶峰所著《中国法制史稿》极大地淡化了阶级斗争方法,该书的《前言》中指出:

"《中国法制史稿》就是阐述中国历史上法律的起源,不同类型、不同时期法律制度发展演变的过程、特点、作用及其规律的浓缩本。它力图运用历史唯物主义的观点、方法阐明和分析法制历史,以史料为依据,着重于纪实。希冀通过法制史这一重要方面,揭示我们国家以往所经历的社会面貌和所走过的漫长道路。……要了解法制发展的真实面目,就必须认真地寻根,正确地反思它的历程,而对于它的内容则需要取其精华、去其糟粕、努力革新。历史会赐给我们以民族的智慧、有益的启迪,这对于我们建立中国特色社会主义法制,促进社会主义法学的发展,都具有理论和实践的意义。"⑰

至90年代,学界对于法律史研究的世界观和方法论有了更加深刻的反省,对于中国法律史学科的性质、范畴和内容有了更加科学和系统的认知。1992年张铭新在《中国法制史纲》一书的《导言》中指出:

"……必须坚持阶级分析和历史分析的统一,对历史上的法律制度给予科学的实事求是的评价。但须知,运用阶级分析的方法,并不意味着对剥削阶级的法制不加区别地通通加以否定,而只是要求我们从阶级关系的变动,阶级力量的对比,阶级斗争形势等基本的历史事实着眼去研究,给予历史上的法律制度以深刻的而不是肤浅的,全面的而不是片面的,实事求是而不是主观武断的评价。……必须占有充足的史料,分析它们的内在联系,寻求正确的结论。……必须尊重历史的本来面目,恰如其分地描述各种法律制度的实际内容,客观地解释它们各自的发展历程。"⑱

---

⑰ 薛梅卿、叶峰:《中国法制史稿》,高等教育出版社1990年版,《前言》。

⑱ 张铭新:《中国法制史纲》,武汉大学出版社1992年版,第6～9页。

90年代的法律史研究在淡化和反思阶级分析方法的同时,也将实事求是的原则引入到学术研究之中来。90年代末,由郑秦主编的高等法学教育通用教材《中国法制史教程》进一步反思了近些年来中国法律史教材存在的普遍问题:

"毋庸讳言的是,由于种种原因,有些教材在体例、内容等方面存在着一些不能忽视的缺失,如削足适履式的分期,我们并不否认中国社会的历史有不同阶段,但法律发展史有其自身的特点,大可不必按某一种分期理论来任意裁量法制史料;再如内容庞杂,史料不准确,忽视学术研究应有的严谨与科学,引文出处更是经不起仔细推敲与考证,望文生义,以讹传讹;缺乏应有的理论分析与评价,忽略对新发现史料及新的理论研究成果的采纳,达不到进行中国法制史教学与研究的目的。"⑲

通过对20世纪八九十年代中国法律史指导思想的动态梳理,我们可以看出,中国法律史是在不断地自我检视和反思中慢慢走向成熟的,这种反思既包括对过往历史的总结,也包括对学科发展的当下审视和对未来的展望。

第一,中国法律史学科始终保持着马克思列宁主义的传统。中华人民共和国成立后,马克思主义在中国哲学社会科学中的运用促成了中国法律史研究的整体转型;改革开放以后,马克思主义始终是中国法律史研究的主流指导思想,并且不断地完善和发展,中国法律史研究还提出了新时期发展的方向,即"既要反对马克思主义法学的教条主义,也要反对资产阶级法学的教条主义,才能建设有中国特色的社会主义法学"。⑳历史唯物主义的研究方法在20世纪后半叶的中国法律史研究中的地位举足轻重,为学科的发展和成熟注入了新的持续的力量。但是马克思主义作为指导人类认识和改造世界的科学理论之一,应该成为中国法律史

---

⑲ 郑秦主编:《中国法制史教程》,法律出版社1998年版,前言。

⑳ 张友渔、刘瀚:《中国法学四十年》,载《法学研究》1989年第2期。

学研究过程中的方法指引和理论导航,使本学科形成一种外向型格局和学科特质,始终保持对其他领域理论和知识的包容、接纳和转化能力,而不是将自身神化为一种固若金汤的黄金法则从而束缚一个学科的延展和深化。

第二,阶级分析方法不断被弱化。阶级分析方法来源于马克思的阶级斗争理论,建国后,这种方法一度被作为法律史研究的主导方法。改革开放之后,“学者们逐渐摆脱了将阶级分析和阶级斗争视为法制史研究唯一方法和观点的束缚,从而逐渐改变了将法律单纯视为阶级镇压的工具。法律的职能与作用因而得到更加充分、更加客观的阐述”。[21] 通过对改革开放以来法律史教材编写的指导思想动态演变的梳理可以发现,虽然阶级分析方法在法律史研究中依旧占有一席之地,但是多以“与历史分析方法相统一”的面目出现,被研究者有意或者无意地予以弱化或者纠正。研究者以理性反思的态度审视法律史学科的过往与当下,并且对于阶级分析方法运用过程中出现的教条化、标签化和非理性化现象进行了省思。

第三,法律史研究的“去苏联化”。新中国成立初期,借鉴苏联的国家法学教育模式,中国法律史研究带有浓厚的苏联色彩,过于强调法律的阶级性、国家意志性和强制性,实际上是在很大程度上掩盖了法律的社会属性和文化属性,将法律史研究的价值和意义限缩在了政治斗争的范畴。改革开放之后,“一方面,中国法学对苏联法学的许多错误和弊端特别是对维辛斯基的法学观中的错误方面作了批判;另一方面,包括西方资本主义法学思想在内的各国法学思潮广泛地进入到中国”。[22] 法律史学的研究通过对学科体系(包括学科名称、结构、内容等)的重新整合,试图冲破苏联国家法学的樊篱,从文化解释、历史语境和现实关怀等不同的角度对中国历史上的法律现象进行分析和研究,增强了法律史研

[21] 刘海年、马小红:《五十年来的中国法制史研究》,载韩延龙主编:《法制史论集》(第3卷),法律出版社2001年版,第40～41页。

[22] 王奇才、高戚昕峤:《中国法学的苏联渊源——以中国法学的学科性质和知识来源为主要考察对象》,载《法制与社会发展》2012年第5期。

究的学术化和中国化。改革开放以来,中国法律史学科"去苏联化"的过程实际上是学术本身从一种"集体无意识"状态向"学术自觉"状态趋近和回归的过程,也是学科韧性造就、学科方法多元、学科内涵丰富的题中应有之义。

但是,这一时期对于法律史学发展过程中遭遇的挫折反思不够。对于中国法律史研究在新中国成立后走过的弯路,多数学者将其归结为林彪、"四人帮"集团的阴谋,并未真正认识到其背后的政治生态和文化因素。究其原因,可能有两点:一是部分学者的认知确实受历史局限,或未摆脱"左"的思想的影响,并未认识到更深层次的原因;二是"历史惯性"[23]所致,"有些同志对过去在法学思想和观点上简单化的做法和过火的政治批判存在疑虑;对法学应该有而且必须研究的某些尖锐的现实问题,仍存有戒心"。[24]

(二)法律史研究的活跃性——学术讨论

改革开放以来,中国法律史学界积极参与全国范围的学术讨论,增进了学术交流和对话,活跃了中国沉寂已久的法学研究,甚至曾一度引领了改革开放之初法学界关于"法治与人治"问题的大讨论。

第一,法治和人治的讨论。法治和人治是社会治理的两种主要模式,改革开放之后,随着社会发展的重心从"以阶级斗争为纲"到"以经济建设为中心"的转变,法制健全是保障社会主义民主和市场经济发展的重要条件,同时全社会对于"文化大革命"的反思使"法治与人治"成为改革开放初期法学界不得回避的一个问题。1979 年《法学研究》第 5 期开创了"关于法治和人治的讨论专栏",刊发了一系列有关法治和人治讨论的文章。张晋藩、曾宪义率先在《学习与探索》发表了文章《人治

---

[23] 对于此种所谓的"历史惯性",高积顺、张东华曾撰文指出:"文弱的学者面对疾风骤雨般的阶级斗争形势,自残自毁以活命比做无谓的牺牲更明智。受摧残后,心有余悸,谨慎从事,也很自然。但战战兢兢,绕开危险,非长久之计。只有正视危险,排除危险,安全才有保证。"高积顺、张东华:《阶级论对中国法律史学的影响——一种法律史学研究方法的检讨》,载汪汉卿、王源扩、王继忠主编:《继承与创新:中国法律史学的世纪回顾与展望》,载《法律史论丛》(第 8 辑),法律出版社 2001 年版。

[24] 张友渔、刘瀚:《中国法学四十年》,载《法学研究》1989 年第 2 期。

与法治问题初探》,文章基于对"文化大革命"的反思而展开,首先对中国历史上"儒法斗争"的真相进行了学理纠正和历史分析,回顾了近代以来的"人治"和"法治"观,最后通过对新中国成立三十年以来的发展历程的回顾,反思了"文化大革命"给中国法制建设带来的巨大危害,指出"要防止和消灭一切形式的特权,除了必须铲除滋长特权的土壤和社会条件外,还必须有一大批忠实于人民的利益,忠实于法律制度,忠实于事实真相的司法干部,并保证他们能够独立地行使人民授予的职权,执法公断。"㉕李步云、王礼明从历史的角度分析了中国古代儒法两家关于"人治"和"法治"的观点和西方资产阶级社会里"法治"的意涵,最后主张实行法治,真正实现民主制度化和法律化。㉖ 张国华在《略论春秋战国时期的"法治"与"人治"》一文中,通过分析历史上儒法两家关于"法治""人治""德治""礼治"等概念的不同内涵及其各自的理论优点和缺陷,指出不主张采用"法治"和"人治"之类的概念,以避免概念的模糊带来"不必要的思想混乱",但是"不取'法治',并不等于不重视加强社会主义法制",因为这是"社会主义制度和无产阶级专政的本质决定的,都是党坚定不移的国策,也是全国人民的人心所向,绝不会由于未用'法治'一词而有所忽视"。㉗ 范明辛持同样观点,在《我们应该抛弃法治和人治的提法》一文中,他认为对于"法治""人治"的概念,应做具体的历史分析,将儒法两家的对立归结为"法治"和"人治"的对立是有失理性的,"我们应该抛弃旧的'人治''法治''依法治国'的提法,而用我们国家已惯用的人民民主或社会主义民主和社会主义法制的提法"。㉘ 1980年6月11日,北京市法学会和中国法律史学会联合举行了学术讨论,讨论法治和人治的问题,与会者一致表示:"今后要对'人治''法治'的科学概念加强研究,首先把这场争论统一在研究问题的科学方法之上。"㉙

㉕ 张晋藩、曾宪义:《人治与法治问题初探》,载《学习与探索》1979年第5期。

㉖ 李步云、王礼明:《人治和法治能互相结合吗?》,载《法学研究》1980年第2期。

㉗ 张国华:《略论春秋战国时期的"法治"与"人治"》,载《法学研究》1980年第2期。

㉘ 范明辛:《我们应该抛弃法治和人治的提法》,载《法学研究》1980年第4期。

㉙ 本刊记者:《北京市法学会和中国法律史学会讨论人治与法治问题》,载《法学杂志》1980年第2期。

此后又有相关学者发表了一系列文章谈法治和人治之间的关系,如有人认为,人治和法治问题是法学研究中的重大理论问题,并对古今关于法治与人治的论证进行了宏大的梳理,结合新中国成立和发展的实践提出,实行法治“划清权与法的关系,加强法律调整,限制非法的权力”,做到“以法治国,以法办事”。[30] 有学者认为我们不能不加分析地就断言人治和法治的优劣,“在人治和法治的讨论中,十分重要的问题是要搞清不同经济社会形态中的人治和法治的时代内容和阶级含义,从而确定无产阶级对它们的态度”,认为人治和法治是并存的,“一方遭到破坏,他方必受损害,这已为历史经验所证明”。[31] 还有学者对“儒家人治法家法治对立论”进行了学术史的梳理,指出了“对立论”在先秦儒法研究中的片面性,关于“人治法治”的讨论应该立足于中国本土实践及中国法律思想史的基本范畴、立场和逻辑,兼采“人治”和“法治”之长,努力建设“中国式的社会主义法治”。[32]

第二,法的阶级性和继承性的讨论。法的阶级性和继承性讨论早在50年代集中进行过大讨论,法律史学者积极参与了讨论,讨论虽然是在“百花齐放,百家争鸣”的方针指导下进行的,但是这一时期的学术活动实际上被限定在特定的理论框架和政治前提下,法的阶级性否定了法的继承性。十一届三中全会后,有关法的属性的问题开始被重新讨论,其中法的阶级性和继承性问题是一个重要的问题。在《法学研究》1979年第1期,法律史学者林榕年曾撰文指出“我们应当根据据马列主义的原则,结合我国的具体实践,敢于批判地继承中外几千年历史发展中许多有价值的法学和法律遗产,创造出具有中国特色的社会主义法律体系,为巩固无产阶级专政和实现四个现代化服务”。[33] 李昌道则认为旧法不能批判地继承只能借鉴,“旧法指的是旧的法律,它对社会主义不是什么

[30] 参见吴文翰:《论人治与法治》,载《社会科学》1980年第4期。

[31] 韩延龙、康英杰:《试论人治和法治的统一——兼论法学研究方法论的问题》,载《安徽大学学报》1980年第3期。

[32] 俞荣根:《“儒家人治法家法治对立论”质疑——兼论先秦法律思想研究中的一个方法问题》,载《现代法学》1984年第4期。

[33] 林榕年:《略谈法律的继承性》,载《法学研究》1979年第1期。

‘积极因素’‘合理内核’,更没有可‘取其精华’之处”,旧法之所以不能批判地继承主要是由旧法的性质和实践所决定的,“对旧法的借鉴,包括对旧法的法律形式、规范内容、法律原则、体例结构、概念术语等都可借鉴”。[34]《法学研究》于1980年第1期开设了“关于法的阶级性讨论专栏”,目的在于在新的情况下,通过对法的阶级性的讨论,使得我国社会主义法“既符合马克思主义的法学理论,又符合我国的实际情况”。[35] 孔庆明提出对“法律是统治阶级压迫的工具”这一观点的质疑,指出历史发展和现实实践证明法律不仅仅具有充当阶级压迫工具的功用,具有更为普遍的社会功能和文化功能。法律有其自身的规律性,“就是法律必须保持它的‘公道’性和法律所具有的特殊继承关系”,所谓的公道性,指法律代表的是“公意”而非“私意”;所谓的继承性,指的是“我们必须接手前人所积累的工作经验和思想资料,在剔除了它的阶级偏见以后,为我所用”。[36] 其后法学界对于法的阶级性和继承性的问题展开了继续讨论。实际上,关于法的阶级性和继承性的讨论是关于新时期法学发展方向的一次探索,这一探索是以“试图冲破以往的教条和禁区的束缚的姿态开始的”,法律的阶级性涉及对法律的两个维度的反思,一是法律属性的范畴;二是历史向度上社会主义法和封建主义法的关系和地理向度上社会主义法和资本主义法之间的关系;法律的继承性涉及新时期法律发展的连续性和稳定性问题以及如何对待法律遗产的问题,法律的继承性是中华法文明重构和发展的必要前提。但是,关于法的阶级性和继承性的讨论“仍然表现出了历史造就的教条和禁区的束缚,法学的现实使命与其自身存在的历史方式产生了矛盾”,[37]这场讨论脱离了法学发展所应该考虑的现实困境,反而以经典理论立论和辩驳,使讨论在一定程度上失去了新时期思想解放潮流下的实践理性。

此外,这一时期法律史学科也参与了当时“法律与政策”“关于毛泽

[34] 李昌道:《对旧法不能批判地继承只能借鉴》,载《法学研究》1979年第3期。

[35] 《关于法的阶级性的讨论专栏》,载《法学研究》1980年第1期。

[36] 孔庆明:《法律怎样表现统治阶级的意志》,载《法学研究》1980年第3期。

[37] 杜飞进、孔小红:《转折与追求(上)——新时期法学评析》,载《中国法学》1989年第1期。

东法学思想理论问题”“法制改革问题”的讨论,这些讨论在推动学科间交流和对话的同时,也为法律史的发展开拓了新的空间,提供了新的视角和理论进路。法律史在研究方法上虽然依旧受制于历史造就的束缚之中,但是对于自身的检视和反思已经全面展开,理论禁区的突破以及法律史研究的现实意义的倡导不断催生着中国法律史研究朝着一个新的方向发展。

(三)中国法律史学科的人才培养和师资建设

改革开放之后,中国法律史学科在人才培养和师资建设等方面呈现规模化和科学化的特点,推动了中国法律史教学科研工作的完善和发展。

在中国法律史学人才培养和师资建设方面,法学院以及法律院系的恢复是中国法律史学科发展的一个决定性前提,也为中国法律史学科的人才培养和学科建设提供了有利平台。1978年中国人民大学率先开启了中国法制史硕士研究生的招生工作。1983年5月,经国务院学位委员会批准,中国政法大学成立第一个中国法制史博士学位授予点,导师为张晋藩教授,随后各大院校纷纷开启了中国法制史学科的硕博研究生的招生和培养工作,形成了一定的科研规模。以中国法律思想史学科为例,“改革开放后直至1995年间的中国法律思想史教学研究,大致上有几个主要学科点起重要作用。第一个是北京大学的张国华、饶鑫贤老师主持的法律思想史学科点。该点自1981年就取得了法律思想史专业硕士学位授予权,1986年又取得了博士学位授予权。第二个是吉林大学栗劲、孔庆明、刘富起、赵国彬等老师主持的法律思想史学科点。该点招生很早,自1984年起就获得了硕士学位授予权。第三个是中国政法大学杨鹤皋、高潮、林中等先生主持的法律思想史学科点,该点自1983年开始招生,1984年获得硕士学位授予权。第四个是西南政法大学杨景凡教授主持的法律思想史学科点,1979年开始招生,1986年获得硕士学位授予权”。[38] 1997年,中国法制史学科被列为中国高等法学教育的核

---

[38] 范忠信:《杨鹤皋先生及其对中国法律思想史学科的贡献——写在杨著〈中国法律思想通史〉多卷本即将出版之际》,载《中西法律传统》2004年第00期。

心专业课程之一,凸显了改革开放后中国法制史学科在法学人才培养过程中的关键性作用;在师资建设方面,改革开放之后中国法律史学科形成了一支“新老结合的研究队伍”,[39]使中国法律史学科既能继承改革开放之前深厚的理论内涵和坚韧的学科品性,又能够不断地包容和吸纳新的研究方法,推进学科外延的扩大和学科体系的多元,承前继后,不断地为中国法律史注入新的发展动力。经过几十年的发展,“全国建立了教育部人文社会科学重点研究基地——中国政法大学法律史学研究院(中心),中国政法大学中国法制史专业和华东政法大学外国法制史两个重点研究学科。此外,还建立了北京大学、中国人民大学等四个法学一级重点学科之下的法律史学重点学科点。中国社会科学院法学研究所法制史研究室是法学所保持学科优势的重点研究室之一,也是中国法律史学会的常设办公机构所在。中南财经政法大学法律文化研究院、中国政法大学法律古籍整理研究所等也是各具特色的专门研究机构”。[40] 80年代初期,教育部在西南政法学院、华东政法学院和西北政法学院相继举办了一系列法律史师资进修班。

改革开放以来,中国法律史学科的人才培养和师资建设一方面弥补了由于“文化大革命”十年造成的人才断层;另一方面完善了学科发展体系,为新世纪中国法律史的学科创新和革新培养了后备力量。

(四)20世纪后半叶中国法律史研究的特点

纵观改革开放之初中国法律史的发展历程,大体可以从以下五个方面总结20世纪80～90年代中国法律史的研究内容和特点:

第一,史料分析方法。改革开放以后,中国法律史学科首先对本学科的研究对象和方法进行了反思,在方法论上开始意识到阶级分析方法的僵化使用给法律史学带来的危害,随着实事求是原则的确立,这一时期中国法律史学最具特色的研究方法是史料分析方法。这一时期的研

[39] 王立民:《中国法制史研究70年若干重要问题》,载《南京社会科学》2019年第9期。

[40] 林乾:《辉煌与隐忧:法律史学六十年评述》,载《西南大学学报》(社会科学版)2009年第5期。

究多以“文化大革命”期间及以前出土的史料为主要依托,对法律史研究中的一些基本问题进行考证。以1974年发现并出土的云梦秦简为例,法律史学界以云梦秦简为史料依据产生了大量的论文著作等,例如,刘海年在《法学研究》上发表了《云梦秦简的发现与秦律研究》,作为云梦秦简的整理者之一,刘海年对云梦秦简的内容和体系进行了全面的介绍,总结了秦朝的法律形式和刑罚种类,最后指出:“认识秦律,对于认识中国封建社会早期的法律制度,乃至认识中国整个封建社会的法律制度都是有益的。”[41]中国法律史研究还依托了除云梦秦简之外的其他考古资料,如对青川木椟的研究、张家山汉简研究、银雀山汉简研究、包山楚简研究、居延汉简研究、武威汉简研究、郭店楚简研究等。

第二,基础问题研究。基础问题研究是一个学科得以建构和发展的根基,也是奠定学科基调的基础性因素,法律史领域的基础性问题在这一时期被广泛地研究。首先是中华法系研究。陈朝璧的《中华法系特点初探》一文将中华法系置于世界法律体系中进行考察,中华法系包含三种内容和实质不同的法制内容,分别是“历三千年之久的封建,法制近代史上昙花一现的半封建法制,后来居上的社会主义法制”,并指出中华法系是活的法系,包含着深刻的文明因素和深厚的历史积淀,我们应该找到古今的联系,坚持古为今用,从中挖掘出有利于法制建设和发展的因素。[42] 张晋藩随后发表《中华法系特点探源》一文,该文分析了中华法系的特征和历史根源,其总体特点可以概括为五个方面,分别是:“法自君出”、“受儒家伦理道德观念的强烈影响”、“家族法在整个法律体系中占有重要的地位”、“‘民刑不分’与‘诸法合体’”及“律外有‘法’”,这些特点的形成有其深刻的历史根源,既与独特的地理环境密不可分,又与中国古代的生产方式和宗法制度有着紧密的历史勾连。[43] 马小红、刘婷婷主编的《法律文化研究》“中华法系”专题曾选编了17篇近百年来中华法系研究的经典论著,涉及近代以来不同历史时期法律史学界对“中华

---

[41] 刘海年:《云梦秦简的发现与秦律研究》,载《法学研究》1982年第1期。

[42] 参见陈朝璧:《中华法系特点初探》,载《法学研究》1980年第1期。

[43] 参见张晋藩:《中华法系特点探源》,载《法学研究》1980年第4期。

法系"研究的不同贡献,其中有既包括"中华法系复兴"研究,也包括改革开放以来有关"中华法系"研究的反思与回归。编者指出,20 世纪 90 年代以来,"中华法系"研究"开始深入细化","观点的多元是这一时期典型的特点,但这一时期更为显著的特点似乎是对以往研究'通说'或'定论'的反思"。[44] 这进一步印证了 20 世纪末中国法律史学发展的反思性、批判性和建构性趋向;其次,关于礼法关系的研究。关于礼法的研究,在中国由来已久,20 世纪 80~90 年代礼法研究的成果更是层出不穷,既有对既往礼法研究的继承,又有对既往研究成果的反思和质疑,这一时期不乏突破性研究成果的问世。有学者通过对"礼不下庶人,刑不上大夫"的说法进行重新解读,并对既往的研究观点进行了质疑,提出礼才是奴隶社会中人们普遍适用和遵守的规则,礼既具有法律规范的结构,又具有道德规范的特征。[45] 这既是对以往法律史研究中认为"礼不是法"观点的一种纠正,也是"礼法"研究逐步突破阶级分析主导的研究方法并逐步向学术回归的过程。有学者指出,秦汉以来法律儒家化的过程实际上是在分裂和统一的社会运动下,伴随着价值失落和重构的一种"法律的自觉",这种"法律的自觉"将"礼"这种具有较强道德性的规范纳入到了国家意志的范畴之中,从而使道德呈现了一种法律化的发展趋势。[46] 也有学者跳出传统研究的窠臼,试图寻找一种科学全面的观点来论证中国古代礼法之间的关系。[47] 马小红教授《礼与法》一书,[48]对中国传统法的建构进行了独到的分析,指出中国传统法是礼法的共同体,礼法关系的演变构成了中国传统法发展的基本脉络,这对于当时西方话语主导下的中国传统法研究无疑具有一定的警醒意义。最后,法律文化研究。法律文化研究的兴起,受 80 年代"文化热"的深刻影响,在法律史研究领域异军突起。20 世纪 80 年代法律文化的研究侧重于中国传统法

---

[44] 马小红:《主编导读:中华法系研究评析》,载马小红、刘婷婷主编:《法律文化研究》(第七辑:中华法系专题),社会科学文献出版社 2014 年版,第 16 页。

[45] 参见栗劲、王占通:《略论奴隶社会的礼与法》,载《中国社会科学》1985 年第 5 期。

[46] 参见梁治平:《礼与法:道德的法律化》,载《江海学刊》1989 年第 3 期。

[47] 参见马作武:《传统法律文化中的礼与法》,载《现代法学》1997 年第 4 期。

[48] 马小红:《礼与法》,经济管理出版社 1997 年版。

律文化体系的建构、特点分析和现代影响,同时中西法律文化的比较也成为法律史研究的一大亮点。有学者从符号学的层面上理解文化的含义,指出“法律文化”本质上是一种法律的文化解释,法律的文化解释不仅仅是一种研究问题的立场和方法,更承担着意义传达的功能。[49] 有学者通过对中国法律产生和发展的规律进行深入的分析和总结,指出中国法律文化形成的路径依赖。[50] 有学者根据历史上不同阶段法律实践的不同性质,将中国法律文化的发展分为“礼治·审判法”时代、“法治·成文法”时代和“礼法合治·混合法”时代三个历史阶段,细数中国法律文化的精华和糟粕,指出中国法律文化在中国法制建设中的当代使命。[51] 也有学者从中西比较的视野,诠释了中西法律文化差异的社会背景、历史根源和人文传统。[52] 此外,这一时期法律史研究的基础性问题还包括少数民族法制研究、沈学研究、刑名研究、太平天国法制研究等方面。

第三,通史研究和断代史研究。通史研究中最具有代表性的研究成果主要包括张晋藩主编的《中国法制通史》(十卷本)和90年代就已经着手编写的《中国法律思想通史》(十一卷本)。《中国法制通史》具有极高的学术价值和历史地位,“《通史》一经面世,即在法史学界乃至整个法学界引起了轰动效应,产生了至为深远的影响。论者普遍认为,《通史》体现了对中国古代法律体系的新认识,是新中国成立以来中国大陆学者研究中国法制史学成果的集大成者,在某种意义上可以说达到至目前为止中国法制史学发展的最高成就”;[53]在断代史研究方面,受前出土文献资料的影响,80~90年代中国法律史断代研究多以秦汉、隋唐和明清时期为主,但是其他历史时期的研究同样也是成果颇丰。本文以赵九

---

[49] 参见梁治平:《法律的文化解释》,三联书店1994年版。

[50] 参见游绍尹:《试论中国法的产生规律——兼论中国古代法律文化的若干特点》,载《中南政法学院学报》1987年第1期。

[51] 参见武树臣:《中国传统法律文化总评判》,载《学习与探索》1988年第4期。

[52] 参见张中秋:《中西法律文化比较研究》,南京大学出版社1991年版。

[53] 李超、陈敬刚:《皇皇巨著,字字珠玑——〈中国法制通史〉(十卷本)简评》,载《政法论坛》2003年第1期。

燕、杨一凡主编的《百年中国法律史学论文著作目录》(上下)[54]为参考,对 1978～1999 年中国法律史领域的断代史研究成果(论文)分类进行统计,如图 1 所示。

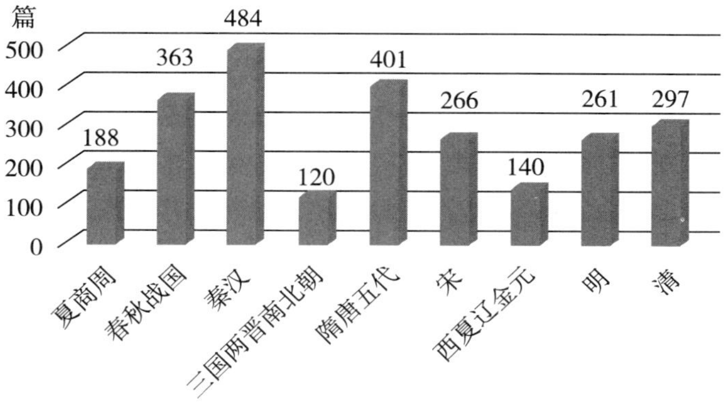

图 1　中国法律史领域断代史研究成果(论文)分类统计(1978～1999)

第四,根据地法制。革命根据地法制研究是新中国成立以来法律史研究开辟的新领域,改革开放之后,革命根据地的法制研究主要集中在革命根据地的选举制度、婚姻制度、调解制度、刑事法规、人权保障、劳改制度、监察制度、劳动法规以及马锡五审判方式等领域。有学者指出,抗日战争时期,人民群众依据抗日民族战线总政策和陕甘宁边区施政纲领,展开了轰轰烈烈的民主选举运动,形成了具有边区特色的民主选举制度,被称为是"中国民主政治史上的伟大创举,是中国选举史上光辉灿烂的篇章"。[55] 有学者指出,抗日革命根据地的调解制度主要有四个特点,首先是调解制度的法律化和制度化;其次是调解组织的多样化;再次是调解工作以实践经验为基础;最后是调解程序的一体化。在此基础

[54] 参见赵九燕、杨一凡主编:《百年中国法律史学论文著作目录》(上下),社会科学文献出版社 2014 年版。

[55] 参见方克勤、杨永华、李文彬:《抗日战争时期陕甘宁边区的选举制度》,载《人文杂志》1979 年第 1 期,后载曾宪义:《百年回眸:法律史研究在中国》(第 2 卷),中国人民大学出版社 2009 年版。

上,革命根据地调解制度形成了群众调解、政府调解和法院调解的三种形式,对于加强人民团结,巩固抗日民族统一战线,保障群众的合法权益以及普及法律知识具有深刻的历史意义。[56] 对于革命根据地时期婚姻制度的研究,有学者指出男女婚姻自由,禁止包办婚姻,是红色区域婚姻立法的基本原则,男女双方离婚自由,革命根据地婚姻立法尤其注重对妇女儿童权利的尊重和保护,这是人权保障原则在根据地立法中的深刻体现。[57] 中国法律史学界也开始对马锡五审判方式着手研究和总结,通过借鉴其积极合理因素来推进社会主义审判方式的完善和发展。[58]

第五,新中国法制史。陈守一在80年代曾经指出:"在法制建设上,我们有比较长期的革命根据地经验,又有中华人民共和国成立后三十年来正反两个方面的经验,我们必须珍惜这个经验。可是迄今为止,我们还没有对革命根据地的有关资料进行系统的研究和整理,也没有对新中国成立后的经验进行比较系统的分析和概括。"[59]蒲坚、俞建平曾经呼吁:"政法界、法学界的朋友们特别是法律史专家学者们,在研究新中国成立前中国法制史的同时,也把研究的'广角镜'伸向新中国法制史,以总结新的经验,开拓新的领域,丰富法制史研究的内容,推进社会主义法制建设。"[60]在法律史学界同仁的努力和呼吁下,新中国法制史研究有了很大的进展。

三、21世纪中国法律史学的新拓展(2000~2018年)

(一)21世纪中国法律史学科面临的挑战

21世纪之交,中国法律史学研究面临一系列困境,造成这些困境的

---

[56] 参见韩延龙:《试论抗日根据地的调解制度》,载《法学研究》1980年第5期。

[57] 参见韩延龙:《红色区域婚姻立法简论》,载《法学研究》1984年第1期。

[58] 参见张希坡:《革命根据地的基层政权和群众性自治组织》,载《法学研究》1983年第6期;张希坡:《马锡五审判方式》,法律出版社1983年版;张希坡:《马锡五出生年月考证》,载《法学杂志》1999年第1期。

[59] 陈守一:《新中国法学三十年一回顾》,载《法学研究》1980年第1期。

[60] 蒲坚、俞建平:《把研究的广角镜伸向新中国法制史》,载《法学研究》1988年第4期。

原因是多方面的。

第一,传统意义上法律史学科的价值定位与新世纪市场经济主导下社会主流价值观之间的冲突。传统意义上的法律史学科以法制史料为考证和分析的原始资料,以此形成一种理论化的历史认知和经验材料,以指导国家的政制建构和权力运行,中国法律史学科价值的实现与知识分子和国家权力阶层的关系密不可分,因此中国法律史学科的价值定位是建立在"国家"这个宏观维度上的。而商品经济的发展是以中观层面的"市民社会健全"和微观层面的"个体权利保障"为社会基础的,社会主义市场经济对中国法律供给市场进行了结构性整合,经济发展呼唤着实践性较强的部门法学的发展,而作为法学基础理论学科的中国法律史学因无法回应商品经济发展的现实需求而遭致冷落。

第二,法律史学术共同体内部存在着知识产出和知识传播的困局,法律史研究范式的固化,方法论的单调导致理论创新和知识代谢速度减缓,中国法律史学研究成果质量参差不齐,甚至有不少是在复述前人已经完成的工作,知识产出缺乏创新。

第三,学科定位的尴尬与困惑。学科属性决定了法律史研究的方法和价值导向,"长久以来法学家族一直存在拒绝承认与法律史学科具有亲属关系的现象,且近年来这种现象有愈演愈烈之势"。[61] 有关法律史学科的性质究竟是偏史学还是法学的争论依旧存在,这就给法律史学的发展带来了一定的迷茫和困惑。

第四,中国法律史学在近些年来还面临一部分来自外部的压力和危机。21 世纪以来,"国家的两项举措引起了法史界的震动,一是在统一司法考试的预案中没有法律史的考核内容,二是在同等学力人员申请法律专业硕士学位的有关考试中取消法律史。这两项举措将对法律史的生存造成相当大的冲击"。[62] 此外,中华人民共和国教育部高教司颁布

---

[61] 侯欣一:《学科定位、史料和议题——中国大陆法律史研究现状之反思》,载《江苏社会科学》2016 年第 2 期。

[62] 高珣、林华昌等:《中国法律史学会暨儒学与法律文化研究会 2001 年学术年会综述》,载《光明日报》2001 年 12 月 25 日。

的《普通高等学校本科专业目录和专业介绍(2012年)》中将"中国法制史"和"经济法学"两门学科排除在了法学专业核心课程之外,在法律史学界引起了轩然大波,后教育司又在网站发文说明,将此原因归结为"编辑疏漏"。[63]

面对一系列新挑战,中国法律史学在21世纪该何去何从成为了法史学界的头等大事。也正是这一系列的新问题,推动着中国法律史研究朝着一个新的方向拓展。

(二)中国法律史学科的转型和拓展——法律史研究的多种面向

21世纪的中国法律史学研究在困境中不断地寻求新的发展之路,受现代科技发展、西方社会科学理论以及跨学科研究的影响,中国法律史学朝着新的方向、新的领域发展,"与改革开放之初相比,法律史学的研究范围有了实质性的拓展,新的史料陆续被发掘,研究方法和理论不断被更新,学术规范的价值得到普遍认可;对好作品的判断能力有了显著的提高",[64]在研究方法和研究领域有了新的开拓。

第一,在研究方法上,20世纪后半叶中国法律史学主要运用史料分析、阶级分析、经典理论的文本分析等传统的研究方法。史料分析等传统方法的使用有助于增强研究的说服力,避免主观主义,体现学术的严谨认真。阶级分析和经典理论尤其是马列经典的文本分析方法符合特殊时代新政权的巩固和意识形态的确立,但其缺点是限制了中国法律史的研究范围,导致学科研究的封闭和固化,不利于学科的健康发展。21世纪中国法律史学在方法论上的突破主要表现在史料研究的多样化、学科交叉研究、部门法史研究和比较研究方法。(1)史料研究的多样化。史学的本质在于求真,而充足的史料是法律历史研究的基础,也是法律历史研究的必要前提。进入21世纪以来,随着考古工作发展和文物保护工作的加强,种类繁多的文物古迹、历史档案、简牍文书等进入法律史

[63] 参见中华人民共和国教育部高等教育司:《关于法学专业核心课程的说明》,载http://www.moe.gov.cn/s78/A08/A08_gggs/s8468/201212/t20121218_181006.html,最后访问日期:2018年11月16日。

[64] 侯欣一:《学科定位、史料和议题——中国大陆法律史研究现状之反思》,载《江苏社会科学》2016年第2期。

研究的视野之中,多种史料在法律史研究中的使用能够对历史事实进行多重印证,有助于开拓法律史研究中的新领域,甚至能够推翻传统的史学定论,实现中国法律史研究的客观性和开放性。(2)学科交叉研究。田余庆先生曾经指出:"近代学术的发展,各学科彼此渗透是必然的事,而且不限于方法论和技术手段。人文科学、社会科学中任何一个学科出现的、在当时看来是重大的成果,毫无例外地都会反映到史学中来。甚至自然科学的重大进展,也会直接或间接地在史学中得到反映。"[65]法律史领域中学科交叉研究的先例并非出现在21世纪但却在21世纪臻于完善,瞿同祖先生的《中国法律与中国社会》[66]是中国法律史借鉴社会学研究方法的开山之作,开创了中国法律史研究的新范式。21世纪开始之后,中国法律史的研究逐渐借鉴其他学科的研究方法,如社会学、人类学、经济学、考古学、心理学、文学等领域的研究方法,推陈出新,极大地开阔了学科研究的事业,拓宽了中国法律史得以发展和进步的空间。(3)部门法史研究。21世纪以来部门法史研究在学科成熟和定型的过程中得到极大的发展,尤其是全球化背景下,我国作为一个后发型现代化国家,对于国外的法律制度和法律理念进行移植的同时应该立足于自己的传统,保持一种理性的思考。"改革开放以来,在学界前辈的持续努力下,法史学研究不断深入。以整体传统法律研究而论,中国古代传统'诸法合体,民刑不分'的观点逐渐被修正,法典上'诸法合体',法律体系'民刑有分'渐成共识。"[67]对部门法史的研究也是基于对自身传统的反思和认可,有助于实现市场经济大潮下法史研究与社会现实的互动,拓展法律史研究的范围,创新法律史学研究的方法。部门法史的研究主要包括刑法史、民法史、行政法史、宪法史等领域的研究。(4)比较研究

---

[65] 田余庆:《消除"代沟",共同前进》,载田余庆:《秦汉魏晋史探微》(重订本),中华书局2011年版。

[66] 本书原由商务印书馆于1947年出版,即《中国法律与中国社会》(吴文藻主编,《社会学丛刊》甲集第五种),上海,商务印书馆,1947年,此书第一版是根据瞿同祖本人在云南大学和西南联合大学讲授中国法制史和社会学时的讲稿整理的,他在出国以后,加以补充、修改,于1961年出版了英文版。

[67] 李玉基、刘晓林主编:《部门法史研究中的问题与方法:第三届青年法史论坛文集》,法律出版社2015年版,序言。

方法。法律史领域的比较研究方法兴起于 20 世纪 80 年代,起初主要集中于中西法律文化的比较研究,比较研究方法主要包括横向比较和纵向比较,21 世纪以来比较法史研究将触角深入法律制度和思想的中观、微观层面,出现了人物思想比较研究、部门法史比较研究、法文明比较研究、具体法律制度的比较研究等,形成了一种更加宏大的历史空间和国际视野,实现了法律的古今中西连接。(5)21 世纪中国法律史研究在方法上的另外一个重要变化在于对前三十年研究方法的反思和摒弃,主要指阶级分析方法。21 世纪之初的十几年间,中国法律史的研究逐渐摆脱了政治意识形态的过度约束,开始表现出对带有强烈意识形态色彩和批判意味的阶级分析方法的规避和反思。聂鑫在 21 世纪系列教材《中国法制史讲义》的导论中批判了中国法律史研究中的两种错误倾向:第一种是"'以古非今',用现在西方的法治文明来批判古代中国的情况";第二种是"'比较法'的滥用与'崇洋媚外'的心态",学习中国法律史的正确态度"是'理解—转化',而非简单地'批判—继承'。对历史应予'了解之同情',怀抱温情与敬意。这种方法正如胡适所说,是'研究问题、输入学理、整理国故、再造文明'"。[68]

第二,在研究主题上,对基础理论有了更深入的研究。(1)中华法系的研究中更加注重如何将中华法系中的合理因素转化为现代社会法制建设中可供借鉴的经验,同时在法律全球化的过程中如何实现中华法系和世界其他国家地区法律制度之间的融合与互动。(2)礼法研究领域有了更进一步的发展,学界对于中国传统的礼法体系有了更全面、更清晰的认识,对中国古代的礼所持有的态度由批判和排斥转向了接纳和吸收,并注重在社会治理中的现代转化,例如有学者将"软法"的定义引入到对中国古代"礼法合治、以礼为主"的法律体系中来,从礼的角度对"软法"进行定义,即"软法"是"自下而上形成的具有广泛社会基础的规范,软法的核心是社会对法的共识,并由共识而营造出尊法的社会环境。在社会共识的基础上,人们对软法规范的遵守有价值观的支持,有长期

[68] 聂鑫:《中国法制史讲义》,北京大学出版社 2014 年版,第 4 页。

潜移默化的习俗熏陶,有国家与社会的提倡认可等等,与依靠国家强制力实施的硬法相比,人们对软法的接受和遵守是发自内心的”,指出现代法治社会的发展和完善离不开软法和硬法对社会的双重规制,“在日益复杂的经济活动与社会生活中,缺乏变通性的硬法须与软法相依而立,才能克服硬法的先天缺陷,使‘法治’真正成为维护正义和人类福祉的目的”。[69] (3)法律文化研究越来越侧重于从中国古代法律制度、思想及现象(如戏剧、文学作品、诗词、竹枝词)等微观层面入手去展现中国传统法律文化的一个侧面或者整体景观,这种研究立足于中国传统法律文化的多样性和多层次性,最终目的是实现传统法律文化的现代转型。(4)少数民族法制史研究在21世纪进入了一个蓬勃发展的时期,这一时期民族法制研究的主要特点是少数民族法文化研究渐成体系,少数民族习惯法成为研究的热点,多借鉴社会学的研究方法,如田野调查、实证分析、比较分析、实地考察等。[70] 2007年张晋藩先生《中国少数民族法制通史》(多卷本)的出版“体现了中国民族法制史学的最高水平,凝结了诸多学科学人几十年的心力与心血,是一项前无古人的巨大的民族法律文化工程”,[71]是中国少数民族法制研究的集大成者。(5)此外宋(慈)学研究、沈(家本)学研究、孙中山、毛泽东、董必武、邓小平等人的法律思想研究也取得了一定的进展。

第三,在历史分期上,研究重点仍然集中在夏商周至清朝的历史时期,但是近现代以来的中国法制史成了法律史领域亟待开发的一块处女地,俨然也成了研究的热点。随着思想的进一步解放,理论禁区进一步被突破,民国法制史、中华人民共和国法制史研究出现了许多有分量的成果,扩展着中国法制史研究的广度和深度。

---

[69] 马小红:《“软法”定义:从传统的“礼法合治”中寻求法的共识》,载《政法论坛》2017年第1期。

[70] 中国社会科学院法学研究所法制史研究室编:《中国法律史学的新发展》,中国社会科学出版社2008年版,第52页。

[71] 中国政法大学科研处网:http://kyc.cupl.edu.cn/info/1114/3050.html.,最后访问日期:2018年11月17日。

四、结论

改革开放以来的四十年间,中国法律史研究在反思中发展,在继承中创新,其过程既是一个"祛魅"的过程,也是一个重构的过程,更是一个回归"自我"的过程。[72] 中国法律史从学科建制的完善到研究方法的推陈出新和学科间交流融合的过程,一定程度上折射出了改革开放以来法学学科在中国现实的政治文化环境下的生存境遇,包容的制度环境、开放的文化氛围、丰富的理论补给、充实的队伍建设和科学的人才培养,是21世纪包括中国法律史在内的中国法学发展的必备要素,缺一不可。

习近平在党的十九大报告中指出:"中国特色社会主义文化,源自于中华民族五千多年文明历史所孕育的中华优秀传统文化,熔铸于党领导人民在革命、建设、改革中创造的革命文化和社会主义先进文化,植根于中国特色社会主义伟大实践。"中国传统法律文化是中国传统文化中制度化、规则化的文化单元,也是中国法律史研究中必不可少的部分,上承中国两千年以来法律制度和思想发展演变的基本脉络,下接中国特色社会主义的法治实践,将中国法律史学科的价值重新定位于国家治理的宏观层面。鉴于此,中国法律史研究应该立足于当下,加强同其他学科领域的交流对话,积极回应社会现实,形成一种兼具理论指导和实践指向的学科。

---

[72] 俞荣根教授以中国法律思想史的教材变化为依据,指出改革开放以来,中国法律史的发展可以分为创建、探索和发展三个时期,中国法律史在这一发展过程中体现出了四种共同的特征,即明确了学科的研究对象,逐渐摆脱机械地以"五种社会形态"来设置篇章体例,摆脱以西方法学概念诠释中国古代法的模式,揭示中国法律思想史的发展规律,这一发展过程概括来说,就是一个摆脱外来依赖,增强学科独立性,不断追寻"自我"的过程。参见俞荣根:《寻求"自我"——中国法律思想史的传承与趋向》,载《现代法学》2005年第2期。

On the Restoration and Prosperity of the Historical Research on the Chinese Laws (1978－2019)

Zhang Yantao

Abstract: Forty years since the Reform and Opening-Up, the discipline of Chinese legal history has taken the lead in the tide of the era of ideological emancipation. It has also taken the lead in improving the establishment of the discipline, actively participated in and led the academic discussion at the beginning period of Reform and Opening-Up, and created a new academic atmosphere. The dynamic evolution of the guiding thoughts has indirectly promoted the expansion and transformation of the field and method of Chinese legal history research. It also promoted the development of the historical research on the Chinese laws through retrospect and made the discipline return to its own research and development.

Key Words: history of Chinese laws, the Reform and Opening-Up, Changchun Conference, guiding thoughts

新时代法律专业学位研究生教育与法律职业资格衔接机制研究与实践*

李　燕**

摘　要：新时代依法治国战略给我国法律专业学位研究生教育带来了前所未有的发展空间与机遇，也对法治人才培养提出了新的挑战和要求。如何实现法律专业学位人才培养与法律职业资格的良好衔接，实现法治人才供给端与需求侧的良好衔接，以适应新时代全面依法治国战略需要，是当前亟需解决的法学教育领域的重大问题。本文深入分析新时代背景下法律专业学位研究生教育存在的问题，在借鉴国内其他专业学位与职业资格衔接经验以及美、德、日三国法律职业资格制度的基础上，从招生、培养、体制机制等方面研究探索法律专业学位人才培养与法律职业资格衔接的路径，并在西南政法大学法律专业学位研究生教育实践中开展了有益探索，以期更好地引导法律专业学位研究生教育健康

---

* 本文系重庆市教育委员会2018年人文社会科学研究项目"全面依法治国和全面从严治党背景下法治人才培养研究"（项目编号：18SKCS004）、2019年人文社会科学研究项目"五全育人背景下法治人才培养及供需衔接研究"（项目编号：19SKGH006）研究成果。

** 李燕，西南政法大学民商法学院教授，博士生导师。研究方向：民商法学、法学教育。

发展，为全面推进依法治国提供人才保障。

关键词：法律硕士　职业资格　衔接机制　专业学位

新时代中国社会主要矛盾已经转化为人民日益增长的美好生活需要和不平衡不充分的发展之间的矛盾。不平衡不充分的发展不仅仅体现在物质文化方面的需要，更体现在公平正义、安全保障、社会环境等方面的要求。这些要求都依赖于法治建设的协同跟进，都需要依法治国予以保障，更需要大批高素质的法治人才予以支撑。面临新形势、立足新时代，必须紧紧围绕全面依法治国这一战略，服务新时代法治建设大局，创新法治人才培养机制和供给机制，进一步推进法律专业学位人才培养与法律职业资格的良好衔接，源源不断地为中国法治建设输送优秀法律人才。

一、推进法律专业学位研究生培养与法律职业资格衔接既是依法治国战略需要也是专业学位研究生教育发展的内在要求

党的十八届四中全会通过的《中共中央关于全面推进依法治国若干重大问题的决定》，明确提出推进法治专门队伍“三化”建设，创新法治人才培养机制，培养坚持中国特色社会主义法治体系和法治道路的法治人才。2017 年，习近平总书记在中国政法大学发表重要讲话时进一步指出，全面推进依法治国是一项长期而重大的历史任务，要坚持中国特色社会主义法治道路，做好法治人才培养工作。①

长期以来，法学教育特别是法律专业学位研究生教育与社会需求衔接不紧密，法律专业学位研究生教育的课程教学、实践教学等环节都不同程度地存在学术化倾向。法律专业学位研究生毕业进入工作岗位后，仍需再进行系统的岗位培训和职业实践训练，通过职业资格考试后方可

① 参见李玉兰等：《聚力德法兼修法治人才培养：中国政法大学以总书记重要讲话精神引领法学教育发展》，载《光明日报》2017 年 8 月 17 日，第 5 版。

获得职业资格。法律专业学位研究生教育与法律职业资格之间缺乏有效衔接,影响了法律专业学位研究生教育的社会认可度,也不利于法律专业学位研究生培养质量的提升。

为推进法治人才供给端与需求侧的良好衔接,满足我国法治建设对高层次、应用型和复合型法律人才的需要,中央办公厅和国务院办公厅印发了《关于完善国家统一法律职业资格制度的意见》,提出要推进法律职业资格制度与法学教育的有机衔接,建立法律职业人员统一职前培训制度,加强社会主义法治队伍建设,为全面推进依法治国提供人才保障。

其实早在2013年教育部和人社部联合印发的《关于深入推进专业学位研究生培养模式改革的意见》中就明确提出:对具备条件的专业学位授权点,应积极推进其课程教学、实践考核与相应的职业工作评价标准有机衔接,推进专业学位人才培养与职业岗位有效衔接,推进专业学位授予与岗位职业资格有效衔接。然而,由于多头管理、缺乏相关研究等原因,法律专业学位研究生培养与法律职业资格衔接至今推进缓慢。因此,深入研究和探讨法律硕士研究生教育与法律职业资格衔接问题十分迫切和必要。

二、法律专业学位研究生教育存在的问题与反思

(一)法律专业学位研究生教育的定位

专业学位一种具有显著职业背景的学位,②是为培养特定职业人才而设置的。在理论上,学士、硕士和博士三个阶段均可设置专业学位,但目前来看,各大高校的普遍做法都是将专业学位嵌入硕士阶段。就法学学科而言,硕士学位分为法学硕士与法律硕士。二者虽仅一字之差,但其培养目标却各有侧重。

② 《专业学位设置审批暂行办法》(学位〔1996〕30号)。

根据学位设置的目标要求,法学硕士旨在成为法学教育和科研机构的学术型、研究型的专业人才,因此,学生的学术能力和科研能力被予以高度关注;而法律硕士旨在成为高层次、复合型、应用型的职业性法律人才,故而在培养环节更加重视学生职业能力和职业素质的提升。事实上,早在1995年创办法律专业学位之初,[③]法律专业学位研究生的培养目标已有明确定位,即改变学术学位法学研究生人才培养偏重学术研究而对实务实践注重不够,学科方向划分过细的弊端,根据法律职业岗位的需要确定人才培养目标,探索一个适合中国国情的新型法律人才培养路径。[④] 这也是本文探讨法律专业学位研究生教育与法律职业资格衔接之动因。

(二)法律专业学位研究生教育存在的问题

1996~2017年,国务院学位办先后组织开展了12次新增法律硕士培养单位的审核工作,在此期间,全国共有227所高校和研究机构获得法律专业学位研究生的招收和培养资格。2014年起,国务院学位办开始逐年组织开展专业学位的专项合格评估工作。河海大学的法律硕士培养资格因为评估不合格而于2016年3月被予以撤销。与此同时,学科专业的动态调整机制也被逐步采纳。在2015年和2016年,学位办分别批准了2个和14个法律硕士点。截至目前,全国法律硕士学位点共有243个。法律硕士学位点的稳步增长无疑有助于迅速壮大转型时期所需要的职业法律人才队伍,但一些普遍性问题也在不成熟的初步探索当中逐渐显现。

1. 办学水平参差不齐。经过20多年的快速发展,法律专业学位授权点由最初的8所发展到243所,各高校办学水平、学科底蕴差距很大,部分高校法律硕士培养质量难以得到保障。特别是2014年以来,新增专业学位授权审核改由各省级学位委员会和具有学科自主设置权的高

③ 国务院学位委员会办公室《关于设置法律专业硕士学位的报告》(1995年国务院学位委员会第13次会议通过)。

④ 参见姜朋:《现实与理想:中国法律硕士专业学位教育》,载《中外法学》2005年第6期。

校自行评审,并实行申报专业学位点与具有相应学术学位点"脱钩"的政策。2014年第11次新增法律硕士点68个,创历届新增之最,也首次出现了新增法律硕士单位没有法学硕士点(无论一级还是二级学科)的情况。

2. 招生考试模式同质化。正如前所述,法律硕士与法学硕士在培养目标的定位上有着显著区分,但在招考环节高度趋同,即均参加全国统一考试,由国家划定分数线并确定录取资格。由于两种学位的招生考试科目相似,形式雷同,既无法在报考之初区分两种学位类型的特点和培养目标,也不能分别考察两种学位各自侧重的知识结构和能力基础。⑤

3. 人才培养模式趋同。当前,法律硕士与法学硕士差异化的培养目标仍停留在理念上,多数院校由于办学规模和师资力量所限或其他原因,都没有践行法律硕士与法学硕士的差别化培养,课程设置与教学内容雷同,没有侧重对法律专业学位研究生职业能力的培养,与应用型、复合型、高层次的法律人才培养目标不相符,个别院校安排两种类别研究生合班授课的做法也并不鲜见。

4. 就业导向不明确。法律硕士与法学硕士虽在学位类别与目标定位上早已有了明显区分,但长期以来缺失就业方向上的合理引导,致使法学硕士直接从事法律实务工作,法律硕士去攻读博士,有违各自学位设置的初衷,混淆了各培养院校的人才培养定位和培养方式。一时间内,各大院校对于法律专业学位研究生的培养失去了方向,这也进一步阻碍了法学学位结构与法律人才培养结构的优化和调整。

(三)对法律专业学位研究生教育的反思

虽然客观来看,引发法律专业学位研究生教育存在上述诸多问题的原因很多,但笔者认为,这其中最重要、最根本的原因在于法律硕士研究生的培养与职业资格之间缺乏有效衔接。所谓因果互存,这种断裂导致法律硕士与法学硕士在就业方向上缺乏区分和引导,进而出现培养院校在招生、培养过程中未予以区分,混同培养的现实情况。有学者形象地

---

⑤ 参见袁钢:《法学教育与法律职业资格考试衔接路径研究》,载《中国高教研究》2018年第10期。

将法律硕士描述为夹在法学本科教育与法学硕士教育之间的“鸡肋”，有违法律硕士当初设置的定位与初衷。因此，笔者认为，倘若法律专业学位研究生教育与法律职业资格二者之间能够实现良好的有序衔接，那么法律硕士学位将成为那些有志于在未来从事法律职业的学生在报考时的不二选择，由此将有助于促进法律人才培养结构的优化和调整，促进法律专业学位研究生教育的良性发展。为此，本文以法律硕士研究生教育与法律职业资格衔接机制研究为突破口，探索构建法律硕士人才培养与法律职业资格衔接的机制和路径，以期更好地引导法律硕士研究生的教育改革发展，为依法治国提供人才保障。

三、国内其他专业学位及外域经验借鉴

（一）国内其他专业学位与职业资格衔接的先行经验

当前国内专业学位研究生教育与职业资格衔接的方式主要有三种类型⑥：

1. 三证合一。即毕业证、学位证与职业资格证书三证合一，此种方式是最为彻底的互动衔接。以临床医学硕士专业学位为例，其实现了临床医学专业硕士招考与住院医师规范化培训招录、临床医学专业硕士人才培养与住院医师规范化培训、临床医学专业硕士学位授予标准与临床医师准入标准的三个衔接。此外，临床医学硕士专业学位研究生具有研究生和住院医师规范化培训学员的双重身份，学历教育与住院医师的规范化培训同时进行。学生必须同时完成专业学位硕士研究生培养计划与住院医师规范化培训，并通过执业医师考试与住院医师规范化培训考核，取得《执业医师资格证书》与《住院医师规范化培训合格证书》，方可申请学位，实现了四证合一，即毕业证书、学位证书、执业医师资格证书、

---

⑥ 参见郭蕾等：《对专业学位研究生教育与职业任职资格教育结合的思考》，载《学位与研究生教育》2010 年第 12 期。

住院医师规培合格证书的紧密衔接。[7]

2.课程或考试科目互认和豁免。以翻译硕士专业学位为例,根据国务院学位委员会等三部委联合印发的《关于翻译硕士专业学位教育与翻译专业资格(水平)证书衔接有关事项的通知》,一方面,要求入学前未获得二级及以上翻译专业资格(水平)证书的翻译硕士专业学位研究生,毕业前必须完成二级口译或笔译翻译专业水平考试;另一方面,在校翻译硕士专业学位研究生参加二级口译或笔译翻译专业水平考试,可免试《综合能力》科目。上述规定体现了专业学位研究生教育与职业资格制度的双向衔接与认可,基本达到了国际通行的"职业学位"标准。除翻译硕士专业学位与职业资格的衔接是采用课程或考试科目互认和豁免以外,还有会计硕士专业学位(MPACC)与特许公认会计师公会(ACCA)认证的对接、设备监理领域工程硕士与高级注册设备监理工程师的对接、项目管理领域工程硕士与IPMA和PMI的对接等。[8]

3.减免一定年限或阶段。以建筑学硕士专业学位为例,我国实行注册建筑师和建筑学专业学位评估认证制度。评估认证机构为全国高校建筑学专业评估委员会,由高校建筑学教育专家和建筑行业实务专家组成,主要负责建筑学专业学位培养单位资格审查和专业评估认证。通过评估认证且在有效期内的培养单位,经国务院学位委员会审查后可获得建筑学专业学位授予权。此外,通过专业评估认证高校的建筑学专业学位毕业生参加注册建筑师考试可减少两年的职业实践要求。[9] 据统计,我国的一级注册建筑师主要来自通过评估认证的高校。由此可见,专业学位研究生教育与职业资格认证有效衔接,可以有效推动专业学位研究生教育质量的提升。

---

⑦ 参见鞠学红等:《"四证合一"临床医学硕士专业学位研究生培养的实践》,载《中国高等医学教育》2016年第5期。

⑧ 参见李会兰、张柳、孙玉倩:《专业学位与职业资格认证对接的比较研究——以临床医学、翻译、会计和建筑学专业学位为例》,载《中国煤炭工业医学杂志》2014年第1期。

⑨ 参见高延伟:《中国建筑学专业评估认证制度探讨》,载《高等建筑教育》2010年第3期。

(二)对国外法律职业资格制度的有益借鉴

1. 美国法律职业资格制度。由于联邦制的政治体制,美国各州对法律职业资格考试的报名条件、考试内容、考试形式及考试效力等都有自己的规定,[10]呈现统一性和分散性的特点。在报名条件上,除纽约州和加州外,各州大多都要求必须取得美国律师协会(ABA)承认的法律职业博士(J. D),相当于我国的法律硕士。这样法律专业学位研究生教育便直接与法律职业资格相联系。此外,为保证教育质量,ABA 负责对法学院校进行评估,并组织法学院教师开展教育教学培训和学术交流。

2. 德国法律职业资格制度。德国的法律职业资格考试分为两次,法律系的学习经历是参加国家法律职业资格考试的必备要件。大学组织的专业科目考试是第一次法律职业资格考试的重要组成部分,占第一次国家司法考试成绩的 30%。通过第一次国家司法考试后,考生须参加为期 2 年的司法实践培训,方可参加第二次法律职业资格考试。通过第二次法律职业资格考试者,即可申请担任法官、检察官和高级行政官员等职务。此外,大学的考试成绩与在校表现也都作为申请担任法官或检察官的重要参考。

3. 日本法律职业资格制度。法科大学院毕业生是日本法律职业资格考试的必要条件,法科大学院既招收法学本科专业学生,也招收非法学本科专业的学生,所不同的是前者学制为 2 年,后者学制为 3 年,类似于我国的法律(法学)与法律(非法学)硕士专业学位研究生。而非法科大学院的毕业生,要参加法律职业资格考试,必须先通过预备考试取得报名资格。此外,考生通过法律职业资格考试后,必须经过为期一年的司法实践培训,并在通过结业考试后方可取得法律职业资格。

综上所述,梳理上述三个发达国家的法学教育与法律职业资格衔接的相关机制可以带给我们两点启示:第一,法律专业学位研究生教育与法律职业资格建立了较好的衔接关系。在美、日两国法律专业学位研究生教育是获得法律职业资格的前置条件。第二,系统性的司法实践培训

---

⑩ 参见孙鹏等:《我国现行司法考试制度存在的问题与对策》,载《理论月刊》2015 年第1 期。

对获取法律职业资格十分必要。尤其是德、日两国,必须参加 1 ~2 年的司法实践培训并考核合格,方可取得参加法律职业资格考试的资格。

四、法律专业学位研究生教育与法律职业资格衔接机制的构建

法律是一门艺术。这就要求从事法律职业的法律人不仅需要掌握扎实的法律知识和良好的职业素养,还需具有驾驭法律实务的能力和技巧。因此,要实现法律专业学位研究生教育与法律职业资格的良好衔接,不仅要在宏观制度层面建立"硬"衔接,更要在选拔标准、知识体系、职业能力等方面实现内涵衔接。本文将着力提出从准入标准、知识内涵、机制体制 3 个方面全方位推进法律专业学位研究生教育与法律职业资格有效衔接的具体路径。

(一)准入标准衔接

法律专业学位研究生教育的本质是法律职业教育,其目标是培养德才兼备、坚持中国特色社会主义法治体系、适应经济发展需要的复合型、高层次法律专门人才。法律专业学位研究生的培养目标与法律职业岗位的需求是一致的,法律专业学位研究生的招考标准与法律职业的用人标准也应一致。鉴于此,本文建议,从准入标准入手,改革法律专业学位研究生招考制度,是推动法律专业学位研究生教育与法律职业资格衔接的第一步。

1. 推进分类招考改革,建立区别于法学学术学位的法律专业学位录取标准。针对法律专业学位实务型、应用型的特点,在笔试环节,应重点考查考生解决实际问题能力、逻辑思维能力、推理分析能力、阅读写作和综合能力;在面试环节,应侧重从专业知识、思维分析能力、表达能力、实践能力、职业道德等方面进行考查,为此,应当吸纳校外实务专家作为面试专家组成员。

2. 试行申请审核制度,推进法律硕士专业学位研究生入学考试与国家统一法律职业资格考试相衔接。通过国家统一法律职业资格考试的

人员报考法律专业学位研究生，可申请免试入学。当然，在探索之初，可限制免试入学学生的比例（如20%），并根据试点效果决定是否进一步扩大免试比例。

（二）知识内涵衔接

知识内涵衔接是法律专业学位研究生教育与法律职业资格衔接的基础和核心，决定了衔接的质量和最终成败。要实现法律专业学位研究生教育与法律职业资格的良好衔接，法律专业学位研究生的培养标准应与法律职业岗位的用人标准高度一致，法律专业学位研究生的知识体系、教学内容、能力培养应与法律职业岗位的需要相吻合。知识内涵衔接主要包括以下两个方面：

1. 知识体系衔接。法律职业资格考试内容、法律专业学位研究生课程教学内容、法律职业发展必备知识与素养三者应融合统一。法律专业学位研究生的课程体系、教学内容应覆盖法律职业资格考试的知识点，法律专业学位研究生的专业素养应能够满足法律职业岗位的需要。法律专业学位研究生的课程教学大纲应涵盖法律职业资格考试内容，在部分课程考核方面可参照法律职业资格考试的考核形式与命题方式进行考核。

2. 职业能力衔接。按照法律职业岗位标准，开设法律专业学位研究生职业技能训练课，强化职业能力训练。将法律职业人员统一职前培训纳入法律专业学位研究生培养过程，对符合法律职业人员统一职前培训要求，按照法律职业人员统一职前培训标准进行培训并考核合格的法律专业学位研究生，可授予《法律职业人员统一职前培训合格证书》。

（三）机制体制衔接

机制体制衔接是法律专业学位研究生教育与法律职业资格衔接的关键点和突破口，对法律专业学位研究生教育和法治人才培养具有重要引领作用。而实现机制体制衔接的核心是构建统一的法律职业人员统一职前培训制度。具体设计如下：

1. 法律职业人员统一职前培训制度内涵。法学专业毕业生在完成法学院校教育之后，以法律职业人员（法官、检察官、律师、公证员等）的身份在认可的培训基地接受系统性、规范化的职业能力培训。培训合格由认证机构颁发《法律职业人员统一职前培训合格证书》,与《法律职业资格证》两个证书一起共同作为从事法律职业的必备前提。

根据《关于完善国家统一法律职业资格制度的意见》,取得法律职业资格后,还须通过统一职前培训方可上岗。即我们可以将法律职业人才培养分为两个阶段:第一阶段进行法律知识学习与法律思维训练,以通过国家统一法律职业资格考试并取得《法律职业资格证》为考核标准;第二阶段展开岗位胜任力培养与职业规范化训练,以通过统一职前规范化培训取得《法律职业人员统一职前培训合格证书》为考核标准。

2. 将法律职业人员统一职前培训纳入法律专业学位研究生培养过程。择优试点,认证一批人才培养质量较高的法律专业学位研究生培养院校,其招收的在校法律专业学位研究生,同时也是参加法律职业人员统一职前培训的学员,其实践能力培养按照国家统一制定的法律职业人员职前培训要求进行,考核合格颁发《法律职业人员统一职前培训合格证书》。即为实现法律硕士与法律职业的无缝衔接。法律硕士的培养分为两个层面:一是完成校内全部课程学习并通过学位论文答辩和国家统一法律职业资格考试,取得《毕业证书》《学位证书》《法律职业资格证》;二是通过岗位职业实践训练,参加法律职业人员统一职前培训并通过考核,取得《法律职业人员统一职前培训合格证书》。即法律专业学位研究生在毕业时可取得《毕业证》《学位证》《法律职业资格证》《法律职业人员统一职前培训合格证书》,实现四证合一,直接获得法律职业从业资格,从而实现法律专业学位研究生教育与法律职业资格的制度衔接。

3. 职前培训基地认证。培训基地是承担法律职业人员统一职前培训的机构,根据岗位培训类别分为法院培训基地、检察院培训基地、律所培训基地和行政机关培训基地四种类型。培训基地主要依托当地各级法院、检察院、行政机关和管理较为规范、有一定声望的律所,具体由国家法律职业资格主管部门会同法治实务部门依据法律职业人员统一职前培训标准和相关规范进行认证。

4. 试点高校认证。全国现有法律专业学位研究生培养院校243个,办学条件、学科基础、人才培养质量参差不齐。为保障衔接质量，稳步推进法律专业学位研究生培养与法律职业资格衔接，须认证一批法学基础好、办学条件优越、人才培养质量较高的法律专业学位研究生培养院校先行试点。具体标准由全国法律专业学位研究生教育指导委员会牵头制定并开展认证工作。

5.定期评估，动态调整。为保障人才培养质量，激发高校人才培养积极性，职前培训基地与试点高校三年一评估，动态调整。评估标准应适当高于认证标准。具体标准由全国法律专业学位研究生教育指导委员会牵头制定并开展评估工作。

法律专业学位研究生教育与法律职业资格衔接是一项系统工程，政府、行业部门、高校都必须参与到衔接过程当中。尤其是相关政府部门要健全工作协调机制，制定政策，及时研究解决实施过程中存在的问题，不断探索完善相关政策措施。但可以预见，一旦法律专业学位研究生教育与法律职业资格实现良好衔接，将有力促进法律人才培养结构的优化和调整，促进法律专业学位研究生教育质量的提升，促进法治人才培养与社会需求的动态平衡，从而有力地推动法治中国建设。

五、西南政法大学在法律专业学位研究生教育与法律职业资格衔接方面开展的实践与探索

西南政法大学作为全国第一批法律专业学位教育八个试点院校之一，于1996年开始招收法律专业学位研究生，迄今已招收23届法律专业学位研究生。学校始终坚持法律专业学位职业化人才培养的定位，在招生考试、分类培养、课程体系、实践教学等方面做出了诸多有益探索，主要经验有以下几点：

（一）按照职业要求设置复试内容，突出法律职业综合素养考核

推进专业学位与学术学位分类招考改革。根据学术型和专业型硕士研究生不同的选拔标准和培养要求，在考试特别是复试环节制定不同

的考核方式,分类选拔。该校法律硕士研究生复试采取面试的方式,由具有丰富法律实践经验和深厚理论基础的研究生导师组成面试组,侧重对从事法律实务工作应该具备的法律思维、法律逻辑、写作基础等综合能力的考察。

(二)按照行业需求设置培养方向,突出法律硕士职业教育属性

法律职业本身分类繁多,有司法职业(法官、检察官、律师)、立法职业(人大立法和行政立法)、执法职业(法律授权执法和委托执法)、法学科教职业(法学研究和法学教育)以及法律辅助、法律顾问等职业,涉及金融、经贸、环保、知识产权等众多行业和领域。

法律职业分类的复杂性、多元性和多层次性决定了法律职业需求的多元性和多层次性,从而也就决定了法律职业需求和法律硕士教育行业特色的多元性和多层次性。

学校举全校之力开展法律硕士教育,整合各学科的资源和力量,以行业需求为出发点,打破法学一级学科界限,进行不同学院、不同学科的知识交叉复合,与政治学、应用经济学、管理学、新闻传播学等学科协同创新,设置了民商法实务、知识产权法实务、民事司法实务、刑事法实务、财税金融法实务、企业法实务、行政法实务、律师实务、涉外经贸法实务、证据调查实务、环境司法实务等专业方向,通过"法律+行业"的培养方案设计,增强了学科的复合性,实现了专业方向与行业的对接,突出法律硕士教育的职业教育属性。

(三)按照法律职业岗位用人标准,突出法律硕士职业技能培养

在课程体系设计上,法律硕士课程体系分为基础知识模块、特色方向模块和职业技能模块。基础知识模块侧重于法学知识的系统性和应用性,注重体现案例分析与法律实务专题的特点;特色方向模块主要根据各培养方向开设相应的优势和特色课程,注重提升学生在该专业领域的学习深度,熟练掌握该法律领域的知识和职业技能,如企业法实务方向开设有《企业设立、并购与破产实务》《企业国有资产监管实务》《企业法律风险防控实务》等课程;职业技能模块主要以模拟法庭对抗训练、法律文书写作训练为主,并结合各培养方向的职业领域实际工作需要开设特色训练课程,如《电脑速记能力训练》《法律谈判》《模拟审判与仲裁》等。

在教学方式方法上,实现了四项转变:课程组织由大班化授课模式转变为实务课程小班化教学;理论课程教学由讲授型教学方式转变为讨论式教学;程序法课程教学由全程讲授转变为50%课时量纳入实习、实践培养环节计入学分,实习效果明显改善;师资搭配由一位教师独自讲授一门课程,转变为实体法与程序法教师双师同堂讲授或专兼职教师同堂共同讲授课程。

在研究生指导上,学校施行法律硕士"双导师制",即一名法律硕士研究生由一名校内专职导师与一名校外实务导师联合指导,校内导师侧重理论指导,校外导师侧重实务与实践指导。纸上得来终觉浅,法律专业学位研究生需要将所学转为所用,在更为复杂的社会实践中形成发现问题、分析问题、解决问题的能力,校外实务经验丰富的实务导师能够较好地解决这一问题,大大提升法律硕士研究生的实践能力。

(四)按照职业人员职前培训要求,突出法律硕士实践能力培养

为了实现法律硕士研究生教育与法律职业的无缝衔接,使学校培养的法律硕士研究生可直接进入工作岗位,而不再开展职前培训,西南政法大学在法律硕士培养过程中实施实习司法助理制度。法律硕士研究生在经过学校的知识学习和实务训练之后,须进入法院、检察院或律所担任实习司法助理,开展为期6个月的集中实习。司法实践部门为法律专业学位研究生配备实务导师,采取一对一的学徒式的教育模式,通过让学生阅读案件记录、研究案例、协助实务导师起草判决书以及其他司法文书,研究案件审理过程中法律解释及适用的具体问题,大大提升了法律硕士研究生的实践能力和职业胜任力。截至目前,学校已与最高人民法院、第五巡回法庭、重庆市高级人民法院、重庆市人民检察院等市内外171个司法实践部门建立了法律硕士研究生实习基地。

(五)按照"才能"兼具的标准,打造"双师型"师资队伍

在法律硕士师资队伍建设方面,西南政法大学以是否具有法律实务经验为筛选条件,专门组建了一支既有"才",具备深厚的法学理论造诣,又有"能",拥有丰富的法律实务经验的师资队伍。同时,学校不断加强"才能"兼备的"双师型"师资队伍培养,一方面选派政治素质好、工作能力强、精通法学理论的中青年骨干教师赴司法实务部门挂职锻炼;另一方面聘请部分法律实务部门和机关优秀的专家学者担任西南政法大学法律硕士兼职教师。

基于以上分析,笔者认为,构建统一的法律职业人员统一职前培训制度,是实现法律专业学位研究生教育与法律职业资格衔接的突破口;应进一步完善国家统一法律职业资格考试制度,建立法律专业学位研究生教育与法律职业统一职前培训制度、法律职业资格考试制度的内在联系和衔接路径,更好地引导法律专业学位研究生教育改革与发展,为全面推进依法治国提供人才保障。当然,想要实现法律专业学位研究生教育与法律职业资格制度的无缝衔接,必然对法律专业学位研究生教育提出新的更高的要求。法律专业学位研究生培养方案、教学内容、教学方式及实践教学的设计能否符合法律职业发展的需要,人才培养质量能否达到法律职业岗位的要求,决定着二者的衔接效果。

The Research and Practice of the Connection Mechanism of the Graduate Education of the Masters of Law and Legal Professional Qualification in the New Era

Li Yan

Abstract: The strategy of the rule of law in the new era has brought unprecedented development space and opportunities to the graduate education of law majors in China. At the same time, it also poses new challenges and requirements for the education of legal talent serving for the rule of law.

There are a series of problems in the field of legal education that needs to be solved urgently-how to achieve a good connection between the training of legal professional degree talents and legal professional qualifications, how to achieve a good connection between the supply side and the demand side of the rule of law talents, and to adapt to the new era of comprehensively administering the country according to the law. This article analyzes in depth the problems existing in the postgraduate education of law majors in the new era. Based on the experience of other professional degree and the legal professional qualification system in the United States, Germany, and Japan, the author researches and explores the path of the training of legal professional degree talents and legal professional qualifications from the aspects of enrollment, training, and institutional mechanisms. On this basis, the author has carried out useful explorations in the practice of law degree graduate education at Southwest University of Political Science and Law in order to better guide the healthy development of law degree graduate education and provide talent guarantee for the comprehensive promotion of governing the country according to law.

Key Words: master of Law, professional qualification, connection mechanism, professional degree

法律实践教育的人文反思与路径求索

黄文瀚*

摘　要：就其本质而言，法学教育当是实践教育，几乎所有的法律条文都会应用于社会实践中，并在实践中贯穿法的意志与人的理性。然而结合法学院校的课程设置，传统观点功利性地将法律实践教育视同于职业实践教育，不断强化法律学习者的实践技能，却忽略了现代法律人文精神之提升。法律实践不单是法律职业共同体的高超技能，更重要的是包含了法律秩序下人的实践热情。换言之，成熟的法律实践应当是教育敢于为权利而斗争，为少数人而发声，为法治而奋斗的实践理性，并通过公益性诉讼等法治实践行为完善社会秩序，从而在实质意义上彰显实践教育下法律学习者的职业温度与人文关怀。

关键词：法律实践　法学教育　人文精神　公益诉讼

中华人民共和国成立 70 年来，已经建成本、硕、博，相对完整的学历体系，并有超过 600 所高校开设

---

* 黄文瀚，苏州大学王健法学院博士研究生。研究方向：宪法学与行政法学。

了法学专业，法学专业毕业生年均规模约 8 万人次。在就业重压之下，各大高校不遗余力地强化法律实践技能教育，寄希望以此应对社会对于法学人才的实践需求。在这种面对“现实”的教育理念占据主导地位的大背景下，法律实践教育与职业实践教育被画上了等号，对于学生职业实践技能的关注长期占据着法律实践教育研究的主流。① 法律实践教育的改革与探索开展了十余年，法律诊所、模拟法庭等实践方式层出不穷，但在本质上仍是法律职业教育的训练手段，虽然取得了不错的案例训练效果，但对于社会法治秩序所产生的影响仍是细枝末节。法学作为“为天地立心、为生民立命”的正义之学，在这种职业实践导向下，现如今更多的是成为法律职业者自身安身立命的工具。

当法律沦为实践教育下的职业工具时，造成的一个残酷现实就是，在法学教育开展多年，具备法学专业知识背景人数总体增加的环境下，我们在日常生活中仍然面临着很多“霸王条款”，很多人持续受到“歧视与不公平”的对待，法律的基本价值与人权概念在普通人的一般认知中被曲解甚至妖魔化的情形并不少见。法学教育（无论是理论还是实践）的基本目标之一就是教育学生如何尊重和保护人权，然而现实却是今天很多法科学生或不具备识别“社会不公”的法眼，或不具有为他人权利而发声的热情，甚至于自己直面侵权都缺乏为权利而斗争的勇气。我们取得了法学的学位，获得了法律的职业，但并没有建设美好法治国家的宏图，当法律实践教育成为一种精致的职业谋生方式时，社会对于法治的信心水平将面临极大的挑战，法治理想与宪法价值或难以为继。

一、法律实践教育的概念定义与人本价值

在 21 世纪初，关于推动法律实践教育的改革就已经展开。但这种

① 武汉大学江国华教授认为“职业教育乃法学本科教育的本质所在”。参见江国华：《法学本科教育改革研究》，载《河北法学》2012 年第 4 期。中国政法大学徐显明教授认为“我们的法学教育中对学生职业技巧训练的缺乏是一个根本性的缺陷”。参见徐显明：《法学教育的基础矛盾与根本性缺陷》，载《法学家》2003 年第 6 期。

实践教育更多的是指关于法律实践的校园教育课程,除了少数高校能提供直接参与诉讼的机会,更多的高校仍处于“模拟法庭”的状态。看似关于实践法律,但本质上仍是一种课堂演练。因此法学与教育学的研究者有必要对于法律实践教育这一基础概念进行再深化认识。

(一)对法律实践教育概念的重新定义

法律实践教育在中国的旨趣原在于见习、法律咨询、模拟审判等实践性教学环节。② 2000年之后逐步吸收了以德国为代表的“职业实践教育”,这种教育模式强调教育培训市场与劳动力市场的机制匹配,通过提升毕业生的实践能力来强化其就业能力。法律实践教育在我国的传统语境下又被称作“法律职业教育”或“法律技能教育”,相关的研究与教学也在一定程度上产生了良好的社会效果。然而这种具有明确功利性的“技术性实践”仍然是根植于对“实践知识的反思”而并不是对“实践行为的反思”。哈贝马斯早在1965年就对“理论与实践”教育提出了“认识兴趣”与“交往能力”两个概念,并区分了技术性与实践性教育两者的区别,他认为“技术性的认识兴趣包含在经验分析的科学观中,实践性的认识兴趣包含在历史解释的科学观中”。③ 实践教育学家(R. Shaull)指出:“教育要么充当使年轻一代融入现行制度的必然结果并使他们与之不相背离的手段,要么就变成‘自由的实践’,也即人借以批判性地和创造性地对待现实并发现如何参与改造世界的途径。”④在域外教育实践层面上,剑桥大学则提出“从普遍的生活世界中提高学生的能力”“鼓励质疑精神”,⑤而这些恰恰是现阶段我们法律实践教育所忽视

② 教育部高等教育司在1998年颁布的《普通高等学校本科专业目录和专业介绍》中规定:“主要实践性教学环节包括见习、法律咨询、社会调查、专题辩论、模拟审判、疑案讨论、实习等,一般不少于20周。”参见董万程:《加强我国法学专业实践教学的思考》,载《海南大学学报》(人文社会科学版)2010年第3期。

③ [德]哈贝马斯:《作为“意识形态”的技术与科学》,李黎、郭官义译,学林出版社1999年版,第126页。

④ [巴西]保罗·弗莱雷:《被压迫者教育学》,顾建新、赵友华、何曙荣译,华东师范大学出版社2001年版,第5页。

⑤ 刘钰、许亮、靳宇倡:《大学实践教育的文献综述》,载《清华大学教育研究》2006年第S1期。

的重要方面。

究其根本，在于我国长期以来将法律实践教育作为“致知”的延伸，但问题是，“知”的确定性不等同于“行”的有效性。认知上的完备性并不足以保证行动上的有效性，教育实践不是一种纯粹理性的活动，而是一种与历史性和情境性关联的践行。⑥ 所以核心在于实践，而不在于教育。职业教育无法等同于实践教育最根本的原因在于个人的法律知识与职业技能再高超，也只是存在于个人的思想之中，其对于法治社会的影响极其有限。职业教育的直接目的是提高就业，而实践教育的最终目的是鼓励践行。前者是法律共同体的职业能力，后者则是法治国家下公民的通识认知。没有践行的法律知识，无法推动国家提高法治水平的职业能力，只不过是一种精致的谋生手段。真正意义上的法律实践教育应是在鼓励学生强化自身职业能力的同时，积极参与各种级别的社会法治化改造。

（二）法律实践教育的人文本质与人道关怀

法律实践不是抽象的、独立而行的，而是包含着深刻的个人色彩、历史传统、宗教背景、权力机制等社会语境。它关系到人的命运与前途、价值与尊严、幸福与成就，是在规范体系整体调和中对个人的真情流露。作为具有人文关怀的法律实践教育，绝不应该拘泥于课堂教育对现实的“模拟反应”，更应该直面真实生活中的“人间百态”与“现实疾苦”，并通过自身的法律实践行为去予以完善，这才是人文教育与人道关怀的“现实精义”。

回归到实践教育之中，大学孜孜不倦地致力于提升学生的“实践观”而不是引导实践道路。这使得学生对于身处领域的法律实践其实并不感兴趣，缺少人文精神的引导，法律教育中的理论与实践处于脱节且不对等的状态之中。一方面，越来越多的学校设立法律诊所、模拟法庭这些教学设施，学生们在剧本中自我陶醉；另一方面，现实生活中遇到的许多“法律问题”却无人问津。法律教育实践不能仅依赖纯粹的专业学

---

⑥ 刘钰、许亮、靳宇倡：《大学实践教育的文献综述》，载《清华大学教育研究》2006 年第 S1 期。

习，更需要人文精神的熏陶与培养，去推动社会的变革与进步。这种人文精神反映在实践教育之中呈现了两大特征：

1. 实践教育中培育人文精神与人道关怀本质上不是服务法律实践的一项技能教育，而是鼓励法律实践的通识教育。这种实践教育首要的是激发学生实践的冲动与兴趣，使其敢于付诸行动，而不是纸上谈兵。传统的法律实践教育强调"理论教育"之于"实践教育"的先导性，但是实践教育的出发点与落脚点都归根于实践，"实践教育"不是法律教学者的专业能力，实践者"以身明法"的经历比起法律教条，更能解释教育实践与课本知识。法律实践绝不是只有经过专业训练与学习的人才能习得，⑦所以这种人文精神重在鼓励实践与参与实践，亲身经历人所处的人文环境改造与社会法律变革，而无关结果。

2. 法律实践中的人文精神应是基于公民权利保护的一种人道关怀。学者周国平将这种人文精神抽象为"三性"，即人性、理性与超越性。具有人文精神与人道关怀的法律实践是为了维护人的尊严、权利，追求人的幸福、价值的一种有目的的活动。出于自身利益需要的执业行为，虽然也是法律实践，但相较于公益诉讼、法律援助等非商业行为，其难以彰显法律实践教育的人文精神。如何基于自身的法律社科背景为社会少数人发声，为权利而呼声，这是法治实践的人文价值所在。⑧

二、法律实践教育的改革逻辑与探索目标

法学作为一门人文社会科学，其既内含理论又强调实践，既研究客观又难弃主观，既追求理想又屈从现实。法学教育，特别是本科的法学教育应着力于法律职业教育还是素质通识教育，这两者之间如何平衡、

---

⑦ See George Priest, "Social Science Theory and Legal Education: The Law school as University", *Journal of Legal Education* Vol. 33, 1983, from Martin Lyon Levine, *Legal Education*, Dartmouth, 1993, p. 287.

⑧ 刘作翔教授曾说道，"关注权利问题是法律人文关怀的最好体现"，参见林来梵：《法律与人文》，法律出版社2007年版，第104页。

调合，并应该在未来的改革中追求何种逻辑取向与价值目标，这是法律实践教育发展中不可回避的问题。

（一）法学理论教育与实践教育的改革逻辑异同

传统的理论教育从“致知”走向“致行”，以法学理论教学的方式去传输某种既定的知识，包括实践性的知识。然而这种实践性的知识所能提供的不是解决教育实践问题的处方，而是仅供参考的“底线”知识。⑨教师所传授的“知”并不必然会转换为“行”，虽然实践理论对于指导实践行为是有所裨益的，但法律实践行为的发生并不必然以理论为先导条件。法律实践教育在内容上不单是规范的应用，还应输出法治理念与人文精神。因此，实践教育与理论教育在改革的逻辑面向上是不一样的。

1. 法学理论教育是指导学生对法学知识性的掌握，而法律实践教育是激发学生对法学实践的兴趣，并不以知识掌握的好坏为前提条件。法治的重要理念之一便是法治国家的民主参与，在现代法治社会，提升公民的规范意识、权利意识、监督意识并转化为现实的参与诉求是法治精神的落成。在法学实践教育领域更多地表现为学生具有参与以诉讼为主的实践热情，而不是不断地学习实践知识或者是在校园的模拟法庭排兵布阵。现阶段法院等司法机关都有着标准化的程序和审查，即便是不懂法律的人也能依照引导完成一场诉讼活动，更何况是经过法学院学习，具有专业基础的法学学生。

2. 法学理论教育是以学生学习成绩为导向的，强调理论学习的效果；而法律实践教育是以过程为导向的，强调实践行为的展开。换言之，学校的理论教育还在通过考试成绩来区分优劣，而实践教育则强调勇于走出第一步，至于结果如何并不是最重要的。因此对于学生而言，只要通过自己的努力去参与了实践，结果并不是其所能把握的，实践教育的答案多元且开放。

3. 法学理论教育是被动性的学习，采取的是类型化的知识传授；而法律实践教育是主动性的学习，没有类型化和知识性的障碍。传统的理

---

⑨ See James W, *Talks to Teachers on Psychology and to Students on Some of Life's Ideals*, Harvard University Press, 1983, p. 15.

论教育将学科划分为民商法、刑法、行政法等不同的学科，任课老师只是在自己本学科的领域来完成教学，而法律实践教育则打破了学科的壁垒与知识性的束缚。真实的法律实践环境就是法律从业者会面临着自己陌生的困难，无论是法官还是律师都会遇到自己从未解决过的问题以及从未学习过的法律。通过学生的主动学习，来不断调整自身对于陌生问题的解决能力，锻炼自身的职业心态。这是僵化的理论教育所无法实现的。“纸上得来终觉浅，绝知此事要躬行”正是这一现象的生动写照。

（二）现阶段法律实践课程发展的现实困境

21世纪初，中国开始引进美国法律诊所教育法，但令人遗憾的是，20年过去了，法律诊所教育并没有大规模地在国内的高校推广开，甚至出现了某种意义上的闲置。大多数开设法学教育的高校采用了模拟法庭这一更为简单的做法，或者在校内设置了诸如“法律事务中心”或者“维权中心”这类学生机构，但事实上这些中心常年处于空转的状态，没有太大的实践价值。究其缘由，有三点值得深思：

1. 我国的法律实践教育缺乏标准化的指导细则，各高校主要依照自身的实际情况开展实践教育。这种情况最直接的影响是，相较于统一教材与课程设置已经成熟的理论教育，实践教育在现实中设置随意，过于依仗学校的办学水平。各校的实践教育方式侧重点各有不同，标准更遑论统一。

2. 法律实践教育课程设置僵化，形式主义十足。在中国大多数高校的法学本科都将模拟法庭与大四的校外实习设置为必修的学分，然而现实情况不尽如人意。大多数高校帮助学生联系实习单位，却缺少后续的实习指导，实习质量难以保证。校内模拟法庭照本宣科，与真实的法律实践相距甚远。大多数院校的法律实践教育的实效堪忧。

3. 法学理论教育的评价标准对实践教育的牵掣。为了显示“办学成果”，大多数学校变身考试培训班，把精力用于提高“考研上线率”与“司考通过率”方面，这些评价标准事实上是对于理论教育的总结，并不适用于实践教育领域。在这种评价的导向下，学生的实践能力得不到应有的重视。

法律实践教育之精髓在于不拘泥于照本宣科的理论方法，而是以更加开放与包容的态度面向纷繁复杂的现实社会，直面世间百态的法律问题。以人文之精神培育健全的法律职业人格，而不是精致的利己主义者。再好的制度设计和规范条文，如果没有具有现代人文精神的人加以实践，极容易走向畸形的发展。通过法律实践教育，以人文精神促法治理念在现实社会的实现，探求一种法学学习者能直接参与并有助于社会法治化水平提升的社会实践教育模式，是公民建设法治国家、民众感受公平正义、学校提升法学教育水平的迫切要求。

三、法律实践教育的发展进路——以公益性质诉讼为中心

诚如上文所述，法律实践不能简单地看作一种职业实践，而应是具有人文情怀的社会实践。尤其是在培养学生人文社会科学基本价值观的本科阶段，这一点尤为重要。而最有温度也最有价值的法律实践莫过于鼓励学生通过自己的努力推动社会进步，这也是法律实践教育未来重要的发展方向——开展公益性质诉讼教育。

（一）公益性质诉讼在法律实践教育中的作用

模拟法庭或者法律诊所这类形式的实践教育方式，不能简单地视为灌注知识的方式，更应该注重学生的法律思维能力。⑩ 对于法律学科的学生而言，前端性的能力就是发现问题的能力。法学作为社会科学，关注的是社会的世俗事务，小到蝇头小利的纠纷，大到国家治理之伟业，法学学生面对的就是纷繁复杂的社会问题。⑪ 传统的法律实践要不就是老师安排好的教条化演练，好一些则是实践事务的应对，最后实践的目

---

⑩ See Henry. G. Miller, *Role of Advisor to Law Schools*, American Bar Association Section of Legal Education and Admissions to the Bar, February 16, 1985, p. 15.

⑪ 参见孙笑侠：《法学的本相——兼论法科教育转型》，载《中外法学》2008 年第 3 期。

的往往都是“教学”。[12] 学生自身寻找问题的主动性得不到锻炼,探究问题的主观能动性便难以发挥。只有不纯粹为了教学而开展的实践,才能最大限度地引起学生对于这门社会科学的兴趣,参与公益性质诉讼案件有利于激发学生对于社会事务的积极探索与改造。

形形色色案件的背后是不同的人生境遇,纷纷扰扰纠纷的本质是各异的目标追求。在法学本科阶段鼓励学生发起或参与具有公益性质的案件,可以极大地助益于学生的人文素养与通识教育。一是在理论教育之余彰显法治品格与人文精神,培养学生的问题意识与权利意识,提升敢于参与社会实践的勇气与担当。二是在法律实践中感知法治价值与人文关怀。法律认识来源于法律实践,法律实践是以建立在相互理解上的社会交往为内容的。[13] 通过更多的学生提起具有公益性质的诉讼,也能让社会大众更深刻地感受到法治给他们生活带来的直接影响,提高民众对于法治的认知度与尊崇感。

(二)实践教育的创新——以苏州大学公益诉讼扶持计划为例

在“公益”的导向下,如何使学生提出问题并开展好公益性质的诉讼,成为学校实践教育的一项“技术性”难题。任何一场诉讼都意味着参与者将付出时间、金钱等成本,对于在校学生而言这点尤为宝贵。如何将公益性质诉讼的法律实践纳入教学体系中,并且实现教学效果、实践效果与社会效果的有机结合,这有赖于更具体的设计安排。考虑到苏州大学在该领域取得了令人欣喜的成果,并率先提出了“公益诉讼扶持计划”,基于此。本文以其为例进行介绍,以供参考。

1.公益性质诉讼案件的选取标准

根据2019年6月20日浙江省检察院出台的《关于公益诉讼重特大案件标准的试行规定》中的标准,重特大案件的判定标准主要是依照发生区域、标的大小、影响范围等客观标准来衡量案件的公益性质。作为

---

[12] “大陆法系教育在于对基本概念和原理的教导,所要求的内容并不是对实际情况的分析,而是对法律组成部分的分析。”陈大纲:《中外高等法学教育比较研究》,上海交通大学出版社2003年版,第200页。

[13] 参见葛洪义:《法与实践理性》,中国政法大学出版社2002年版,第201页。

法科学生而言，也应该慎重考虑这些要素，以选取适合的案件及合理的诉讼需求。尽量避开应由检察院等国家公权机关专门办理的事项范围，以减少涉入重大诉讼的泥潭。例如，2018 年发生的“状告知网案”其选取的就是日常生活常见的“格式合同问题”，这类案件通常标的额较低，诉讼要求简单，适合法科学生开展诉讼实践。再如“苏州轨道交通案”，该案的另一个特点是案件发生区域在苏州本地，便于学生就地开展法律实践。在近期，苏州大学法学院学生又将目标转向“爱奇艺”，同样是选取了爱奇艺的格式条款问题。

选取格式条款或者是霸王合同作为法科学生提起与展开公益性质诉讼的主要原因在于：其一，学生通常是这些合同的缔结方，他们提出相应的民事诉讼，是我国《民事诉讼法》的适格主体。这一方面避免了规范条文下公益诉讼主体的争议，另一方面这些条款是日常问题，便于学生发现并捕捉，教育意义与社会效果结合良好；其二，一般性合同问题法律技术难度低，诉求也较为简单，学生实践障碍小。苏州大学法学院学生涉及的这三起案件无一不是抓住了合同与条款问题，诉求多是要求废止或改进条款，避免了对诉讼标的与金额判定无休止的争论。

2. 开展公益性质诉讼的支持方式

在法律实践教学过程中完成一场完美的公益性质诉讼，必须在行之有效的经验之上，集聚多方力量，打通理论教育与诉讼实践的壁垒，用切实的制度保障学生参与公益性质诉讼的热情。在此，笔者认为，苏州大学提供了三点有益借鉴：

(1) 充分运用社会力量，提高案件的可见度。将法治教育从课堂向社会拓展，在公益性质诉讼过程中，既锻炼了学生的法律实践水平，也为社会上了一堂生动的法治实践教育课。在法律实践教育之中，苏州大学王健法学院联合苏州广电融媒体中心与苏州广播电视总台，共同制定了“公益诉讼扶持计划”，并聘请国内知名法学研究者为该计划提供智力支持，以确保公益性诉讼达到良好的社会效果。

(2) 开展实践教育指导，保证学生实践效果。传统的模拟法庭与法律诊所式的教育，通常还是以校内指导老师为主，仍然脱离不了校内教学的背景。苏州大学法学院对于学生参与公益性诉讼的指导,主要是联合校外的律师事务所,通过职业律师的校外指导,快速帮助诉讼参与者进入法律实践的状态,也大大降低了学生参与实践的难度。

(3)学院进行教学改革,在课程设置上予以支持。在苏州大学王健法学院,这种由学生发起的具有公益性质的诉讼,不但被列入一门正式的法律实践课程,而且也为其建立了相应的规章制度。与此同时,为了鼓励更多的学生参与,苏州大学法学院自2016年开始每年举办公益诉讼之星大赛。也正是以此为开端,苏州大学法学的公益性诉讼实践如火如荼地开展,并得到了相关院校的高度关注与学习。

以公益性质诉讼为典型的法律实践教育模式推动了学生在学习过程中的身份认知,以往置身事外的法律学习者转变成为公民社会的参与者。无论法律知识与职业技能的水平如何,每个人都可以通过自己的法律实践行为来推动社会的发展与变革,学生在此过程中成为法治社会的学习者、建设者、推动者、受益者。这种法律实践教育在实践对象上关注与日常生活紧密联系的要式合同,在教育模式上主要以参与具有公益性质的民事诉讼为实践方法,在教育成果上聚焦于实现公共利益的诉讼请求,并以一种直接明了的方式实现实践教育成果与法治社会效果的有机统一。

四、结束语

1872年,德国著名法学家耶林提出了一个著名的实践论断——“任何一场诉讼都是有意义的”。⑭ 我们深知法律实践教育的改革随着社会的发展,只有进行时,没有完成时。理论教育与实践教育如何做好“知行合一”,在技术层面上可以无休止地讨论下去,只是面对社会的诸多亟待

⑭ 耶林说:“争议标的与付出成本不相称的诉讼中,关涉的是某个理想的目的:张扬人格本身和个人是非感。”[德]鲁道夫·冯·耶林:《为权利而斗争》,郑永流译,法律出版社2007年版,第12页。

我们改变的问题,我们是否可以做到让我们的实践更具有社会实效?更具有人文关怀?以人为本来优化我们的法律教育,培养为权利而斗争的人文精神,才应是法律实践的核心话题。

Human Reflections and the Exploration for the Practice in Legal Education

Huang Wenhan

Abstract: In essence, legal education should be practical education. Nearly all legal provisions involve in social practice and the practice of them are the reflections of the will of the law and humanistic rationality. However, with the consideration of the current curriculums of law schools, traditional legal education adopts a utilitarian viewpoint to treat the practice in legal education as vocational education. This view may continuously strengthen the law practitioners' practical skills, but ignore the potential of the improvement of humanistic spirit in modern law. In fact, legal practice is not only a collection of skills of the legal professional community, but more importantly, legal practice includes the practical enthusiasm of people under the legal order. In other words, mature legal practice should educate students' and law practitioners' rationality of practice. For example, the spirit to fight for human rights, to speak for societal vulnerable groups, to strive for the rule of law, and improve the social order through legal practice such as pro bono litigations. In this way, legal education can essentially foreground its professional warmth and humanistic care to law learners and law practitioners in practical education.

Key Words: legal practice, legal education, humanistic spirit, pro bono litigation

法律职业化教育的再理解

——基于对×市青年律师的实证调查研究*

罗　阳**　刘　睿***

摘　要:法学教育既要立足于书本,同时还要面向职业实践。对于怎样才能取得良好的法律职业教育效果,当前法学界、教育学界大多聚焦于探讨如何完善、改进大学法学教学。从社会学的视角看,广义的教育应当是一个个体"社会化"的全过程,仅仅将职业化教育局限在学院教育阶段,难免自我局限了研究的视野。通过对×市执业五年内的296位青年律师的实证调查,可以发现,法律职业化教育不仅需要学院教育的基础,也离不开职业实践中的"社会化"教育,二者不能相互替代,应当协同并重,要明确学院教育与职业教育的分工与定位,重视青年律师的职业培训与职业教育。

关键词:法学教育　法律职业化　法律职业教育　实证调查

---

* 基金项目:华东师范大学国家教育宏观政策研究院2019年博士生科研项目《择校现象的组织基础与微观结构——基于教育社会学的实证研究》(项目编号:201902009S)。

** 罗阳,华东师范大学社会发展学院、华东师范大学国家教育宏观政策研究院联合培养博士研究生,研究方向:教育社会学,法学教育。

*** 刘睿,华东师范大学社会发展学院博士研究生,研究方向:法律社会学,法学理论。

一、问题的提出

法学是一门实践性学科，其生命既在于逻辑也离不开经验，法律人既要对法律条文进行理论性掌握，还要能够在实务中展开规范性应用。因而，法学教育既要立足于书本，同时还要面向职业实践。古今中外，法学教育与法律职业始终保持着密切的关联。① 如何面向法律职业实践，如何开展法学的职业化教育，一直是法学教育研究的重要话题。对于如何取得良好的法律职业化教育效果，当前法学界、教育学界大多聚焦于探讨如何完善、改进大学法学教学，实际上，从社会学的视角看，广义的教育应当是一个个体“社会化”的全过程，仅仅将职业化教育局限在学院教育阶段，难免自我局限了研究的视野。因此，本文旨在依据社会学的理论视域和经验性的实证调研，为法律职业化教育提出一种新的理解，进而为当前的相关问题研究补充一个新的观察维度。

本文通过对×市入职五年内的296位青年律师的实证调查发现，进入律师职业实践后，青年律师面临诸多实务操作上的问题与挑战，社会各界包括他们自身都是有意无意地将其归咎为学院实务教育的不足。但是，仔细分析就会发现，其中大部分内容的学习只能通过也必须通过职业中的亲身实践习得，这促使我们对法律职业化教育要有一个新的理解维度。另外，通过对调研材料的分析发现，青年律师所面临的一些专业性问题，恰恰不是实务经验不足的原因，而是理论知识与理论思维欠缺的表现。这提示我们，知识与实践是法学教育的一体两面，如果忽略了学院教育的社会分工，为了满足法学实践特性而去迎合法律职业化需求，进而片面强调学院教学的实践性、应用性，忽视书本知识、理论素养的培养，只会让法学教育职业化目标的实现事倍功半，甚至南辕北辙。

① 参见方流芳：《中国法学教育观察》，载《比较法研究》1996年第2期。

二、法学教育与青年律师的职业需求

青年人接受完正式的学校教育,意味着将会进入职场开启自己的职业生涯。学院教育与职场工作之间既存在联系,也存在差异,面向职业实践的法学教育需要,也应当考虑和回应具体执业者的职业需求。在本部分,我们将根据专业知识和技能的不同来源,分别从三个维度分析刚进入职业发展的青年律师对法学教育的需求。

(一)正式的学校教育:职业化的开端

法学本科教育的发展与律师职业的发展息息相关。但是,本科法学教育的目标并不局限于培养某一种特定的法律职业人才,而是使其学生可以获取未来可能从事的多种法律职业所共享的知识和技能。法学教育的目的应当在于传达对司法和立法两个基本过程的理解。② 同时,需要为学生建立广泛的知识结构,不仅是法学学科内部的,也包括与法学相关的社会科学与人文学科知识,这样才有可能使学生将所面对的法律问题放在开阔的社会环境和多元知识背景中去思考。③ 法学教育为潜在的法律职业人提供一种最为基础的能力训练,学生可以从中获取准确掌握法律概念的能力、建立和把握法律命题的能力以及法律推理和论证的能力,从而培养一种法律思维方式。④

虽然学习和工作是两码事,不过一个法学毕业的律师,与一个非法学毕业的律师相比,在工作中的表现肯定是不一样的。比如,当老师给你一堆材料需要处理的时候,首先你需要学会如何树立法律关系,此时一个非法学毕业生,可能就不如法学毕业生对这种关系理解得透彻,可

---

② 参见[美]朗·富勒:《法学院能为法律人的养成贡献什么》,赵力、程朝阳译,载《法学教育研究》2018年第4期。

③ 参见方流芳:《中国法学教育观察》,载《比较法研究》1996年第2期。

④ 参见曾宪义、张文显:《法学本科教育属于素质教育——关于我国现阶段法学本科教育之属性和功能的认识》,载《法学家》2003年第6期。

能会抓不到重点;再如,有时候你的老板有一个想法,他需要你就此去搜索案例,同时你要从他给你的案件材料里引出自己的思路,这也需要一个基础的法学思维,这种思维会使你寻找相关判例的时候更轻松一点,相对而言,这时候接受过法学本科教育的律师工作效率可能会更高些。(访谈律师 Y,20190716)

如访谈材料所表现的,法学本科教育是一种法学基础教育,而不是基于律师职业的专门教育。这不仅是中国法学教育的特点,而且在英国、德国、日本、澳大利亚等国,法学本科教育都是更为通识类、更为大众类的教育形式,毕业之后如果想要从事特定的法律职业,都需要进一步接受职业教育。⑤ 法学本科教育既致力于培养高素质的法律人,同时也在培养高素质的公民。

(二)做中学:职场中获取的知识与技能

律师的工作通常是很难被标准化的,必须根据具体情况作出判断,这就意味着律师工作需要在实践中不断学习,因时而变,因地制宜。不过,业务种类不同,也存在差异。在非诉讼业务中,尤其是在公司化的管理方式下,青年律师所做的工作被标准化了,对其培养就不再需要借助师徒之间的传帮带。律所更像是工厂,身处其中的律师像是工人,每个人负责业务的一部分,只要少量地做几次便可以熟悉业务,日常更多的是在重复工作,无须根据实际情况和大量经验对工作方法进行判断。对于诉讼业务,青年律师都需要学习大量的实际操作知识,从寻找案源,自我营销到客户沟通和资源维护,再到具体对案件的分析和风险的把控,都需要经验丰富的指导老师手把手传帮带,需要律师事务所开展制度化的培训,以达到职业教育的目的。

1.规避风险:学会分析案件

律师行业现存的规范对律师的行为有很强的约束,这些职业规范是需要在做的过程中逐渐学习的,在法学院的正式教育中相对涉及的比较

⑤ 参见朱立恒:《我国法学本科教育改革论纲》,载《法学杂志》2010 年第 5 期。

缺少。教会青年律师如何规避风险是律师事务所在培养新人中应当重点关注的内容,这不仅与青年律师的发展息息相关,也与律师事务所的经济利益和口碑密不可分。有经验的指导老师会明确告诉自己负责的青年律师不同案件的风险点所在,以降低败诉与被投诉的可能。

老师在教授学生的时候,能力是其次,找到风险点是关键,比如说一份合同,作为出租方,租金多少、什么时候收租金、对方不付租金的违约责任都要约定清楚。这都是简单一点的风险点,如果抓不住风险点可能就会出大问题。因为我们是直接和当事人发生关系,假如当事人对你的工作不满意,提出各种意见,要去投诉了,就是个很麻烦的事情。所以说,老师第一点先会告诉学生风险点在哪里,接下来再说这个案子如何去办,教他方法、培养专业能力。(访谈律师S,20190710)

2.掌握程序:学会办理案件

无论是诉讼律师还是非诉律师,在具体流程和操作细节上,都需要通过实践反复总结经验,需要实践中的指导老师在做的过程中不断指导,不断改进。同时,比自己早入职的同辈群体的影响也十分重要,彼此联系紧密的时候,在互动中会传递更多切实可行的经验和信息。

青年律师,尤其实习律师最重要的工作就是“走程序”,程序大于实体,所以相比师父和以前法学院所学,最有用的是青年律师之间的交流,尤其是执业三年的律师对实习律师的帮助,他们最了解办案程序和细节怎么处理。法学教育缺乏可操作性,在具体办案时用不到,还是靠比自己大一些的青年律师传授经验。(访谈律师M,20190717)

从访谈中可以看出,“走程序”是青年律师需要训练的基本功。因为它琐碎,所以不会有老律师手把手去传授,并且这种“跑腿”的事务在实践操作中往往是由入门三年以上、完成了职业基础训练、具备一定经验的青年律师去做的。因此,对于刚入职的青年律师来说,这种琐碎但却基础的实务知识与技能就必须跟着这些年轻律师边看边学、边走边记。对于实务中的大部分案件来说,解决的过程就像流水线作业,首当其冲的是把每一个步骤“走”完整,而不是在具体某个环节精雕细琢,这对于青年律师来说更是如此,面上的整体了解是最基本的(即使出现需要在某个环节精雕细琢的案件,也是由“老律师”去完成的),而这是学院教育没法真正提供的经验,只能在具体操作中完成。

(三)自寻出路:替代性的教育途径

1. 获取职业准入资格的隐性收获

国家统一法律职业资格证考试的前身是国家司法考试,是一种职业准入控制机制。[⑥] 许多有志于从事律师职业的法学毕业生,常常因为没能通过资格考试而不得不长期从事助理性工作,或者放弃,改行进入其他行业。这一考试的难度较大,常被人戏称为“天下第一考”,执业律师或多或少都曾为通过考试而刻苦复习,花费了大量精力。

> 其实对我来说,我觉得在我准备司法考试的时候我学到的最多,司法考试中很多疑难案例都需要我去分析。那段时间,我会听一些从网上购买的培训班的课程录音,还会参考各类学习笔记,里面都讲得很清楚。那段时间我的学习效率很高。其实,很多人在学校课堂上都没有认真学,因为老师们大多是照本宣科,讲的并不好,反倒是这些关于考试的课讲得十分透彻。(访谈律师 S,20190920)

司法考试制度的建立,也被认为有利于法学教育和法律职业培训制度的重构。[⑦] 多年来,针对这一情况,市场上一直存在与此考试相关的培训,随着互联网的发展,各类网课也层出不穷。许多律师曾在备考过程中学习的法学知识量超过了在法学院正式教育中所得,这也对法学教

⑥ 参见郑成良、李学尧:《论法学教育与司法考试的衔接——法律职业准入控制的一种视角》,载《法制与社会发展》2010 年第 1 期。

⑦ 参见霍宪丹:《法律职业与法律人才培养》,载《法学研究》2003 年第 4 期。

育和法律职业教育提出了新的要求。⑧

2. 职业教育市场中的自由选择

成熟的律师事务所会定期举办职业培训,各地的律师协会也会有制度化的再教育安排。但是,这些培训并不能满足青年律师的需求。在被调查者中,89.2%的青年律师对律师事务所的培训不满,他们认为律师事务所或多或少存在没有制度、缺乏计划、培养不系统、资深律师不愿花时间指导、合伙人不愿花钱投入培训、缺乏提供高端业务供青年律师学习与实践等问题。对于律师协会的评价中,有51.7%的青年律师认为律协培养工作流于形式,缺乏实效。在这样的大背景下,随着互联网行业的蓬勃发展,市场中已经逐渐出现了多种多样的付费律师培训项目。

我对律师协会开展的培训已经不太关注了。我现在关注的培训是那种我认为对我有帮助的培训,哪怕是一些在外地的,或者需要购买的。其实现在这种付费的培训很多,主要通过网络进行宣传传播,他们会在各个律所的群里或者是律师的微信朋友圈里宣传。因为律师的联系方式都是公开的,还有一些培训机构会直接给我打电话,所以我会经常接到各类培训机构的广告电话。就这些培训课程而言,我会看看自己对内容有没有兴趣,还会了解一下老师合适不合适。(访谈律师Z,20190802)

相比传统的正式教育与职业教育,依托互联网进行的替代性的教育途径具有较为明显的自身优势,其与律师职业多变的工作节奏相结合,合理地利用了工作之余的碎片化时间,并且可以根据自己的实际需求自主选择,高效、可计算、可重复的特点使这种知识获取途径在未来仍有广阔的发展空间。但是,面对法律职业日常工作的实践性要求,试图打破时空限制的在线学习模式由于互动性受到限制,仍不能与琐碎的日常法律工作有效交融,从而无法替代手把手的传统师徒模式,暂时也仅仅是

⑧ 参见邓建鹏:《应用型法学人才的实践能力及实现途径》,载《当代法学》2012年第6期。

一种补充性的知识获取方式。

三、对"教育"的再理解:被忽视的法律职业教育

从上文的分析可以看出,律师职业所需要的知识与技能是复杂多样的,与之相关的正式的学院教育和实践中的职业教育是基于时间节点而划分的,二者均不可或缺,不存在任何对立关系,不应过分强调任何一方的重要性,节点上的衔接和过渡尤为重要。这就要求我们必须从一个更为整体性的角度对这一问题加以理解,社会学视域中的社会化理论有助于将这两个阶段整合在一起,同时,对实践中法律职业教育的主要特征和现存问题进行分析也有助于进一步提出未来切实可行的改进方案。

(一)社会化与职业教育:社会学视域中的"教育"

在社会学的视角下,教育的过程是伴随人的生命历程一直持续存在的,是一个社会化(socialization)的过程。在这个过程中,当成为某个群体的新成员时,人们会不断感知和熟悉相应的社会规范和价值观,并且逐渐形成一个相对独特的自我认知。这一概念最早的使用与功能主义视角密不可分,尤其在帕森斯的学术思想中有所体现。在帕森斯看来,群体所共享的价值观是一个非常重要的文化系统,价值观需要被新的成员在社会化的过程中不断内化,才能确保社会控制和社会团结的维持。⑨ 贯穿于一生的社会化过程被称为次级社会化,开始于学校,延续至工作场所。⑩ 所以,在社会学的视角下,教育不单单是在学校内发生的,而是一种更为广义的概念。

虽然社会化的过程贯穿一生,但根据所处的不同阶段进行区分是十

---

⑨ 参见[美]鲁思·华莱士、[英]艾莉森·沃尔夫:《当代社会学理论:对古典理论的扩展》(第6版),刘少杰等译,中国人民大学出版社2008年版,第22页。

⑩ 参见[英]安东尼·吉登斯、[美]菲利普·萨顿:《社会学基本概念》(第2版),王修晓译,北京大学出版社2019年版,第185~189页。

分必要的。在现代社会中,大多数人都是职业人,与职业相关的社会化过程十分重要,工作对人的人格产生直接而深远的影响,接受过学校教育的职业人在职业生涯中继续学习和形成独特的自我认知。职业社会化过程不能简单地理解为是职业教育,其过程与早前的学校教育密不可分,有学者将职业的社会化过程一分为三:一是正式的学校教育;二是间接入职(mediated entry);三是在做的过程中学。[11] 基于职业的社会化过程通常是在组织内完成的,被称为组织社会化,特指新成员从组织的局外人向局内人转变的过程。[12] 换句话说,它是在一个新组织内部学习的过程。在实践中,新员工获得新工作的知识、技能和理解,与组织中的其他人建立联系,并对新组织中的文化、流程和人员进行深入了解。律师进入律师事务所的社会化过程,就是这种组织社会化的例证。

不过,在这一过程中,并非所有的职业都对新成员产生相同程度的影响。职业化程度的差异会使职业社会化过程也同样存在差异,培养工作的所付出的精力,取得职业资格证的难易程度,技术上的复杂性等因素都会对社会化过程产生一定影响。对于律师职业而言,以上几个方面都是相当复杂的,所以律师是具有代表性的、职业化程度比较高的职业之一。法律知识的复杂性和执业环境的多样性为律师职业教育提出了更高的要求。

(二)"学徒制"与"助理制":职业实践中的"继续教育"

不同于传统中国的"身份依附性"师徒关系,[13]当下中国的各类职业教育中,更多强调的是一种建立在平等对话基础上的学徒关系,生存力

---

[11] 参见[美]丹·克莱门特·劳蒂:《学校教师的社会学研究》,饶从满、于兰、单联成等译,人民教育出版社2011年版,第49页。

[12] See Ellis & Bauer & Erdogan, "New Employee Organizational Socialization Adjusting to New Roles, Colleagues, and Organizations," In Grusec & Hastings. , *Handbook of Socialization: Theory and Research*, New York , The Guilford press, 2015, p. 301.

[13] 参见吴青峰:《师生关系:传统与现代师生观的冲突与调适》,载《湖南师范大学教育科学学报》2013年第6期。

的发展与生存方式的改变是学徒制发展与变化的根本动因。⑭

表1　×市青年律师执业情况统计

执业情况	人数(人)	百分比(%)
自己能独立执业	57	19.4
有老师带,但在逐步独立执业	102	34.7
主要依靠指导律师帮带	115	39.1
无人带	15	5.1
其他	5	1.7
合计	294	100

在律师职业中,学徒制是普遍存在的培养青年律师的方式。如表1所示,在被调查的青年律师中,执业主要依靠指导老师帮带的人数最多,共115人,占比39.1%;有老师带,但正在逐步独立执业的有102人,占比34.7%;而执业过程中无人带的只有15人,仅占5.1%。可见,暂且不论律师职业社会化过程中职业教育的效果如何,仅就形式而言,以指导老师传帮带为主的学徒制在这一过程中发挥着至关重要的作用。访谈中,我们进一步了解到,根据律师事务所规模的不同,管理制度的不同,给青年律师分配指导老师的方式存在差异,比较民主的律师事务所会考虑青年律师的擅长领域和主观意向。在实践中,这种学徒制是学习如何应用知识的比较有效的方式,所以有不少学者甚至主张将此种方式引入大学教育。⑮

律师行业有着自身的特性,案源背后所包含的社会网络和人际资源是律师执业能力的核心体现。所以,师徒之间不仅仅是技术性的信息传

⑭　参见关晶:《西方学徒制的历史演变及思考》,载《华东师范大学学报》(教育科学版)2010年第1期;吴雪峰、徐国庆:《现代学徒制:对象、意义与实施策略》,载《现代教育管理》2016年第11期。

⑮　参见张红:《学徒制VS学院制　诊所法律教育的产生及其背后》,载《中外法学》2007年第4期;佟连发、王志权:《现代学徒制与中国法学教育改革》,载《社会科学家》2014年第1期。

递,更为重要的是资源性的信息传递。但是,行业内人员流动速度较快,师徒之间的关系并不稳定,这就使资源的流动存在风险,也使师徒之间获取充分信任存在难度。所以,往往在律师行业,部分学徒制逐渐发展为助理制,这点在更易标准化的非诉讼义务中尤其明显,青年律师往往从事一些可重复的协助性工作,这种方式会提升指导老师的工作效率,但是并不利于青年律师的职业发展。

其实年轻律师对于资深律师而言,我觉得更多的是一种帮助,一种协助,类似于助理的这种身份。因为他会分担很多的工作,既是分担也是学习。比如说改合同。本来这活应该是老师干的,但是把这个活就交给实习律师去做。表面上是把这一部分劳动剥离出去、分担出去,减少了老律师的工作量。但是,事实上如果说比较好的指导老师的话,学生把这个改了之后,(他会)拿过来再看,给学生再讲一讲,怎么样改,哪些地方改得不对。(访谈律师S,20190920)

因此,青年律师进入职业实践后,“师徒制”“助理制”等模式对于职业化再教育有着重要的意义。实际上,在国外尤其是英美等国家,类似的制度已经形成一个成熟的传统,对此我国学者也有所关注;但不同的是,英美等国的相关制度是一个贯穿学校课程教育、学校实习和职业实践教育全过程的成熟模式,而我国学者在研究中往往更关注其对我国学院教育的启示,限制了应用场景。[16] 在我国的实际情况中,这种模式虽然也存在,但发挥的具体效果却因人而异、参差不齐,人们似乎更倾向于它是一种工作模式,而忽视了它也可以是一种律师职业中专门的职业化教育模式。

(三)被忽视的法律职业教育与未来展望

律师职业的社会化过程是在具体实践和日常互动中被建构出来的,

---

[16] 参见周汉华:《法律教育的双重性与中国法律教育改革》,载《比较法研究》2000年第4期;张红:《学徒制VS学院制 诊所法律教育的产生及其背后》,载《中外法学》2007年第4期;佟连发、王志权:《现代学徒制与中国法学教育改革》,载《社会科学家》2014年第1期。

这一过程与律师职业不易标准化、工作节奏自由、资源性信息传递风险高、职业流动性强等多个方面的特征紧密相连，在实践中存在诸多问题。如表2所示，对于×市青年律师的培养，在与律师事务所相关方面，有34.4%的青年律师认为，自己所在的律师事务所没有青年律师职业教育相关的制度规定，对人才储备缺乏计划，对青年律师的培养并不系统。在律师事务所提供的日常业务方面，有27.4%的被调查者认为缺乏高端业务供青年律师学习和实践。就其指导老师而言，有15.1%的青年律师认为自己的指导老师不愿意花费时间对自己进行指导。还有少量律师认为律师事务所的合伙人不愿意对青年人的培养进行资金投入，职业教育缺乏资金支持，认为在培养过程中不存在问题的青年律师仅占10.4%。

表2　×市青年律师培养过程中存在的问题

存在问题	人数(人)	百分比(%)
事务所方面：没有制度、缺乏计划、培养不系统	89	34.4
指导老师方面：不愿花费时间指导	39	15.1
合伙人方面：不愿进行资金投入	18	6.9
业务方面：缺乏提供高端业务供律师学习和实践	71	27.4
没有问题	27	10.4
其他	15	5.8
合计	259	100

律师事务所在法律职业教育中扮演着重要角色，但与青年律师职业教育有关的组织不仅限于此，当地的律师协会也应当发挥相应的作用。《中华人民共和国律师法》和《中华全国律师协会章程》中对律师协会的培训职责均做了明确规定，在立法层面对律师协会的职业教育工作提出了要求，律师协会既要对申请律师执业的人员进行执业前的培训和管理，也要制定律师教育大纲和培训计划，开展律师执业后的继续教育工作(见表3)。

表3 ×市律师协会对青年律师的帮助程度

帮助程度	人数(人)	百分比(%)
很有帮助	33	11.6
有些帮助	122	42.8
几乎没有帮助	130	45.6
合计	285	100

但是,在调查中显示,律师协会对律师的帮助十分有限,仅有11.6%的被调查者认为律师协会是有帮助的;反之,有45.6%的青年律师认为律师协会对青年律师几乎没有帮助。律师协会的培训工作似乎只是为了取得制度上的合法性,与青年律师真正关心的问题有所脱节,相关工作浮于形式,缺乏实效性。因此,律协在如何培养青年律师进入职业实践、成为法律职业共同体的一员方面,还需要发挥更多实质性的、满足实际需求的作用,这也是需要在之后的理论研究中予以进一步关注的。

四、结语

由于过去对教育的狭窄理解,导致学校、律所、国家都普遍重视学校法学教育对实践人才的作用,而忽视了进入实务后的职业化再教育。通过调研可以发现,入门的青年对于专业知识和技能的需求是多方面的,工作中的学习也是不可替代的,这往往需要律所、律协以及市场提供专门的学习途径,这是需要引起重视的。法学教育过程应当具有延展性,不仅要关注和重视正式的学院教育,同时还要面向职业实践。学校教育和职业教育的二元结构只是基于时间节点而进行的划分,对于职业人的培养来说,这种二元结构之间并不存在任何对立关系,而是应相互衔接在一起的。关于怎样才能取得良好的法律职业教育效果,当前法学界、教育学界大多聚焦于探讨如何完善、改进大学法学教学,不断强调在正式的学校教育中融入实践性的元素。不过,从社会学的视角看,广义的教育应当是一个个体"社会化"的全过程,仅仅将职业化教育局限在学院教育阶段,会局限了研究的视野。法律职业化教育不仅需要学院教育的基础,也离不开职业实践中的"社会化"教育,两者应当协同并重,要明确学院教育与职业教育的分工与定位,强调学院教育与职业教育的衔接而非代替,重视青年律师的职业培训与职业教育。

The Re-Understanding of Legal Professionalism Education

—Based on An Empirical Study of Young Lawyers in X City

Luo Yang　Liu Rui

Abstract: Legal education are based on books and oriented to professional practice simultaneously. On the issue of improving professional legal education, most scholars in the academia of both law and education only focus on exploring the improvement of the teaching methodology of legal education at universities and colleges. From the perspective of sociology, education, in a broad sense, is an entire process of an individual's "socialization", which restricts professional education to college education and will inevitably limit itself on the research horizon. Through an empirical study of 296 young lawyers who have practiced in X city for five years, this article finds that professional legal education not only requires the foundation of college education, but also cannot be separated from the education of "socialization" in professional practice, which is necessary to pay equal attention to coordination. In the meantime, it should be clarified on the division of labor and positioning of college education and professional education and stress the professional training for young lawyers.

Key Words: legal education, legal professional education, professionalism of law, empirical study

智慧法学教育：数字化时代法学教育的革新*

张海鹏**

摘　要：云计算、大数据、人工智能等数字化技术革命，给教育方式、法律职业及法律制度带来深刻影响，驱使法学教育从“工业型教育”迈向“智慧型教育”。智慧法学教育是指以人的智慧成长为导向，在教育内容中融入数字素养培育，并利用智能技术促进学习环境、教学方式和教育管理的智慧转型。智慧法学教育应以增进学生智慧为目标，着重培养学生的职业能力及法律伦理。为适应未来法律职业要求，学校不仅需要开设选修课增加学生的数字素养，还需要将数字素养培育融入法学知识、职业技能及法律伦理教育全过程。智慧学习环境强调利用数据和算法了解和服务学生，智慧学习方式倡导开展网络化、个性化及无边界学习，智慧教育管理推崇更加高效、灵活、多元的教育管理形态。

关键词：法学教育　智慧教育　教育改革

---

* 基金项目：国家社会科学基金教育学一般课题“大学治理中的教师参与权研究”（项目编号：BIA140096）。

** 张海鹏，西南大学法学院讲师、教育立法研究基地（教育部政策法规司—西南大学共建）研究员，法学博士。研究方向：教育法学、民法学。

“法学教育需以服务于社会发展为其导向”,①必须因时而变。我们生活在一个社会、经济和文化各个方面因受技术驱动而急剧变化的数字化时代。但相较而言,我们的法学教育在某种程度上却仍然处于“工业化”时代。当发展中的科技把“机器制造得越来越像人”时,我们的教育却“把人培养得越来越像机器”。这既不利于法学教育功能的有效发挥,也不利于经济社会的均衡发展。近年来智慧教育被视为顺应数字化时代要求、革新传统教育的重要方式,受到各个国家的高度重视(韩国、新加坡等国均出台了相应政策),我国也产生了丰富的理论研究成果。②但将智慧教育理念引入我国法学教育的理论研究还尚未出现。笔者认为,在数字化智能时代,我国法学教育也应变得更具智慧。通过推动法学教育从“工业型教育”转向“智慧型教育”,以培养德法兼修的卓越法治人才,为新时代经济社会发展及法治中国建设提供法治人才保障。

一、数字化技术革命驱动智慧法学教育

风起云涌的云计算、大数据、区块链、人工智能等数字化技术革命,给教育方式、法律职业及法律制度等方面带来了深刻影响,驱动着法学教育逐步迈向智慧教育。

首先,技术驱动教育方式改变。传统的法学教育主要围绕“教师、教材和课堂”展开,教材是主要的教学材料,课堂讲授是主要的教学方法。但由于教材编写的滞后性和限制性,教材内容往往陈旧局限。例如,教材内容只能反映出版前的既有成果,无法体现科学研究的最新动向,而

① 龙卫球、初殿清:《新型工业化时代的法学教育——以北航法学教育改革为个案》,载《中国大学教学》2017年第1期。

② 参见杨鑫、解月光:《智慧教学能力:智慧教育时代的教师能力向度》,载《教育研究》2019年第8期;徐晔、黄尧:《智慧教育:人工智能教育的新生态》,载《宁夏社会科学》2019年第3期;胡钦太等:《工业革命4.0背景下的智慧教育新格局》,载《中国电化教育》2019年第3期;马小强等:《智慧教育的发展及价值取向分析》,载《中国电化教育》2017年第12期。

且受制于篇幅，教材往往欠缺实践性材料。与此同时，课堂讲授方法也因无法激发学生的主观能动性，不符合建构主义学习理论而受到诸多批判。随着科学技术的发展，这两方面的问题均有所改观。在教学内容上，裁判文书网、北大法宝、法信、无讼等各类数据库可以提供海量的教学资源和方便的获取方式。因此，在教材编写上，可以将纸质教材和网络上的大量司法案例衔接起来。例如，程啸教授2015年于法律出版社出版的《侵权责任法》就在教材中添加了相关案例的二维码链接。此种方式在保留教材体系化需求的同时，扩大了教材的知识视野和范围。在教学方式上，微课、慕课、翻转课堂等新兴教学方式不断涌现。《民法学》《民事诉讼法学》等传统法学课程已经登上网络，新的网络课程也正在国家的大力支持下不断出现。日新月异的教育科学技术，将不断推进法学教育的智能化升级，促使其迈向智慧教育。

其次，技术驱动法律职业转型。科技正在不断革新和颠覆法律职业。文件存储、项目管理、数据分析等技术的发展，大大提高了律师的工作效率。在线法律咨询、在线律师匹配、网上虚拟律师事务所等新兴业态的出现，日益改变着法律职业的工作形态。人工智能的出现更是给法律职业带来了结构性影响。据推测，"在15年内，机器人和人工智能将会主导法律实践，法律服务市场的面貌将大为改观"。[③] 当前，在合同审查、合规性分析等方面，人工智能已有取代人类律师的可能。2018年8月，人工智能法律机器人"大牛"与6名资深律师，就查明事实和法律咨询等方面展开比拼，结果"大牛"完胜而归。[④] 无独有偶，2018年2月法律AI平台LawGeex在一场关于保密协议审查的竞赛中，也战胜了20名专业人士。此外，人工智能在案件预测方面也开始崭露头角。北京华宇元典信息服务有限公司开发的"法官怎么判"，通过拆解超过400万份刑事裁判文书寻找规律，为刑事实务提供参考。只需输入一段案情，它就

③ 曹建峰：《"人工智能+法律"十大趋势》，载《机器人产业》2017年第5期。

④ 参见张燕玲：《律政界"阿尔法狗"来了 未来我们还需要律师吗?》，载中国新闻网：http://www.chinanews.com/cj/2018/08-25/8610007.shtml.，最后访问日期：2019年10月14日。

能在一秒内呈现同一地域的类似案件法官是如何裁判的。与此同时,基于 IBM 的 Watson 系统支持的人工智能律师 ROSS 已经可以代替初级律师处理简单的法律事务,如接受法律咨询、追踪最新法律资讯等。在司法系统,语音识别技术、卷宗电子化、审判文书自动生成等技术得到广泛运用,“智慧法院”“智慧检察”等项目正在大力推进和实践。

可以预见,在科学技术的影响下,未来的法律职业将会出现如下变化:其一,在一些简单的法律工作场景,机器与系统将会扮演主要角色。如美国东北大学校长奥恩指出,我们生活在一个数字化时代,机器人、软件、人工智能驱动的机器等将逐渐吞噬当下许多人力工作。⑤ 能够标准化、程序化的法律事务将由机器完成,相应的职业岗位会随之消失。例如,在美国纽约,违章停车问题已经可以通过在线争端解决系统予以解决;其二,即使在相对复杂的法律工作场景,系统与机器也是法律工作不可或缺的“伙伴”,从而形成“人机协同”的新型工作模式。例如,在大型项目尽职调查中,律师可借助人工智能在资料搜索、协议审查、项目管理等方面发挥作用,而自己则更集中于核心分析业务部分;其三,数字化技术在消解和重构部分传统法律职业的同时,也会产生其他新兴法律职业。例如,法律项目管理师、法律知识工程师、法律流程分析师、在线纠纷解决师等工作将会不断出现。⑥ 此外,对人工智能进行法学教育,也将是法律人的重要工作。法律职业的剧烈变化必然会倒逼法学教育转型升级,让学生能够满足数字化时代法律职业的能力需求。

最后,技术驱动法律制度革新。随着数字化技术的不断发展,以及网络空间生态的日益完善,人类生活在现实世界和网络空间同时展开。在网络虚拟空间,我们以信息人的方式存在,与其他的信息人发生着各种各样的关系。网络空间导致的社会结构变迁,产生许多前所未有的法律问题。随着数据的指数级增长,数据的法律属性、数据安全、隐私保

---

⑤ 参见[美]约瑟夫·E.奥恩:《教育的未来:人工智能时代的教育变革》,李海燕、王秦辉译,机械工业出版社2018年版,前言。

⑥ 参见[英]理查德·萨斯坎德:《法律人的明天会怎样?——法律职业的未来》,何广越译,北京大学出版社2015年版,第129~137页。

护、信息权利、信息交易等法律问题随之而生。随着人工智能技术的日益兴起,智能机器人的法律主体地位,智能机器人产出物——知识产权——的归属,智能机器人侵权的责任承担等问题也正引起广泛关注。区块链的快速发展,尤其是智能合同的出现,更是对传统合同制度带来颠覆性影响。此外,在线纠纷解决机制的出现,电子证据的大量运用也对既有司法制度产生猛烈冲击,"有纠纷去法院"的现象有望改变。可以说,随着数字化技术在生活各个方面的深度渗透,调整社会关系的法律制度在各个方面均会受到影响并随之改变,最终也将推动法学教育教学内容及方式的革新与变迁。

二、智慧法学教育的理念内涵

智慧法学教育是智慧教育理念在法学教育领域的具体应用。智慧教育作为当代教育变革的一种基本走向,⑦学界对其内涵主要有两种认识:

一种是从教育目的出发,认为教育的目的在于增进人的智慧。英国哲学家怀特海在其传世名著《教育的目的》中对知识教育观进行了猛烈批判,并在此基础上掷地有声地呼吁,"教育的全部目的就是使人具有活跃的智慧"。⑧ 印度哲学家克里希那穆提出,"正确的教育,意指唤醒智慧,培育一种完整的生活"。⑨ 我国学者靖国平教授也指出,教育的旨趣在于促使受教育者成长为理性智慧(求知求真)、价值智慧(求善求美)和实践智慧(求实求行)的统一体。⑩

另一种是从教育手段出发,认为智慧教育是指依托云计算、大数据、

---

⑦ 参见李斌、徐波锋主编:《国际教育新理念》,福建教育出版社 2015 年版,第 228 页。

⑧ [英]怀特海:《教育的目的》,徐汝舟译,生活·读书·新知三联书店 2002 年版,第 66 页。

⑨ [印]克里希那穆提:《一生的学习》,张南星译,群言出版社 2004 年版,第 57 页。

⑩ 参见靖国平:《从狭义智慧教育到广义智慧教育》,载《河北师范大学学报》(教育科学版)2003 年第 3 期。

无线通信等新兴技术的教育生态系统,[11]是信息技术融入教育后的一种化学反应。祝智庭教授认为,“智慧教育是利用智能化技术构建智能化环境从而培养人才”。[12] 近年来,此种意义的智慧教育受到各国的重视和推广。2006 年 6 月,新加坡启动“智慧国 2015”国家科技发展计划,试图以教育信息化为契机使公民能够运用信息手段进行个性化和终身学习。2011 年 10 月,韩国教育科学技术部发布《推进智慧教育战略》,旨在进行智慧教育变革。2019 年 9 月,我国教育部等十一部门联合印发《关于促进在线教育健康发展的指导意见》,也指出要促进互联网、大数据、人工智能等现代信息技术在教育领域的应用。

笔者认为,在数字化时代,智慧教育除以上两层内涵外还应包括第三重含义,即在教育内容中嵌入数字素养。所谓数字素养,“就是指在数字环境下利用一定的信息技术手段和方法,能够快速有效地发现并获取信息、评价信息、整合信息、交流信息的综合科学技能与文化素养”。[13] 随着人工智能、区块链等信息技术的快速发展,人类社会与农业、工业化社会迥然不同,数字素养将成为工作和生活的必备技能。在数字化时代,我们的生活与工作将时刻处在数据与信息的洪流之中,将与系统和机器一起工作。必要的数学、编码及计算机工程原理,有助于我们了解和认识各种数字化设备,是我们与他人,甚至机器沟通的前提条件,正如工厂的工人需要了解发动机的基本结构和工作原理一样。必要的数据素养让我们得以获取、筛选、理解和运用数据,从而能够从信息洪流中找到意义。因此,在数字化时代,智慧教育除在教育目的和教育方式上具有智慧色彩外,还应在教育内容中纳入数字素养,使受教育者能够真正应对数字化的未来。

综上所述,数字化时代的智慧教育是指以人的智慧成长为导向,同时在教育内容中培养人的数字素养,利用智能技术促进学习环境、教学

---

[11] 参见陈琳等:《教育领域综合改革开局之年我国教育信息化新发展——2014 年中国教育信息化十大新闻解读》,载《中国电化教育》2015 年第 1 期。

[12] 祝智庭、贺斌:《智慧教育:教育信息化的新境界》,载《电化教育研究》2012 年第 12 期。

[13] 何立芳等:《青年学者学术信息素养》,浙江大学出版社 2015 年版,第 13 页。

方式和教育管理的智慧转型,使受教育者能充分面对数字化未来的挑战。智慧法学教育作为智慧教育的一个学科分支,应与智慧教育具有相同的理念内涵,具体包括智慧学习目标、智慧学习内容及智慧学习方式三个层面。智慧法学教育既包括教育基础设施的智能化、信息化,也包含教育理念与方式的转型升级,还涵盖教育内容的适时革新,兼具价值引导、实践操作和内容整合的效能,具有可持续发展的内生性张力,无疑可以作为数字化时代我国法学教育的发展方向。

三、智慧学习目标:职业能力引领法学教育走向

智慧学习目标,是指法学教育应以增进学生智慧为宗旨,应教会学生理智地思考和解决问题。⑭ 传统的法学教育偏离职业教育较远,⑮并因此而受到批判。恰如葛云松教授指出的,"法学教育必须主要考虑毕业生将来的人生和职业需要"。⑯ 中国的法学教育应摒弃以往的"素质教育""精英教育""学科教育"定位,转向培养应用型人才的职业型教育。⑰ 在此背景下,教育部发布的《普通高等学校法学类本科专业教学质量国家标准》将法学类专业定位为"素质教育和专业教育基础上的职业教育"。我国改革后的统一法律职业资格考试也强调着重考察学生在法律适用与事实认定等方面的职业技能与法律伦理。⑱ 可见,我国法学教育正向职业化方向不断迈进,法学教育的目的在于增长职业能力和智慧。

---

⑭ See Sternberg, J. R, "Why Schools Should Teach for Wisdom: The Balance Theory of Wisdom in Educational Settings", *Educational Psychologist*, 4, 2001, pp. 227 – 245.

⑮ 参见廖永安、段明:《中国法学教育的供给侧改革》,载《湖南社会科学》2017 年第 4 期。

⑯ 葛云松:《法学教育的理想》,载《中外法学》2014 年第 2 期。

⑰ 参见石佑启、朱最新主编:《社会转型与法学教育的变革》,广东教育出版社 2013 年版,第 163 页。

⑱ 参见《中办国办印发〈关于完善国家统一法律职业资格制度的意见〉》,载《中国培训》2016 年第 1 期。

笔者认为,在数字化时代,明确法学教育的目标对培养职业能力具有重要意义。一方面,随着技术的高速发展,经验知识的重要性已经与日俱减,法学教育的核心目的在于能力培养。在信息不对称时代,教师拥有全部的知识和经验,这也是教师权威和信誉的来源。但此种模式在一个快速变化和信息畅通的时代难以为继。目前几乎所有的法学知识,包括理论资料、法律条文等都可以通过网络快速获取。教师不再是知识的唯一权威来源,而且面对不断革新且日益多元的知识现象,教师也难以成为知识的权威。尤其是随着人工智能的快速发展,智能机器人将可以完成绝大多数的教书工作,而教师则主要转向育人工作。在数字化时代,教师的根本任务将是技能与智慧的培养,而非知识的传授和讲解。另一方面,法律职业技能的提升对于法律技术的推进与发展也至关重要。以智能审判辅助系统开发中的知识图谱绘制为例。其主要是根据法律规定的构成要件、法律后果及证明责任等规则,运用法规及案例数据库绘制庞大的知识图谱,将法律规则变成数字化的逻辑模型。[19] 各个部门法领域法律分析与推理的规范性和科学性,以及在此基础上符号化、数字化的程度,决定了诸多法律人工智能技术最终能走多远。

2007年卡内基教学促进基金会发布报告《法学教育:为法律职业做准备》。同年,美国法律诊所教育协会发布《法律教育的最佳实践:理想和路线图》。两份报告均指出,法律职业教育的共同目标是让新手开始像职业人士一样思考、表现和引导自己,内容应包括知识、技能和态度三个方面。日本改革后的法学教育也旨在架起理论与实践的桥梁,让学生有机会习得解决实际法律问题所需要的法律知识、职业技能以及职业伦理。[20] 作为日本两大法学院认证机构之一的法律基金会,提出了精英律师应当具备的七项技能和两大价值观。七项技能包括:解决问题的能力,法律知识(基础法律知识、专业法律知识以及法律研究知识),事实

---

⑲ 参见周江洪:《智能司法的发展与法学教育的未来》,载《中国大学教学》2019年第6期。

⑳ See Peter A. Joy et al., "Building Clinical Legal Education Programs in a Country Without a Tradition of Graduate Professional Legal Education: Japan Educational Reform as a Case Study" *Clinical Law Review*, 13, 2006, pp. 417 – 419.

调查和发现的能力,法律分析和推理的能力,批判和创造性思维能力,法律讨论、表达和说服能力以及沟通能力;两大价值观,是指使命感和法律伦理。[21] 笔者认为,我国法学教育课程和教学设计可以借鉴以上框架作为方向指引,职业导向的智慧法学教育,应尤其注重职业技能和法律伦理两个方面。主要包括培养学生基于法律知识进行分析和推理,解决具体问题,并进行讨论和表达的能力。至于事实调查和发现的能力、起草合同的能力、与当事人沟通的能力等,则可留待职业生涯中进行学习。而且,在数字化时代,职业伦理的培养也别具意义。人类的素养及其价值选择将决定科技发展和应用的方向。如诺伯特·维纳所言:“我们最好能够确认我们给机器设定的目的确实是我们想要的目的。”[22]

四、智慧学习内容:数字素养融入法学教育体系

如前所述,数字素养是智慧教育的重要内容。未来的法律工作很大程度上会变成与系统和机器一起工作,只有具备必要的数字素养的人才能胜任。在系统的开发和设计过程中,需要将法律思维转化为机器思维,通过数字化方式呈现出来,如果法律人不懂其中的专业知识,将很难与算法专家交流,进而也很难解决开发过程中的各种问题。此外,在法律系统的应用过程中,也离不开法律人的具体参与,从而实现“人机协作”,以及机器系统的评估和纠偏、知识图谱的修改升级等。正是基于数字素养在法律职业中的重要性,一些学校开始开设数据法学课程,设置人工智能法学、网络法学等学科以培养复合型人才。[23] 笔者认为,这些课程及学科设置对于培养学生的数字素养,增加相应职业能力具有重要

---

[21] See Eri Osaka, “Debate Over the Concept of the Competent Lawyer in Japan: “What Skills and Attitudes Does Japanese Society Expect from Lawyers?”, *International Journal of the Sociology of Law*, 1, 2007, pp. 9 – 10.

[22] 尼克:《人工智能简史》,人民邮电出版社 2017 年版,第 228 页。

[23] 参见王渊、吴双全:《“互联网 +”时代法学教育变革研究》,载《高教探索》2019 年第 7 期。

意义,但这些课程及学科主要立足于从法律角度分析数字化技术发展带来的法律问题,数字素养融入法学教育课程体系的程度仍然不足,有必要在此基础上进一步增强和完善。

一方面,应开设专门的选修课程训练学生的数字技能。或许有反对意见认为,法科学生真有必要学习编程等数字技能吗?学习数字化技术需要耗费大量的时间与精力,这会不会是本末倒置?我们一直在使用各种技术,但从来未曾真正了解它。例如,我们可以驾驶汽车,但并不清楚引擎的工作原理,我们大多数人可以熟练地使用计算机,但并没有必要了解各种协议。而且,如果学生认为有必要学习编程等技术,在毕业后有很多途径和资源,没有必要将其作为一项课程。笔者认为,编程等数字技术确实是复杂的,法律人也没有必要成为技术专家。但了解相关基础知识,并能够与技术专家进行有效交流是未来法律人的一项必备技能。例如,2016 年盖洛普报告指出,美国四成以上的学校都开设了编程课程。㉔

另一方面,需要将数字素养培育全面嵌入法学教育体系中。如前所述,知识、技能及态度是当前法学课程的核心内容,数字素养培育也应有效嵌入这三个层面。首先,应将数字素养培育嵌入法律知识教育之中。此前的法律体系主要是基于非数字化的社会、经济及政治环境而构建,在数字化背景下需要重新解读。在现实空间理解和运用某一项实体法与在虚拟空间截然不同。在法律知识层面嵌入数字化教育,并不仅仅是在合同法课程中纳入电子商务立法,也不仅仅是单独开设一门关于法律与科技的课程,而是需要贯穿于所有学生获取学位的全部过程。数字化背景会赋予合同、财产以及其他商事法律新的含义,知识产权、民事诉讼以及证据法也会展现新的面貌。而且,数字技术的发展不仅仅影响私法层面,人权的含义和内容,㉕行政机关的信息义务等公法内容也将发生

㉔ 参见胡伟:《美国教育如何实现“人机共存”》,载《中国教育报》2019 年 3 月 1 日,第 5 版。

㉕ See Daniel Joyce, “Privacy in the Digital Era: Human Rights Online?”, *Melbourne Journal of International Law*, 16, 2015, p. 270.

变化。[26] 可以说,如果仅在非数字化背景下教授和学习法律,在很大程度上只是历史性的观点,不足以应对未来的实践和法律变革。

其次,需要将数字素养融入到法律职业能力培养之中。例如,在信息化时代,信息的搜集和管理能力尤其重要。法律职业生涯中会有大量时间在利用各种资源进行数据搜集、分析、研究和运用。但现行法学教育未给予足够重视,甚至有些学校根本没有订购最新、有效的数据库。在数字化时代,让学生接触最新、权威的数据资源,并进行有效培训是缩小法学理论与实践的重要途径。在数据获取能力之外,如何在众多的数据中找到自己需要、有用的信息,如何在法律语境下科学地存储、传播以及保护信息也是重要的能力。而且,在数据化时代,信息的存储和传播往往是通过云端实现的,这使信息脱离了个人的物理性掌控,涉及信息安全等问题。如果不了解什么是云计算以及如何才能正常使用,将不利于理解其可能导致的法律后果。换言之,不具有数字素养与能力的学生将难以进行信息的搜集和管理,从而也将必然影响其法律职业能力。

最后,数字素养还需要嵌入法律职业道德教育之中。将数字素养融入法律职业道德教育的目的在于,使法学毕业生不仅获得关于技术的认识以及相信技术的态度,更重要的是让其了解在一个数字化背景下自己的角色与身份。各种各样的社交媒体使个人的各种身份更加紧密地交织在一起,个人的言行选择往往既涉及个人又涉及专业。恰如学者指出的,脸书常常将学生、律师和法官置于道德的困境。由于在脸书或其他社交媒体上发帖,一些法官受到了警告,一些律师受到了处罚甚至被停牌。由于脸书模糊了个人生活及职业领域的边界,法科学生应在"如何在法律语境下畅游网络"方面获得更多的指导。[27] 因此,在法学教育过程中,应该让学生接触各种各样的数据媒体,并引导他们进行批判性思考,以使其了解不同数字工具对使用者及社会的影响,以形成正确的伦理价值观。

---

[26] See Lyria Bennett Moses and Janet Chan, "Using Big Data for Legal and Law Enforcement Decisions: Testing the New Tools", *University of New South Wales Law Journal*, 2, 2014, p. 643.

[27] See Anna P Hemingway, "Keeping It Real: Using Facebook Posts to Teach Professional Responsibility and Professionalism", *New Mexico Law Review*, 1, 2013, p. 35.

五、智慧学习方式:智能方式革新法学教育手段

首先,智慧化学习环境。当前法学院的环境布局延续着工业时代的设计范式,其优势在于可以满足统一集中授课的需要。随着法学教育迈向智慧教育,学习环境与设施也将随之改变。例如,在实体教室场景,可以创新教室布局,遥控桌椅、智能设备、3D 显示“黑板”、机器人“助教”等将逐渐成为常用的教学媒介。此外,在虚拟教学场景,可利用数字化技术构建仿真实训平台进行实践性训练和体验式教学。

其次,智慧化学习方式。未来的法学学习将会呈现如下特征:其一,网络化学习。网络学习空间将从课堂教学的延伸走向教育形态的重塑。甚至有专家预言,未来几年内传统的实体法学院将会被网络法学院所替代;[28]其二,个性化学习。利用大数据技术追踪学生的学习过程,并在此基础上进行数据分析,进而提出针对性的学习方案,以提高学习的效率与质量;其三,无边界学习。数字化网络工具的使用,使跨区域的协同学习成为可能,从而使数字化时代的法学教育呈现全球化格局,实现学习内容、学习方式及学习评价的全球化。

最后,智慧化教育管理。学校可以通过智能设备执行学生学籍管理、学业管理、学生奖惩记录、教师教学管理、教师薪酬管理等学校事务管理工作。对学校而言,可以基于语音识别、图像识别、大数据分析等技术,识别、记录和分析学生的学习数据,从而提高个性化培养方案和管理计划。此外,教师的聘用和管理也将更加灵活多元。法官、检察官、科学家、工程师等都将进入课堂成为法学教师,以打破高校与社会间的体制壁垒,加强理论与实务工作者间的交流。[29]

---

[28] 参见[美]米歇尔·皮斯托:《法学院与技术——我们现在何处并将驶向何方》,周亚玲译,载《法学教育研究》2016 年第 2 期。

[29] 参见《习近平在中国政法大学考察时强调 立德树人 德法兼修 抓好法治人才培养 励志勤学 刻苦磨炼 促进青年成长进步》,载《北京人大》2017 年第 5 期。

Smart Legal Education: The Legal Education Reform in the Digital Age

Zhang Haipeng

Abstract: Digital technology innovations such as cloud computing, big data, and artificial intelligence have profoundly affected the education methods, legal professions, and legal systems, which drive legal education from "industrial education" to "intelligent education". Intelligent legal education refers to the intelligent education focusing on the development of human beings, integrating digital literacy cultivation in educational content, and using intelligent technology to promote the intelligent transformation of learning environments, teaching methods, and education management. Intelligent law education should aim at improving students' wisdom, focusing on training students' professional capability and legal ethics. In order to meet the requirements of future legal professions, schools not only need to provide elective courses to increase students' digital literacy, but also integrate digital literacy cultivation into the entire process of legal knowledge, professional skills and legal ethics education. The Intelligent learning environment emphasizes the use of data and algorithms to understand and serve students. The intelligent learning approach advocates networked, personalized, and borderless learning. Smart education management advocates more efficient, flexible, and diverse forms of education management.

Key Words: legal education, intelligent education, education reform

人工智能时代法学学科建设的挑战及其因应

那斯尔江·依布拉音* 热娜古·阿帕尔**

摘　要：不可否认，人工智能已经成为这个时代泛在的思维准据、生活方式和交往行动组织模式，也即，它在很大程度上执行着作为社会规范的"法律"的功能，并借由此耦合乃至嵌入至法律、法学的"组织场域"中。作为法律、法学"工作母机"的"法学教育"自然无法置身事外，法学学科建设的重构与挑战正是明证。人工智能介入法学学科建设的口径主要有三点，即知识论、教育观与学术方法论，也正因此，我国法学学科建设正面临着人工智能施加于知识体系（包括课程设置）、人才培养目标与教研模式三个方面的冲击与挑战。为了应对这些挑战，我们不仅应当"知己知彼"，即积极运用人工智能等现代科技手段改革教学模式和教学方式；更应当"还施彼身"，即将人工智能等前沿科技与法学教育紧密、有机融合。此外，还应树立多元化的法学教育思想、打造复合型法律人才的培养机制，从而满足 AI 时代对新型

* 那斯尔江·依布拉音，喀什大学法政学院讲师，法学博士。研究方向：刑法学、民族法学。

** 热娜古·阿帕尔，喀什大学法政学院讲师，中南财经政法大学2014届博士研究生。研究方向：刑法学。

法律、法学人才提出的新要求。

关键词:人工智能　法学研究　法学教育　法学学科建设

“人工智能”时代已经来临。① 我们敢断言,这种关于时代征候的预判,并非某种“危言耸听”或“话语泛滥”的迷障,②而是切实的“心智(认知)革命”,③它必然通过重构制度实存以规训人们的思维、行动,它之于法律、法学的问题意识自然也集中在其对诸种关联法律制度的重新安排,作为教育制度的学科建设规则便被涵括其中。我们关心的是,人工智能将以何种姿态介入当下的法学教育,或者说,将以何种方式重构如今的法学学科建设格局;更为重要的是,我们应当如何理性认识这种重新安排,它到底是一种时代的进步,还是潜藏着危机并逐渐将传统法学教育推向危亡的边缘? 如果是后者,则面临这些挑战,法学学科建设者、管理者、规范执行者等应当如何各司其职以科学因应之呢? 本文将分别就这些问题作以解答。

一、人工智能何以与法学学科建设相遇

人工智能与法学并不是毫无联系的两个个体,而是存在相互促进的关系,目前智能 AI 程序已经能够替代一些传统法学领域的工作与服务,这就使得法学学科在授课思想、授课内容等方面需要进行革新。④ 随着

---

① 参见国章成:《人工智能可能带来的五个奇点》,载《理论视野》2018 年第 6 期。

② 我们总是过分将某种局部的、具有思维冲击力的暂时现象泛化、恒久化,甚至试图将其在未来学层面上命名为某种发展范式,这是不可取的;但人工智能显然并非如此。相关的批判观点可参见征汉年:《拓展与泛化:现代权利的科技影响因子》,载《甘肃理论学刊》2016 年第 2 期。

③ 参见李其维:《“认知革命”与“第二代认知科学”刍议》,载《心理学报》2008 年第 12 期。

④ 我们探究人工智能介入法学学科建设口径的过程,实际就是“法学学科建设”概念化(conceptualization)的过程。原因在于,人工智能对各类制度安排的影响是泛在的,我们其实无需在“链接点”上费力,只需要知道客体的基本要素构成即可明晰问题的答案。法学学

人工智能的不断发展,通过海量案例资源、鲜活教学手段和科学评价体制等,提升了法学教育质量,并拓宽了法学教育领域,为跨学科复合人才、实务精英人才的培养提出了新的要求。

(一)相遇的知识论场景:人工智能可能改变法学学科构造

一方面,催生作为领域法学的"人工智能法学"及其相关的专门学科。我国已经初步建成了人工智能与法学协作机制,使二者能够形成合力更快发展,与此同时人工智能技术还帮助法学教育领域成功开拓了新的发展空间——"人工智能法学",这正是人工智能改变法学学科构造的"题眼"。作为独立法学学科分支的"人工智能法学"显然是某种由人工智能促发并带动的新型理论议程制度化、领域化的产物,它既不能简单等同于"人工智能"与"法学"的机械相加,也不能被片面理解为以"人工智能"为客体的研究活动。从学界目前的认知程度来看,并无甚多具有自为意识的研究表征这一现象,更无任何研究就其学科合法性展开论证,⑤

科建设主要包括三个要素:一是法学学术体系的各个分支;二是在法学研究专门领域中生成的法学专门知识;三是法学研究和教学工作的专门人员、队伍、材料、空间、设施、方法、技术等。本文中所讲的三个"相遇场景",分别落脚于学科体系和知识体系(学科构造)、法学研究和教学工作的专门方法(培养目标)、法学研究和教学工作的专门技术(教学方式)。关于法学学科建设要素构成的相关论述,可参见郑永流:《重识法学:学科矩阵的建构》,载《清华法学》2014年第6期。

⑤ 以"中国知网"(CNKI)为信息检索平台,在"高级检索"功能项下,以"期刊"为检索范围,以"篇名"为检索条件限制,以"人工智能法学"为布尔逻辑检索词,仅检索到四篇文献(其中一篇为译文),分别为《人工智能法学研究的反智化批判》(刘艳红)、《勇立人工智能时代潮头 共谋法学教育创新之路——首届人工智能法学教育论坛综述》(冯子轩、孙莹)、《数字时代的法律实践:一份人工智能法学课程大纲》(凯文·艾希礼,杨安卓、陈晓莉)、《从法律人工智能走向人工智能法学:目标与路径》(程龙)。通过仔细阅读不难发现,刘艳红教授的论文虽以"人工智能法学"及其研究为批判的"目标靶",理应首先界定其范畴;但其批判的本身便是人工智能的"研究泛化"现象,恰恰是人工智能法学界定的错误取向之一——"AI"与"法学"的简单相加,故此,我们无法从该文中获取任何有关人工智能法学界定的有效正面信息;冯、孙撰写的会议综述所指"人工智能法学教育"也并非是"人工智能法学"的教育,而是人工智能时代的法学教育,有效信息也十分有限;杨安卓、陈晓莉翻译的论文虽然能够帮助我们确立对人工智能法学知识谱系的初步认识,但因其由课程大纲、阅读书目等切入,而非正面由知识论进击,所得论据也相对薄弱,且非国内学界的原创智识贡献。如此筛查下来会发现,截至目前,国内学界实际只有一篇在真正意义上就"人工智能法学"这一独立范畴进行正面研讨的文章。

更遑论其已经确立了作为通识的、固定的称谓、范畴、对象、结构(或者说谱系)等。我们认为,“人工智能法学”是以“人工智能化”的法律现象和法学知识为研究对象的一门法学学科,它的基本范畴是人工智能重构的法律关系和法学知识认知方式,其知识结构的组织方式——同时也包括知识生产、传播、更新方式——在很大程度上依赖于人工智能的技术迭代。就目前的认知而言,它打破了传统部门法学的“潘德克顿”体系,可能需要以法学者们于晚近倡立的“领域法学”⑥模型涵摄、处理之。不过,在“人工智能法学”的范畴和谱系得到更为清晰的论证之前,它更像是“人工智能 + X 法学”的“杂烩”,这不仅源于研究者认知和能力的局限,更植基于人工智能技术本身的不确定性,也即人工智能技术是否有可能颠覆法学学科赖以建构的哲学基础,它到底还将对法学学习者、教学者、研究者提供何种思维改造,它又能够为人工智能法学的“自组织”提供怎样的框架和体系均是未知数;故而,我们观察到的所谓“人工智能法学”反倒援用了传统的部门分类方法,其项下可能分列有“人工智能民法学”(研究人工智能的民事主体资格、民事行为和其他涉人工智能的新型民事法律关系)、“人工智能刑法学”(研究人工智能刑事主体资格、涉人工智能的犯罪论和刑罚论相关问题)、“人工智能诉讼法学”(研究人工智能改造后的新型诉讼程序及其机理、制度设计方案等)等,又自成了一套“人工智能法学的潘德克顿体系”。

另一方面,构造“人工智能 + X 法学”的新型知识存在方式、研究展开方式和实践思维方式。虽然我们在前文着意区分了“人工智能法学”与“人工智能 + 法学”两种不同的范畴,但就现阶段“法学遭遇人工智能”的状况而言,将论述落脚于后者更具实践意义。人工智能带给法学者最大的改变便是“危机意识”,亦即,我们在聚焦于某一待证问题时,可能会想到,该问题加入“人工智能”这一变量后会如何发展、转化。这

⑥ “领域法学”作为一种区别于“部门法学”的新型法学思维划型体系、法学知识言说体系、法学学科组织体系、法学研究分类体系、法律人身份区隔体系,已经为学界所熟知并重视;人工智能技术实际是扩大并进一步固定了“领域法学”的影响。关于“领域法学”的相关论述可参见刘剑文:《论领域法学:一种立足新兴交叉领域的法学研究范式》,载《政法论丛》2016 年第 5 期。

便是人工智能带给我们的“思维革命”。相应地,我们的认知方式、研究方法、(知识产出质量的)评价口径等也会随之更新;如果我们能够初步同意观念论的基本判断,则必然地,法学知识的存在方式也将发生空前转型。不过,由于保守立场持有者和悲观论者居多,人工智能带给法学知识、法学思维、法学研究、法律实践的变化多被冠以“挑战”之名,我们遂也遵从之,将其间互动的具体机理和样貌放在本文第二部分加以阐述。

(二)相遇的教育观场景:人工智能可能改变法科生培养目标

第一,着重培养多学科复合型人才。

首先,创新型法律服务企业近些年来大量涌现,其类型包括了在线法律服务、公证工具等多个方面,“人工智能+法律”的新型产业模式已经开始兴起。2019年1月,美国权威杂志刊登的一篇文章中指出:2018年全年“人工智能+法律”的新型企业就实现了16.63亿美元的融资金额,与2017年相比增长高达7倍以上。毋庸置疑的是,任何一个新鲜事物的发展都不会一帆风顺,人工智能领域的快速兴起也必须得益于法律层面的支持。其次,法律与人工智能有机结合将不断地创造新的就业岗位。有学者指出,不必过于担心人工智能对一些法律职业的替代作用,其在解构部分传统法律职业的同时,亦会建构更多的新型法律职业。高校在该方面具有其独特优势,尤其是综合性大学,可利用其文理工复合的学科背景支撑,实现此类跨学科领域的人才培养。

第二,通过实践培养具备实际经验的高层次人才。

法学教育必须觉察到随着科学技术的不断发展,法学实践的方式也发生了极大的变化,只有发现这一点才能真正实现知识与实践的平衡。研究国外很多知名法学院校的课程设置就能够发现,它们的教学模式已经开始由理论学习向实践学习发展。就微观角度而言,人工智能的快速发展有可能会造成法学实践课程的同质化,在打造符合性法学人才培养机制与教学模式的同时,必须将目光投向本地区的实际情况与院校特色,因地制宜开展实践性人才的培养工作,确保学生培育能够迎合就业市场的需求。如同孟德斯鸠说过的一句话:“法律的精神体现在法律与不同事物间的联系中”⑦,这就说明法学教育在吸取人工智能技术优点的同时,必须完善其过于机械化、同质化的教学方式。

(三)相遇的教研方法论场景:人工智能可能改变法学教学方式

第一,人工智能提供了海量教学资源。教学资源的多样性在法学教育中体现着重要作用,除了书本与司法实践相结合外,人工智能时代的来临为法学教育提供了海量教学资源,与互联网“搜索式资源查询”相比,人工智能为其提供的教育资源更加精准、内容更加丰富,并且能够利用技术为学习者提供符合其偏好或需求的更多资源。例如,依托于最高人民法院的“中国司法大数据服务网”是借助人工智能技术对司法信息进行整理汇总,并向用户提供共享服务的智能化平台,其面向社会团体和公众用户开放,同时为他们提供诉讼信息、司法自主统计等服务。还有各个法律检索服务机构如天同、天眼查、北大法宝等都在构建自己的法律知识库、法律案例库。

第二,人工智能技术的引入使法学授课的方式发生了革新。通过人工智能技术打造立体化综合教学场,使理论学习与实践操作融为一体,并能够根据学生的实际情况打造个性化、智慧化的法学教学平台。现如今,智能终端、遥控桌椅等一系列智能教学设备已经成为了高校教学的主要教学工具,未来VR虚拟现实技术更有可能在法学教学时建立虚拟的授课环境,通过极具代入感的模拟教学场景与多元化的授课方式引发传统教学模式的革命性变革,再辅以启发式、探究式、参与式、合作式的案例教学方法,在未来帮助学生提升创新思维水平与法务实践能力。

第三,人工智能技术的引入可以打造具备科学性、合理性的评价体系。借助打造智能化教学平台帮助授课老师通过学生在考勤、答题等环节的日常表现对学生的成绩进行评估,改变过去传统教学模式通过考试决定学生成绩的方式,这将有效提升学生在课堂上的参与度,从而帮助学生加强理性思维能力与灵活应变能力,并且将为授课教师的教学设计

⑦ [法]孟德斯鸠:《论法的精神》(上册),张雁深译,商务印书馆1961年版,第307页。

提供更多的数据支持;通过大数据技术,针对学生的课堂表现分析其具体的学习情况,并能实时了解其学习进度,从而让授课教师能够实时掌握学生的学习情况,同时还能够为其提供符合班级实际情况与知识掌握规律的评估体制。

二、人工智能为法学学科建设带来的挑战

人工智能为法学学科建设带来的挑战自然会借由其与法学学科的诸种“相遇场景”而被“实在化”并为法学学科的建设者、管理者、参与者所感知。具体来看,人工智能技术借助对教学方式与设备等方面的变革对现有法学教育体系造成冲击,这是它对于传统法学课程体系和教学内容的重构,借由教育观场景为法学学科建设带来的挑战是其对法学人才培养目标和培养规格的冲击与挑战,借由教研方法论场景为法学学科带来的挑战是其对法学教学模式和教学方法的冲击与挑战。

(一)人工智能对法学课程体系和教学内容的冲击与挑战

人工智能技术为传统法学课程体系、教学内容的实效性、自足性提出了严正挑战,具体包括:其一,人工智能向法学研究、法律实践的深度、泛在嵌入决定了法学生必然需要熟练、深入掌握信息科学和计量科学的相关理论和技术;其二,人工智能对法学知识内容、存在方式的重构决定了法学生应当建构起能够共情于人工智能体的“新型法律思维”;⑧其三,人工智能对立法者、法官、执法者、律师、守法者、学院派法律人等的

⑧ 比如,当我们在探讨人工智能体是否可以成为刑事责任主体时,必然要探讨其是否具有意识、自由意志以及相应自由意志的意向性问题,这必然要求我们适时站在人工智能体的角度思考问题。例如,如果站在人工智能体的角度上思考后发现,它对于生死根本不具备等同于人类的价值判断和情感反应(如畏惧、敬畏等),则对其判处刑罚似乎无甚意义,而站在人类的角度上思考(传统法律思维是以“人”为中心的)便会得到截然相反的答案。关于人工智能是否可以成为刑事责任主体的相关探讨可参见刘宪权、胡荷佳:《论人工智能时代智能机器人的刑事责任能力》,载《法学》2018年第1期。

全面异化控制（在日常工作中对人工智能技术的深度依赖）[9]决定了法学生应当时时抱持警惕“技术决定论”的意识，并配合相应的自我训练以防止己身沦陷。相应地，法学课程体系和教学内容中必然需要增设关联的思维训练、理论修读、实践能力训练，具体可能涉及量化模型与统计课程、人工智能技术类工业课程、专门的人工智能法学课程的增设以及各理论课（包括理论法学和部门法学）教学的“涉人工智能”专题研讨环节。

（二）人工智能对人才培养目标和培养规格的冲击与挑战

一方面，我国在对人工智能未来发展的纲要中指出，要建设专门的人工智能学科，并要求高等院校在现有基础上不断创新人工智能学科的教学内容，并打造复合型人工智能人才培养体系，对此现行法学教育制度应该有所回应；另一方面，法律服务的发展对人工智能技术的需求逐年增大，各类与“人工智能 + 法律”有关联的新型产业模式已经开始兴起，目前全世界每一个区域的与法律存在联系的机构或者企业都在大量引进人工智能设备与系统，提升其服务能力与服务水平。所以说，法律与人工智能有机结合将不断地创造新就业岗位，而这些新兴的岗位又要求从业者在具有一定法律知识的情况下，能够拥有一定人工智能领域的实践水平。[10] 基于以上阐述，法学和人工智能在未来将会越发密切地联系在一起，而未来从事法律行业的人员，其组织结构、知识框架与工作内容等都会巨大的变化。所以说，创新传统的法学教育思维与法学教育培养模式、提升复合型人才培育效果、加强课程多元化程度、增强学生创新思维与实践能力是未来法学教育制度革新的重中之重。

（三）人工智能对法学教学模式和教学方法的冲击与挑战

传统法学教学方式受到了人工智能的刺激，已经不能适应当前教育发展的趋势，原有的学院教学一般采用大班级授课的教学方法，采用统一教材、统一教学大纲，对于个性化教学较为缺失。现在大数据技术的

---

⑨ 参见惠宁宁：《人工智能时代法律风险及刑法应对——专访华东政法大学刑法学教授、华东政法大学刑事法学研究院院长刘宪权》，载《人民法治》2018 年第 11 期。

⑩ 参见曹建峰：《“人工智能 + 法律”十大趋势》，载《机器人产业》2017 年第 5 期。

普及能够根据学生自身的特点与偏好对其实际学习情况进行刻画分析,通过学生学习情况的跟踪进行规划教学,甚至可针对其学习强项制定巩固练习计划,根据其学习弱项制定个性化学习菜单,帮助学生推荐最适合的课程。人工智能的发展伴随着高速网络建设、信息化设备的普及,随着该两项技术的进一步发展与普及,法学院教学一直以来意欲实现的目标有可能实现。也即随着人工智能的全面发展,其可以采取更多的虚拟教学方式取代传统的授课方式,从而服务更多的学生、提升其教学质量。随之发生改变的将是,教师的工作方法及工作方式会发生革新,人工智能技术的发展可能会大大提升已经延续上千年的人类知识传授的效率,通过人工智能技术,教师可能会逐渐脱离于教学工作,更多地承担教学工作组织者与引导者的角色,其可以将更多自由时间和精力投放到学生兴趣培养、特长养成上来,持续提升学生的综合能力水平与创新思想。

总之,人工智能技术改变了法学教学理念,促进了新教学方式及教学模式的衍生,更是对师生关系的构建带来全新影响。

三、如何应对挑战:植基于人工智能发展的法学学科建设路径

人工智能促进了法律职业教育的全面发展,更是成为了法学教育的重要辅助工具,给更多法学学习者和教育者带来了新的机遇,同样也给知识思维等方面带来新挑战,作为法律人必须坚持未雨绸缪的精神,要科学客观地看待人工智能工具,但是这并不表示要全面依赖人工智能技术,而是需要运用自身的法律能力,在认定事实的基础上,展开讨论和研究。未来对法律人素养会提出更高标准,法学教育工作者如何借助人工智能技术,做好对法律教育的转型创新至关重要,基于人工智能发展背景,如何培养更优秀的法律人才则是本研究的重要内容。本文研究给出以下几点建议:

(一)基于人工智能技术,逐步优化创新教学模式和教学方法

传统法学教育从本科阶段开始,教学方法主要是教师讲授,学生通

过听课学习的方式进行,更多的教师侧重于理论讲解和分析,在新一轮法学教学模式创新过程中,大量的高等院校都通过打造模拟法庭等形式的仿真授课环境,来加强法律实务教育与理论教育的融合发展。但是从当前的实践成果看,依然存在很多不足,最为突出的表现是法律教育与人工智能技术不能够有效地结合,这使创新性法学教学模式的发展受到了一定制约,所以说想要以人工智能技术为基础构建创新性法学教学模式,就需要逐步创新并优化教学方式和教学方法,可以开设虚拟课堂,运用智能机器人构建自主学习系统,让学生以自主学习为主,根据自己的偏好选择合适的课程,如此一来不仅能够提高教学质量,同时也有助提高教学效率,逐步培养学生的创新能力,让教育活动更具有体验感。

(二)创新教育内容改革,将先进职能技术与法学教育充分融合

人工智能时代提出了很多创新思路,如王利明教授在其研究中提出法律理论学习应该立足社会现实,应该运用数据技术,人工智能技术,展开全新的学习方式,在大数据为王的时代下,教育方式更需要变革。⑪具体建议是:

一方面,高等教育院校应该积极开展交叉性研究,积极投入网络、大数据、人工智能、区块链的技术研究,让其与法律教育和制度教育进行充分融合,通过智能技术提高教育成果。

另一方面,作为法律工作者及法律教育者,他们的素养及综合能力直接影响了对法律的贯彻宣传,故此需要强化素养能力提高,尤其是在新时代背景下,几乎所有的学生都具有一定的网络技术,但是并不深入,故此可以结合信息技术展开深化培养,如开展座谈讲座等,让更多电子信息领域的内容与法律理论教育融合;如展开讨论活动、辩论活动,营造良好的学习氛围,让法学院学生既能掌握更多的法律基础知识,同时还能够掌控更多的新智能技术。

综合以上,对于法学课程体系和大智能技术教育体系建设,向来不是独立的,需要结合时代发展脉搏,及时做好调整和更新,根据不同教育

---

⑪ 参见王利明:《人工智能时代提出的法学新课题》,载《中国法律评论》2018年第2期。

层次和等级设计不同的特色课程。[12]

(三)多元化培养法律人才,满足人工智能的法学人才需求

人工智能作为新兴技术,其发展速度十分惊人,更多学者看到了新兴技术与法律实践教育和理论教育的契合点,在新时代背景下,更需要多元化的人才队伍,一方面国家机关、司法部门需要更多懂得法律同时又懂得新智能技术的人才;另一方面社会企业更需要这些复合型人才,他们能够对法律数据进行有效分析,能够帮助企业更好地发展。可以看到,未来法律人工智能发展将会成为新趋势,这些都需要人才资源的支持,若只是懂得法律,却不同人工智能技术,法律人工智能化发展将无法开展。因此,如何提升"人工智能 + 法律"复合型人才的培养数量与质量,是未来创新性法学教学模式需要努力的方向。

在不远的将来社会对于法学人才的需求将会呈现多元化与多层次的状态,这就要求现行的法学人才培养体制通过法律内容与人工智能技术的发展情况作出调整,要根据特色培养目标培养更多特色法律人才,同时还需要做好法律职业伦理教育。正如中国科学院杨叔子院士所强调的"高等院校的法律教育工作,是育人,并非生产法律机器"。科学教育与人文教育需要全面融合,要能够培养出更多的德智全面发展的人才,有才无德也是对社会的一种迫害。[13] 法学教育发展至今,受到了外部智能技术的影响,这迫使更多高校纷纷踏上了法律人工智能教育的转型道路,培养复合型法律人才不是单一的,需要从情感、能力、技术、素养等多方面进行培养。同时,在於兴中教授的研究中也提及人工智能与法律教育的碰撞,提出了智能机器是人工结晶,人则是有智性和灵性的,只有稳定了伦理基础,才能在多变的智能时代控制好法律原则,才能为社会源源不断输送更多的德法兼修的法治人才。

除了上述内容外,人工智能发展对法律、政策及伦理观念等也带来

---

⑫ 高奇琦、张鹏:《论人工智能对未来法律的多方位挑战》,载《华中科技大学学报》(社会科学版)2018年第1期。

⑬ 参见杨叔子:《是"育人"非"制器"——再谈人文教育的基础地位》,载《高等教育研究》2001年第2期。

冲击性影响,如人脸识别技术对一些隐私产生了侵权,更多侵犯隐私权的犯罪活动亦不断出现;同时智能化系统给传统刑侦体系和司法体制管辖带来了矛盾,尤为突出的是算法黑箱非常可能带来新的问题,智能技术的滥用问题也是不断发生,机器人伦理、人机关系伦理、人文精神危机开始出现。⑭ 这些问题从侧面反映了,必须运用法律机制和法律政策去约束人工智能的发展,从人工智能发展开始,就必须运用法律形式将其规范固定,这些问题已经突破了国家界限,它关乎着全球人类的命运发展,故此"德法兼修"的法治人才培养迫在眉睫,更是法律教育与人工智能教育的情感基础,也是当下有效应对人工智能冲击、葆有法学教育主体性价值的根本路径。

四、结语

人工智能已经"兵临城下"。当我们期待智能技术同法学的美丽邂逅时,却发现其中暗藏汹涌,它以重构为名的"智识革命"可能击毁传统法学赖以生存的思维根基、赖以延展的研究谱系、赖以维续的实践路径。这些都集中反映在了法学学科建设之上。很显然,人工智能对法学学科建设的挑战也是全方位、综合性的。它不仅涉及知识存在方式、内容组织结构、认知取向的变化,更加体现在那些方法、技术、路线上;因此,我们应作出的妥善回应不仅应当立足于学科体系、课程体系、教材体系、知识体系的"立体升质",还应在"终端"有所作为。不过,我们之所以需要"因应",也之所以"因应"之,便是因为这是我们无法逆转的时代趋势,至于是否会成为持久的噩运,还是我们将从中获得新的发展机遇,只有等待实践的检验方可知晓。

---

⑭ 参见马长山:《智能互联网时代的法律变革》,载《法学研究》2018 年第 4 期。

Challenges and Solutions to the Disciplinary Construction of Law in the Era of Artificial Intelligence

Na Serjan Ibrahim Ranagul Apar

Abstract: It is undeniable that artificial intelligence has become the ubiquitous thinking standard, lifestyle and organization mode of communicative action in this era. To a large extent, it performs the function of "law" as a social norm, and through this it is even coupled into the "organizational field" of law and jurisprudence. As the "working machine tools" of law and jurisprudence, legal education bears important social responsibilities, which can be proved by the reconstruction and challenges of the construction of law disciplines. There are mainly three calibers of artificial intelligence intervention in the construction of law disciplines, namely, epistemology, education concept, and academic methodology. Therefore, China's disciplinary construction of law is facing the challenges that are brought by application of artificial intelligence to the knowledge system (including curriculum settings), talent training goals, and teaching and research models. In order to tackle these challenges, we should not only "know ourselves and the others," that is, actively use modern scientific and technological means such as artificial intelligence to reform teaching models and teaching methods; we should also "apply our knowledge to the practice", that is, to integrate cutting-edge technologies such as artificial intelligence with domestic legal education . In addition, it is also necessary to establish a diversified legal education concept and build a composite legal talent training mechanism, so as to meet the new requirements for new types of legal talent in the era of AI .

Key Words: artificial intelligence, law research, legal education, disciplinary construction of law

法律职业伦理教育

中国特色社会主义法治人才培养中的职业道德教育

——法学专业教育的反思

胡晓晖*

摘　要：习近平总书记提出“德法兼修，以德为先”的教育理念，对我国新时代中国特色社会主义法学教育具有重要的指导意义。中国特色社会主义事业进入了新时代，人民群众对美好生活、公平正义的需求向法律人提出了更高要求。一方面是人民群众对公平正义更急迫的需求；另一方面却是法律职业不能满足法治社会的整体发展，其中主要表现为法律人的职业道德素养较为滞后。法学教育作为法治人才培养的一个关键环节，对于法科学生德性不足的影响作用无法回避。法学人才培养中普遍存在重法轻德的倾向，在人才培养理念、课程体系设计、教学内容方法等方面均有着不同程度的表现。为满足新时代法治建设事业对法律人才的新要求，必须解决法治人才培养中德法不平衡的问题，强调德法兼修，优化培养理念，重塑课程体系，改进教学方法，构建新时代中国特色社会主义法治人才培养中的职业

* 胡晓晖，陕西省高级人民法院、审判员、西北政法大学博士研究生。研究方向：文化安全。

道德教育。

关键词:社会主义法治人才培养　法学教育　重法轻德　职业道德教育

习近平总书记2017年视察中国政法大学时提出,全面推进依法治国是一项长期而重大的历史任务,要坚持中国特色社会主义法治道路,坚持以马克思主义法学思想和中国特色社会主义法治理论为指导,立德树人,德法兼修,培养大批高素质法治人才。[①] 习近平总书记提出德法兼修的法学教育理念具有很强的针对性和指导性。法学教育不应仅仅以教授学生法学知识为宗旨,更要加强法科学生的职业道德素养,德法兼修。我国著名民法学家梁慧星在前最高人民法院副院长黄松有腐败案曝光后接受媒体采访时指出,"发生这样的情况是否归因于之前的法学教育界缺少对学生在品德、道德、忠于法律方面的教育?因为黄松有曾经也是很优秀的法学人才,然而却被暴露出了如此恶劣的行径"。[②] 话犹在耳,"前最高人民法院法官丢卷事件"再一次对法学教育敲响了警钟。笔者通过梳理法律界对德法兼修问题的讨论发现,大多是法学教育工作者的论述,鲜有来自司法实务部门的反思。法学教育界也多是正面阐述德法兼修的必要性和重要性,缺乏针对司法实践中出现的问题,从法学教育理念、课程体系、教学方法等具体方面进行深入探讨。

一、"优秀"法治人才遭遇的道德险境

2018年7月5日,广西壮族自治区南宁市中级人民法院公开审理上

---

① 参见李玉兰、米莉:《聚力德法兼修法治人才培养:中国政法大学以总书记重要讲话精神引领法学教育发展》,载《光明日报》2017年8月17日,第5版。

② 《最高法院也有面子挂不住时》,载新浪博客:http://blog. sina. com. cn/s/blog_6b0389ac0101obje. html,最后访问日期:2019年11月23日。

海市人民检察院原党组书记、检察长陈某受贿案;[3]2018 年 11 月 5 日,武汉市中级人民法院原党组书记、院长王某被开除党籍和公职,其涉嫌犯罪问题被移送检察机关依法审查、提起公诉。[4] 令人惊讶的是,王某所在的武汉中院早前被曝出震惊全国的腐败窝案,涉案当事人既有 2 名原武汉中院副院长柯某某、胡某某,也有副庭长 3 名、审判员 7 名、书记员 1 名和 44 名律师;2019 年春节刚过,武汉市人民检察院原检察长孙某某因严重违纪违法被开除党籍和公职,其涉嫌犯罪问题被移送检察机关依法审查、提起公诉;[5]2019 年 5 月,海南省高级人民法院副院长张某某涉嫌严重违纪违法接受省纪委监委审查调查……查阅这些司法官员的履历可以看到,他们大多接受过正规的法学本科学历教育,甚至有的还具有法学硕士、博士学位。

通过不完全统计可以看出,不少违法犯罪的领导干部都具有法学教育背景,应当说,不知法、不懂法已经不能成为其违法犯罪的理由。"中国在立法及司法实践中法治精神之所以不足,恰恰在于立法及司法领域的德性不很充分,既不能以德行之善作为司法的动力,更不能把守法作为自身的美德。"[6]根据对以上落马官员违法犯罪事件的分析发现,他们之所以落马,与其私德不淑、政德有亏密不可分,也就是说,这些曾经的"优秀"法治人才在道德方面缺少了自我约束,没有将公正廉洁、忠诚严明、遵纪守法、自我修养的德行内涵深入内心,难以抵御方方面面的诱惑与压力,最后掉进腐败的深渊。不得不说,他们的违法犯罪一定程度上为法学教育中职业道德教育的缺失做出了注释。当然,正像前中国政法

③ 参见《上海市人民检察院原检察长陈旭受贿案一审宣判》,载人民网:http://fanfu.people.com.cn/n1/2018/1025/c64371-30362767.html,最后访问日期:2019 年 11 月 23 日。

④ 参见童曙明、王思淼:《英山法院开展"以案为戒正风肃纪"专题教育活动》,载黄冈新闻网:http://www.hgdaily.com.cn/w/3/ciye/4O19498O236445O0O1.html,最后访问日期:2019 年 11 月 23 日。

⑤ 参见童曙明、王思淼:《英山法院开展"以案为戒正风肃纪"专题教育活动》,载黄冈新闻网:http://www.hgdaily.com.cn/w/3/ciye/4O19498O236445O0O1.html,最后访问日期:2019 年 11 月 23 日。

⑥ 张师伟:《新时代中国特色社会主义法治人才培养的立德要求及道德教育供给》,载《法学教育研究》2019 年第 3 期。

大学校长黄进在一次针对我国法学教育现状的访谈中所谈到的,“恢复法学教育四十年来我国的法学教育取得了巨大的成就,人才培养数量得到大幅度增长,规模也逐渐扩大,法学教育也渐成体系,理论研究方面也取得长足进步,国家建设法治社会储备和培养了成千上万的法治精英人才”。⑦ 法治建设的“燃灯者”邹碧华、“司法与民意良性互动的践行者”王勇、“CCTV2018年度法治人物”陈少华等一大批优秀法治人才代表着法治精英的主流,他们不仅在法治领域而且也在道德领域产生了重要的影响。但是,违法犯罪的法律人虽系少数,由于“正义捍卫者”的角色定位,他们的言行必然客观影响着人们的法治信仰,不容小觑。

时任校长黄进对于法学教育存在的问题和不足在上述谈话中也指出,“目前我国法学教育存在法学教育发展不平衡、法学学科结构不尽合理、对新兴交叉学科的重视不够、学科体系还不够完善、法学教育的知识内容还不能很好地契合我国法治社会发展现状、更侧重于法学专业知识理论的传输、对学生实践能力的培养训练不充分、不能更好地将法学理论知识和实践相结合、教学和科研的互动有待增强、法律职业伦理、道德、操守的教育还不够……问题”。可以看出,法学教育领导者也深刻地认识到法学教育中职业道德教育存在不足。结合实践中反映出的人才道德缺失问题可知,培养社会主义法治人才既需要加强法科学生私德的培养,也离不开政德的教育,即需要不断提升法科学生的道德素养,将公正廉洁、忠诚严明、遵纪守法、自我修养的德性教育贯穿于整个法学教育始终。

二、法学教育的职业道德教育短板及其表现

一直以来,法学教育以法学理论知识的传授为主,较为忽视对学生法律职业道德的教育,不注意对于将来从事法律职业的法治人才的私德

---

⑦ 耿振善:《中国政法大学校长黄进:为中国法治建设培养德法兼修的法学英才》,载《人民法治》2018年第21期。

和政德加以区分，导致德行内涵中公正廉洁、忠诚严明、遵纪守法、自身修养内容的灌输缺乏实效性和针对性，学生的道德教育只能依靠政治教育发挥作用。随着法治建设进程的加快以及一些政法干部突破道德底线的情况屡屡曝出，一些高校设置了法律职业道德的相关课程。比如，以中国政法大学为代表的高校就设置了法律职业道德课程，而且也成立了独立的教研室，专门负责法律职业道德课程的教学。但目前仍有不少高校没有开设这类课程，已经开设的也基本上是定位于选修课，甚至不乏有些院校由于课时、师资不足等原因将原已开设的课程取消，使法学教育中的职业道德教育处于缺位状态，与专业技能教育的丰富内容相比，职业道德教育存在明显的短板。调查及总结法学教育中的德育情况，不难发现，目前我国高校法学职业道德教育的短板主要表现在以下几个方面：

（一）教育理念存在严重偏差

什么是合格的法治人才？如何培养合格的法治人才？这是法学教育的根本问题。什么样的标准才是合格法治人才的衡量指标和培养目标呢？习近平总书记在中国政法大学的视察讲话中已经给出了答案。法学教育尤其法学本科教育肩负着重要使命，既需要不断提升学生的法学理论知识，同时也应该注重对学生思想道德素养的加强和培养，注重德法兼修。⑧ 但是，当前法学教育在教育理念方面仍然与总书记的要求存在较大差距。以某政法大学2018年《本科培养方案》为例，人才培养目标确定为："各专业应当在学校整体人才培养目标的基础上，进一步凝练本专业的人才培养目标，凸显专业培养特色，优化专业课程体系，强化实践教学。"⑨在优化专业课程体系方面，上述培养方案强调既应当重视专业基本理论、基础知识与基本技能的培养，又应当科学地处理好理论教学与实践教学的关系，强化实践教学，突出对学生创新能力、实践能力

⑧ 参见刘风景：《法治人才的定位与培养》，载《南开学报》（哲学社会科学版）2017年第5期。

⑨ 《西南政法大学××专业本科人才培养方案》，载百度文库：https://wenku.baidu.com/view/4143dd77fe00bed5b9f3f90f76c66137ef064f54.html，最后访问日期：2019年11月5日。

的培养。上述培养方案的培养目标反映出了法学教育理念还是就法言法,法学教育的人才培养观念中存在对法治和法治人才的片面理解,突出了法律人才的技术培养倾向和能力培养倾向,而相对忽略了职业伦理教育,其法学教育理念归纳起来就是重法轻德。法学教育的培养理念片面强调专业技能教育,轻视乃至忽略职业道德伦理教育,在作为教育成品的人才质量上,必然形成法治人才的片面法治观,将法律单纯地理解为法律规范,甚至只讲法律,不讲道德,强调法律与道德的截然二分,割裂了二者在法治人才培养结果上的必然联系,既导致道德教育融不进专业中,成了空洞的说教,也导致专业教育失去了德行的支撑,成了冷酷的工具。

反观黄松有、奚晓明等人经过系统的法学教育,具有很强的专业技能,但恰恰在职业道德操守方面出了问题,造成的社会危害更大。法学院校如果只把教学重点放在法律知识的传授、案例分析的技能方面,而不注重学生职业道德素质的引导与培养,学生在走向社会以及从事法律职业的过程中没有正确的职业道德指引,极易使法律知识和技能沦为谋取个人私利的工具,损害公平正义这一法治大厦的根基。

(二)课程设计比例失衡

在上述偏离德法兼修教育理念的片面的法学教育理念的影响下,法学教育的课程设计无法保证德法兼修的正确培养目标。课程结构设计不利于培养学生形成正确的法治观和道德观,这也是技术能力培养路线在课程设计上的具体体现和目标偏差的必然结果。仍以上述法学教育培养方案为例,本科教育164分的总学分中,必修课学分为101分。与学生道德修养直接相关的课程仅仅《思想道德修养与法律基础》一门课程,26个课时,2个学分,占总学分比例不到2%。选修课中也只有《法律职业行为规则》一门课程。开设的课程内容、数量远远不能满足德法兼修,以德为先的教育理念的落实,也不能满足学生的实践需求。

笔者通过对另一政法大学的实地访谈中,一名2016级法学本科生谈道:“学校从2017级开始将原为选修课程的《法律职业道德》改为必修课,课程名称也变更为《法律职业伦理》,原先讲授这门课程的老师只有两名，现在由整个民事诉讼教研室的老师承担。课程内容涉及法官、检察官、律师的职业道德要求，让学生对于将来可能从事的职业及其职业道德要求有了较为直接的了解，对于自己的职业选择和判断很有好处，希望在其他课程的讲授中也能结合职业背景，将法律职业道德渗透到每一门课程当中，而不是仅仅把法律作为知识性的了解。"另一名法学本科生也谈道："法律人才培养事关法治国家的建设，从事法治建设的法律人的职业特殊性必然对于其职业道德有着更高的要求，高中时埋头苦读准备高考，进入大学更多的是思考为什么学习，将来的职业打算等等，道德感的培养就像一粒种子埋在本科教育阶段，不断生根发芽，茁壮成长。本科教育阶段是法律职业观形成的重要阶段，同学们也都非常需要人生观、价值观方面的指导，而不仅仅是陷入茫茫的法律知识学习中。"从上述同学的谈话中，笔者强烈地感受到同学们对于法律职业道德指引的呼唤，而现有的课程设计虽然有了一些可喜的变化，但还远不能满足学生的现实需求。

（三）课程师资的专业化程度低

首先，当前一些高校课程设置中确实涵盖了法律职业道德课程，但是大部分都是以法律职业知识的灌输和技能的训练为主，并非真正地将法律职业道德教育作为一门重要的基础科目来对待，更不用说花费大力气引进或培养相关教学研究的师资了。对法律职业道德教育的漠视还表现为该类教育课程存在教师专业化程度偏低的现象，导致教师无力承担此课程的教学任务。⑩

其次，对于已经开设了法律职业道德教育课程的高校，其承担法律职业道德教育教学任务的老师缺乏在人民法院、人民检察院等实务部门的工作经验，不能快速及时地感受实践当中的新变化。换言之，高校法律职业道德类课程的任课老师实务经验相对欠缺，更注重从理论层面对这类课程的讲解，因此讲课内容整体上较为空泛，难以达到良好的教学效果。

---

⑩ 参见韩学平、何宏莲：《高校法学专业应用复合型人才培养模式的"361"路径》，载《哈尔滨师范大学社会科学学报》2014年第2期。

最后,优质教材的缺乏也是法学职业道德教育路上的“拦路虎”。不可否认,法学教育中的优质教材比比皆是,然而法律职业道德教育方面的资料却屈指可数,除了为数不多的几本教材外,可供学生查阅参考的资料就是约束法官、检察官、律师职业道德的法律规范,如《中华人民共和国法官法》《中华人民共和国检察官法》《中华人民共和国律师法》《中华人民共和国法官职业道德基本准则》《律师执业行为规范》……总之,可参考学习的优质教材资源较少,加之法律规范的抽象枯燥,很大程度上制约了法律职业道德教育的实际效果。

(四)道德教育的教学方法低效

当前的法学教育容易让学生认为法律规定就是行为规范的最高准则。教学内容上更多的是对法律条文的逻辑推理解读和分析,没有道德伦理和法学理论的支撑和贯穿。亚伯拉罕·林肯对于法律与道德的关系曾精辟地指出:“法律是显性的道德,道德是隐形的法律。”⑪一定意义上讲,法律是成文的道德,而道德是不成文的法律,二者的根本目标应当是一致的,不能把法律与道德简单对立起来。公平正义是它们共同的目标。在法学教育过程中,割裂法律与道德的内在联系,必然造成学生只知法而不知德,因缺德而犯法,最终落得知法而犯法,既失法又失德。黄松有、奚晓明等人身居高位,丧失了法律背后的道德支撑,运用法学教育培养的法律技巧侵蚀公平正义这个法律的道德根基,极大地损害了司法权威,给国家和社会造成了难以估量的损失。

此外,法学人才职业道德培养没有嵌入职业背景,其他社会学科与法学教育之间也缺乏有机融合,法学缺乏来自其他人文学科的反思与批判。公共课程与法律职业要求应当互补相融。如果学生掌握的公共知识和法律职业要求不能融合,就很难发挥出学生法律职业道德的培养功能。在教学方法上也多采用道德知识传授的方法进行道德教育,学生了解道德知识但不能产生道德感动、感化,更谈不上法律人格的塑造。考核方法缺乏实效、过于形式主义也限制了法学教育中职业道德教育的发

⑪ Fuller L. L. , *The Morality of Law*, Yale University Press, 1969, p. 125.

展。当前一些开设法律职业道德课程的高校，依然通过发放试卷的方式检验学生的学习效果，为了应对学校的检测，学生只需要在考试前背诵相关的知识点即可，这样的考核方式显然不能满足法学教育中职业道德教育的初始目的，毕竟考试考的是知识而不是信仰、人格和修养。

由此可见，教育理念存在偏差、课程设计比例失衡、专业师资的缺乏、优质教材的不足、道德教育的教学方法低效、考核方法形式化造成的后果是教学内容跟不上时代发展。强调法律职业道德的原因在于，它能够让学生把发生在实践中的相关事例具体化，从而内化于心。法科学生通过参与法学相关的各类社会实践活动可以切实地感受养成法律职业道德，将所学理论知识和实践活动相结合，使法律职业道德的教育不只体现在口头教育上。不可否认，“填鸭式”的教学方法有助于提升学生的职业道德认知水平，然而在培养学生的主动性和自觉性方面还有所欠缺，因为这样的教学方法很难让学生主动发现、分析、解决问题。必须革新法学职业道德教育的传授模式，将传统教学模式与体验式教学模式相结合，让学生在学习中实践，实践中学习，从而真正领悟到法律职业道德教育在法学教育中的真谛。

三、法治人才职业道德教育的实践应对

客观地讲，造成法治人才职业道德缺失的原因是多方面的，既有法律工具主义理论观念误区的原因，片面强调法律知识和技能，又有外部监督机制不健全，监督不力或监督缺位的历史原因，也存在家庭教育、社会风气等方方面面的客观因素，但是作为专门从事法律人才培养的法学院校的德育教育的缺失至少是问题产生的重要原因之一。法学教育无法推卸法德分离的责任，应当采取切实可行的必要措施，增加职业道德教育投入，保障“德法兼修，以德为先”的教育理念落到实处。

（一）真正树立“德法兼修”的法学教育理念

通过大数据检索发现，一部分法律知识层次较高且具备法学教育背

景的领导干部出现腐败行为,甚至走向违法犯罪道路,他们具备很高的业务能力,然而却因自身道德素养缺失,使手中的权力没有了自我约束,最终导致身败名裂。因此,法学教育中首先要树立德法兼修的教育理念,切实增强职业道德培养,通过将法与德相融合的方式,提高法科学生自我管理和自我修养的道德约束能力,这不仅是培养法治人才的基本要求,也有助于增强法律职业者拒腐防变的道德自觉。

重视法治人才职业道德素质的培养首先需要改变法律教育比德育教育重要的观念,将德法兼修的理念贯穿法学教育的始终。德法的分离必然会造成对法治的破坏,而且是在不知不觉之中。没有道德支撑的法律不可能在人民群众中树立法治的真诚信仰。让人民群众满意是从道德的高度提出的时代要求,法律规定只是最低标准。从根本上讲,必须妥善解决法律与道德的关系,真正的法律精英应当是通过自身的言行,把法律中所蕴含的道德内涵揭示和阐发出来,这应当成为法律人才培养的一项重要内容。

(二)法治人才职业道德教育的课程落实

法律课程中要讲法理,讲道德。道德教育的目的是使学生成为“具有良好职业道德”的个体,尤其要通过道德教育的方式使法律职业者名副其实地成为一群德才兼备的社会主义法治精英。道德教育的方向要求高等院校从培养计划出发,借助学校的教育课程使学生养成职业道德自觉。在法学教育中,应当明确法律职业道德教育的目标及具体实现路径,使法律职业道德教育在学校的整体课程安排中处于一个重要位置。从目前我国各高校法学本科教育的情况来看,各个部门法课堂上联系法律职业道德方面的教学仍然较为稀缺,为此,学校既需要设置独立的法律职业道德教育课程,又离不开将法律职业道德教育融入其他课程的教学群当中,使这类课程贯穿到各个学科的课堂教学中,以期达到增强法科学生职业道德修养的目的。

(三)法治人才职业道德教育的实践导向

法律职业道德教育不仅要通过理论性教学的方式去发挥作用,更离不开体验式教育的方式去实现。学生通过参加实践活动可以对法律职业道德有更深刻的认识与理解,从而在之后的法律职业生涯中能够更好地对自己的职业道德行为做出为或不为的正确判断。在前述与法学本科学生的座谈交流中,笔者深深地感到同学们对于道德教育的形式和内容都有着改进的期盼。有人建议将学校举办的《实务大讲堂》规定为选修课,定期邀请实务界的法官、检察官、律师进行现身说教,提高道德教育的代入感和可信性;也有学生认为,可以采用知识竞赛、辩论赛等喜闻乐见的生动形式,或深入司法一线,与司法实务界进行良性互动,塑造崇德尚法的良好学风,形成法学院校学生自发的职业道德的优越感和崇高感。

(四)进行典型案例的实践教育

缺乏丰富的教学内容,造成学生逃课率提高,这一现象不容小觑。没有典型案例的法学课程是一门相对枯燥的学科,作为法治人才培养关键领域的法律职业道德教育,加强实证研究必不可少。⑫ 学生通过实地调查,可以得到较为可靠的第一手资料,通过对个体的考察研究,也可以归纳总结出整体的规律。法律职业道德教育的效果如何,既需要在教育活动中体现,也需要从学生对法律职业道德的掌握程度方面考证,通过对教育过程、内容、方式的把握以及学生对法律职业道德接受程度的调查研究,能够更为清晰、准确地看出职业道德教育的实践效果。

因此,可以建立典型案例库并不断更新,选取案例库经典的案例,深入地对个案进行研究,不断归纳总结得出可靠的结论。按照这类实证研究的方式对存在"问题"相关人员的法律职业道德素质进行分析,可以使高校法律职业道德教育真正为学生接受,并形成良好的培养效果。开设这类课程时,也可以定期带学生到监狱参观,由没有遵循道德底线而走上违法犯罪道路的相关人员的现身说法,创新课程的职业道德教育方式。当然,学校也应合理设置课程安排,将职业道德教育课程按照必修课程对待,并设置相当比重的学分,在考核方面可以结合典型案例撰写心得体会,定期举办交流会,采取多种形式使法律职业道德要求真正入

⑫ 参见曲玉梁:《论我国法律职业伦理教育学科体系的构建》,载《法学》2019年第6期。

脑入心。

法律职业道德教育是一个漫长的过程,外在的教育固然重要,但离不开自身对法治的信仰。在法治建设进程中,离不开高校法学教育在师资、课程设置方面的精力投入,离不开每一名法科学生对于公平正义的信仰与追求。党的十八届四中全会指出:“全面推进依法治国,必须大力提高法治工作队伍思想政治素质、业务工作能力、职业道德水准,着力建设一支忠于党、忠于国家、忠于人民、忠于法律的社会主义法治工作队伍,为加快建设社会主义法治国家提供强有力的组织和人才保障。”⑬法学高等院校肩负着培养新时代“德法兼修”的社会主义法治工作者的神圣使命,这将是国家法治的希望所在,也是法治国家的未来所在。

Occupational Ethics Education in the Cultivation of Socialist Rule of Law Talents with Chinese Characteristics

—Rethinking of Law Professional Education

Hu Xiaohui

Abstract: General Secretary Xi Jinping put forward the educational concept of "emphasizing both virtue and Law, and virtue is the first", which has important guiding significance for socialist legal education with Chinese characteristics in the new era. The cause of socialism with Chinese characteristics has entered a new era, and the people's demand for a better life, fairness and justice has raised higher demands on legal persons. On the one hand, the people's needs for fairness and justice are more urgent. On the

⑬ 彭澎:《高校法学教育之现状分析与定位检视》,载《南昌师范学院学报》2015年第4期。

other hand, the legal profession cannot meet the overall development of the rule of law society. The main manifestation is that the legal literacy of legal persons is lagging behind. There are many reasons why legal professional ethics cannot meet the development needs of the rule of law society. However, as a key link in the cultivation of the legal talent serving for rule of law, legal education has various drawbacks, and the influence of the lack of virtue of law students cannot be avoided. There is a general tendency to focus on the law and morality in the cultivation of legal talents, and there are different degrees of performance in terms of personnel training concepts, curriculum system design, and teaching content methods. In order to meet the new requirements of legal talents in the rule of law construction in the new era, we must solve the problem of unbalanced morality and law in the cultivation of rule of law talents, emphasize the reform of morality and law, optimize the concept of training, reshape the curriculum system, improve teaching methods, and constructing occupational ethics education in the cultivation of rule of law talents with social characteristics with Chinese characteristics in the new era.

Key Words: cultivation of socialist legal talent serving for the rule of law, legal education, emphasis on the legal education and negligence on moral education, occupational ethics education

法律职业伦理教育在课堂教学中的展开*

马　勇**

摘　要：长期以来，法学教育中法律职业伦理培养的欠缺被公认为是一个严重的问题。法律职业伦理教育不同于一般的专业课程，关注点不在于“知”的传授，而在于“意”的引导，即通过价值引领传递法律人积极向善的正能量。目前，课堂教学环节仍然是涵育法律职业伦理的主要场域，但传统的讲授式教学法无法适应塑造价值观所必须具备的学习者的主体维度。为此，需要改革法律职业伦理的课堂教学。课堂教学应当植根于养成教育的理念，培育学生的伦理问题意识，革新课程的考核方式，以期真正实现立德树人、德法兼修的目标，提高法律人才的培养质量。

关键词：法律职业伦理　德法兼修　养成教育　非标准答案考试

长久以来，法学教育中法律职业伦理培养上的

---

* 基金项目：2018 年重庆市教育科学规划课题“法律职业伦理的实践性养成教育探析”（项目编号：2018 – GX – 279）。

** 马勇，西南政法大学讲师，法学博士。研究方向：房地产法和竞争法。

欠缺被公认为是一个严重的问题。[①] 2017 年，习近平总书记考察中国政法大学时明确提出，中国法学教育和法治人才培养要坚持立德树人、德法兼修，培养高素质法治专门人才。2018 年，教育部、中央政法委公布了《关于坚持德法兼修实施卓越法治人才教育培养计划 2.0 的意见》，进一步明确要“加大学生法律职业伦理培养力度，面向全体法学专业学生开设‘法律职业伦理’必修课，实现法律职业伦理教育贯穿法治人才培养全过程”。自此，法律职业伦理教育得到了前所未有的重视，并且迅速反映在各大高校法律专业的人才培养目标以及课程设置方面。然而，法律职业伦理教育不同于一般的知识传授，其中倡导的价值观必须经由内心的真正认同，才能逐渐内化为职业过程中的行为选择。传统的课堂教学以传授知识为主要目的，主要由教师单方面地输出知识。这种教学方法无法适应塑造价值观所必须展现的学习者的主体维度，需要进行教学方法的改革创新，以接上法律职业伦理教育的“最后一公里”，真正落实“德法兼修”的法治人才培养目标。

一、法律职业伦理教育的内涵及意义

法律职业伦理不同于一般的社会伦理，除了规范法律职业行为外，更肩负着确保法律正确实施、维护社会公平正义的特定使命。法律职业伦理的内容包括了客观秩序和主观态度两个维度。从客观层面来说，法律职业伦理，是指法律执业者从事法律活动时所应当遵循的行为规范和道德准则，[②]包括规范法律执业活动的法律（如《法官法》《检察官法》《律师法》等）以及行业性自律规范（如《律师职业道德和执业纪律规范》

① 参见孙笑侠：《法律家的技能与伦理》，载《法学研究》2001 年第 4 期；齐延平：《论现代法学教育中的法律伦理教育》，载《法律科学》（西北政法学院学报）2005 年第 5 期；肖金明：《考问中国法学教育：问题与对策》，载《山东大学学报》（哲学社会科学版）2011 年第 6 期；刘坤轮：《“学训一体”法律职业伦理教学模式的实践与创新》，载《政法论坛》2019 年第 2 期。

② 张文显：《司法改革报告法律职业共同体研究》，法律出版社 2003 年版，第 139 页。

《检察工作纪律和检察官职业道德规范》等)。从主观层面来说,法律职业伦理还指向法律职业者的内心态度,包括正确的法律价值观念、社会正义感和对法治的信仰。法律职业伦理依靠外在的惩戒压力和内心的价值信念,为法律知识的学习提供精神动力,并指导法律技能以符合社会正义的方式予以使用。

法学教育具有鲜明的职业性,"法学教育"的基本目的,在使法律人能够认识法律,具有法律思维和解决争议的能力。[③] 然而,法学教育又不同于法律职业培训,既负有知识和技能的传授功能,也承担着价值引导的社会责任,肩负着捍卫社会公平正义的道义担当。如果一味强调法律思维的技巧一面,不免导致学生成为诵法诠法的技工,也会降低对法律正义实践命题的关心。[④] 正如研究法学教育的"开路先锋"孙晓楼先生所言,法律人才必须具备三种素质:"一定要有法律学问,才可以认识并且改善法律;一定要有社会的常识,才可以合于时宜地运用法律;一定要有法律的道德,才有资格来执行法律。"[⑤]反之,如果学生"对于社会及法律的终极目的不甚了了,对于自己作为一个法律工作者的功能和应有的责任也不很在意,将所学的法律只看作是个谋生图利的工具,怎么使用都可以",[⑥]就容易产生"专业冷漠",乃至成为"魔鬼代言人"。因此,法律职业伦理教育的意义,是培养和造就宪法法律的信仰者、公平正义的捍卫者、法治建设的实践者,增强学生服务社会主义法治国家建设的责任感和使命感。

---

③ 参见王泽鉴:《民法思维:请求权基础理论体系》,北京大学出版社2009年版,第2页。

④ 参见陈长文、罗智强:《法律人,你为什么不争气?——法律伦理与理想的重建》,法律出版社2007年版,第149页。

⑤ 孙晓楼:《法律教育》,商务印书馆2015年版,第11页。

⑥ 张伟仁:《磨镜——法学教育论文集》,清华大学出版社2012年版,第318页。

二、课堂教学应当是法律职业伦理教育的主要场域

法律职业伦理深植于内心，体现于法律人的人格塑造和执业行为的约束，个人的自我学习具有根本性意义。因此有观点认为，伦理属于个人先天品质，或者属于大众传媒、公共文化条件、家庭教育和其他道德资源的领域，主要依赖于传统文化的熏陶，因而是不可教的。⑦ 这种观点割裂了学校教育和自我教育之间的内在关联。“一切教育都能塑造智力的和道德的品质”，“这种塑造工作不只是先天活动的塑造，而是要通过活动进行塑造。”⑧法律职业伦理的自我教育会否发生、如何发展都存在很大的不确定性。在缺乏“他者”和交流的环境中，自我教育很容易走向自我中心和自我迷失。正如美国法学院协会主席罗德说：“伦理教育的重要性既不该过分夸张，也不该低估。上百个评估职业伦理课程的研究发现，设计良好的课程可大为提升职业伦理能力。”⑨

（一）实践教学对于培育法律职业伦理的局限性

法学院校的教育主要是课堂教学和实践教学两种模式。职业伦理在法律实践中的作用是指导目标和行动的选择。因为正是每一次的选择决定着一个人的人生观、世界观和价值观，同时这种内心观念又会固化成行为方式。从这个角度来说，实践教学环节对于法律职业伦理的养成非常重要。尽管如此，高等院校组织开展的实践教学，在法律职业伦理的培育上仍然具有难以克服的现实困难。以实践教学中最为基本的假期实习以及比较高阶的诊所式法律教育为例，可以管窥法律职业伦理在实践教学环节中开展的局限性。

---

⑦ 参见李学尧：《非道德性：现代法律职业伦理的困境》，载《中国法学》2010 年第 1 期。

⑧ ［美］约翰·杜威：《民主主义与教育》，王承绪译，人民教育出版社 2001 年版，第 81 页。

⑨ 转引自许身健：《如何上好法律人的思想品德课》，载《检察日报》2019 年 5 月 15 日，第 7 版。

首先,假期实习对于个人的思想影响往往具有双面性,职业伦理教育又难以有效地嵌入其中。目前,依托于各单位的假期实习是各大法学院校最重要的实践教学方式。学生可以亲历各种案件的办理,接触案件当事人,观察法律从业者的执业活动。在此过程中,必然也会伴随着内心的评价活动,法律职业伦理的扎根便有了更深的经验土壤。固然假期实习中对于实践知识和技巧,累积实务经验,以及锤炼职业伦理都是极为宝贵的机会。但是实习单位接受学生是出于社会道义或用人需求,学生究竟能够获得什么样的实习机会,接触到怎样的环境,学校无法监管。这对于法律职业伦理的培育来说,就充满了各种不确定性。因为在学识尚浅、心性未定并且焦虑于未来如何立足于社会之际,在校大学生浸淫在世间百态、勾心斗角的人事纷争中,难免会接触到社会的"油腻"。他们在法律职业伦理方面恐怕更需要的是具有"免疫力";否则如果所处环境不佳,反而容易沾染到一些不良的社会习气。根据笔者连续三年指导暑期实习的经验,律师事务所中存在此类问题的可能性最大,因此对于在律所设立实习基地尤其应当慎重,并且建立动态的评价机制和退出机制。

另外,诊所式法律教育等方式,虽然可以担负起培育法律职业伦理的作用,但是远不能满足当下的法学教育规模。诊所式法律教育源于美国,其特点是仿效医学院利用诊所实习培养医务人员的形式,由教师指导学生亲身参与法律案件,并实际感受法律争议的处理过程。其目的包括"培养学生的职业道德、职业责任和职业技能,鼓励和支持学生在法律实践中学习法律,在法律实践中获得法律的创造性思维"。[10] 2000 年以后,中国的法学院引入诊所法律教育后,马上就和法律援助结合在一起。诊所法律教育中所需的案件,大量来自法律援助中心。[11] 法律诊所的学员面对的是真实的案件、实际的当事人,因而也更容易理解职业的责任感,更能从社会的角度去冷静地思考法律的价值,从法律的角度追求社

---

⑩ 陈岚、赵慧:《诊所法律教育论纲》,载《武汉大学学报》(人文社会科学版)2000 年第 6 期。

⑪ 参见王立民:《法律援助与"诊所法律教育"》,载《政治与法律》2005 年第 1 期。

会的公正，从而使法学教育与职业责任、职业道德有机结合起来。笔者从2018年起受聘担任西南政法大学法律诊所的指导老师，经过两年的切身观察，认为这种方式的确能够比课堂教学提供更持久、更有影响的法律职业伦理塑造。因为在义务性地为弱势群体提供法律援助时，学生可以完整地参与诉讼流程，帮扶社会弱势群体，这对学习法律知识和树立法律职业道德都有非常积极的作用。但是法律诊所的案源非常有限，而且但凡稍具社会敏感性的案件都会被排除在外，通常只接收普通的民事案件。在笔者指导的法律诊所内部，学员们还需要竞争有限案源才有实践的机会。因此诊所式法律教育能够覆盖到的受益学生很少，并且投入的教育资源很大，客观上不具有规模化推广的可能性。

（二）课堂教学对于培育法律职业伦理的基础性

法律职业伦理课程目标的特殊性和当下实践教学资源的有限性，决定了这一课程只能主要依赖课堂教学。尽管课堂教学存在很多的局限，但是教师对于学生品格培养上的作用也不可低估。首先，课堂教学乃自我教育和实践教学的引导和预备。法律职业伦理关注的焦点不是"知"，而是"意"，即正确价值观的引导。⑫ 缺乏了教师的指导，思想的启蒙，法律职业伦理的意识在浓郁的功利主义氛围下将很难生长和展开。因此，法律职业伦理的课堂教育应当先于假期实习开展。其次，法学教育中外铄的知识技能和内生的伦理道德是不可割裂的两个层面。作为学习对象的法律概念、法律关系和法律制度都具有价值性与技术性的双重性质，故而法律职业伦理教育需要一整套完整的教育体系来引导学生正确认识法律职业，树立职业荣誉感。⑬ 课堂教学要保障法律知识技能的教学品质，就不可能脱离开法律职业伦理的精神。最后，课堂教学能够批评性地看待法律实践，可以更从容地进行对话、交锋，从而让学生在取舍中检视自己内心的深层观念，从而树立起自己的立场。这将为今后

---

⑫ 参见［德］雅斯贝尔斯：《什么是教育》，邹进译，生活·读书·新知三联出版社1991年版，第9页。

⑬ 参见郭剑平：《我国法律职业伦理教育存在的问题与对策》，载《高教论坛》2018年第3期。

从事法律执业活动注入“伦理疫苗”,帮助他们更好地进行心理建设的准备。法律职业伦理的课堂教学能否有效展开,主要取决于两个方面:一是课堂学习能否和社会现实发生关联、能否指导法律实践;二是课堂教学的方式是否摆脱了说教,而能够通过诉诸兴趣的方式引导学生自我发现、自我探索,以达到塑造法律人人格的目的。正如美国著名教育学家杜威所言:“如果知识的方法和题材与道德的发展没有密切的、有机的联系,就不得不求助于特定的修身课和特定的训练方式:知识没有和寻常的行为动机和人生观融为一体,而道德就变成道德说教——成为各自独立的德行的组合。”⑭

三、法律职业伦理课堂教学存在的问题

2018年1月底,教育部发布了《法学类专业教学质量国家标准》,法律职业伦理成为全国各个法学院学生都必须修习的10门专业核心课程之一,各大政法院校也陆续开设了专门课程。这极大地提升了法律职业伦理课程的地位,并且让各大院校都更加重视。尽管法律职业伦理课程已经成为一门单独的核心必修课,但是根据笔者向几个政法院校学生及学界同仁的了解,这门课程带给学生的内容沉淀不多,课堂教学中存在许多的问题。

第一,教学理念上未能摆脱应试教育的窠臼,课程目标忽视了法律职业伦理的主观维度。应试教育强调知识和技术的传授,偏好明确的内容、固定的答案。这首先导致法律职业伦理课程讲授的内容主要是职业的惩戒规范,包括《律师职业道德和执业纪律规范》《法官职业道德基本准则》《检察工作纪律和检察官职业道德规范》等规范性文本。面对标准化的考试,学生最高效的学习方式就是死记硬背,尤其是考前突击背诵一番,利用短期记忆获取高分。学生自己总结的高分技巧是:课上记

⑭ [美]约翰·杜威:《民主主义与教育》,王承绪译,人民教育出版社2001年版,第378页。

笔记,课后补笔记,考前背笔记,考后扔笔记。然而,这种策略性的应试学习压制了独立思考的能力,将知识点的精准记忆作为中心,容易造成"高分低能"的积弊。更严重的是,这种机械学习法,会很容易造成学习者的心理疲惫,忽视了法律人真正值得重视的精神养成与品格陶冶。另外,法律职业伦理教育需要培养德才兼备的法律人才,这种高素质法律人才首先必须是具有独立思考能力的人。而应试教育却不断强化答案的唯一性和正确性,并通过分数的奖励诱导学生放弃自己的好奇与探索,转而揣摩和钻研出题人的意图。长此以往,这种教育会使得学生缺乏独立思考的动机,鼓励盲从周围的环境。党的十九大报告中明确指出:"要全面贯彻党的教育方针,落实立德树人根本任务,发展素质教育,推进教育公平,培养德智体美全面发展的社会主义建设者和接班人。"应试教育无疑是发展素质教育的阻碍,不适应法律职业伦理教育的需要,故首先应当改变这种陈旧的教育理念。

第二,教学方法以教师为中心,偏重于单向的讲授,学生接收信息较为被动。根据笔者向多个政法院校学生及学界同仁的了解,目前法律职业伦理课程的教授方式仍然更加强调单一的讲授式教学法,学生听课最主要的任务就是做好笔记。这种方式的教学效果并不理想,受教育者难以获得心智上的启迪和成长。在 2019 年两会期间,甚至有全国政协委员尖锐地指出:目前大多数高等院校的法学院普遍专注于法学知识与能力的教育,法律职业伦理由于教育形式单一,多数课程流于形式。⑮ 法律职业伦理的课程目标不同于一般的法学专业课程,并非以掌握一套制度性的话语体系为核心目的,而是希望其在未来法律执业活动中面对利益诱惑与法律伦理的冲突时,具备良好的价值观念和行为能力。⑯ 这意味着灌输式教育非但是无效的,而且是有害的。其无效是因为以灌输为主,意味着学生的真实想法并不重要,导致教与学之间、课程与实践之间完全脱节;其有害的一面,是因为灌输式教学让学生将功夫主要花费在

⑮ 参见高新国:《武义青委员:重塑法律职业伦理教育刻不容缓》,载《人民政协报》2019 年 3 月 7 日,第 21 版。

⑯ 参见胡之芳:《论法学教育中的伦理之维》,载《高等教育研究学报》2017 年第 1 期。

期末前一周的背诵记忆上,忽视了对职业困境的内心探索。

第三,功利主义导向的考核方式,不利于法律职业伦理的内在养成。法律职业伦理课程作为一门专业必修课,为了突出其重要性,各大院校基本上都以期末闭卷的形式加以测试。分数的高低直接与奖学金、评优、保研挂钩。这种应试教育不仅难以培养学生提高职业伦理素养,反而会助长学生的功利主义心态。但凡以考试成绩作为奖惩机制的一般标准,学生关注的焦点就不可能避免地转移到如何通过考试或者取得高分。这种功利主义的学习驱动恰恰与伦理教育的目标南辕北辙。有学者指出,"现行的评价体系实际上提供了一种消极的激励方式,那就是只有追求功利和强调自利才能获得成功"。[17] 有学者针对立格联盟各院校法律职业伦理课程的情况指出,该门课程仅仅有1~2个学分的设置,相对于专业必修课总学分30学分左右而言"还是不太高"。[18] 笔者的观点则认为,法律职业伦理课程的学分恰恰不宜高,以免带来功利主义的学习氛围,造成学生为了奖学金、保研的目标来拼命"刷绩点"。

四、法律职业伦理课堂教学的改进建议

(一)课程目标层面注重职业伦理的养成教育

法律职业伦理的教育必须能够指导法律人对于目标和行动的选择,因此课程的理念不应是外部施压的规范式教育或者纠错式教育,而是以"立德树人"为内核的陶冶式教育。为了达成这一长远目标,学校提供的教育就不能忽略学习者的主体性和内心认同。质言之,法律职业伦理教育必须指向学习者对自我行为的评价;否则缺乏法律伦理的素养,法律技能就容易受到功利目标的单向支配并且彻底被工具化。因此法学

---

⑰ 罗丽琳:《我国法律职业伦理教育的问题分析与破解路径》,载《教育与职业》2014年第2期。

⑱ 参见高琳、刘坤轮:《我国法律职业伦理教育现实性再审视》,载杨宗科主编:《法学教育教研》(第25卷),法律出版社2019年版,第380页。

教育作为职业教育,应当融合知识技能的专业教育和法律伦理的养成教育。

所谓养成教育,是以发展学生的主体性为目标导向,引导其自主地确定价值取向、理想信念、道德选择和行为准则,最终达致知行合一的终极目的。[19] 这一理念的基本出发点,是相信教育对于个人内心价值的塑造具有重要的启蒙和改造功能。但这种教育模式的前提是给学生更大的赋权,使其真正作为道德实践活动的主体来自我判断是非对错,而不是根据课程内容的记忆去尽力接近"正确答案"。实现这种教育理念的基本路径则是实践导向。究其根本,法律伦理的认知,不同于知识的讲授,也不同于技能的训练。法律伦理的认知依靠的是个人的良知良能,这种能力的发挥必须以意志自由作为前提,以价值选择为目标。面对价值问题,学生一定有自己的立场和见解,如果不从他们既有的立场开始,循循善诱地言传身教,法律伦理教育就容易变成道德说教。对于道德训诫,学生要么左耳进右耳出,要么是获得了一种教条式的结论。其结果,学生所学的知识可能只对考试有用,但终究难以走出教室。总之,在法律职业伦理的养成教育理念之下,首先需要教师相信学生具有良知良能,并以平等开放的姿态与学生展开对话,引导其独立思考和不断追寻自我完善的维度。

(二)教学方法层面培育学生的伦理问题意识

爱尔兰诗人叶芝说:"教育不是注满一桶水,而是点燃一把火。"现代教育学也强调,学生是一个具有自主认知的生命体,而非被动接受知识的容器。通过让学生自由表达对问题的理解,教师得以看见学生真实的认知过程,并从中发现认知冲突和价值困境,从而有效地提供智力支持来帮助学生突破认知困难。这样丰富的、切身的学习体验过程,才能够深化思维、拓展认知。法律职业伦理教育需要着力于三个方面的培养目标:"一是培养学生的伦理问题意识;二是培养学生的伦理推理能力;

---

[19] 参见邢国忠:《把大学生养成教育作为高校育人的重要途径》,载《思想政治教育研究》2008 年第 3 期。

三是培养学生的伦理选择能力。”[20]这样的课程性质也就决定了授课老师必须改变照本宣科的教学方法,在知识和技能之外,有意识地去引导学生。这其中,培育学生的伦理问题意识既是起点也是核心,因为没有问题意识的伦理观点只是盲从,而缺乏推理能力和选择能力的伦理观念则无法激越人心或影响行动。

一方面,法律职业伦理课程的教学方法应当以情景式教学法为主。[21] 法律职业伦理意识的激活必须满足两个前提:其一,要以法律职业角色的赋予为起点。无法律角色,则无职业伦理。在课堂上抽象地谈论法律职业伦理是没有意义的,这容易让从小到大听惯了说教的学生感到乏味。其二,要以利益冲突及认知困惑为外在条件。无利益冲突,亦无职业伦理。无涉利害关系地谈论职业伦理不过是纸上谈兵。这就要求课堂教学的展开应当以情景式设计为主轴,通过对课程的“剧场化”,赋予学生以一定的职业角色,并将其推入利害冲突之中。一旦学生产生了伦理困惑,就会自觉地求助于意义、价值,从而开启法律职业伦理的深入思考。教师应当将问题放到教学的中枢,不把既定的答案强加给学生,而是如同“助产士”一般帮助学生自己去设问答疑,揭示观念深处的伦理价值。对此,哈佛大学桑德尔教授的通识课《公正:该如何做是好?》堪称教学的典范。这一课程之所以能够风行全球,吸引不同学科的人士都来学习,与其使用的教学方法是密不可分的。桑德尔教授最大的教学特点是精彩地应运了两难问题的情境假设,即模拟一种伦理问题的场景,让学生作出评析。比如,在第一堂课中,桑德尔教授便提出,假设你是一位有轨电车的司机,正疾驰在轨道上,突然发现前方站立着五个工人。由于刹车失灵无法停车,但可以变道。可是你注意到可以变道的岔路上也站着一个人。你是否选择撞死这一人来挽救那五个人?[22] 这

---

[20] 齐延平:《论现代法学教育中的法律伦理教育》,载《法律科学》(西北政法学院学报)2002年第5期。

[21] 这里的许多想法受益于西北政法大学教务处陈京春处长在《法学教育研究》第三届专题研讨会上对我发言的点评和启发。在此谨致谢忱,但文责自负。

[22] 参见[美]迈克尔·桑德尔:《公正:该如何做是好?》,朱慧玲译,中信出版社2011年版,第22~23页。

样的情境假设让学生身临其境，感同身受，极好地调动了思考的积极性。然后，桑德尔又以此为原点，不断假设新的情况，并对已经得出的结论进行检视，由此层层推进式地探索各种解决伦理困境的可能性。不过对于法律职业伦理课程的开展来说，利用现实中法律从业人员的真实、经典案例作为情境设置，会更加具有现实性和说服力。对此，在有条件的情况下，可以通过完善协同育人机制，邀请有关实务部门同志的现身说法，通过真人真事强化底线思维和伦理意识。

另一方面，课题教学要充分重视对话的意义。如何设置吸引人的问题只是第一步，更重要的是引导高质量的课堂讨论。理想中的课堂讨论，学生的发言质量会随着课堂活动的开展不断深入，并且相互摩擦出思维的火花。只有经过深入思考，法律职业伦理才会进入内心；只有经过观点碰撞，法律职业伦理才会沉淀为一种确信。不过对话的发生必须以师生关系的平等、思想观念的开放为前提。一旦老师试图将某种观点作为正确结论加诸学生，对话就不可能真正产生，课堂就必然按照既定内容开展下去。只有允许学生说出自己真实的看法，有效的课堂交流才会存在，法律职业伦理的教育也才有可能具有针对性。与此同时，法律职业伦理本质上是一种心理态度，在被“他者”观照之时，更能自觉其存在。对话既是一个彼此照亮的过程，也是一个寻找意义和价值的过程。作为教师，在课堂对话中切忌简单地评判学生的观点对错，而应注意将对话的焦点引向法律职业伦理层面，引导学生自己得出结论。

（三）课程考核层面探索非标准化答案的考试

首先，分制上不建议采用百分制，可采用等级制。百分制的评分标准依托于精细化的评分标准，更适合对于知识点的考察以及用作竞争性排名。法律职业伦理的考试目的不是选拔出最聪明和最优秀的人才，而是帮助学生更好地了解自己，看到人性的弱点和职业伦理的重要性，从而找到继续努力的方向。对于法律职业伦理课程的目的来说，掌握知识点的意义固然重要，但是更具有根本意义的是学生对于法治信念的认同与内化。因为处于法律职业伦理教学关注焦点的不是“知”，而是“意”，即正确价值观的引导。这决定了百分制的评分标准意义不大。另外，课程考核是师生之间互相进行反馈的重要手段，对于教学的调整和完善都具有深远意义。采用百分制的方式，学生之间的小范围分差并不能够真实反映学生的能力和水平，亦无法有效驱动教学。采用等级制的评分方式，一方面可以让学生们从锱铢必较的分数战和记忆力竞争中解放出来；另一方面也让老师可以更专注于对学生法律伦理的价值观引导。

其次，强化过程评价，实行动态与静态考核相结合、个人与团队成绩相结合。"考试是为了检验和促进学生的学习，它不是一个标准化的评价工具。"㉓法律职业伦理的涵育并非一朝一夕之功，仅仅利用期末的评价性考核是不够的，更应当注重形成性考核。比较理想的方式是实施全过程学业评价，将课堂讨论、课后作业都按照一定权重纳入最终的成绩评定，促使每个学生都能主动参与学习的全过程。同时，在课堂讨论及任务布置时，有意识地安排团队协作，让学生在社会化的环境下表达意见、锤炼观点。与此同时，通过既有协作又不失竞争的关系建构，让学生们从分数竞争的惯性思维中解脱出来，吸收他人的长处，努力超越自己。这样的考核方式改革，不但会促使学生主动思考、独立思考法律伦理的问题，真正培养起批判性思维能力，而且督促学生在平时下功夫、主动参与学习的全过程，从源头上杜绝学生逃课、玩手机等现象。

最后，作业和命题应当注重启发思维、激发智慧，实行开放式、非标准答案的考试。在信息时代，学生获得各种知识点的途径变得非常方便，因此要求学生死记硬背学科知识的意义变得越来越小。但是，摒弃了考试对于知识点记忆力的倚重，并不等于法律职业伦理没有形成共识需要掌握的知识点。只不过对于这些知识点的掌握，应当放置在应用的层面来考察，而非单纯的从概念到概念，从制度到制度。这就需要教师首先要解放思想，敢于自由发挥，命出有创造性的题目，给予学生积极的体验和可发挥的空间。"考试本身应着重考查学生想象力、独立思考能

㉓ 许悦：《非标准化考试有"标准"吗》，载《中国科学报》2019年1月30日，第1版。

力,重在推理过程和思考过程,而不只是用标准答案考查大家的记忆力。"[24]不过,无论命题教师怎么自由发挥,终究还是必须符合专业性,必须与课程目标相呼应。

法律职业伦理的课堂教学应当真正做到以学生为中心,唯有如此,才能避免道德说教以及课程的空心化。与此同时,教师应当灵活运用教学法,点燃学生腹中求真求善的灵火。正如雅思贝尔斯所言:"教师要唤醒人的潜在的本质,逐渐自我认识知识,探索道德。"[25]说到底,教育的目标从来都不是控制,而是放手。每个法律职业人都或早或迟将与伦理困惑狭路相逢,并且答对的机会只有一次。

On the Classroom Teaching of the Legal Education of the Professional Ethics

Ma Yong

Abstract: The lack of the legal education of the professional ethics has long been recognized as a serious problem. Legal education of the professional ethics is different from general professional courses. The focus is not on the teaching of "knowledge", but on the guidance of "consciousness", that is, the positive energy of guiding legal persons to goodness through values. At present, classroom teaching is still the main way of legal education of the professional ethics, but the traditional teaching method cannot adapt to the learner's subjective dimension that must be displayed to shape the values. Therefore, the author of this article points out the need to reform the

---

[24] 谢和平:《以课堂教学改革为突破口的一流本科教育川大实践》,载《中国大学教学》2018 年第 12 期。

[25] [德]卡尔·雅斯贝尔斯:《什么是教育》,邹进译,生活·读书·新知出版社 1991 年版,第 9 页。

classroom teaching of legal education of the professional ethics, which is rooted in the concept of academic education, cultivating students' awareness of ethical issues, reforming the assessment method of the curriculum, and truly realizing the virtues of both people and morals. The goal is to improve the quality of legal personnel training.

Key Words: Professional Ethics of law, promotion both virtue and law, academic education, non-standardized answers

面向卓越法治人才培养的法律职业技能课程构建*

郑雅方**

摘　要：回应卓越法治人才培养目标，我国法本实践教学改革应以法律职业技能课程重构为重要抓手。在课程定位上，从“单纯技能课程”升华为“技能方法论课程”，并设置为实践教学的基础核心课。在课程内容上，应以培养法律思维为根本，以掌握技能规律原理为基础，以技能方法为具体运用。在课程完善中，应注重德法兼修，补齐职业伦理的短板，确立法律技能运用的道德底线。

关键词：卓越法治人才　法律职业技能课程　法律技能方法论　法律职业共同体　德法兼修

一、问题的提出

2018年10月13日，教育部、中央政法委公布了

---

* 基金项目：湖北经济学院教学成果培育项目“《法律职业技能培养》课程的构建与开展”（项目编号：201923）。湖北经济学院大学生思想政治教育评价中心重点项目“新时代法学专业实践教学改革路径及绩效评价研究”（项目编号：201904）。

** 郑雅方，湖北经济学院法学院副教授，法学博士。研究方向：经济法、行政法。

《关于实施卓越法治人才教育培养计划2.0的意见》(以下简称《卓法计划2.0》),提出:"培养造就一大批宪法法律的信仰者、公平正义的捍卫者、法治建设的实践者、法治进程的推动者、法治文明的传承者,为全面依法治国奠定坚实基础。"这对法学本科教育(以下简称法本教育)提出了人才培养"高质量"和"多元化"的双重目标要求。法本教育是一种职业教育,①促进实践教学内涵式发展成为法本教育践行卓越法治人才培养战略的重要突破口。

近十余年来,我国法本实践教学内容不断丰富,借鉴欧美法学院的有益经验,不少法学院开设了模拟法庭、法律诊所等课程(项目),并统一将中期实训、毕业实习纳入本科培养硬性要求,但实践教学效果仍有较大提升空间。观察我国法学院实践教学课程设置不难发现,对"法律职业技能课程"这种法学实践核心课普遍存在定性不清、定位不准的问题,该问题已成为制约整体实践教学水平的重要因素。法律职业技能即从事某项具体的法律实务时所必需的技术性能力。② 广义的法律职业技能课泛指与培养训练学生职业技能相关的一切课程。狭义的法律职业技能课程特指专门讲解核心法律职业技能方法论的课程,以核心职业技能的概念原理、应用规律、策略窍门等为主要内容,我国法学院现开设的法律文书写作课、法律文献检索课、法律论辩课均属此类。本文采狭义。法律职业技能课程是实践教学不可或缺的关键环节,能够为实验、实训、专业实习及社会实践提供必要的方法论准备。

目前,我国法律职业技能课程建设存在一定误区:将课程视为一般性的"技能方法课"而非构筑法本实践教育基础的"技能方法论",并将其设置为专业选修课而非基础课。这些误区阻碍了该类课程建设,使学生难以从课程学习中获取充足的法律技能知识储备,继而导致学生在参与模拟法庭、法律诊所等技能展示、体验、锻炼类课程时不具备应有的技能理论基础。当学生的学习基础与预设的教学目标相距甚远时,实践教学中实验、实训、实习整体流于形式便不足为奇,难怪有法学教育者感叹

① 参见江国华:《法学本科教育改革研究》,载《河北法学》2012年第4期。

② 参见苏力:《中国法律技能教育的制度分析》,载《法学家》2008年第2期。

“现有模拟法庭教学更多的是形式上的表演和展示”。③ 为回应卓越法治人才培养目标,我国法本实践教学改革应以法律职业技能课程重构为主要抓手,矫正课程定位、革新课程内容。对此,法学教育界还欠缺关注和思考,本文试作出探讨,以期引发更深入的研究。

二、法律职业技能课程是实践教学体系的基石

法律职业技能课是关于法律技能方法论的课程,是法学实验、实训、实习的必备前置课程,为专业课学习提供学习思维与方法的助益,在实践教学体系中处于基础核心地位。

(一)法律技能方法论课的生成与功用

法学实践教学的主旨是养成法律职业素养,培育学生正确驾驭知识和技巧的态度与能力,尝试独立分析和解决法律问题。④ 以法律职业素养养成为目标,法学实践教学体系应完整涵盖技能方法论课及技能应用课。技能方法论系统讲解各核心职业技能的实践规律及原理;技能应用课则通过多样化的实操训练让学生熟悉、掌握核心技能。

1. 法律技能方法论课的生成及其内含

法律技能方法论课是法律职业共同体成熟和法律职业教育发达的必然产物。法律职业共同体为法律技能方法论提供智识基础。法律职业共同体指法官、检察官和律师等法律人通过相似的教育和培训,具有相同的法律知识和素养,遵守相同的职业道德规范,运用一套相同的法律概念、法律原理和法律思维方式,进行有别于普通人的法律逻辑推理。⑤ 而正是这些打上职业烙印的思维、素养、知识、规范催生出专门化

---

③ 尹茂国:《法学本科实践教学功能的重新审视》,载《黑龙江教育》(理论与实践)2017 年第 12 期。

④ 参见房文翠:《法学教育中的法学实践教学原则》,载《中国大学教学》2010 年第 6 期。

⑤ 陈瑞华:《法律职业共同体形成了吗?(下)——以辩护律师调查权问题为切入的分析》,载《中国司法》2008 年第 3 期。

的、自成体系的法律技能。例如,法律职业共同体具有注重缜密的逻辑、谨慎对待情感因素的思维特质,形成三段论法律推理技能,对决定理由进行说明论证,从而使当事者和全社会看到这个结论出自法律理性。[⑥]

法律职业教育为法律技能方法论形成提供直接驱动。法律职业教育中,法科学生被视为法律职业共同体的预备役,掌握法律技能是法科学生融入共同体必须迈过的一道门槛。为助力学生技能资质的养成,法律技能教育不局限于某些特殊技能训练,而是以系统性理论知识为基础。在成熟的法律职业共同体中,法学教育工作者是重要组成,如美、德等国法学院,不少法学教授兼有实务身份,或从事多年实务后供职于高校,已与实务工作者间形成有序、深层的稳定交流关系。这使为实现职业法律人才培养目标,法学教育工作者们有条件广泛联合、引进实务工作部门的优质实践教学资源,协同开展深入细致的理论研究活动,将法治实践经验概念化、模式化、规律化,抽象上升到技能方法论的高度。由此,方便学生提纲挈领、深入掌握职业技能知识;并向实务界提供理论武器,促进职业技能进一步创新发展。

法律职业技能是源于法律实践的直接经验,[⑦]但法律技能方法论是对实务经验理论化的成果,涵摄职业技能的一般性规律及基本运用原理。法律技能方法论内含:提出并界定某项职业技能应用中的若干核心概念;解构并归纳应用某项职业技能的机理及步骤;挖掘并探究某项职业技能应用背后的操作规律等。以美国法学院法律文献检索课程主流教材《法律研究的过程》(The Process of Legal Research)的内容构成为例。[⑧] 本书共八章,第一章、第二章是法律文献检索方法论概述;第三章到第七章按文献分类,分述各类文献检索的具体方法、技巧;第八章关于制定法律文献的检索策略。其中,第一章、第二章方法总论在对法律文本检索、案例检索、统计数据检索,以及网络数据库信息资源应用、搜索

⑥ 参见孙笑侠:《法律家的技能与伦理》,载《法学研究》2001年第4期。

⑦ 参见房文翠:《法律职业技能及培养途径》,载《现代法学》2003年第1期。

⑧ See Christina L. Kunz et al., *The Process of Legal Research*, Aspen Publishers, 2004, pp. xi – xvii.

引擎应用、网络工具应用等的经验、手段基础上，萃取形成研究术语、研究问题、检索资源筛选与评价、检索发生与终止等关键概念，以及文献分类、文献检索步骤和范式等理论内容。此外，法律文献检索、法律文书写作、法律论辩等核心法律技能间存在紧密的内部联系，这为技能方法论的体系化提供了有利条件。

2. 法律技能方法论课的双向功能

法律技能方法论课程为技能应用课程的学习提供必要的思维指引、理论指导、知识储备。正基于此，美国法学院无一例外地都将模拟法庭、法律诊所、假期实习等课程（项目）设置在法律职业技能课程之后。“纵然法学的实践性集中表现于经验，可这一经验也是建立在既有知识与方法的基础之上的。脱离法学基本知识与方法，就不可能有法学实践教学，脱离了法学知识与方法的所谓实践教学就只能是停留在形式上的观摩。”⑨

法律技能方法论课程能够通过向学生传递法律思维、供给法律适用方法，助益于法学专业课学习。以美国法学院法律技能方法论教学的初始内容——案件摘要撰写（briefing cases）为例。在美国3年法学院法律职业教育模式中（法律职业博士项目，Juris Doctor Program），学生从开学导向型课程（Orientation Course）起就接触、学习如何撰写案件摘要，并在法律职业技能课程的文书写作部分就此进一步开展专题培养。案件摘要，即法院裁判观点分析纲要，其内容要素有既定标准，包括：案件引证信息、历审程序、法律事实、法律争议点、双方主张、判决及所适用的规则、适用法律的逻辑推理等部分。学生在撰写案件摘要的过程中，不仅能够通过剖析法院裁判文书培养法律逻辑分析、文书写作技能，更对某一具体法律规定、法律适用情形及过程有了清晰的认知。为此，美国大部分法学专业课均将撰写指定案件的案件摘要作为学生课前准备内容。

（二）课程定位错位的成因与矫正

我国法学院开设的法律职业技能课程主要包括：法律文献检索课

⑨ 蔡立东、刘晓林：《新时代法学实践教学的性质及其实现方式》，载《法制与社会发展》2018年第5期。

程、法律文书写作、法律论辩。从教育部 2018 年发布的《法学本科专业教学质量国家标准》来看,“实践教学课程”部分虽强调实践教学环节、要求必须开展专业实习、社会实践,但未对修习法律职业技能课程作出任何明确要求。而法本教学实践中,这类课程往往被开设为专业选修课,设置于第 4 学期到第 6 学期,由学生自行安排选习。专业选修课的设置目的为:介绍学科前沿成果、增长学科兴趣、开阔专业眼界。由此可见,课程的现实定位与课程的应然定位产生了强烈反差,这无疑会阻碍课程培养功能的实际发挥。

1. 错位的主要成因

我国法律职业技能课程的定位错位绝非只是法本教育课程体系不完善造成的无意疏漏,它从本质上折射出我国法律职业化进程相对于先发法治国仍显迟缓,既缺乏完整意义上的法律职业共同体集结,法律职业教育基础又略显薄弱。法律职业共同体是职业技能方法论的创造者与使用者,没有成熟的法律职业共同体,职业技能方法论的生成缺乏直接驱动。受一系列复杂因素制约,我国法律实务部门间、高校与法律实务部门间还没有实现有序、良性互动,法律职业共同体形成步履艰难。⑩高校与法律实务部门间相对分离,使法学教育研究能力和法律实务技能分属不同阵营,彼此游离、难以统合,在提炼法律技能方法论中充当重要角色的法学教育工作者,因自身对职业技能掌握不足、缺乏职业技能资源供给,而不易通过原创学术研究打造出本土化的法律技能方法论。

而且,在我国作为法学教育消费者的法学院学生大多会设想但并没有确定以法律为终身职业,事实上,目前绝大部分法本毕业生也并非从事严格意义上的法律工作,而是遍布于司法行政、新闻、企业、非政府组织等机构。为此,法学学生更愿意投资学习具有流通性而非专门化的知识和技能。⑪ 学生的选课导向会影响法学院对法律职业技能课程的教学资源配置,继而影响教师对法律职业技能的教研热情和关注度。

---

⑩ 陈瑞华:《法律职业共同体形成了吗?(下)——以辩护律师调查权问题为切入的分析》,载《中国司法》2008 年第 3 期。

⑪ 苏力:《中国法律技能教育的制度分析》,载《法学家》2008 年第 2 期。

此外，汲取国外有益经验是我国积极提升自身法学教学水平的一条重要路径，但受制于主观偏好、客观条件多重因素，我国未能对欧美法学院普遍重视的法律职业技能课程给予应有的关注和借鉴。近十余年来，我国法学教育受美国影响颇深，在借鉴美国法律职业教育的经验中，首先引入了模拟法庭课程和法律诊所课程（项目），尤其是法律诊所课程（项目）2000 年在美国福特基金会支持下，率先于北京大学法学院、清华大学法学院、武汉大学法学院等国内一流法学院校开设，并推广至全国。⑫ 然而，还原美国法学院法律职业教育模式不难发现，其法律职业教育的根基是法律职业技能课程，法律诊所、各种模拟教学、社会实践都只是枝干。美国律师协会对获得其认证的法学院有明确的课程标准要求：“一个法学院应该要求每个学生在以下方面接受实质性的教育：……（2）法律分析和推理、法律查找、解决问题和口头表达的技能；（3）法律写作，包括第一学年中至少一次严格的写作经历，以及在第一学年后至少另外一次写作经历；（4）其他能够有效而负责地从事法律职业所必需的职业技能。”⑬而绝大多数法学院都是通过在一年级开设一门必修课——法律职业技能课（多称“Lawyering Skills”，直译为“律师技巧”）——来达成上述要求。模拟法庭、法律诊所等的修习均以法律职业技能课程为必要前置，美国律师协会对此标准也很明确，即法学院应该为学生提供如下充足的机会：“（1）真实的客户或其他建构在现实生活之上的实践体验，适当地督促和鼓励学生对其实践经验和法律职业的价值和责任做出反馈，以及发展个人对自己的表现和能力水平做出自我评估的能力；（2）学生参与志愿者活动；（3）小规模的团队工作。”为此，经认证的美国法学院均开设有种类繁多的模拟教学、法律诊所，并每年帮助学生参与暑期实习，但这些课程、活动并非学生必须修习、参与的。⑭ 与美国相似，德国也将培养某些关键性技能规定为法学教学的必

⑫ 参见江国华：《法学本科教育改革研究》，载《河北法学》2012 年第 4 期。

⑬ Judith A. McMorrow：《美国法学教育和法律职业养成》，载《法学家》2009 年第 6 期。

⑭ Judith A. McMorrow：《美国法学教育和法律职业养成》，载《法学家》2009 年第 6 期。

要组成部分,《德国法官法》第5a条第3款规定:“学习的内容考虑到司法、行政以及法律咨询实践,包括为这些实践所必需的关键性技能,特别是谈判管理、进行会谈、辩论、调解纠纷、和解、听证理论和交往能力。”⑮由此反观,我国虽注重了对域外法律诊所等特色教育环节的吸收,却较少研究其基础教育环节,这恰是法律职业教育的内核,脱离基础教育环节的特色环节吸收,可能导致“形似而神不似”。

中国亟待加强法律技能教育,中国深入改革开放、中国社会的城市化、工商化和陌生化,都将促使法律服务市场的扩展与开发。如果中国的法律职业共同体不重视法律技能,外国或境外律所就将拿走部分利润丰厚的法律实务业务,甚至形成垄断,这将严重影响中国法律职业的提升和中国法学教育的发展。⑯ 而2018年教育部发布《普通高等学校法学类本科专业教学质量国家标准》,及卓越法治人才培养计划的提出,为我国重构法律职业技能课程,夯实法律职业教育发展带来契机。

2.矫正错位的基本路径

调整课程资源。对比国外法学教育经验,鉴于法律职业技能课程在法学实践教学体系中的基础地位,及其对法学专业课程的促进作用,首先,应将其确立为必修课、核心课,成为法科学生必须重点修习掌握的课目。其次,为尽早培养学生的法律思维、法律分析方法及研究手段,从而更好地服务于专业学习,法律职业技能课程开设应尽量前置,宜处于本科培养的第1学年。随着我国法律技能方法论的发展与成熟,法律职业技能课程开设应尝试从现今的分科课程向单一课程转变,实现课程设置模块化、教学过程一体化,以便适应法律技能方法论的体系构造。

强化课程师资。法律职业技能课程的建设与实施离不开一支专门的、兼具法学教育研究能力和专业实践能力的师资队伍。为此,各高校法学院应充分利用专任教师挂职、兼职机会,创造学者型教师与实务部门合作交流的机会,建立法学院内部学者型教师与实务型教师教研合作

---

⑮ 参见邵建东:《德国法学教育最新改革的核心:强化素质和技能》,载《比较法研究》2004年第1期。

⑯ 参见苏力:《中国法律技能教育的制度分析》,载《法学家》2008年第2期。

机制，竭力整合提高专任教师的实践知识与实践教研能力。此外，要探索稳定且富于实效的协同教学机制，吸收一线法律实务工作者作为兼职教师，以多师同堂等灵活形式承担法律职业技能课程，参与教研。

统一课程规格。为规范法律职业技能课程开设标准，教育部在新修《普通高等学校法学类本科专业教学质量国家标准》时，应于实践教学课程的实践教学环节部分，添加开设法律职业技能课程的要求，明确其核心课属性，列明其学分区间、应重点培养的核心技能等。

三、教学内容组织：从“方法”升华为“方法论”

课程的定位与定性决定了课程的内容组织。我国法学院多将法律职业技能课定位为传授法律技能一般性方法的外围课程，故分析已出版的教材不难发现其内容多囿困于“方法”陈述，而非“方法论”建构，主要表现如：(1)重视技能知识灌输，忽略法律思维培养。法律思维是法律职业者的特定从业思维方式，它以法律知识、法律经验、法律规范、法律事实为思考质料，帮助思维者实现客观、理性认知，引领法律技能应用，成为法律技能方法论的灵魂。但我国相关教材多采取以技能知识为主导的编排体例，较少涉及法律思维内容，冲淡了法律思维对法律技能的引领作用，教学内容构成缺乏内在逻辑张力。如北大出版社《法律文献检索》一书中，分五部分、十三章，首先，概述了中外法律渊源、法律制度，并阐述了法律资源分类及其载体形式，以及代表性专业工具书类型，以此构建开展法律检索的基础知识；其次，对中外规范性法律资源、非规范性法律资源、免费网络资源等的资源形式、内容举要，并对检索要领加以说明。[17] 然而，全书对应当运用何种法律思维来指引法律检索全程没有明确提及，这使全书对检索技能各类知识信息的介绍稍显缺乏内在勾连。(2)重视技能应用形式的罗列，忽略技能内在规律的阐发。法律技

⑰ 参见于丽英：《法律文献检索》，北京大学出版社2013年版，前言。

能规律的阐发是对该项技能所囊括的诸多方法、手段、窍门、策略背后深藏的技能本质的挖掘,是从技能实践经验向技能方法理论飞跃的重要标志。而法律技能的应用形式只是技能规律的现象表达,脱离技能规律只讲技能应用可能使法律技能培养浮于表浅、难以深入。如中国人民大学出版社出版的《法律文书写作》一书,完整细致地讲解了公安机关主要法律文书、人民检察院主要法律文书、人民法院主要法律文书、监狱机关法律文书、公证法律文书、仲裁法律文书、工商行政管理常用法律文书和律师事务法律文书等的写作知识和要领,⑱但对各类法律文书写作要领所共通的、一般性的写作原理解构、归纳略显缺乏。法治实践中的各种文书形式确为法律文书写作技能培养的重要载体,但其培养内核应为对预测型法律论证、说服型法律论证的理解与掌握。(3)将规范技能应用的制度转述为技能方法。规范职业技能应用的相关法律制度为技能课程的内容选择和拟定提供重要参考,但这些规范本身不能被视为技能方法或方法论,也不宜成为课程讲解的主要内容。如庭辩技能培养中,不宜直接将诉讼法中的诉讼证据、诉讼证明等制度摘录转述为原被告双方应掌握的庭辩要领,或将审判程序归纳转述为庭辩技能的应用流程。主要诉讼制度、审判程序只是在为庭辩技能应用提供制度背景和框架,其不能替代成为庭辩技能的方法论,该技能方法论受策略思维指引、围绕策略性论辩原理展开。

法律职业技能课程在内容上要从"方法"升华为"方法论",应以培养法律思维为根本,以掌握技能规律原理为基础,以技能方法为具体运用。法律思维赋予技能方法灵魂,技能规律原理让看似零散的方法手段得以集结组织。我国目前法律职业技能课程虽对各核心技能的具体方法手段多有讲授,但对相应法律思维的提炼、技能规律原理的揭示相对匮乏,以下围绕三大核心法律技能,分别展开探讨。

(一)法律文献检索课程的内容构建

法律文献检索课通过培养学生有效寻找、获取、整理和运用法律资

---

⑱ 参见陈卫东、刘计划:《法律文书写作》,中国人民大学出版社2007年版,前言。

源与信息的能力，了解法律研究方法，为凝聚法律问题意识，形塑法律思辨方法，建构严谨的法律论证打基础。[19] 法律文献检索流程包括：首先，提炼研究术语、界定研究问题；其次，理清潜在文献资源并排序；再次，运用研究术语和研究问题锁定可用文献；最后，思考、评价、筛选所搜集的文献。法律文献检索是为了形成某一法律观点或决断而获取、确认法律信息的过程，故法律逻辑思维是指导检索全程的核心思维方式。法律逻辑思维限于形式逻辑，是以法律（法律规则、法律原则）为大前提，以法律事实为小前提，将事实与规范结合起来，并通过推论推导出结论的过程。[20] 为了建立文献搜索中的法律逻辑思维，美国法学院的通行做法值得借鉴。他们在教授法律文献检索技能时，要求学生始终运用 IRAC 范式检索文献。IRAC 范式是法律逻辑思维的具体化、步骤化，指学生面对要解决的法律纠纷时，应思考待解决的法律问题（issue）；查找应适用的法律规则（rule），将法律规则应用于法律事实分析（application），得出结论（conclusion）。IRAC 范式在美国法学院被视为法律分析的方法论、文献检索的路线图。

法律文献搜索具有高度的技巧性，多样化的搜索技巧背后隐藏着两个搜索定律，揭示定律能方便学生更到位地理解和掌握相应的方法与技巧。第一，法的渊源与效力决定潜在文献资源及其排序。这意味着，根据研究术语、研究问题锁定的正式法律渊源应为一级文献资源；锁定的非正式渊源（习惯、政策、判例）通常是二级文献资源；其他相关的二次法律文献作为三级文献资源。在此基础上，依据法的效力范围和效力层级，进一步理清同级法律文献渊源的优先顺序。故而，在法律文献检索的教学内容中，应开篇讲解法的渊源与效力，并揭示其对文献资源检索范畴划定、文献排序所产生的决定性影响。第二，以一次文献和二次文献的差异化功能，保障法律信息检索的正确性与全面性。按照文献的法律效力，可将法律文献分为一次文献和二次文献。一次文献是法制度，

[19] 参见高丽红主编：《法学研究与文献检索》，北京大学出版社 2017 年版，前言。

[20] 参见杨建军：《逻辑思维在法律中的作用及其限度》，载《华东政法大学学报》2008 年第 5 期。

包括法律、行政法规、行政规章、案例等;二次文献是在对一次文献解释分析基础上形成的信息成果,包括法学专著、法学论文、法律文摘等。一次文献是法律研究的根本依据,研究术语的确立、研究问题的界定、法律规则的适用都应严格依据一次文献;二次文献可辅助明确一次文献的具体范畴,以便对一次文献形成正确理解,并在一次文献匮乏情形下充当补充依据,如涉及新型法律问题研究时,法学论文文献能提供前沿观点。在法律研究中,文献搜索多起始于二次文献,通过检索阅读二次文献为全面、高效的搜索解读一次文献打下基础。为此,在法律文献检索教授中,应向学生讲明文献分类,阐发类型功能及其利用。

(二)法律文书写作课程的内容构建

美国著名法学教育家波尔曼(Pollman)认为:"学习像律师一样写作是学习像律师一样思考的另一种方式。"[21]法律文书写作技能在法律职业技能体系中处于中心地位,它是文献检索技能的试金石,也是法律论辩技能的奠基石。

法律文书写作的基本流程包括:(1)分析涉及的具体法律问题、相关的法律事实及用以解决问题的文献、资料、信息等;(2)拟定大纲,搭建条理清晰、逻辑严密的组织结构;(3)起草初稿;(4)修改定稿。法律逻辑思维和思辨思维是指导法律文书写作全程的核心思维,法律逻辑思维指引法律文书写作的基本组织结构,思辨思维则服务于文书论证主体。思辨,即思考辨别,指对两个或两个以上的事物进行比对,从而判断两者或多者之间是否相类似或相区别。[22] 对法律文书写作的立论和驳论而言,思辨思维都必不可少,它能使论证饱满、充实、可信。立论中的思辨如:通过比对,发现本案与陈案具有本质共同点,来类推论证陈案判决或观点应适用于本案;驳论中的思辨如:通过比对,发现本案与陈案具有本质区别,来区别论证陈案判决或观点不应适用于本案。

---

[21] Richard K. Neumann, *Legal Reasoning and Legal Writing: Structure, Strategy, and Style*, Aspen Publishers, 2005, p. 60.

[22] 参见李希兵:《审慎与思辨:两种法律思维品质的比较》,载《社科纵横》(新理论版)2012 年第 1 期。

法律文书写作形式多样,但从其功能本质而言无外乎:预测型写作和说服型写作两种。预测型写作,注重客观说理,分析和判断如何适用法律解决某一具体纠纷,典型如律师应委托人要求撰写的法律备忘录(office memo)。预测型写作有诸多结构模式、类推方法、论证手段,提领这些技巧方法的是预测型论证的建构要律:全面思考纠纷各方主张,深入分析各方主张的支持理由,准确揣度各方主张胜算,客观评判裁断方将如何裁断。

律师起草起诉状旨在说服法官作出有利于委托人的判决,显然这类写作不再是客观预测,而是说服,重在"兜售"自己的主张。与预测型写作全面预测可能发生的法律适用结果不同,说服型写作是为了影响文书阅读者(如法官)接受其主张。说服型写作建立在说服型论证基础上,构建说服型论证应遵循两个主要原理:理性说服与感性说服相结合;"证成"与"证否"相结合。这两个原理的揭示将对学生有效掌握说服型写作的分析推理方法、举证立论技巧大有裨益。

首先,说服型论证应当是理性说服与感性说服有机结合的论证。理性说服以法律规范或法律规范与公共政策相结合为中心,通过法律逻辑分析来展示所持结论是合理适用法律的结果。理性说服在说服型文书中占绝大部分篇幅,但并非全部,单纯的理性说服有时可能难以使论证具备充足的说服力,毕竟合理的法律解释时常不只一种。在法官面对两个相互冲突的理性说服时,加入感性说服的一方能有效提升说服力。感性说服多以案件事实为中心、或将事实与公共政策相结合,通过赢得法官的内心、情感认同,使法官感到任何一种其他裁决都是不公平的。读者在阅读有些裁判文书的事实部分时就能隐约感到案件判决的结果,这多半是因为法官在审判中被感性说服所打动,在判决文书的事实陈述部分不自觉地沾染了情感认同的色彩。[23] 其次,良好的说服型论证不仅要能"证成"还要能"证否"。"当几种解释方案并存的时候,决定其优劣的

㉓ See Richard K. Neumann, supra note 20, pp. 319 – 321.

只能是其解释力的大小以及被否证的程度。”[24]在说服型论证中,要直面相左主张及其法律依据,通过证明该法律依据不适用于本案,或该法律依据有其他解释等,来证明相左主张不成立。

(三)法律论辩课程的内容构建

卓越法治人才培养应当是超越司法中心主义的人才培养模式,[25]法律论辩课程内容构建不能局限于诉讼中的庭辩,而需广泛包容进立法、执法、商务谈判等各类法治实践活动中的论辩形式。策略思维是被普遍运用于各类法律论辩的不可或缺的思维方式,应作为贯穿法律论辩课程的内容主线。“策略思维是关于了解对手打算如何战胜你,然后战而胜之的艺术。”[26]策略思维脱胎于博弈论,是在分析其他参与者将如何行动的基础上,形成自己的行动决策。法律论辩的本质是博弈,策略思维指引学生在法律论辩中确定己方的论辩角度后,通过分析对方论辩思路,拟定有针对性的论辩方案。

在策略思维指引下,学生拟定釜底抽薪、各个击破等论辩策略时,抑或运用论辩逻辑、诡辩、反诡辩等方法时,都需把握两个策略性论辩原理来提领方法的具体运用。首先,向前展望,倒后推理。法律论辩常为多轮次顺序论辩,参与者在每轮次论辩前,要展望本轮次自己的论辩目标,继而分析自己拟定的论辩方案会给对方造成的影响,并设身处地分析对方可能采取的论辩思路。其次,善用策略的不确定性破解对方预测。在论辩过程中,论辩双方都会相互预测,为了防止陷入对方预设的彀中,应运用不确定的、难以侦查的方式作出决策,以求论辩出其不意。

---

[24] 陈瑞华:《论法学研究方法:法学研究的第三条道路》,北京大学出版社2009年版,第78页。

[25] 参见邓世豹:《超越司法中心主义——面向全面实施依法治国的法治人才培养》,载《法学评论》2016年第4期。

[26] [美]阿维纳什·K.迪克西特、巴里·J.奈尔伯夫:《策略思维——商界、政界及日常生活中的策略竞争》,王尔山译,中国人民大学出版社2013年版,前言。

四、德法兼修：内化法律职业伦理于法律技能教育

《卓法计划 2.0》强调"厚德育，铸就法治人才之魂"，新时代法治人才就应兼具扎实的法律技能和足以反映法律职业公共性的职业伦理。目前我国大部分法律院校还没有系统开展法律职业伦理教育课程，法律职业技能课程也还未能贯穿渗透价值伦理、职业规范内容。面向卓越法治人才培养的法律职业技能课程，应注重德法兼修，补齐职业伦理的短板，确立法律技能运用的道德底线。

首先，法律技能应用须秉承自由、正义、效率等法的基本价值。法律价值是法律在发挥其社会作用的过程中所保护和助长的值得期冀、希求的事物。人权、安全、自由、正义、效率，都是现代社会备受重视的基本价值，它们构成了法律所追求的理想和目的。[27] 法律职业共同体在应用法律技能推动法律运行时，理应自觉保护和服务于这些价值的实现。例如，依据《美国职业伦理示范规则》(Model Code of Professional Responsibility)，出于公平正义的价值追求，律师不得有意向法庭做出错误的法律陈述或事实陈述；律师应主动向法庭披露不利于本方立论的"证否性"法律依据，在对方没有披露时。[28] 再如，出于效率考量，律师不得作出肤浅的、于法无据的法律解释与适用，以免浪费法庭及对方律师的时间和资源。[29]

其次，法律技能应用须践行具体职业规范。法律职业伦理显现技术化走向，在法律行业协会组织编纂修订下，纯粹公共性的价值话语越来越少，由模糊的道德标准延伸出的行业惩戒规则、技术性伦理知识与据

---

[27] 参见张文显主编：《法理学》(第 4 版)，高等教育出版社、北京大学出版社 2011 年版，第 250～251 页。

[28] See U. S. Model Code of Professional Responsibility, DR 7－102(A)(5).

[29] See U. S. Model Rules of Professional Conduct, Rule 3.1.

大部分内容。[30] 故在应用法律技能过程中,应注重遵循表征法律道德的行业行为规范。例如,依规定律师须在出具的律师函上签名、签章,律师一旦签名就意味着对此函所涉事实之法律分析、风险评估承担法律责任,这实质彰显了法律服务对诚信、正义的价值追求。

为此,法律职业技能课程讲授应有机融入法律职业伦理内容。一方面,要梳理并列明与该技能相关的主要职业道德规范,嵌入技能培养的应用环节中,发挥约束技能合规运用的功能。同时,应总结并阐释技能应用中面临的典型道德悖论,配置案例分析、小组讨论等互动式教学方法,使学生掌握职业道德悖论的破解之道,帮助他们避免从业之后陷入利益泥潭而无法自拔,并在成为何种法律人之间做出理性选择。[31]

The Construction of Legal Professional Skills Courses for the Cultivation of Excellent Legal Talent for the Rule of Law

Zheng Yafang

Abstract: In response to the goal of cultivating excellent legal talent for the rule of law, the reform of the legal education in China at undergraduate level should focus on practical teaching and the restructuring of legal professional skills courses. In terms of course orientation, it must be improved from "pure skill training courses" to "courses that emphasizes both skills and methodologies". At the same time, the methodology-based courses should be set as the basic core courses in the curriculum. The content

---

[30] 参见刘坤轮:《法律职业伦理教育必要性之理论考察》,载《中国法学教育研究》2013 年第 4 期。

[31] 参见曲玉梁:《论我国法律职业伦理教育的学科体系的构建》,载《法学》2019 年第 6 期。

of the course should be based on the cultivation of legal thinking, based on the principle of mastering the laws of skills, and highlight the specific application of legal professional skills. As for the improvement of the courses, both ethics and law should be emphasized, overcoming the shortcomings of professional ethics, and establishing the moral bottom-line for the application of legal skills.

Key Words: Cultivation of Excellent Legal Talent for the Rule of Law, legal professional skills course, legal skill methodology, legal professional group, improvement in both virtue and law

教学研究

在线教育课程质量保障法律研究*

杨　攀**

摘　要:在线教育课程的质量标准、质量保证问题是事关在线教育法律纠纷化解,促进在线教育健康发展的核心问题。对在线教育课程质量进行法律保障具有提高在线教育课程质量、构建良好的在线教育课程市场、帮助在线教育课程获得市场认可、完善在线教育管理体系、倒逼学校提升课程质量的重要意义。现有民事法律制度、行政法律制度和专门法律制度,既提供了在线教育课程质量保障的制度依据,也存在一些明显的制度欠缺。完善在线教育课程质量保障法律制度,应以课程质量认证制度作为重点。

关键词:在线教育课程　质量保障　法律　认证

---

* 基金项目:2017 年重庆市高等教育教学改革研究重大项目:法学本科"学生慕课"理论及实践研究(项目编号:171008),西南大学 2018 年网络与继续教育教学研究课题"泛在学习时代的学校形态变革、特征及规制研究"(项目编号:2018291067)。

** 杨攀,西南大学法学院副教授,法学博士。研究方向:互联网理论与法律问题,研究方向:法学教育教学、网络教育立法。

一、问题的提出

2012 年美国三大“慕课”平台崛起,受到我国政府、企业和学校的高度重视,并随即掀起了“慕课”建设热潮,2013 年因此被称中国“慕课元年”。2015 年教育部发布《关于加强高等学校在线开放课程建设应用与管理的意见》,2019 年 3 月《政府工作报告》提出“发展‘互联网 + 教育’,促进优质资源共享”。2019 年 9 月教育部等 11 部委经国务院同意发布了《关于促进在线教育健康发展的指导意见》。在市场和政府的推动下,“2019 年 6 月,我国在线教育用户规模达 2.32 亿,较 2018 年底增长 3122 万,占网民整体的 27.2%”。[①] 利用互联网高速度、大容量和低费用的优势,[②]解决我国优质教育资源总体短缺,地区、城乡教育发展不平衡问题,促进优质教育资源更多、更好惠及人民,已经成为重要的教育现象和发展机遇。

在高速发展的同时也需清醒地看到,由于在线教育市场发展不充分、市场结构不完整,在线教育课程提供者和用户之间的力量极不平衡。在线教育课程建设和运行质量的外部监督缺乏,使政府认定的精品在线开放课程的后续运行质量、其他在线教育课程的建设和运行质量保障存在漏洞,导致在线教育课程用户权益受损、课程成绩社会认可度较低。因而,课程质量保障问题成为影响在线教育事业健康发展的关键问题。

保障在线教育课程质量必须运用法治方式。首先需要界定在线教育课程、找准存在的质量问题,并且对法律保障的内涵和意义进行分析。然后在全面梳理在线教育课程质量保障的相关法律依据及漏洞的基础上,明确在线教育课程质量保障的重点制度。

---

① 中国互联网信息中心:《第 44 次中国互联网络发展状况统计报告》,载 http://www.cnnic.net.cn/hlwfzyj/hlwxzbg/hlwtjbg/201908/P020190830356787490958.pdf,最后访问日期:2019 年 10 月 6 日。

② 参见杨攀:《互联网的性质:与机器对比的视角》,载《重庆邮电大学学报》(社会科学版)2016 年第 3 期。

二、在线教育课程质量法律保障的基本问题

对在线教育课程质量进行法律保障首先需要明确在线教育课程的概念，找准存在的质量问题，并且阐明法律保障的内涵和意义。

（一）在线教育课程及其质量问题

1. 在线教育课程

在线教育课程，是指学习者主要依靠在线教育技术手段完成整个课程学习环节并且获得课程成绩的课程。在线教育课程又被称为网络教育课程，外延非常广泛，合理界定在线教育课程应该注意以下几个方面：

（1）在线教育课程应该符合课程的基本要求

在线教育课程虽然采用了较多的网络信息技术，但仍然首先是课程，应当是通过教学内容设计、教学资源提供、教学活动组织、学习情况考核和教学效果评测等环节来达成教学目标的系统化过程，是具有思想性、专门性和体系性的有机整体。因此，在线教育课程区别于“抖音”等短视频网站上一般的、简单的、相互孤立的知识或者技能传授内容。即使在线教育课程的部分内容模块比较短小、相互之间具有一定独立性，或者采取分批发布方式，也应该形成知识体系。例如，网络上讲解某一首诗词的短视频不能称为在线教育课程，而具有内在逻辑结构、思想线索的系列诗词讲解短视频加上其他必要的教学环节则可以构成在线教育课程。

（2）在线教育课程教学活动应该主要以在线方式完成

随着“互联网 + 教育”的发展，在课程教育教学方面利用网络的方式也非常多，学校或者其他教育机构推出的线上、线下混合式教学，并且以线下面对面教学为主的课程，应该归属于线下课程，网络发挥的只是辅助作用，因而不能称为在线教育课程。从教师和学习者的角度来看，在线教育课程应该是主要的学习内容、学习行为以及相应的学习考核都是通过网络来完成的课程。

(3)在线教育课程涉及的知识内容具有开放性

一般而言,只要是使学习者能够获得某一领域的相对系统的知识和技能的内容,都可以作为在线教育课程的内容,因此在线教育课程的知识内容具有开放性。由于互联网降低了个人和单位通过网络发布信息内容的门槛,尤其是网络教育公司的兴起,使得养生保健、体育锻炼、生活技巧、工作技能、文艺才能、天文地理、自然科学等在线教育课程如雨后春笋般纷纷出现,满足了人们生产生活的多样化、个性化需求。

(4)在线教育课程建设和运行方式具有多样性

依据是否被现行学制系统内的学校认可从而学生可以取得学分(或者其他形式的学校认可),可以划分为有学分和不能或者不必取得学分两类。从课程的建设主体来看,包括学校、在线教育平台、培训机构、其他企业事业单位、教师或者其他个人建设的在线教育课程。从政府或者学历教育学校介入程度来看,包括各种政府或者学校认定的精品在线课程和非精品在线课程。从是否直接或者间接地向学习者收费,可以划分为收费和免费两大类。依据是否向社会公众开放,可以划分为企业、事业单位内部课程和在线公开课程。

在线教育课程的开放性、多样性正好表明互联网对于课程教育教学的深刻影响,但万变不离其宗,课程质量始终是在线教育必须关注的核心问题。

2. 在线教育课程面临的质量问题

有学者认为,“应该从在线教育课程的学习者、设计者、促进者和提供者四个利益相关者角度研究优质在线教育课程的质量指标,以解决事关在线教育课程质量的长期问题”。③ 还有学者认为,应该从课程的“协作性、课程反馈、学习目标、教学评估、教学材料、学习者的互动和参与

③ Stracke, C. M., & Tan, E., “The Quality of Open Online Learning and Education: Towards a Quality Reference Framework for MOOCs,” In J. Kay, & R. Luckin, Eds., *Rethinking learning in the digital age. Making the Learning Sciences Count*: *The International Conference of the Learning Sciences*(*ICLS*) 2018, London, International Society of the Learning Sciences, pp. 1029 – 1032.

度、学习者支持的可及性"④等方面考察在线教育课程的质量。这些研究具有借鉴价值,但我们认为,在线教育课程质量根本上就是指在线教育课程对于学习者需求的满足情况。当前我国在线教育课程质量问题具有以下一些特点:

(1)在线教育课程质量缺陷的来源广泛、隐蔽性强

通过对在线教育课程概念的分析可知,几乎所有教学环节都与课程质量有密切关系,几乎所有外在形式与实质内容都可能产生质量问题。另外,在线教育课程本身的系统性、专门性和思想性将导致课程内容质量问题往往具有一定的隐蔽性。具体而言,在线教育课程可能存在内容上的意识形态问题、教学目标过高或者过低的问题、教学内容偏颇或者陈旧的问题、教学环节残缺的问题、教学活动组织单调或者欠缺实效的问题、学习成绩评价标准偏颇、学习成绩评价方式方法落后的问题,等等。更细节一些,还有课程视频的分辨率、长短等技术规格问题、课程其他资源的格式和著作权问题等。

(2)在线教育课程质量具有较强的技术复杂性

互联网信息技术使得在线教育课程具有巨大优势,但同时也带来了教学目标设定、教学内容设计、教学资源提供、教学活动组织、学习情况考核和教学效果评测等方面的技术问题。这些技术问题可以分为纯粹的技术问题和由于技术使用而引发的教学组织问题。前者诸如网络教学平台访问不流畅、学习资源浏览和下载困难、电脑和手机终端的学习记录不完整;后者包括对视频和文档的学习缺乏监督问题、测验和考试中利用网络作弊问题、督促学习的手段有限问题、平台客服反应迟缓问题等方面,其中体现课程互动性的在线讨论对于丰富学习体验具有重要

---

④ Valeria Aloizou, Sara Villagrá Sobrino & Alejandra Martínez Monés, et al., "Quality Assurance Methods Assessing Instructional Design in MOOCs that implement Active Learning Pedagogies: An evaluative case study," In Mauro Calise, Carlos Delgado Kloos & Catherine Mongenet, et al., Eds., *Proceedings of Work in Progress Papers of the Research, Experience and Business Tracks at EMOOCs* 2019, Naples, Italy.

意义,[5]但“灌水”问题突出且在技术上难以解决。

(3)在线教育课程质量管理体系存在严重不足

目前由网络教育公司和各个学制系统内学校建设的在线教育课程缺乏全国范围内的横向质量评价机制,而政府主导的精品在线开放课程评选不仅覆盖的课程面小而且难以避免其行政化弊端。由营利性机构建设的在线教育课程存在学习内容、学习要求和收费标准等不透明,课程质量缺乏明确标准、缺少外部监督的问题,由教师或者其他个人建设的在线教育课程存在教学设计、教学实施、质量监控等方面的缺陷或者不足。在这些问题的背后是政府、课程建设者、平台服务提供者对课程质量的管理规则和方式的欠缺,学习者维护自身正当权益时的质量管理标准和质量确认主体缺乏。

(4)在线教育课程质量问题的影响具有广泛性

虽然线下教育课程同样也存在质量标准和监督的问题,有些方面的问题还比较突出,但是其局限于各个学校或者培训机构的内部,并由学校的声誉背书或者由超越学校范围的统一考试来检验。而在线教育课程由于选课人数多、选课者的来源广泛,一旦出现严重的质量问题就可能形成影响面积广泛的社会问题。更进一步说,在线教育课程质量问题将影响整个在线教育事业的发展。

综合来看,在线教育课程的质量问题来源复杂,发现问题和解决问题都需要投入大量的人力物力。因此在线教育课程质量保障问题需要加以高度重视,并且采取系统化方案加以解决。

(二)法律保障的内涵与意义

以法治方式应对在线教育课程质量保障问题是依法治国、依法治教、建设法治社会的必然选择。下面对在线教育课程质量法律保障的内涵与意义进行分析。

---

⑤ See Mohammed Alhih, Ebba Ossiannilsson & Muhammet Berigel, “Levels of Interaction Provided by Online Distance Education Models”, *EURASIA Journal of Mathematics, Science and Technology Education*, 6, 2017, p. 2745.

1. 法律保障的内涵

在线教育课程质量的法律保障就是采用法治思维和法治方式解决在线教育课程质量问题,使其质量得到确认和信赖。[⑥] 主要通过将在线教育课程相关主体之间的利益关系调整到合理、稳定和可持续的状态,以保证在线教育课程的质量受到各方主体的重视,质量达标情况得到确认和保持。这样,学习者选择在线教育课程更方便,并且取得的课程成绩具有较高的社会认可度。同时,这也将学校和网络教育公司等主体围绕在线教育课程的竞争保持在一个基本的底线之上。

在线教育课程质量的法律保障必须以完整且运行有效的相关法律规范作为基础。因此,首先,需要完善课程质量基本标准规范,完善在线教育课程建设者、运行者的课程质量担保义务规范,完善课程质量信息披露义务规范。其次,需要通过法律方式补强在线教育课程学习者、用人单位对于课程质量情况的辨识能力,即增加课程质量第三方质量监督法律规范。最后,需要在充分发挥市场优胜劣汰机制的同时,完善政府支持、引导和监督的法律规范,加快相关市场完善、化解市场失灵风险。

2. 法律保障的意义

对在线教育课程质量进行法律保障至少具有以下五个方面的意义。第一,有助于提升和保持在线教育课程质量。建立在线教育课程质量保障制度可以借助于法律规范的统一性、权威性,促使课程建设者、运行者对现有的在线教育课程进行一次全面审视,主动淘汰不合格课程,全面提升和保障主推课程质量。第二,有助于构建良好的在线教育课程市场。完善的在线教育课程质量法律规范可以打通学习者信息不对称障碍,学习成绩社会认可障碍,课程建设者、运行者的规模和身份歧视等影响市场公平竞争的问题,通过市场化优胜劣汰,形成可持续的在线教育课程质量市场化保障体系。第三,有助于在线教育课程获得社会认可。

---

⑥ See Stracke, Christian M., "The Quality of MOOCs: How to Improve the Design of Open Education and Online Courses for Learners?" In P. Zaphiris and A. Ioannou, Eds., *4th International Conference, Learning and Collaboration Technologies* 2017, *Part I*, LNCS 10295, Berlin, Springer, 2017, p. 287.

当前面临在线教育课程平台数量多、管理水平参差不齐,上线的课程种类和数量多、质量差异巨大,平台和课程重复建设严重,学习体验悬殊、学习成绩不能互认等问题。完善在线教育课程质量保障制度有助于在线教育课程获得社会认可。第四,有助于完善在线教育课程管理体系。目前重建设、轻应用,重内部评价、轻第三方独立评估,造成商业性在线教育课程出现师资鱼龙混杂、上课时间随意变动、收费不透明等问题,公益性在线教育课程存在管理制度滞后、重复建设、过程服务跟不上等问题。完善在线教育课程质量保障法律制度,可以补齐在线教育课程建设、应用和管理当中的质量确认和质量监控这一制度短板。第五,有助于倒逼学制系统内学校提升课程质量。在线教育课程可以使适应社会需求、符合学生发展需要的课程及其背后的教学理念和方法,被全国乃至全世界范围内的学生和教师接触到。以法律方式保障在线教育课程质量,必然使与在线教育课程相关联的各类学制系统学校不得不接受先进的课程质量标准,不得不更加积极地参与课程质量提升活动。

三、在线教育课程质量保障的法律规范基础

在分析在线教育课程质量保障问题特殊性并且寻找法律规范资源时,不能盲目地另起炉灶,应当充分发挥现有法律规范、法律原则和法律原理的作用。⑦ 我们需要找出现行法律体系面对在线教育课程质量保障时能够提供的制度依据和存在的制度欠缺,从而明确完善相关法律制度的方向。

(一)民事法律制度

在线教育课程质量保障民事法律制度是调整在线教育课程建设者、运行者、学习者等直接相关的主体之间民事权利义务关系的法律规范,主要包括合同法律制度和侵权责任制度。

---

⑦ 参见李琛:《论人工智能的法学分析方法——以著作权为例》,载《知识产权》2019年第7期。

1. 合同法律制度

在线教育课程建设者、运行者、学习者等直接相关的主体往往通过合同对在线教育课程质量做出约定，违反该质量约定的后果是承担违约责任。在线教育课程质量保障相关的合同包括建设合同、运行合同和使用合同三类。目前这三类合同在在线教育课程质量保障方面都存在不小的问题，使得以《合同法》来解决课程质量问题存在较大的困难。

(1)建设、运行和使用合同中欠缺质量保障约定

在线教育课程建设合同中欠缺明确的质量保障约定。在线教育课程建设的类型主要包括个人建设或者几个人合作建设、学校或者网络教育公司等单位直接建设、学校或者网络教育公司等单位与教师或者其他专业技术人员、课程录制公司以合同形式进行建设。以高等学校与教师签订的在线教育课程建设合同为例，该合同涉及高等学校的经费投入及其他支持义务，如视频录制条件、教师完成在线课程建设的质量与时限要求、课程的著作权归属等方面。其中，课程建设质量主要通过课程建设申报书评审环节和课程建设完成之后的验收环节来实现。存在的问题是课程建设质量约定比较粗放，课程验收环节专业化程度不够，注重课程建设完成的静态结果而不注重课程所包含的服务过程质量。

在线教育课程运行合同中欠缺明确的质量保障约定。与在线教育课程质量保障密切相关的合同约定，主要包括平台方在课程运行过程中的技术能力约定、技术服务支持约定，如解决技术问题的响应速度；课程提供方主要是课程具体建设者，如教师在课程运行过程中提供持续性服务的约定，包括提供并不断完善课程的介绍资料，根据课程进展设置和不断更新课程内容，不断充实和完善各类测验和考试的题库，及时出题，组织在线考试并且审核考核结果，通过在线讨论等对学生反馈的问题进行及时回应等。在现有的在线教育课程运行、维护合同中，这些应有的质量保障约定往往一笔带过。

在线教育课程使用服务合同中欠缺具体的质量保障约定。无论在线教育课程是否收费，平台方和课程提供者都有义务保障课程的基本质量，但现有的平台用户注册协议或者选课协议都对课程质量欠缺约定或

者语焉不详。在收费的在线教育课程中特别是各类在线培训课程学习服务协议中,往往明确约定用户应当注意的义务,包括及时支付学习费用、按时参加学习、中途中断学习平台方不退还费用等的约定,而对于课程质量的约定包括师资、内容提供、教学组织、教师答疑、技术支持和课程证书提供等方面的约定往往过于简单,这就导致收费课程的用户难以维护自身的正当权益。免费课程的用户往往因为难于确定课程质量而陷入选课难题。

(2)合同法律制度发挥作用的空间有限、难度大

在民事法律制度中,合同制度以当事人之间意思自治为基础,任意性规范多而强制性规范少。在线教育课程建设、运行和使用合同中课程质量保障约定欠缺,导致发生法律纠纷时无法直接依合同约定来明晰双方的权利义务,只能通过适用公平、诚信等合同法的基本原则来解决。这极大地妨碍了合同制度通过赋予双方当事人合法约定以法律强制力,对双方行为进行引导和规范的作用。当这方面纠纷发生时,处于弱势的一方在协商或者调解中往往难以列出维权的具体依据,而诉讼解决时法院也会面临过多的不确定裁判因素,造成裁判难题。

进一步说,前述三类在线教育课程合同中有关课程质量保障的约定之所以欠缺,是因为该约定主要约束合同关系中强势的一方。目前,这类合同的大部分条款或者全部条款往往是由强势的一方例如学校、网络教育公司等提供的格式条款组成。这些格式条款中有关质量保障的内容往往有违公平原则,对于接受格式条款一方的义务规定得较为详细,而对于提供格式条款一方的义务往往语焉不详。在诉讼过程中,法院在依照《合同法》第39条、第40条、第41条以及最高人民法院《关于适用〈中华人民共和国合同法〉若干问题的解释(二)》第6条、第9条和第10条来处理格式条款的合理提示问题、排除接受格式条款一方重要权利问题、规定单方解释权问题等时,往往还需要综合整个在线教育课程建设、运行和使用的情况,运用公平原则、诚实信用原则,平衡双方利益作出最终选择。而这种判决一旦作出就可能会对于类似案情的裁判产生示范作用,因而裁判难度比较大。

2. 侵权责任制度

除了合同法律制度以外，侵权责任制度在在线教育课程质量法律保障中也能够发挥一定的作用，表现在对在线教育课程学习者的人格尊严和个人信息的保护等方面。

（1）对在线教育课程学习者人格尊严的维护

在线教育课程虽然不同于线下的面对面课程，但在课程视频、参考资料、各类测验题、作业和课程讨论中，都有可能出现损害在线教育课程学习者人格尊严的情况。这些有损人格尊严的问题包括：否定或者明显贬低学习者，不尊重学习者的民族或者宗教风俗，在课程讨论中出现相互攻击和辱骂等。这些问题可能来自于课程建设过程中质量控制不到位，上线运行的审核不到位，课程运行过程中对于互评作业、讨论、“弹幕”等互动的监控不到位。这些情况虽然不常见，但是一旦出现就可能引起较多的关注，甚至引起轩然大波。其后果不仅仅是违反在线教育课程质量保障的约定，而且同时构成侵权，形成侵权责任与违约责任相竞合的情况。在这种情况下，侵权责任法律制度就可以发挥对在线教育课程质量的底线性保障作用。

（2）对在线教育课程学习者个人信息的保护

虽然线下课程的学习过程也是一个信息流动的过程，⑧但是这些信息并未被计算机“有形地”记录下来，而在线教育课程的学习过程是一个活动信息被完整记录的过程。在线教育课程正是凭借学习者个人注册信息和学习活动信息的记录，来反映学习者学习的过程，并以此作为依据对学习者的学习情况进行考核。学习者的个人学习活动信息，如学习时间、学习地点、使用的网络和设备，以及学习活动形成的个人学习特点，⑨除了被正当地应用于记录个人的学习过程并作为课程学习的考核

⑧ 参见杨攀、杜志红：《“互联网＋法学本科”教学改革的需求、困境与出路》，载《法学教育研究》2019年第2期。

⑨ 目前，部分地区已经有“基于学习过程数据推动学习者画像的学习支持服务”。参见中国教育网络：《“智慧教育示范区”引领教育创新发展》，载中国教育和科研计算机网：http://www.edu.cn/xxh/media/zyyy/szxy/201909/t20190924_1684310.shtml，最后访问日期：2019年10月6日。

依据以外,无论是课程的教师及其辅助人员,还是运行课程的网络教育公司都无权超过正当使用范围利用这些信息。除此之外,学习者为了学习课程而注册账号时提供的个人信息,如真实姓名、电话号码、电子邮箱、收件地址、QQ、微信、微博等社交平台账号等都是学习者的个人隐私信息。在线教育课程建设、运行相关主体不当利用和交易学习者的前述个人信息可能违反《侵权责任法》等法律法规从而应当承担侵权责任,严重的可能会承担行政责任或者刑事责任。

(二)行政法律制度

在线教育课程质量保障行政法律制度是调整行政管理部门对在线教育课程质量保障事项实施监督管理的法律规范。行政法律制度涉及在线教育课程质量的方方面面,包括课程内容的政治正确性、与义务教育学科教学的协调性、[10]在线服务市场竞争秩序、知识产权保护、在线教育课程证书的认可,等等,下面进行简要分析。

1. 教育法律

(1)《教育法》

《教育法》中与在线教育课程最密切的条文是第 11 条、第 20 条和第 66 条。在线教育课程质量法律保障的基本法律依据是第 11 条,其第 1 款规定:“国家适应社会主义市场经济发展和社会进步的需要,推进教育改革,推动各级各类教育协调发展、衔接融通,完善现代国民教育体系,健全终身教育体系,提高教育现代化水平。”要实现第 11 条第 1 款提出的“各类教育协调发展、衔接融通”,进而实现“完善现代国民教育体系,健全终身教育体系,提高教育现代化水平”,就必须使得在线教育课程的质量与其他类别特别是学制系统内的课程质量具有可以比较和参考的意义。在只有形式不同而质量相同的情况下,各类教育才能够真正实现“衔接融通”,否则只能是两张皮。第 11 条第 2 款提出的“促进教育公平,推动教育均衡发展”当然需要借助于互联网优势来实现,而且实现的

---

⑩ 《关于规范校外线上培训的实施意见》(教基函〔2019〕8 号)规定:“学科类课程培训内容不得超出相应的国家课程标准,须与招生对象所处年级相匹配、与学生个体能力相适应。”

形式可以多样化，如果借助于在线教育课程来实现则必须强调课程质量。第66条第1款规定国家“利用信息技术促进优质教育资源普及共享”、要求政府“发展教育信息技术和其他现代化教学方式”，这些要求都内在地包括保障在线教育课程的质量，因为没有质量保障的在线教育课程只能是滥竽充数。

(2)《高等教育法》

《高等教育法》与在线教育课程的直接关联度不如前述《教育法》那么高，但是其第7条、第12条、第15条、第16条、第18条和第44条仍然具有相关性。第7条关于“优化高等教育结构和资源配置，提高高等教育的质量和效益”的要求当然需要采取包括在线教育课程和校内教育教学信息化等方式来加以满足。第12条关于鼓励高校、科研机构与企业单位之间实施优势互补，提高教育资源使用效益实质上也指向充分利用网络信息化资源，包括充分利用在线教育课程的形式。根据第15条、第16条、第18条和第23条的规定，高等教育包括学历教育和非学历教育、全日制和非全日制教育，包括网络教育公司在内的其他教育机构可以通过在线教育课程实施非学历高等教育、继续教育。在线教育课程学习至少可以作为非学历教育、非全日制教育的一种形式，当然应该有课程质量的要求。第44条规定，国家要实行教育质量评价，教育主管部门可以“组织专家或者委托第三方专业机构”进行评估，其结果应向社会公开。本条对于在线教育课程中的高等教育课程质量评价提供了明确的依据。

目前，其他教育法律例如《义务教育法》和《职业教育法》也都缺乏直接相关的规定。

2. 教育法规、规章和规范性文件

与在线教育课程质量保障密切相关的教育法规和规章、规范性文件可以分为综合性规定和专门性规定两类。

(1)综合性规定

2019年9月出台的《关于促进在线教育健康发展的指导意见》是经过国务院同意发布的综合性在线教育专门政策文件。意见逐条明确了相关中央部委的具体责任，既具有政策指引作用又具有一定的管理规范作用。意见明确了在线教育的地位:“有利于构建网络化、数字化、个性化、终身化的教育体系,有利于建设‘人人皆学、处处能学、时时可学’的学习型社会”,要求“推动线上教育与线下教育良性互动、校内教育与校外教育有机衔接”。这里的两个“有利于”和互动衔接要求,必然需要通过保障在线教育课程质量来实现,否则只能是空中楼阁。为此,该意见提出了一系列保障措施,包括保护消费者权益、创新管理服务方式、加强部门协同监管和行业自律,并且明确提出“开展在线教育机构服务质量认证和从业人员能力认证”。这一综合性指导意见必然对中国在线教育的发展带来深远影响,同时其宏观性带来的具体规范性不足问题,也提出了补充在线教育课程质量保障法律规范的研究课题。

(2)专门性规定

专门性规章或者规范性文件涉及校外线上培训的整治和高等学校在线开放课程管理两个方面。2019年7月出台的《关于规范校外线上培训的实施意见》中专门列举了校外线上培训存在的“一些突出问题”,其中绝大部分与在线教育课程质量有关。因而《关于规范校外线上培训的实施意见》及其上位法国务院办公厅《关于规范校外培训机构发展的意见》都要求校外培训机构“提高培训质量,努力提升培训对象满意度”。教育部《关于加强高等学校在线开放课程建设应用与管理的意见》提出“推进在线开放课程学分认定和学分管理制度创新。鼓励高校制订在线开放课程教学质量认定标准……”但目前鲜见高校制作的相关标准,而为数不多的在线教育课程质量综合性标准,⑪都是省级教育部门为开展本地高校精品在线开放课程建设和认定,进而申报国家精品在线开放课程而制定的。这些标准都存在明显的问题:只是针对高校精品在线开放课程建设,都是官方标准,都是学制系统内部自己评审,因而对于在线教育课程质量保障而言还需要借鉴《QM网络高等教育课程认证

---

⑪ 例如,《福建省职业教育精品在线开放课程建设标准(试行)》(2016年4月)、《河南省高校精品在线开放课程建设标准(试行)》(2016年8月)、《湖北省高校精品在线开放课程建设技术标准(试行)》(2016年11月)、《重庆市高校精品在线开放课程评审标准(试行)》(2017年4月)。

标准》(第6版)[12]等国外经验进一步完善具体标准和规范。

(三)专门法律制度

在民事法律制度和行政法律制度二者的交叉领域,存在与在线教育课程质量保障相关的专门法律制度,包括消费者权益保护制度和质量认证制度。

1. 消费者权益保护制度

消费者权益保护制度以消费者为保护对象,一方面为在线教育课程消费者保护提供了专门性制度依托;另一方面也因为其专门性而暴露出存在的不足,具体可以从两个方面来分析。第一,仅适用于学习者个人购买在线教育课程的情况。按照主流的消费者权益保护法调整范围的观点,只有为了"生活消费"目的而购买、使用或者接受服务的自然人才能作为消费者,单位购买的情况并不包括在内。第二,免费在线教育课程的情况较为复杂。免费在线教育课程如果是由公立学校、其他非营利性机构建设或者运行的,则不属于消费者权益保护法的调整范围,因为欠缺与消费者相对的经营者。由经营者提供的免费在线教育课程虽然没有直接收费,但仍然属于消费者权益保护法的调整范围,因为此时经营者的营利性体现在抢占市场、推广营利服务或者获取广告收费等方面。对于不作为《消费者权益保护法》调整范围的免费在线教育课程,虽然本身并不需要学习者支付费用,但由于该在线教育课程质量存在问题,学习者付出了时间却没有得到应有的学习成效,就是一种权益的损害。这种情况无法得到《消费者权益保护法》的保护,是一种严重的法律漏洞。

上述分析并不意味着学习者如果选择收费在线教育课程学习而属于《消费者权益保护法》的调整范围,就可以高枕无忧。收费在线教育课程消费者维权的最大困难是在线教育课程质量的判断标准缺乏,质量认定机制欠缺,导致消费者的知情权、选择权难以行使,在消费维权过程中往往出现课程质量事实认定困难。

---

⑫ See Quality Matters, *Higher Ed. Standards*, Accessed July 24, 2019. https://www.qualitymatters.org/sites/default/files/PDFs/StandardsfromtheQMHigherEducationRubric.pdf.

2. 质量认证制度

质量认证制度是国家为了保障产品或者服务的质量,规定由符合法定条件的第三方机构对于特定的商品或者服务的质量,或者商品的生产者或者服务的提供者的质量管理体系,依照法定的标准进行合格确认的法律制度。我国现行的质量认证制度由《产品质量法》、《标准化法》、《认证认可条例》和《标准化法实施条例》作为基本法律规范。认证工作体系由国务院市场监督管理部门管理的“中国国家认证认可监督管理委员会”、“中国合格评定国家认可委员会”、认证机构和认证申请者共同组成。在我国经济转型升级过程中,服务业在国民经济中的比重越来越大,市场对于服务质量和企业服务质量保证体系的认证需求必然会不断上升。在互联网新兴领域,2019 年国家开始实施 APP(移动互联网应用程序的简称)安全认证工作。这项服务认证由国家市场监管总局和中央网信办推动,具体以《信息安全技术个人信息安全规范》(GB/T 35273)为标准、以《移动互联网应用程序(APP)安全认证实施规则》为实施规则。

质量认证制度具有以市场为基础,尊重产品生产者或者服务提供者的自主性,发挥政府的行政引导、监督作用和社会专业机构的第三方监督作用,共同保障产品、服务质量、提高企业质量管理水平的优势。在线教育作为一项新兴的服务产业,在线教育课程作为一种复杂的市场化服务项目,可以借鉴国家推行 APP 安全认证的经验,利用质量认证制度进行质量的社会化、专业化监督和保障。

综合上述,现有的民事、行政和专门法律制度为在线教育课程质量法律保障提供了基本的法律依据,但同时也存在具体依据欠缺的问题。前述分析表明,在线教育课程质量标准、质量确认问题是保障在线教育课程质量,化解由此而产生的法律纠纷的核心问题。根据质量认证制度的优势,可以将其作为在线教育课程质量法律保障的重点方向。

Legal Research on Quality Assurance of Online Education Courses

Yang Pan

Abstract: The quality standards and quality assurance of online education courses are related to the resolution of online education legal disputes and the core issues of promoting the healthy development of online education. Legal protection on the quality of online education courses has the important significance of improving the quality of online education courses, building a good online education curriculum market, helping online education courses gain market recognition, improving online education management systems, and forcing schools to improve the quality of courses. The existing civil legal system, administrative legal system and departmental law systems not only provide the institutional basis for the quality assurance of online education courses, but also have some obvious deficiencies in the systems. To improve the legal system for quality assurance of online education courses, we should focus on the curriculum quality certification system.

Key Words: online education course, quality assurance, law, certification

以请求权基础为中心的家事法案例教学创新性实践*

高丰美**

摘　要:传统家事法案例教学法采用教师单向讲授,存在教学内容碎片化、论证过程简单等问题,在教学效果上无法实现法律思维和法科生综合能力培养目标。在国家统一法律职业资格考试改革和民法典编纂的背景下,以请求权基础为中心的家事法案例教学法采用鉴定式案例分析模式,引入请求权基础分析法,采用以练习为中心的教学方式,将案例教学由体验式转变为实践式,实现学生体系性习得知识,很好地实现了培养法律思维、法律适用能力和综合能力的人才培养目标。

关键词:请求权基础　鉴定式分析法　家事法案例教学法　法律适用能力

* 基金项目:西北政法大学青年学术创新团队、西北政法大学2018年校级教改项目“请求权基础”之实例研习教学方法研究(XJY201808),“以法律适用为导向的家事法学课程体系建设研究”(XJY201807)。

** 高丰美,西北政法大学民商法学院讲师,法学博士。研究方向:民法、家事法、比较法。

一、问题的提出

在“应用型、复合型”卓越人才培养模式趋势下，现代法学本科教育需“根据不同的专业方向增加和强化实践操作课程”。[①] 随着家事纠纷的增多和学科体系的完善，家事法案例教学课程作为法学本科课程的选修课受到重视。该课程有助于学生对家事法知识的理解和理论联系实践能力的提升，但是传统家事法案例教学也存在一些问题。

（一）传统家事法案例课堂教学以老师为主体，采取简单的听问答模式

法学案例教学的核心目标是培养学生的法律适用能力。传统的家事法案例课堂教学以老师的单向讲授为主，课堂开展模式是单纯的听、问、答，学生仍然处于被动接受知识的状态，而没有主动设问、分析问题和解决问题的思维训练过程，学生练习的机会严重缺乏。这一传统的家事法案例教学方式使得案例教学由实践性直接蜕变为体验性。[②] 为了培养学生的法律适用能力，应有一种案例教学方式，以学生为主体，而不是被动地回答考查者的提问；让学生亲身提炼案件事实，寻找与案件事实相似法律效果的法条，再审查拟适用的法条构成要件，最终得出结论，促使学生从被动型学习转为主动性学习，复归法学案例教学的实践性。

（二）传统家事法案例教学内容零散，案例分析论证过程过于简单

囿于教学课时，传统的家事法案例教学只是根据教学内容的重难点和热点安排教学内容，导致教学内容零散，从知识点到知识点，学生仅有碎片化的知识记忆，而没有知识的体系性运用。此外，传统的家事法案例教学对案例的分析论证过于简单，无法展现一个案例的完整法律适用

---

① 杨会、魏建新：《国家统一法律职业资格考试背景下法学本科教育改革研究》，载《社会科学家》2018 年第 2 期。

② 参见许健：《转识成智：本科法学知识教学和实践教学的困境与突破》，载《法学教育研究》2018 年第 2 期。

过程,学生在课堂学习后仅有感性认识,没有成型的案例分析框架。为了让学生能够体系性地习得知识,并且加以综合运用,需要有一种案例教学方法能够将理论教学中以章节为体例的理论知识转化为以法条为中心的知识的体系性运用,引导学生参与整个案例分析论证过程。

(三)传统家事法案例教学在法律思维、专业能力和综合能力培养上不足

传统家事法案例教学缺乏案例逻辑论证过程的推导,难以让学生通过这种教学方式提高法律思维能力;教学方式和教学内容以案例所涉知识点为讲授重点,将案例作为理解知识点的途径。这些虽然有助于加深学生对家事法知识点的理解,但是对于学生的法律思维、专业能力和综合能力培养尚显不足。因此,需要一种案例教学法既能助力学生体系性地理解和运用法学知识,又能培养严谨的法律思维,提升文献检索、口头表达、书面写作等综合能力。

二、教学改革驱动力:请求权基础案例教学法的魅力

请求权基础分析方法以请求权基础为出发点分析案例,是民法(含家事法)案例分析中的重要方法。③ 请求权基础方法的运用,首先应审查当事人的"请求权基础",即"谁向谁依据什么请求什么"。在此基础上,对单个请求权分三个步骤审查,即请求权是否产生、请求权是否消灭和请求权是否可行使。④ 请求权基础方法有助于针对问题作答,更凸显目的性,而且从法律的立场去思考问题,避免个人主观的价值判断。⑤与传统的案例教学法相比较,请求权基础分析方法能较好地回应法律职

---

③ 参见王泽鉴:《民法思维——请求权基础理论体系》,北京大学出版社2009年版,第35页。

④ 参见[德]汉斯·布洛克斯、沃尔夫·迪特里希·瓦尔克:《德国民法总论》(第33版),张艳译,中国人民大学出版社2014年版,第348~350页。

⑤ 参见王泽鉴:《民法思维——请求权基础理论体系》,北京大学出版社2009年版,第37~38页。

业资格考试改革和卓越人才培养需求,其魅力表现为以下几个方面:

1. 以学生为主体的教学模式,将案例教学由体验式转变为实践式。请求权基础案例研习课不是讲课时的案例例证,也不是案例辅助教学,而是一种以学生参与为主的反复练习,学生通过写作案例研习报告的书面练习、小组和课堂口头练习等方式进行法律思维的训练和能力的培养,从而主动积极地参与到案例之中。

2. 有助于体系性地习得法学理论和法条知识。这种案例分析教学法以请求权为基础,将知识点的体系性连接起来,不再是简单的碎片化知识记忆,而是要求学生体系性地理解和运用家事法这一部门法知识,同时也增强了与民法理论和法条的体系运用。这将在下述夫妻扶养费请求权案例中予以呈现。

3. 以练习的方式培养法律思维。请求权基础案例研习课以法律适用为中心,要求学生分析特定法条涉及的全部可能的事实类型,注重培养学生在案件事实与法律规范之间的法律适用能力。在这个练习过程中,除强化知识、培养技能之外,更重要的是方法和思维上的养成,培养学生的规范思维、逻辑思维和体系思维。

4. 有助于综合能力的提升。在请求权基础案例研习课中,除了法律适用能力和法律思维的培养外,学生需要写作数万字的案例研习报告,并且在课堂和课后进行研讨,这有助于提升学生的书面写作能力和口头表达能力。此外,学生为了完成案例研习报告,必须查阅法条、文献和类案,培养了其检索能力。⑥

三、以请求权基础为中心的家事法案例教学创新与课程实施⑦

以请求权基础为中心的家事法案例教学改革主要从教学内容、教

⑥ 参见朱晓喆:《请求权基础实例研习教学方法论》,载《法治研究》2018 年第 1 期。

⑦ 表述为“以请求权基础为中心的家事法案例教学”,是因为家事法案例有些可以请求权基础进行分析,而有些则属于纯粹的支配权或者形成权问题。

学方式和教学评价三个方面进行。

(一)在教学内容上引入请求权基础分析方法

在家事法案例教学内容上引入请求权基础分析方法,注重请求权基础的内容训练。请求权基础分析方法在家事法案例教学中的重点和难点在于探索家事法请求权基础的类型和内容、多个请求权基础的审查顺序,以及家事法请求权基础与民法请求权基础的法律适用关系。

1. 依据家事法律关系的不同体系性梳理家事法请求权基础类型和内容

民法中的请求权体系,从横向上看,依据不同的法律关系包括家事法请求权、继承法请求权、合同请求权、类合同请求权、无因管理请求权、物权请求权、侵权请求权和不当得利请求权;从纵向上看,依据请求内容或目的的不同可以划分为合同法上给付请求权、返还请求权、损害赔偿请求权、补偿及求偿请求权、支出费用请求权和不作为请求权。[⑧] 依据家事法律关系的不同,在上述民法请求权体系和我国现行家事法律制度框架体系下,家事法请求权基础包括以下类型和内容:

(1)婚约关系中的请求权基础

现在社会婚前订立婚约、给付彩礼的现象在某些地区依然盛行,产生彩礼返还的纠纷也颇多。2003年最高人民法院《关于适用〈中华人民共和国婚姻法〉若干问题的解释(二)》(以下简称《婚姻法解释二》)第10条规定,在双方没有办理结婚登记手续,一方要求解除婚约时,当事人有权请求返还按照习俗给付的彩礼。这也即明确了彩礼返还请求权基础(《婚姻法解释二》第10条第1款第1项)。

(2)夫妻关系中的请求权基础

夫妻关系中的请求权基础主要包括彩礼返还请求权(《婚姻法解释二》第10条第1款第2项和第3项)、夫妻扶养费请求权(《婚姻法》第20条)、经济补偿请求权(《婚姻法》第40条)、经济帮助请求权(《婚姻法》第42条)、离婚损害赔偿请求权(《婚姻法》第46条)等。

---

⑧ 参见[德]托马斯·M.J.默勒斯:《法律研习的方法:作业、考试和论文写作》(第9版),申柳华、杜志浩、马强伟译,北京大学出版社2019年版,第51~53页。

(3)亲子关系中的请求权基础

亲子关系中的请求权基础主要包括抚养费请求权(《婚姻法》第21条第2款、第25条第2款)、受监护人财产交还请求权和损害赔偿请求权(《民法总则》第34条、《民法通则》第18条)、监护人费用返还(补偿)请求权(《民法总则》第34条、《民法通则》第18条)等。

(4)其他家庭成员之间的请求权基础

其他家庭成员主要包括祖父母、外祖父母与孙子女、外孙子女之间的关系、兄弟姐妹之间的抚养请求权和赡养请求权(《婚姻法》第28条和第29条)。

上述请求权基础有的可能会相互冲突,只能择一行使,比如夫妻扶养费请求权和经济帮助请求权;有的可以并行不悖地合并行使,比如请求权聚合,当事人对于数种以不同的给付为内容的请求权,得同时并为主张。家事法中请求权聚合典型的如经济补偿请求权,经济帮助请求权和离婚损害赔偿请求权之间的聚合,请求权人对数个请求权,得同时或先后、就全部或个别主张。

2.家事法中多个请求权基础的审查顺序

在运用请求权基础方法分析民法案例时,如果一个请求权存在多个请求权基础,那么审查的顺序有时要取决于法律规定,有时基于对合目的性的衡量。民法中多个请求权基础的审查顺序为:合同请求权——类合同请求权——无因管理请求权——物上请求权——侵权行为的请求权——不当得利请求权。⑨ 家事法中的多个请求权基础的审查并没有如民法那么严格和规范的审查顺序,主要原因是不同家事法律关系的请求权基础差异较大,尚无法形成统一的审查顺序;而且也较少出现一个家事法请求权存在多个请求权基础的情形。因此,在运用请求权基础方法进行家事法案例教学时,更应特别注意家事法中多个请求权基础之间的法律适用关系,比如在家事法请求权案例分析中经常出现的请求权聚合、法条竞合等情形。

---

⑨ 参见[德]汉斯·布洛克斯、沃尔夫·迪特里希·瓦尔克:《德国民法总论》(第33版),张艳译,中国人民大学出版社2014年版,第344~347页。

3. 家事法请求权基础与民法请求权基础的法律适用关系

在我国现行立法体例中,家事法属于民法体系的一个部分,独立成一编纳入民法典。但是家事法同其他民法规范相比较,仍有其自身固有的特点,所以在民法中具有相对独立的性质。[⑩] 在运用请求权基础方法进行家事法案例教学时,应当注意正确处理家事法请求权基础与民法请求权基础的法律适用关系。正确把握《民法总则》对家事法律制度的涵摄力,以及家事法律制度作为特别法在法律适用中的优先性。

(1)《民法总则》规定在家事法制度中的涵摄力

我国民法典编纂采取“提取公因式”的立法技术,因此在运用请求权基础方法进行案例分析时,在家事法分则编没有规定的情形下,一般可以适用《民法总则》中的规定,比如监护、民事法律行为制度、民事权利、民事责任制度等。家事法案例分析离不开民法总则一般规定的运用,比如对于夫妻忠诚协议案型分析,会运用到民事法律行为的有关规定。

(2)家事法中请求权基础与民法请求权基础的规范竞合

当一项事实同时满足家事法中的请求权基础规范和民法中其他分编中的请求权基础规范时,家事法作为特别法,可以排除民法其他分编中的请求权基础规范,优先适用家事法请求权基础。典型的如离婚损害赔偿中均涉及过错致人损害的情形,出现《婚姻法》第46条和《侵权责任法》第6条第1款的请求权基础规范竞合,如果符合《婚姻法》第46条情形,应优先适用该条规定,只有在不符合该条情形时,才可适用《侵权责任法》中的请求权基础规范。

(3)在民法体系思维下进行家事法案例教学内容设计和分析

家事法教学案例设计应始终贯穿在民法制度体系中,正确处理好家事法和民法总则及其他各编的法律适用关系。家事法的案例不仅仅是处理婚姻和家庭纯粹的身份关系纠纷,其中还会涉及物权变动、公司股权分割,在解析涉及夫妻间财产协议时需要遵循合同法的效力认定规则

---

⑩ 参见杨大文主编:《婚姻家庭法》(第5版),中国人民大学出版社2012年版,第48页。

等。因此，在家事法案例教学设计中需要考量家事法与民法物权、合同、侵权等制度交叉、融合的综合案例训练。

（二）在教学方式上采用以练习为中心的案例教学法

“经由深刻思考，亲身体验应用的条文，将成为法律人生命的法律细胞，终生难忘。”⑪这里的“深刻思考、亲身体验应用”即为反复的思维训练和案例练习。这也是以请求权基础为中心家事法案例教学改革成功与否的钥匙。这体现在教学方式改革上，即改变以往以授课教师为主体的教学方式，转向以学生为主体、以练习为中心的案例教学法，通过反复的案例分析，使学生养成专业化的思维方式。⑫

“以请求权基础为中心”的家事法案例教学课程的开展方式是将全班60名同学划分为10个小组，每个小组6名同学，教学步骤为：（1）提前1～2周发放教学案例；（2）学生撰写案例分析报告、进行小组讨论；（3）任课教师课堂讲解分析案例、展开班级讨论；（4）每次课由2个小组就同案型案例进行宣讲、展开班级讨论；（5）教师点评案例分析报告、进行答疑；（6）学生再撰写案例优化报告。

以夫妻间的扶养费请求权为例，在课前2周教师向学生发布案例（含情形一和情形二），学生以小组为单位进行讨论，提交讨论纪要；小组讨论过后，学生用请求权基础分析法撰写不少于5000字的鉴定式案例分析报告。在夫妻间扶养费请求权案例中，采用请求权基础分析方法时，学生依据《婚姻法》第20条规定对该请求权基础规范的构成要件进行分析并进行逐一检索。夫妻之间的扶养费请求权符合三个构成要件：具有合法有效的夫妻关系，一方需要扶养，另一方不履行扶养义务。在解析是否具有“合法有效的夫妻关系”（《婚姻法》第8条）时，案例中设计了事实重婚导致婚姻无效的情形及其法律后果（《婚姻法》第10条、第12条、最高人民法院《关于适用〈中华人民共和国婚姻法〉若干问题的解释（一）》（以下简称《婚姻法司法解释一》第5条），一般情形下学生

---

⑪ 王泽鉴：《民法思维——请求权基础理论体系》，北京大学出版社2009年版，第235页。

⑫ 参见葛云松：《法学教育的理想》，载《中外法学》2014年第2期。

分析到这里即得出“婚姻无效,请求权不成立”的结论。但是细心的学生还会审查《婚姻法司法解释一》第8条婚姻无效阻却的情形,学生在分析这一情形时还会注意到重婚情形消失作为婚姻无效阻却情形可能带来的道德风险,会继续查阅文献,做类案检索,运用文义解释、目的限缩解释等法律解释方法分析请求权是否产生。在检索完请求权是否产生后,继续检索请求权是否消灭和可执行,涉及《民法总则》第196条不适用诉讼时效情形审查,直到最后得出请求权可执行的妥当性结论。

学生在完成上述鉴定式案例分析报告写作后,教师课前评阅学生案例情形一案例分析报告,在课堂上就情形一中的问题进行解析。完成情形一分析后,第二次课堂就情形二由学生进行课堂宣讲和课堂讨论,老师进行答疑和总结。完成上述两种情形的分析和训练后,学生自行撰写鉴定式案例分析报告的优化报告,老师再次进行评阅。通过上述案例的反复书面练习、口头练习和课堂讲授,学生在案例练习过程中亲身理解法律,解释法律,并尝试运用法律方法填补漏洞、续造法律。在体系性地学习法律知识的同时,学生适用法律的能力得到了培养,学生的表达能力、写作能力和检索能力等综合能力也增强了。

(三)在教学效果评价和考核上实现知识学习和能力提升的相得益彰

传统的家事法案例教学考核是单一的案例分析问答方式,寻找单一法条即可解答案例,表现为死记硬背的解题方式。以请求权基础为中心的案例教学法在教学效果和评价上,贯彻以鉴定式案例分析为核心的考查方法,注重考试方式与内容创新。⑬ 一方面,注重家事法理论和法条的体系性运用,将夫妻关系、亲子关系、其他家庭成员之间的关系以请求权基础的方法综合在一个案例中进行考查,注重知识的灵活运用,形成一个相对完整的知识群和成型的分析框架,达到了举一反三的教学效果;另一方面,以鉴定式案例研习报告和口头练习的方式完成案例分析,注重对学生综合能力的考查,包括学生的倾听能力、理解能力、思考能

---

⑬ 参见段磊:《论本科生法律方法教学模式的创新》,载《法学教育研究》2018年第1期。

力、表达能力、讨论能力以及集体荣誉感和团队精神等。这些都很好地契合了“卓越法律人才”界定的“信念执着、品德优良、知识丰富、本领过硬”要求。这些也考核了学生对法律知识的运用及思维的深度,顺应了国家统一法律职业资格考试的需要,实现知识学习和能力提升的相得益彰、并驾齐驱。

四、以请求权基础为中心的家事法案例教学的改革反思与完善进路

以请求权基础为中心的家事法案例教学法对于学生的知识习得和能力培养具有很大帮助,但是在教学改革和实施过程中,这一方法要在国内案例教学中实现中国化的落地也有需要克服的障碍和可资完善之处。

(一)加强家事法请求权基础理论研究和评注编写

目前的家事法教科书重理论探讨、轻法条解释,法律适用的解读视角不足,家事法相关法律评注较少,家事法请求权基础理论、家事法与民法相关制度的法律适用关系等研究尚不成熟、欠缺体系性。以请求权基础为中心的家事法案例教学法重在训练学生在案例中的找法—释法—用法的能力。在课堂上学生仍然需要查阅大量零散的文献定义法律规范的构成要件,且很难确定相关法律问题的通说,给案例研习的释法带来了极大困难。相关理论研究成果的不足和目前教科书的编排现状提高了以请求权基础为中心的家事法案例教学找法和释法难度。

以请求权基础为中心的家事法案例教学需要研究者继续深入探索家事法请求权基础的类型和内容,多个家事法请求权基础的审查顺序,家事法请求权基础与民法请求权基础的法律适用关系等,以形成较为成熟体系性的家事法请求权基础理论。民法典编纂为家事法案例教学改革的找法提供了便利,在此基础上,需要组织编写专门化的家事法律评注,此类法律评注结合教义学的原理和逻辑对法律规范进行逐条解析,

为家事法案例教学改革的释法提供参考;在家事法教科书编写上,在体系性梳理研究成果的基础上,应更注重法条体系与理论知识的结合,以请求权基础为中心编写家事法教科书和案例参考书,以进一步助力家事法案例教学目标的实现。

(二)实现实体法思维与程序法思维训练的融合

传统的请求权基础案例分析法偏重于培养学生的规范思维、逻辑思维和体系思维,但是对于程序思维与证据思维有所偏颇。一是由于传统的鉴定式案例教学法是以无争议的事实为前提,无须考虑证据和事实争议问题;二是由于实体法授课老师自身对程序法的掌握有限,很难在进行实体法教学时,同步进行程序法内容的训练。但是在课程教学改革中,学生经常在进行规范思维和逻辑思维训练时,不自觉地会涉及民事诉讼程序和民事证据的问题,提出了对程序思维和证据思维训练的需求。

培养法科生的综合法律思维是法学教育的核心目标之一。以请求权基础为中心的家事法案例教学法在中国案例教学中落地,可以尝试突破德国传统鉴定式案例教学的局限,实现综合性法律思维的训练和培养。未来的请求权基础案例教学法可以从以下两个方面进一步完善:一方面,在家事法案例教学授课的同学期或者下一学期连续开设法律诊所课程,以弥补证据思维和程序思维训练的不足;法律诊所课程更偏重于学生对法律纠纷的实战,学生在经过前续的家事法案例教学课程中已经养成了较佳的规范思维、逻辑思维和体系思维,在后续的法律诊所课程中再运用这些能力去解决实际法律纠纷,可以达到综合思维训练的目标。另一方面,由讲授家事法案例研习的教师和讲授民事诉讼法案例研习的教师同时备课、合并课堂,同时用鉴定式方法分析讲解同一个案件,以实现实体法思维和程序法思维的连接,实现综合法律思维的培养目标。

(三)突破传统教学组织和管理模式

传统的教学组织以教师为主体,主要表现为教师课堂教授和简单问答,学生无须进行大量的课后练习,因此,教师工作量相对较小,班级人数不受限，教师投入较好地在课堂教学中得到量化和考核。

然而传统的教学组织和管理模式并不适合以请求权基础为中心的案例教学法，需要进行完善。首先，以请求权基础为中心的案例教学法的钥匙在于练习，为了让学生能够获得充分的口头练习，实现以学生为主体的教学目的，应采取小班教学模式，一般每个班级不超过30人为宜。其次，该种教学方法贵在以学生为主体开展教学，需要学生撰写大量的案例研习报告，这需要推进有效的助教制度，辅助课堂教学和案例研习报告作业的批改等。最后，此种案例教学法需要授课教师投入大量的时间和精力，不仅表现为对教学案例和教学资料的收集、改编，还包括课后大量的答疑和作业批改，传统的课堂课时量化将忽视授课教师的课后时间成本，因此，在课时量化和教学考核上需要进行完善，量化课后时间成本，从而促使教师优化知识结构，提高课堂教学的实践性。

五、结语

以请求权基础为中心的家事法案例教学法契合了我国民法典编纂和国家统一法律职业资格改革的趋势，也符合卓越人才培养目标。这一教学法有助于将案例教学由体验式转变为实践式，有助于学生体系性地习得法学理论和法条知识，以练习的方式培养学生的规范思维、逻辑思维和体系思维，并且有助于学生写作能力、表达能力、检索能力、团队协作能力等综合能力的提升。但是，由于这一方法需要大量的师资、教学资源的投入，家事法请求权基础理论研究尚处于起步阶段，这一案例教学法的探究和改革实践将任重而道远。

On the Creative Practice of Case Teaching in Family Law Centered on the Claim Right Basis

Gao Fengmei

Abstract: The traditional family law case teaching method adopts one-way teaching by teachers, and there exist problems such as fragmentation of teaching content and simple process of argumentation. In that case it is impossible to realize the legal thinking and the comprehensive ability training of law students. Under the background of the national unified legal professional qualification examination reform and civil code compilation, the family law case teaching method centered on the right of claim right adopts the identification case analysis mode, introduces the analysis method of claim right basis, and adopts the practice-centered teaching method. This case teaching method is helpful to change the case teaching from experience to practice, and the students' systematic acquisition knowledge was realized. With the application of the method in teaching, the goal of cultivating students' legal thinking, legal application ability and comprehensive ability have been significantly improved.

Key Words: claim right basis, identification case analysis mode, family law case teaching method, legal application ability

“三段六步”法学实践教学法的应用*

于　熠**

摘　要：法律思维培养的不足是当前中国法学教育实践的弊端之所在，这也是湖南师范大学法学院联合长沙市中级人民法院推出“三段六步全程参与式实战教学法”的原因。以“三段六步”实战教学方法在H省C市中级人民法院的实践案例为核心，探索我国法学实践教学如何培养学生的法律思维，实现对法学实践教学方法的重构设想是文章的出发点。文章通过对教学方法的具体应用过程中学生的反应以及成果分析其具体效果，说明该教学法在高等学校实践教育中具有广阔的应用前景。

关键词：“三段六步”全程参与式实战教学法　理论探索　实践　应用

2018年9月，教育部和中国共产党中央政法委

---

* 本文为湖南省普通高等学校教学改革研究项目：卓越法律人才培养“三段六步全程参与式”实践教学模式的研究与实践（湘教通[2017]452）阶段性成果；湖南师范大学校级教改课题：卓越法律人才综合素质培养“三段六步全程参与式”实践模式教学改革的研究与实践（校行发教务字[2017]108号）阶段性成果；湖南省社科重点项目（15ZDB034）阶段性成果。

** 于熠，法学博士，湖南师范大学法治文化研究中心副主任，华东政法大学法学博士后。研究方向：法学教育、司法制度、法律文化。

员会联合发布了《关于坚持德法兼修实施卓越法治人才教育培养计划 2.0 的意见》(以下简称《意见》),提出了“建立起凸显时代特征、体现中国特色的法治人才培养体系”的目标要求。该意见为高校法学教育工作,特别是高校法学教育实践环节提出了更高要求,习近平总书记在中国政法大学视察时指出“法学是一门应用性很强的学科”,而我们的法学教育在过去的四十年中却不尽如人意。

一、问题:中国法学教学实践之殇

法学教育中“被假定为完整且切合实际”的事实,是被提炼过的包含了法律适用关键情节的事实,已经不再是原生态的生活事实。而法律人在面对每一个真实的法律纠纷时,往往面临着应然的、一般性的法律规范与碎片化的、特定情境之中的生活事实之间的巨大鸿沟。最重要且最艰难的步骤,是用法律思维和法律语言解构并重构生活事实,将纯粹的生活事实转化为法律事实,即法律逻辑三段论的第一步——固定小前提。现实生活中发生的真实案件通常需要法律人对若干法律领域的法律规范进行检验,因此这一步既涉及对一国全部现行法律规范的理解,同时也涉及对特定情境中生活事实的理解。法学教育的目标就是尽量减少法律人的主观因素、个体经验对“生活事实—法律事实”转化过程和质量的影响,在法律职业共同体中形成一种可重复、可检验、可操作的科学化的思维模式。

然而,遗憾的是,在当下的法学教育中,这一步在课堂讲解、卷面考试的案例中已经由教师或出题人代劳,恰恰被省略掉了。当下,法学教育着重培训的其实仅仅只是第二个步骤至第三个步骤:根据重构的法律事实的构成要件,将法律事实(小前提)与法律规范(大前提)整合起来(涵摄)作出法律决定。因此,当下中国的法学教育,欠缺的是对生活事实的法律重构能力的训练,这才是我们需要面对的问题。在现有法学教育模式之下,我们应当如何训练学生这种重构法律事实的能力?

二、解析：“三段六步”实战教学法的理论与实践

（一）概述：“三段六步”实战教学法的实施条件及主要环节

“三段六步”实战教学法是湖南师范大学法学院与长沙市中级人民法院、长沙市岳麓区人民法院、长沙市雨花区人民法院联合推出的一种创新法治人才培养机制的全新实践教学模式和新型法学专业学生实习模式，具体操作分为“庭前准备 + 庭中观摩 + 庭后提升”三大阶段、六个具体步骤。2016 ~ 2019 年，笔者带领学生在三个法院与审判员组成“理论 + 实务”双师型指导教师，指导学生开展三段六步全程参与式教学法实践，获得学生与社会的热烈反响。以下仅以在 H 省 C 市实践的湖南 H 传播有限公司诉深圳 X 网络科技有限公司不正当竞争一案为分析对象，具体分析该教学法如何培养学生的法律事实重构能力。

本实战教学法的创新性在于：立足法律思维的基本规律，以当下中国学院制法学教育必备的实习阶段为平台，通过不同环节有所侧重地训练学生的法律思维能力，特别是“生活事实—法律事实”的重构能力。具言之，在“庭前优选”环节，为实习生们提供接触待庭审案件的机会，利用不完整的案件材料强化训练他们将生活事实转化为法律事实的能力；在“模拟开庭”环节，通过模拟法庭原告和被告的直接对抗、审判方的居中裁判，学生的思维在事实和法律之间“来回穿梭”，法律思维获得完整而系统的展开；在“观庭听审”环节，组织实习生们旁听同一案件的法院真实庭审，通过与实务部门指导老师主持的真实庭审对照，实习生们能够对自己的事实认定和法律适用进行对比、反思和纠错，进一步提升、巩固法律思维能力。三段六步全程参与式实战教学法流程见图 1。

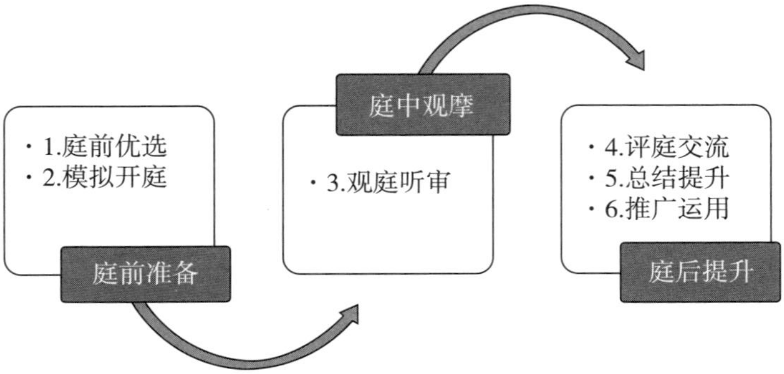

图1　三段六步全程参与式实战教学法流程

(二)背景:“三段六步”实战教学法的实践案例及分析思路

在模拟法庭的场域中,原、被告角色方阵将围绕着自己重构的法律事实,进行举证、质证、法庭辩论等环节的激烈对抗,审判方居中裁判,认定法律事实。以法律事实为核心,展现的是三方法律思维能力的高下。

湖南H传播有限公司诉深圳网络X科技有限公司不正当竞争一案的案情如下:

原告H公司拥有湖南卫视电视节目的网络传播权,用户可下载其手机专属APP或者通过PC客户端进行观看,两种模式均需观看广告,如用户购买会员则无需观看广告。被告X公司开发的一款APP则运用技术手段过滤了原告在湖南卫视节目中插入的广告及7分钟试看的技术保护措施。使用被告APP,用户无需下载原告专属APP即可完整观看湖南卫视的节目。

无疑,被告的行为损害了原告利益,应承担相应的法律后果。这是基于日常生活事实得出的判断。但对法律人而言,他/她必须用准确的法律概念、法律术语描述这一事实,并在我国整体法律框架之内找到包含该法律事实要件的法律规范。原告据此提出诉讼请求;被告据此说明自己的行为不符合原告提出的法律规范的法律事实构成要件,否认原告的诉讼请求;法院则居中裁判被告行为是否符合原告提出的法律规范的法律事实构成要件,据此形成判决。三方站在不同立场上展开以下思维。

1. 小前提:固定与法律相关的事实

2. 大前提:涵摄该相关事实的法律规范

3. 法律决定:联结小前提和大前提

具体来说:

(1)固定本案法律事实。被告侵害原告的日常表述是"被告使用技术手段过滤了原告插入的广告及7分钟试看的技术保护措施",基于此,原告要求被告停止侵害行为并赔偿其损失。但在法庭审判的语境中,原告必须以将该生活事实转化为法律事实(固定法律事实),以法律术语、法律概念来描述被告的违法行为。转化的过程,实际是寻找可涵盖本案关键事实的法律规范(定位相关法律规范)的过程,思维必然在案件事实和法律体系之间"来回穿梭"、反复比对。

(2)法学的规范化分析。将本案的法律事实涵摄于《反不正当竞争法》第2条,法律事实被表述为"不正当竞争"。不正当竞争行为并不是单一行为,而是由若干法律事实要件构成的复合行为,因此法律思维还需要在"法律事实—法律规范"层面展开,以检验本案的法律事实是否完全符合《反不正当竞争法》第2条所包含的法律事实构成要件。

(三)操作:"三段六步"实战教学法的实践步骤及思维方式

1. 第一阶段:庭前准备

第一步:以一国全部现行法为背景将本案的生活事实归入经济法领域。我国全部现行法分为七大法律部门,调整不同的社会关系,具有不同的调整对象。实习生们需要分析本案原被告之间形成的社会关系,据此找到调整这一社会关系的部门法。

本案中原被告都是公司,被告行为破坏了原告的盈利方式。对应的法律事实是:作为市场经济中法律地位平等的市场经济主体,被告实施的市场经济行为损害了原告利益。据此可以排除宪法、行政法、社会法、诉讼法这四大法律部门的适用,而在刑法、民法和经济法中寻找相关的法律规范。

刑法虽然能够调整平等的市场经济主体之间的法律关系(如合同诈骗罪等),但必须事先由刑法明文规定才能认定为犯罪,即"法无明文规定不为罪”。本案被告的行为并非刑法明文规定的犯罪行为,因此刑法的适用可以被排除。从民法的视角分析,违约行为和侵权行为都属违法行为,需要承担法律责任。本案中原被告双方不存在合同关系,因此民法中的违约责任可以排除。那么被告对原告究竟应该在民事责任范畴内承担侵权责任,还是应该在经济法范畴内承担不正当竞争的法律责任?从案情所涉及的社会因素和背景来看,考虑到原告是网络视频发布者、提供者,被告是网络资源下载工具的开发者,两者都是市场主体,需要通过市场行为盈利;而在争夺市场份额的过程中,一方实施的市场行为损害了另一方的利益。这两个关键法律事实决定了从经济法的视角切入更为适合。

第二步:在经济法的范畴内寻找可涵盖关键事实的规范性法律文件,确定为《反不正当竞争法》。作为一大部门法,经济法是国家为维护市场竞争秩序、对市场实行干预、调节、指导而制定颁布的法律法规,包括公司法、金融法、保险法、反垄断法、反不正当竞争法、消费者权益保护法等数十部规范性法律文件,涉及公司治理、金融货币、财政税收、市场监管等广泛的经济管理关系。本案原告的盈利方式是在网络上提供湖南卫视的节目以收取广告费或会员费,而被告破解了原告在节目中插播的广告以及7分钟试看程序。不难看出,被告的行为直接针对原告并破坏了原告的盈利方式,抢夺了原告的潜在客户,即原告的市场份额,从而造成原告经济损失。从本案的生活事实上升到法律事实的核心问题是,被告这样一种争夺原告市场的行为是否合法?这应是由经济法中专门规范市场竞争行为的《反不正当竞争法》来管辖的。

2.第二阶段:观庭听审

这是整个“三段六步”实战教学法中最为关键也是最具特色的一步。如果仅到模拟开庭阶段,则本教学法也就是实习版的模拟法庭课程。正是在这一阶段,参加过模拟法庭的实习生们观摩真实庭审,认真比对自己所扮演的法庭角色与真正的法官、检察官、律师在法律实务能力方面的差别。模拟庭审与真实庭审的比对非常类似做完同一道题目后比照标准答案检验答题效果,而就法律思维能力训练而言,则是对案件的法律事实归纳，以及是否符合法律条文中的法律事实要件这一过程的再次检验。通过这种方式，实习生们能够真切感受到自己的不足，而这种不足其实就是法律思维能力的不足。笔者把模拟法庭的审判方与真实庭审合议庭的比对通过表1体现出来。不难看出，虽然在程序上与真实庭审有差别，但法律适用和本案争点与合议庭基本一致，说明实习生们已经初步具备了法律职业人的思维。

表1　三段六步全程参与式实战教学法法律思维展示

对比	真实庭审	模拟庭审
程序	更为灵活，不再宣读起诉状或答辩状 允许证据突袭	强调庭审环节的规范和完整 不允许证据突袭 忽略法庭调查阶段的询问环节
争点总结	被告行为是否构成不正当竞争；如果构成，责任如何承担	原被告是否存在竞争关系；被告过滤广告及取消试看保护是否构成不正当竞争；被告赔偿数额如何确定
法律适用	《反不正当竞争法》第2条	《反不正当竞争法》第2条

第三步：在《反不正当竞争法》[①]中定位具体法律规范，被告行为被定性为“不正当竞争”。市场经济的生命力即在于市场主体的竞争。竞争行为衍生于市场经济，是市场主体的自发行为。从经济市场的本质而言，竞争行为本身并没有正当与不正当之分。但是为了促进市场经济整体的健康、可持续发展，法律以商业道德为基础进行价值判断禁止某些不正当竞争行为。我国《反不正当竞争法》对不正当竞争行为采用了概括加列举的立法模式。首先规定正当竞争是市场主体的义务，并对不正当竞争行为做出原则性规定；[②]其次在第二章列举了11种不正当竞争行

① 2017年11月4日《反不正当竞争法》经第十二届全国人民代表大会常务委员会修订，本案审理期间本案涉及的网络不正当竞争行为尚未列入《不正当竞争法》。因此本文的分析是以1993年未修订前的《不正当竞争法》为基础。

② 《反不正当竞争法》第2条：经营者在市场交易中，应当遵循自愿、平等、公平、诚实信用的原则，遵守公认的商业道德。本法所称的不正当竞争，是指经营者违反本法规定，损害其他经营者的合法权益，扰乱社会经济秩序的行为。本法所称的经营者，是指从事商品经营或者营利性服务（以下所称商品包括服务）的法人、其他经济组织和个人。

为,分别是欺骗性交易行为、强制性交易行为、行政垄断行为、商业贿赂行为、虚假宣传行为、侵犯商业秘密的行为、低价倾销行为、搭售或附加不合理条件行为、不正当有奖销售行为、诋毁商誉行为和串通投标行为。因 2016 年办理本案时《不正当竞争法》尚未修订,被告实施的行为未被明确列举为不正当竞争行为,原告只能以该法第 2 条不正当竞争行为的原则性规定作为提出诉讼请求的规范基础。

通过详细解剖法律思维在小前提阶段的展开过程,可以发现,从"生活事实"到"法律事实"的转化并不仅仅是对事实的分析,而是在事实和规范之间反复推验,"目光在事实和法律之间的来回穿梭"。对某一案件法律事实的精准掌握,往往就表现为以一国全部部门法为背景的层层细化剥离,最终将本案事实准确定位于某一部门法中的某一个或某几个规范。

构成不正当竞争行为须满足五个要件:第一,不正当竞争行为的主体是经营者。第二,不正当竞争行为的客观方面表现为行为人实施了与诚实信用原则或其他公认的商业道德相悖的行为。《反不正当竞争法》对于不正当竞争行为的界定采用了概括本质特征兼列举具体行为方式相结合的方法。2016 年办理本案时《反不正当竞争法》尚未修订,因此被告的行为并不在 11 种不正当竞争行为③之中,因此本案究竟应适用哪一条款让实习生们颇费周章,经讨论,最终确定适用《反不正当竞争法》第 2 条原则性条款。第三,行为人与受害人之间必须存在现实的竞争关系。第四,不正当竞争的行为人主观上具有过错。第五,不正当竞争行

---

③ 《反不正当竞争法》第 2 条规定:"经营者在生活经营活动中,应当遵循自愿、平等、公平、诚信的原则,遵守法律和商业道德。"第二章列举了十一种不正当竞争行为,分别是欺骗性交易行为、强制性交易行为、行政垄断行为、商业贿赂行为、虚假宣传行为、侵犯商业秘密的行为、低价倾销行为、搭售或附加不合理条件行为、不正当有奖销售行为、诋毁商誉行为和串通投标行为。2016 年办理本案时《反不正当竞争法》尚未修订,被告所实施的行为并不属于以上列举的任何一种,原告主张的法条只有《反不正当竞争法》第 2 条这一原则规定。2017 年《反不正当竞争法》修订后,增加了"经营者利用网络"进行的不正当竞争活动,将本案被告所实施的行为涵盖进去了。该案件审理时尚处于适用 1993 年《反不正当竞争法》阶段,2017 年修订的《反不正当竞争法》尚未生效,撰写投稿时 2019 年修订的《反不正当竞争法》尚未通过。

为造成了原告的损失。图 2 为三段六步全程参与式实战教学法法律思维展示图。

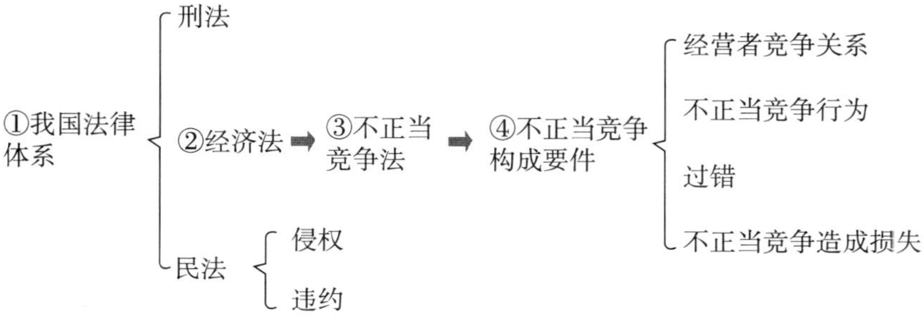

图 2　三段六步全程参与式实战教学法法律思维展示

本案的核心就在于被告实施的行为是否符合《反不正当竞争法》规定的不正当竞争行为的构成要件,就法律思维而言需要把本案的事实要件与法律规范的构成要件进行对照。在模拟开庭中,对某些关键要件问题,双方唇枪舌剑,对抗激烈。关于要件事实 3“被告是否实施不正当竞争行为”,被告否认原告主张,称被告并未拦截用户下载原告视频 APP,至于用户下载哪个 APP 观看视频,是用户的自主选择。同时,原告的正片视频内容和广告内容分别有两个片源,基于自身的播放算法,广告与正片播放时间、内容不同,被告通过聚合方式获取原告视频时只能获取正片内容,被告不支持广告播放的算法,因此是客观上就技术而言无法抓取视频前广告,并非故意过滤原告视频广告。关于要件事实 2“原被告是否存在竞争关系”,被告认为,自己是服务提供商,而原告是视频内容提供商,两者不存在竞争关系。就这两个关键要件,模拟法庭认为:原告通过两种方式盈利,其一,在向用户提供免费视频的同时添加相应的视频广告,以此收取广告费用;其二,通过试看保护措施让用户购买会员收取会员费。因此被告过滤广告且取消试看保护的行为,客观上会产生吸引用户下载被告 APP 使原告 APP 用户减少的后果,两者存在利益此消彼长的竞争关系。被告虽为下载服务提供者,与原告提供视频内容的服务并无实质不同,且被告也已将服务内容拓展到提供视频内容,并以此盈利,深知原告的盈利模式,主观恶意明显,已构成不正当竞争行为。

表2为三段六步全程参与式实战教学法法律思维展示。

表2　三段六步全程参与式实战教学法法律思维展示

法律事实要件	模拟法庭原告观点	模拟法庭被告观点	模拟法庭审判方观点
1. 双方是市场经营者	认可这一事实	认可这一事实	认可这一事实
2. 双方存在竞争关系	双方存在竞争关系	双方不存在竞争关系	双方存在竞争关系
3. 被告是否实施了不正当竞争行为	被告实施了不正当竞争行为	己方未实施不正当竞争行为	被告行为是不正当竞争行为
4. 被告方有过错	被告方系故意,有过错	不存在过错	被告故意实施不正当竞争行为
5. 被告行为造成原告损失	100万元	无证据证明损失存在	要求原告举证证明自己的损失

3. 第三阶段:庭后提升

在这一阶段,可以说是带着碰撞之后的思想火花,实习生们把自己整个法律适用过程中最感疑惑的问题向合议庭、代理人以及指导老师提出来再进行总结提升,夯实能力训练的基础。

第四步:评庭交流。

真实庭审结束后,主审法官主评、人民陪审员参评,并邀请公诉人或律师参与,实习生就案件的实体和程序问题提问,与法律实务专家们进行面对面的交流讨论。

第五步:总结提升。

通过观摩正式庭审、向法律实务专家提问,同学们总结对比模拟开庭与真实庭审的不同,撰写心得体会和教改论文。截至目前,学生撰写心得百余篇,论文三十余篇,获奖四项。

第六步:推广运用。

运用多种方式推广运用,形成辐射效应。目前已有许昌学院成为

"三段六步"实战法教学工作站,另有湖南科技大学、湖南工业大学对此表现出浓厚兴趣。湖南教育电视台进行了详细报道,搜狐网、湖南教育网、新湖南等媒体对之进行了宣传。

三、总结:基于理念启示看卓越法律人才的培养方向

在"三段六步"实战教学法的实践后,我们也有一些反思,那就是:在总结出全情付出、抓住一切机遇与充分利用现有平台、促进学生与实务部门的良性互动三大理念启迪的基础之上,我们需要将理念与卓越法治人才培养计划2.0的目标与措施有机结合,以此指导卓越法律人才培养计划的具体实施。根据《意见》,笔者选取了在卓越法治人才计划2.0培养中的三大目标,阐述如何在实现目标之下的具体措施中贯彻三大理念。

(一)全员育人:培养法律实务操作能力

《意见》中指出,要"强化学生法律实务技能培养,提高学生运用法学与其他学科知识方法解决实际法律问题的能力,促进法学教育与法律职业的深度衔接"。虽然法学本科教育的侧重点应当倾斜于素质教育还是职业教育尚未有定论,但是《意见》无疑强调了培养法律实务技能的重要意义。毋庸置疑的是,培养法律实务技能仅仅靠法学院教师是远远不够的,必须由从事法律实务的职业工作者与高校教师一同进行。除此之外,必须有相应的平台检验实务技能培养成果,法院在其中也扮演着不可或缺的角色。所以,首先需要有高校教师、法律实务工作者与实务部门三方的通力合作、全情付出以培养学生的实务操作水平;其次需要有合适的机遇、政策与平台为学生创造进行实务操作的空间;在整个过程中法学院师生与法律实务部门的同志通过相互学习、良性互动以深化合作,促进法律职业共同体的形成。例如,由律师事务所的专职律师为学生讲解法律实务技能,由法学院推荐学生以公民代理人或其他身份参与庭审,在庭审中检验成果、获得提高,实现"法学教育与法律实践的深

度衔接”。

(二)多元思维:培养法律实践思维能力

《意见》中指出,要“切实提高学生的法律诠释能力、法律推理能力、法律论证能力以及探知法律事实的能力”,概括来说就是培养学生的法律实践思维能力。可以看出,法律实践思维能力包含多个方面,体现较强的“多元思维”性质。而这样的思维能力往往无法在课堂的书本理论学习中体现,因此是学生们较为缺乏并需要着重培养的方面,也是法院、律师事务所等实务部门考查毕业生时非常重视的方面。在卓越法律人才培养计划下开展的法律实践教学模式,大多都能够作用于培养学生的法律实践思维,如模拟法庭、法律诊所式教学等。与培养学生的法律实务操作能力相同,法学实践思维的培养也需要高校老师与实务工作者的全情付出与通力合作,而高校老师应当承担起更多理论提炼的工作。为此,高校老师在总结与创新教学改革模式上需要花费更多的心血,以构建完整的实践体系。在创新实践模式的过程中,对相关政策与机遇的利用程度很大程度上能够决定实践模式的质量。同样,一个实践模式能否成功推行也取决于高校与实践部门的付出程度与合作深度。实践证明,现阶段实行较好的实践教学模式,几乎都是高校与实务部门抓住机遇、通力合作、全情付出的智慧结晶。

(三)法律信仰:树立社会主义法治理念

《意见》中指出,要“深化高等法学教育改革,把社会主义法治理念教育融入法律人才培养全过程”。从中可以看出,培养具有坚定社会主义法治理念的人才是卓越法律人才培养的基本要义。学生不仅需要具备崇高的法治信仰,也要具备中国特色社会主义法治的理论自信,还要具备高尚的法律职业道德。但是,仅仅在课堂中靠理论讲解来灌输社会主义法治理念是远远达不到效果的,必须在实践中才能深刻体会。首先,高校教师和法学实务工作者需要通过自身的努力付出,为青年学生树立榜样,让学生们领悟法律人爱岗敬业、献身法治的职业精神;其次,通过法学院与实务部门的深度合作让学生了解社会、感悟生活,体会中国特色社会主义法律实践的内涵与精神,培养对法治的忠诚与信念;在与实务部门合作的同时，学生也可以运用所学理念与知识监督实务部门，加深对法律职业共同体的理解与认同感。在三大理念的合力作用之下，学生能够加深法治信仰，更好地树立社会主义法治理念。

四、结语

《意见》为高校法学教育提出了更高要求和时间表，这既是压力，也是动力。但是我们必须冷静回归学科特点，思考学科核心要求和实现路径，动用一切力量，发挥全员育人的优势，使中国的法治建设更上一个台阶。“三段六步”实战教学法就是对这种要求的一种回应，以期学界对之完善有更多的批判与交流。

The Application of “Three-Stage and Six-Step” Practical Teaching Method of Law

Yu Yi

Abstract: The deficiency of the cultivation of legal thinking is one of the shortcomings of current Chinese legal education practice, which is also the reason why the Law School of Hunan Normal University, together with Changsha Intermediate People’s Court, launched the “Three-Stage and Six-Step Full-Participatory Practical Teaching Method”. Based on the practical cases of Three-Stage and Six-Step teaching method in the Intermediate People’s Court of the C City of H Province, it is the starting point of this article to explore how to cultivate students’ legal thinking in the practical teaching of law in China and realize the reconstruction of the teaching method of legal practice. Through the analysis of the students’ response to the specific application of teaching methods and the results, this paper shows that the teaching method has a broad application prospect in the practical education of colleges and universities.

Key Words: "Three-stage and Six-step" practical teaching method, theoretical exploration, practice, application

法学理论专业博士学位论文选题分析
——以中国博士学位论文全文数据库256篇论文为样本

刘立明*

摘　要：依托中国知网《中国博士学位论文全文数据库》及其可视化分析，对2008～2018年13所院校法学理论专业博士学位论文选题进行类型化考察和比较式分析，透视改革开放第四个十年我国法学理论专业博士生学术研究的问题意识、命题意识和理论意识，梳理总结256篇博士论文呈现的选题特点和总体趋势。以专题式选题归类分析技术为手段，厘清选题的主体性对象和参考性对象的分析模型，从一个整体性视角探求法学理论专业博士学位论文选题的方法。

关键词：法律系统　法理思维　竞争型选题　学术团队模式

法学博士学位论文是法学博士生攻读学位期间最主要的科研成果。一篇博士论文堪称博士生学术生涯的代表作。相较于部门法专业的博士论文，法

* 刘立明，中共中央党校（国家行政学院）政法教研部博士研究生。研究方向：西方法哲学。

学理论专业的博士论文对哲学思辨能力、逻辑推理能力、跨学科综合能力均有更高要求。从法律思想史的视角看,无论是自然法学、分析实证主义法学、法社会学,还是其他法学流派,其所研究的问题大体可被纳入规范理论(normative theory)或后设(元)理论(meta-theory)的研究架构中,其所探究的多是一些基础理论命题和前沿问题,对理论探索和法律实践具有重大的启示意义和智识价值。而着手法学理论研究、撰写法学理论专业博士学位论文时,首要面对的就是选题。对于一个受过足够多学术训练的学者,决定其学术成就的关键不是方法,而是选题。[①] 一个有价值的选题是一篇优质论文的前提。因此,对法学理论专业博士学位论文选题进行结构分析和类型处理,既可以探索论文的研究对象和主题及其所容含的理论意蕴,切近论文的理论硬核,又可以在纵向的历年选题(历时性)和横向的同期选题(共时性)两个维度上实现比较分析,为今后法学理论专业博士学位论文选题提供可资借鉴的路向指引。

一、样本选择与方法

(一)时间节点

选择改革开放第四个十年作为法学理论专业博士学位论文选题分析的时间节点是基于三点考虑。一是 2008 年我国法学界对改革开放三十年理论法学研究情势进行了比较系统的总结和反思,探索形成了“法治与人权”“法治建设与法律文化”“法律全球化与现代化”“马克思主义法律思想与中国”“法理学与外国法律思想史”“法学方法论”等一系列面向未来的研究课题。通过对 2008 年以来法学理论专业博士学位论文选题的样态分析,可以考察其对改革开放三十年节点期间所提出课题的回应、拓展与创新。二是 2008 ~ 2018 年是改革开放进入“深水区”的第四个十年,社会的主要矛盾发生了变化,经济由高速增长阶段转向高质

① 参见何海波:《法学论文写作》,北京大学出版社 2014 年版,第 20 页。

量发展阶段,新的发展阶段催生出一系列亟待深入研究的法学理论问题。比如,“一带一路”与法,反腐败与法,人工智能与法,网络时代法的一般理论,生命法学,大数据与法治,多元视角下的司法,等等。三是面对中国特色社会主义进入新时代的历史机遇期,实现“两个一百年”奋斗目标,全面依法治国、实施良法善治、推进国家治理体系和治理能力现代化,都需要法学理论凝聚广泛的共识性概念,形成科学的知识体系、规范的理论体系、专业的话语体系、开放的商谈体系,为中国法学发展锻造核心理论,为世界法学进步贡献中国智慧。

(二)分类方式

在限定时间节点后,笔者对2008年以来《中国博士学位论文全文数据库》(CDFD)法学理论专业博士学位论文选题进行了归纳分析。确立了主题、标题、关键词和学位授予年度、导师研究方向五个子样本为分析对象,将子样本划分为两个基本类型。一类是选题的主体性对象,包括主题、标题、关键词;另一类是选题的参考性对象,包括学位授予年度和导师研究方向。在样本处理上,主要通过主题划分、数据统计和样态分布的方式呈现选题总体面貌,通过对法学理论专业博士学位论文选题整体状况的描述,展开属性分析和原因分析,实现对论文选题的类型化考察和比较式反省。立足时空维度,通过对主体性对象的类比、归纳,展现论文选题发展脉络、理论资源择取、知识背景构成等要素特征,实现类型化考察;通过参考性对象的检视梳理,对论文选题起到参考价值的对象进行要素分析,探究参考性要素对选题的影响,把握选题具体进路,实现比较式反省。在选题的分类标准上,与常规研究方向划分类别不同,为了展现论文的主题和特色,本文采用专题式分类法,以论文主题词为分类标准,抽象出论文样本共识性的上位概念,将256篇论文划分为18个主题,尽量贴近论文作者的核心命题和立论原意,突出论文选题的侧重点。

二、主体性对象分析

(一)主题类型划分

1. 各年度论文主题归类

(1)2008年CDFD收录44篇论文,专题归类如下:

①法律方法论专题(15篇):法律思维,法律解释,法律语言,法律权威,法律接受,法律推理,法律规范,司法观念,审判制度,民间规范,法学方法论,习惯性规范,衡平论证理论,利益衡量论,法律的模糊性。

②权利与人权专题(9篇):排污权,劳动权,知识产权,安乐死权,权利推定,人权契约,古典自然法学派权利思想,当代中国权利问题,法律救济理论。

③法政人物思想专题(6篇):福柯微观权力论,卢曼自我创生法律系统论,哈贝马斯商谈合法化理论,波斯纳法律理论,德沃金法律阐释理论,德沃金法律诠释论。

④法律与政治专题(3篇):国家主义法哲学,司法制度的政治功能,法权观念衍变。

⑤法治、法律现代化与社会转型专题(3篇):转型期乡村法治,央地立法权,私法视野下的中国社会转型。

⑥法概念论专题(3篇):天人和谐法律观,法律意识形态,自然法理论。

⑦法律全球化专题(2篇):法理学全球化范式,法律全球化。

⑧法律文化专题(1篇):中国古代刑法。

⑨法律与经济专题(1篇):法律运行的经济学考察。

⑩法律教育专题(1篇):法律教育改革。

(2)2009年CDFD收录论文28篇,专题归类如下:

①法律方法论专题(7篇):分析法学方法论,法律解释学,法律论证,建构性解释,原则裁判,裁判规则,法律解释的本体与方法。

②法治、法律现代化与社会转型专题(6 篇):美国制宪历程,法的现代性,转型中国法律发展,法律自治理论,环境法公众参与制度,法律变通。

③法政人物思想专题(5 篇):康德批判自然法思想,韦伯的自然法,德沃金法律理论,卢曼法社会学理论,德沃金“原则”法理学。

④法律文化专题(4 篇):中华法系的文化精神,中西法律文化冲突论,古代中国的“契约自由”,中国古代证据制度。

⑤权利与人权专题(3 篇):就业权,住宅权,安全生产领域人权保障。

⑥法律与宗教专题(1 篇):宗教自由。

⑦义务、责任与制裁专题(1 篇):侵权法的正义理念。

⑧马克思主义法学专题(1 篇):《巴黎手稿》的法哲学问题。

(3)2010 年 CDFD 收录论文 31 篇,专题归类如下:

①法律方法论专题(10 篇):法律解释,美国宪法解释的原意主义,美国宪法解释的原旨主义,可接受性,语言权利,我国判词语体流变,公共利益的法律界限,美国司法审查,法律制度的功能,法律制度的信息费用。

②法政人物思想专题(10 篇):《老子》法理念,富勒的法伦理学,韩非子的伦理思想,阿奎那的法本体说,布莱克斯通的法律思想,索洛维约夫的法哲学,富勒的法律观,德沃金自由主义法律理论,特维宁的法理学,从奥斯丁到哈特的法律存在论。

③法治、法律现代化与社会转型专题(4 篇):当代中国法治精神,农村社会信用理念,法律内在逻辑,诉讼的现代转型。

④权利与人权专题(2 篇):文化权,女性主义法学。

⑤网络与法专题(1 篇):网络空间的法理。

⑥法学教育专题(1 篇):中韩法学教育比较。

⑦法概念论专题(1 篇):苏联法概念。

⑧法律与政治专题(1 篇):现代法律与政治中的诸神魔之争。

⑨法律与道德专题(1 篇):法律秩序和道德秩序的相互转化。

(4)2011年CDFD收录论文40篇,专题归类如下:

①法律方法论专题(9篇):美国宪法解释,德性法律论证理论,裁判客观性,法律原则适用方法,阶级分析法,法教义学,习惯,法庭调解语言,法律修辞。

②法治、法律现代化与社会转型专题(8篇):国家转型法理,区域立法协调机制,道德何以成为法律,第三部门的法理学,基于合法性价值的法概念,英国土地制度,集体维权,新闻自由。

③权利与人权专题(7篇):分析法学权利观,法律权利规范论,权利冲突,弱势儿童权利,美国宪法修正案,社会性别的法律分析,经济平等的正当性。

④法政人物思想专题(6篇):《管子》法思想,韦伯的法学理论,韦伯形式理性法理论,昂格尔理论,弗兰克与卢埃林法律思想比较,卡普洛的程序均衡论。

⑤法律文化专题(4篇):文化视域下的情理法,法律趋同,日本法律近代化的民族性,唐律"七杀"。

⑥义务、责任与制裁专题(2篇):食品安全监管的政府责任,环境法律责任与制裁。

⑦法律体系专题(1篇):法律体系的自治性。

⑧法律与经济专题(1篇):医疗侵权的经济分析。

⑨法概念论专题(1篇):法、人格、自由的逻辑结构。

⑩马克思主义法学专题(1篇):马克思主义法理念中国化。

(5)2012年CDFD收录论文28篇,专题归类如下:

①法治、法律现代化与社会转型专题(8篇):转型中国法律实现,和谐法治,民主实现的法治机制,立法的合法性,经济特区立法,"公共法律案件"的法理,社会资本与农村纠纷解决,大学学术权力。

②法律方法论专题(5篇):法律渊源,法律论题,司法解释,法律原则的司法适用,德国法院判决的法理。

③权利与人权专题(4篇):澳大利亚首都地区人权法案,新中国城市住房供给制度,生态权,和谐理念下的环境法律关系。

④法政人物思想专题(3篇):康德法权学说,边沁法理学,边沁主权学说。

⑤比较法专题(2篇):韩国行政复议制度,英国对诽谤的法律规制。

⑥法律与政治专题(2篇):“政法”研究,“政法传统”的形成。

⑦法概念论专题(1篇):美国工具主义法律观。

⑧法律与经济专题(1篇):守法行为的经济学分析。

⑨法律与文学专题(1篇):关系视角的法律与文学。

⑩马克思主义法学专题(1篇):马克思恩格斯的法正义观。

(6)2013年CDFD收录论文11篇,专题归类如下:

①法治、法律现代化与社会转型专题(7篇):社会诚信体系,转型时期中国法治特点,文明转型视野下的法律理性化,网络民主,民意与司法,社会转型期农村纠纷处理,当代中国企业的社会责任。

②法概念论专题(2篇):法的确定性,法律正当性。

③权利与人权专题(1篇):美国劳动权。

④法律方法论专题(1篇):法律认同的中国语境。

(7)2014年CDFD收录论文25篇,专题归类如下:

①权利与人权专题(8篇):现代社会财产权正当性,权利话语的中国语境,生存权,权利性条款规范化,禁止歧视的正当性,弱者人权,非法解雇之法理,公民身份与养老保障。

②法治、法律现代化与社会转型专题(6篇):中国证券法治理论,社会稳定与法治,社会治理法治化,社区矫正制度,中国普法问题,人民主权思想。

③法律方法论专题(3篇):法律发现,美国制定法的解释方法,民俗习惯的司法适用。

④法政人物思想专题(3篇):斯密的法理学,严复权利思想,梁漱溟新儒家法律思想。

⑤马克思主义法学专题(2篇):马克思权利思想,黑格尔法哲学批判。

⑥法律与政治专题(2篇):国家干预公司自治,中国共产党政策与

法律关系。

⑦法律文化专题(1篇):清代司法判例的情理。

(8)2015年CDFD收录论文15篇,专题归类如下:

①法治、法律现代化与社会转型专题(5篇):公民法治意识,环境公益诉讼,守法激励,当代中国法律信任,市场秩序的法治保障。

②权利与人权专题(3篇):休息权,农村养老保险制度,卫生正义。

③义务、责任与制裁专题(3篇):法律义务条款,法律责任条款,法与神经科学。

④法律与政治专题(2篇):法律外交,法制的政治逻辑。

⑤法律方法论专题(1篇):法律修辞理论。

⑥法政人物思想专题(1篇):德沃金的合法性思想。

(9)2016年CDFD收录论文19篇,专题归类如下:

①法治、法律现代化与社会转型专题(9篇):地方官员考评制度,法律影响评估体系,中国语境下的"公民不服从",社会资本重建与法治秩序,党领导法治中国建设,区域法治发展,立法协商,美国联邦法院的可裁判性原理,法律运行中的非理性。

②权利与人权专题(4篇):权利理论重构,法律与身份,反性别歧视,公司人权义务。

③法律方法论专题(2篇):法律解释规则,法律文本中的模糊语词。

④法概念论专题(1篇):原始习惯法。

⑤法政人物思想专题(1篇):布莱克斯通的法律思想。

⑥义务、责任与制裁专题(1篇):风险分配。

⑦法律文化专题(1篇):近代中国权利文化。

(10)2017年CDFD收录论文9篇,专题归纳如下:

①法治、法律现代化与社会转型专题(3篇):环境法立法后评估,政府过程的法律控制,英国税收法律制度。

②法政人物思想专题(2篇):亚里士多德《尼各马可伦理学》,朱熹《家礼》思想。

③法律文化专题(2篇):明德慎刑,"不益惩肃之理"。

④法律方法论专题(1篇):法律冲突方法论。

⑤义务、责任与制裁专题(1篇):利他救助法律干预。

(11)2018年CDFD收录论文6篇,专题归纳如下:

①法治、法律现代化与社会转型专题(4篇):政府权力清单制度,法治思维,空间哲学视角下的地方法治,日本修改宪法第九条的非法性。

②法律方法论专题(1篇):解释权威。

③马克思主义法学专题(1篇):马克思法律思想的批判性。

2. 选题特点分析

通过以上的梳理、归纳,笔者把样本总数为256篇的论文划分为18个专题,在保持每篇论文主题特色的同时,进行了一定限度的归类。比如,在法律方法论专题中涵盖了法律(法学)研究方法;在法治、法律现代化与社会转型专题中涵盖了立法、司法、守法等。从统计结果上看(见表1年度论文主题归类汇总表),2008年以来CDFD收录的法学理论专业博士论文选题呈现以下特点:

(1)跨学科选题趋势明显。在18个专题中,跨学科选题占专题种类的1/3;论文数为17篇,占样本总数的6.6%。选题涉及法律与经济、政治、宗教、科技、文学、网络等跨学科、跨领域研究方向。

(2)基础理论选题比重大。在18个专题中,基础理论选题占专题种类的22.2%;论文数为58篇,占样本总数的22.7%。涉及权利和人权,义务、责任与制裁,法概念和法体系等基础理论。

(3)法治现代化选题集中。在18个专题中,法治、法律现代化与社会转型以及法律全球化等论文达到了66篇,占样本总数的25.8%。这些选题力求回应社会各界对法治国家、法治政府、法治社会和科学立法、公正司法等法治理论的期待,具有较强的现实意义。

(4)法律方法论研究成为选题热点。诚如舒国滢教授所说:“假如我们确实不知道‘中国法学向何处去’,那么有一点可能不失为一种值得尝试的选择:转向法学方法。”②从统计数据来看,选题为法律(法学)

② 舒国滢等:《法学方法论问题研究》,中国政法大学出版社2007年版,第17页。

研究方法的55篇,占样本总数的21.5%。这些选题涉及法律发现、法律渊源、法律解释、法律语言、法律修辞、法律论证等诸多命题。

(5)选题注重马克思主义法学和法政人物思想研究。在256篇论文选题中,包括马克思主义法学在内的法政人物思想选题的论文数为43篇,占样本总数的16.8%。共涉及法政人物29个,其中,涉及中国的有6个,分别是老子、管子、韩非子、朱熹、严复、梁漱溟;涉及西方的有23个,分别是亚里士多德、阿奎那、布莱克斯通、斯密、康德、边沁、奥斯丁、索洛维约夫、马克思、恩格斯、韦伯、卢埃林、弗兰克、昂格尔、福柯、哈特、富勒、德沃金、卢曼、哈贝马斯、波斯纳、特维宁、卡普洛。可见,过去十年,我国法学理论专业博士生论文选题在很大程度上处于学习、引介、评析西方法政人物思想的阶段。

表1 年度论文主题归类汇总

单位:个

序号	专题	学位授予年度											
		2008年	2009年	2010年	2011年	2012年	2013年	2014年	2015年	2016年	2017年	2018年	合计
1	法治、法律现代化与社会转型	3	6	4	8	8	7	6	5	9	3	4	64
2	法律方法论	15	7	10	9	5	1	3	1	2	1	1	55
3	权利与人权	9	3	2	7	4	1	8	3	4	0	0	41
4	法政人物思想	6	5	10	6	3	0	3	1	1	2	0	37
5	法律文化	1	4	0	4	0	0	1	0	1	2	0	13
6	法律与政治	3	0	1	0	2	0	2	2	0	0	0	10
7	义务、责任与制裁	0	1	0	2	0	0	0	3	1	1	0	8

续表

序号	专题	学位授予年度											
		2008年	2009年	2010年	2011年	2012年	2013年	2014年	2015年	2016年	2017年	2018年	合计
8	法概念论	3	0	1	1	1	2	0	0	1	0	0	9
9	马克思主义法学	0	1	0	1	1	0	2	0	0	0	1	6
10	法律与经济	1	0	0	1	1	0	0	0	0	0	0	3
11	比较法	0	0	0	0	2	0	0	0	0	0	0	2
12	法律教育	1	0	1	0	0	0	0	0	0	0	0	2
13	法律全球化	2	0	0	0	0	0	0	0	0	0	0	2
14	法律与宗教	0	1	0	0	0	0	0	0	0	0	0	1
15	法律与文学	0	0	0	0	1	0	0	0	0	0	0	1
16	法律与道德	0	0	1	0	0	0	0	0	0	0	0	1
17	网络与法	0	0	1	0	0	0	0	0	0	0	0	1
18	法律体系	0	0	0	1	0	0	0	0	0	0	0	1
总计	18个专题	44	28	31	40	28	11	25	15	19	9	6	256

(二)标题的结构化分析

1. 表明论题成为文章标题的主流。在256篇论文标题中,以"论""研究""分析""思考""考察"等前(后)缀语词作为标题的论文数为197篇,占论文样本总数的77%。举例如下:

(1)“论”:论马克思法律思想的批判性,论原始习惯向原始习惯法的转化,论当代中国法律信任的建构,等等。

(2)“研究”:政府权力清单制度的法理研究,利他救助法律干预研究,法律冲突解决的方法论研究,等等。

(3)“分析”:反性别歧视的法理分析,非法解雇之法理探讨——以台湾地区相关法律实践为对象的分析,从道德义务到法律责任——农村弱者救助制度演变的法理分析,等等。

(4)“思考”:新中国城市住房供给制度的变迁及思考,权利冲突的法理思考,等等。

(5)“考察”:法在感性、理性和意志之间——对自然法及相关理论的思想史考察,国家主义法哲学——以前苏联法和国家理论为重点的考察,等等。

2. 主标题加副标题的双层结构使用率高。在256篇论文标题中,带有副标题的论文为79篇,占论文样本总数的31%。比如,论法律的概念分析——当代英美普遍法理学方法论研究,《巴黎手稿》的法哲学问题——历史、文本与理论,法律自治理论的流变——以现代性问题为中心的思想史考察,等等。

(三)关键词的可视化分析

对关键词的可视化分析(见表2论文关键词一览表),进一步印证了笔者在主题的类型化中对选题特点的分析。一方面,关键词的可视化分析向我们展示了法学理论专业博士学位论文理论命题的核心概念。通过可视化分析,我们发现,十年来法学理论专业博士学位论文在研究对象上,从国内法律规范扩展至全球性法律规范,兼具本土资源研究和西方法律思想、制度、理论研究的特点;在研究方法上,既注重规范体系的分析与诠释,又注意转向并大胆运用社会科学的研究方法来描述、分析、解释、评估法律规范,预测法律运行,提出法律改革的意见,兼具规范性研究和社会性研究。另一方面,关键词的可视化分析也显示出法学理论专业博士学位论文的选题注重对西方发达国家法律思想优秀成果的反思,对西方法政人物的思想研究和分析实证主义法学、法社会学、经济分析法学的研究在选题中占有较大比例。

表 2　论文关键词一览③

关键词名称	关键词数量(次)	占比(%)
法律理论	31	14.22
法哲学	23	10.55
法律实证主义	21	9.63
德沃金	17	7.80
法律解释	13	5.96
法律规范	8	3.67
法律秩序	8	3.67
凯尔森	7	3.21
法律论证	7	3.21
法学方法论	7	3.21
法律方法	7	3.21
法律推理	7	3.21
宪法解释	7	3.21
形式合理性	6	2.75
法律原则	6	2.75
法治国家	6	2.75
法律的概念	6	2.75
本土资源	6	2.75
实践理性	5	2.29
法律全球化	5	2.29
法律思维	5	2.29
波斯纳	5	2.29
现代法律	5	2.29

(注:论文样本数取 218 篇)

③　本文有关数据均源于中国知网“中国博士论文全文数据库”。

(四)选题的规律性分析

1.何处选?——法学理论专业博士学位论文选题来源的“七大系统”

问题意识是法学理论专业博士学位论文选题的灵魂。没有问题意识的选题和问题意识不清的选题都是致命的。那么,法学理论专业博士学位论文的“问题”从何而来?本文采集的256篇博士论文样本有什么启示?正如在引言中所讲,法学理论专业博士学位论文是以“规范理论”和“后设理论”为其基本支撑的,它要么是建立在对实在法体系的价值反思和批判的基础上,要么是对基本的法律概念、规则、原则、价值的前提进行澄清、界限或者予以划定。因此,从“后设理论”出发,选题的来源主要集中在法律系统自身。它关注的是作为广义的社会系统中的法律系统在运行中的独特性,着力发现法律体系、法治环节、法理思维在理论和实践中存在的难题。一句话,对法律系统在运行中存在的前提性问题给予讨论,解决法律系统中关于“A是什么”的问题。而从“规范理论”出发的选题来源则不限于法律系统本身,这种选题资源包括狭义的政治系统、社会系统、经济系统、科技系统、文化系统和生态系统,表现为从各个狭义系统中获取需要给予规范的问题和价值,并把这些关涉规范的问题从具体的特殊情况上升为严密的一般规则系统,即纳入法律系统的调整范围。一句话,对非法律系统运行中存在的规范性问题给予探讨,解决“A应当如何”的问题,实现非法律系统与法律系统的连接。因此,法学理论专业博士学位论文选题来源可以概括为涵盖法律系统和政治系统、社会系统、经济系统、科技系统、文化系统、生态系统在内的“七大系统”。

2.选什么?——法学理论专业博士学位论文选题内容的“两种模式”

一是选题集中在法律和法治的基本概念和基础理论方面。比如,权利、义务、责任、制裁、惩罚等法律概念和立法、执法、司法、守法、法律监督等法治命题,以及阐发和反思法学界主流法学理论、深挖和探讨西方法政人物思想;二是选题集中在交叉学科领域,形成了“法律+”的选题模式。比如,“法律+政治”“法律+经济”“法律+科技”“法律+文学”“法律+生态”等。这两种论文选题的表层特征,折射出法学理论专业博士学位论文的两种创新模式。一种是竞争型选题模式。这种模式的特点是对既有法学理论进行深刻的检省,通过现实生活中出现的疑难案件(hard cases)来检测主流学说的科学性,试图发现原有理论模型的“解释困局”,进而提出新的更具竞争力的学说。比如,潘登博士的《分析法学权利观的批判性分析与权利理论之重构》,伊涛博士的《权利话语的中国语境及其儒学背景》,等等。显然,这种选题对学术的勇气和水准都提出了更高要求。另一种是拓展型选题模式。这种模式主要表现为两种选题取向。一是方法拓展型。通过打开新的方法论视域对已知论点做出全新论证。比如,姚健博士的《正义感的法律意涵及发生机制研究——基于相互性的解释》,谈建成博士的《政府过程的法律控制——基于系统理论的分析》,等等。二是领域拓展型。通过透视政治、经济、社会、文化、科技、生态等各个领域的新进展,将法律的规范性和实践性引入空白领域,开疆扩土,形成新的学术增长点。比如,付琳博士的《人肉搜索:流动态社会权力的运作及其规范化路径》,周卉博士的《中国农村养老保险制度的发展与反思》,等等。

3.怎么选?——法学理论专业博士学位论文选题方式的“三种思维”

选题来源的“七大系统”和选题内容的“两种模式”,给法学理论专业博士生提供了宽广的问题域和创新域,面对丰厚的选题资源,一双法理慧眼是必不可少的,否则很容易偏离法学理论专业轨道。例如,在法律系统中,有可能把侵权问题写成民法论文,把人民主权写成宪法论文;在政治、经济、社会、文化、科技、生态等其他系统中,以政治学、经济学、社会学、文化学、科技学、生态学命题代替法学命题,这样的选题结果无疑与选题初衷相悖。那么如何避免这种尴尬局面?从选题数据分析中可提炼出“三种思维”模式作为纠偏的防护栏。一是法律的规范思维。规范思维在论文选题的样本中被广泛应用。这是一种以法律规范为核心的静态思维模式,可以有效地把法律系统中的部门法学命题和非法律系统中的其他学科命题转变为法理命题,纳入法学理论的专业轨道上。二是法治的主体思维。主体思维在建构法治国家、法治政府、法治社会的语境中被越来越多地体现到法学理论专业博士学位论文的选题之中。与静态的法律规范思维不同,这种思维方式是一种动态思维。它着眼于法秩序的形成,关注的是法律的体制机制问题。以这种思维主导的选题主要聚焦在立法机关、立法者,法院、法官,律师,检察院、检察官,政府机关等构成的主体性因素。三是法理的逻辑思维。对2008年以来近十年法学理论专业博士学位论文题目的分析表明,一类以"法理分析""法理研究""法理解释"等为标题的论文时有出现,这种论文选题的思维模式可以概括为法理的逻辑思维模式。这种思维是建立在批判性、反省性和体系性思维规则基础上的,是以法理的逻辑和思维的规则为尺度,实现对社会规范问题的分析与探索,进而形成法理命题。

三、参考性对象分析

(一)学位授予情况比较

1. 学位授予年度

如表3所示,2008~2018年,中国知网收录的法学理论专业博士学位论文数量总计256篇。以学位授予年度为统计单位,论文数量呈总体下降趋势,其中2008年44篇,占总篇数的17.19%,2010年40篇,占总篇数的15.63%,从2010~2018年,年均论文数量以1~2个百分点的比率下降,2018年达到最低值6篇,占比为2.34%。通过访谈,笔者了解到两个方面原因导致论文数量下降。一是有些院校的博士学位论文没有在中国知网上录入。中国知网相关工作人员表示,个别院校按照保密规定认为不宜公开。同时,工作人员强调这是个别现象,称CDFD基本上收录了绝大部分院校的博士论文。二是高校和科研院所的博士论文通过率呈逐年下降趋势,而这种下降趋势在法学专业,特别是法学理论专业表现得尤为明显。通过对一些在校法学理论专业博士生的采访,笔者发现同年入学的很多博士生论文答辩存在延期问题,如期毕业人数低于50%,甚至个别博士生存在论文答辩未通过,没有获得博士学位的现象。近年来,为提高论文质量,针对学术造假问题的打击力度不断加大,教育主管部门要求狠抓学位论文和学位授予管理,重点抓住学位论文开题、中期考核、评阅、答辩、学位评定等关键环节,对不适合继续攻读学位的研究生要落实及早分流。④ 各院校在授予学位之前都设置了若干程序性要求,比如,中国人民大学法学院规定重复率在10%以上的学位论文,不列入答辩计划库,一律推迟答辩。⑤

表3 2008~2018年度法学理论专业博士学位论文数量统计

年度	论文数量(篇)	占比(%)
2008	44	17.18
2009	28	10.93
2010	31	12.11
2011	40	15.63
2012	28	10.94
2013	11	4.30
2014	25	9.77
2015	15	5.86
2016	19	7.42
2017	9	3.52
2018	6	2.34

2. 学位授予单位

如表4所示,2008年以来,CDFD中授予法学理论专业博士学位的

④ 参见《教育部办公厅关于教育部规范和加强研究生培养管理的通知》,载中华人民共和国教研部信息公开专栏:http://www.moe.gov.cn/srcsite/A22/moe_826/201904/t20190412_377698.html,最后访问日期:2019年6月18日。

⑤ 参见《中国人民大学法学院博士学位论文学术不端行为审查暂行办法(修订)》,载中国知网学术不端文献检测系统:http://cnki.paperisok.com/516.html,最后访问日期:2019年6月18日。

单位有13家,在256篇论文中,吉林大学法学理论专业博士论文99篇占比38.52%,山东大学43篇占比16.73%,西南政法大学40篇占比15.95%,其他10家单位共计74篇占比28.8%。

表4 学位授予单位分布一览

学位授予单位	论文数量(篇)	占比(%)
吉林大学	99	38.67
山东大学	43	16.80
西南政法大学	40	15.63
中共中央党校	21	8.20
武汉大学	17	6.64
中国政法大学	16	6.25
南京师范大学	9	3.52
华东政法大学	4	1.56
华南理工大学	2	0.78
重庆大学	2	0.78
上海交通大学	1	0.39
中南财经政法大学	1	0.39
苏州大学	1	0.39

(二)导师研究方向与博士论文选题进路分析

1. 指导论文选题的基本情况。鉴于文章篇幅,笔者选取论文数量占比较大的前五所院校的各一名导师及其指导的论文选题为例进行分析。

(1)博士生导师张文显教授的主要研究领域为法理学、法律政治学和司法学,研究重心集中于中国特色社会主义法治理论与实践。CDFD收录其指导的博士论文16篇,以其中5篇为例。一是《论当代中国法律信任的建构》,选题进路为"法治→守法→法律信任→守法信任的构建";二是《人权契约论》,选题进路为"人权→人权契约";三是《论当代中国的法治精神》,选题进路为"法治→法治精神";四是《当代中国企业社会责任研究——以关系契约理论为视角》,选题进路为"责任→企业社会责任”；五是《转型中国法律实现研究——从国家主义到公民参与》，选题进路为“法治→转型中国→法律实现”。从以上选题可见，张文显教授指导的论文更加关注中国问题、权利问题和法治问题，具有鲜明的时代性。

（2）博士生导师陈金钊教授的研究方向为法律解释学和法律方法论。CDFD 收录其指导的博士论文 16 篇，以其中 5 篇为例。一是《法律解释规则分类研究》，选题进路是“法律解释→法律解释规则分类”；二是《“把法律作为修辞”理论研究》，选题进路是“法律语言→法律修辞”；三是《法律发现研究》，选题进路是“法律方法→法律发现”；四是《法律渊源论》，选题进路是“法律方法→法律渊源”；五是《法律中的论题及论题学思维研究》，选题进路是“法律方法→法律论题”。从以上论文的选题可见，陈金钊教授指导的论文选题更加关注法律方法论研究，突出运用方法论塑造法治能力的研究导向。

（3）博士生导师文正邦教授的研究方向为法理学、法伦理学、法社会学。CDFD 收录其指导的博士论文 3 篇。一是《苏联法概念在中国（1949—1958）》，选题进路是“法概念论→苏联法概念→中国”；二是《〈巴黎手稿〉的法哲学问题——历史、文本与理论》，选题进路是“法哲学→马克思主义法哲学→巴黎手稿”；三是《美国制宪历程之法理思考与评析——纵横向相结合的分权制衡》，选题进路是“美国制宪→分权制衡”。从以上选题可见，文正邦教授指导的论文选题更加关注法哲学研究，突出对基础理论的探索。

（4）张恒山教授的研究方向为法理学、法哲学，独创性地提出以三人社会为支撑模式、以正义为主题、以义务先定为特色观点的法理学框架，原创性地提出并阐释“商工文明”和“文明转型”理论。CDFD 收录其指导的博士论文 10 篇，以其中 5 篇为例。一是《日本修改宪法第九条的非法性》，选题进路为“义务→日本修改宪法第九条的非法性”；二是《英国税收法律制度变革与政治转型（13—17 世纪）》，选题进路为“义务→日本修改宪法第九条的非法性”；三是《分析法学权利观的批判性分析与权利理论之重构》，选题进路为“权利→分析法学权利观”；四是

《论原始习惯向原始习惯法的转化》,选题进路为“法概念论→原始习惯→原始习惯法”;五是《文明转型视野下法律的理性化》,选题进路为“文明转型→法律的理性化”。从以上选题可见,张恒山教授指导的论文选题突出对法本质、文明转型和权利、义务等法学基本范畴的研究,具有开阔的理论视野和全球视角。

(5)李龙教授的研究方向为法理学、宪法学以及法学教育。CDFD收录其指导的博士论文4篇。一是《社会稳定形势分析及评价体系研究》,选题进路为“法治→社会稳定”;二是《立法的合法性研究——以当代中国立法现象为分析对象》,选题进路为“立法→立法的合法性”;三是《法、人格、自由的内在逻辑结构研究——立基于康德和黑格尔的法哲学》,选题进路为“法哲学→康德和黑格尔的法哲学→法、人格、自由的内在逻辑”;四是《中国第三部门的法理学研究》,选题进路为“法理学→中国第三部门”。从以上选题可见,李龙教授指导的论文选题扎根中国实践,善于从经验事实中发现带有理论研究价值的命题。

2. 选题与导师研究方向的相关性。从以上分析来看,论文选题与导师研究方向之间呈一定程度的正相关关系。导师的研究侧重直接影响博士生的论文选题和研究方向,呈现一种较为稳定的“师承模式”。此外,在这些论文选题中,我们发现在导师的指导下,博士论文的选题总体呈现出“大处着眼”“小处入手”的样态。即在导师的宏观理论视野和研究视角中,找到一个具体可操作的切入点作为论文选题的一种进路。

(三)院校学科传统与学者研究转向对论文选题的影响

通过对参考性对象的分析,我们发现,不同院校的学科传统、不同学者在自身探索中的研究转向,与博士论文的选题呈现正向关系。

1. 学科带头人模式。从全国范围讲,中国法理学界产生了沈宗灵、孙国华、郭道晖、李步云、吕世伦、文正邦、武步云、严存生、李龙等老一辈法理学学科带头人,也有张文显、徐显明、郑成良、舒国滢、许章润、葛洪义、卓泽渊、张恒山、孙笑侠、公丕祥、高其才、刘作翔、周永坤、付子堂、胡玉鸿、谢晖等法理学中青年学科带头人,还出现了陈景辉、雷磊等法理学界新秀。[⑥] 从主体性和参考性对象的分析来看,这些学科带头人的学术影响力大。比如,西南政法大学文正邦教授,早在1981年就提出了应该开展马克思主义法哲学的研究,并随着时代的发展,从“法哲学研究”到“马克思主义法哲学研究”再到“马克思主义法哲学与中国法制建设和法学发展研究”,其研究方向越来越聚焦,在其指导下,周尚君博士完成了《〈巴黎手稿〉的法哲学问题——历史、文本与理论》一文,并参编了《马克思主义法哲学在中国》一书,实现了良好的学术传承。再如,法学理论国家重点学科带头人、吉林大学张文显教授,分别主持了国家哲学社会科学“七五”至“十一五”规划重点课题。由其指导的博士论文选题具有鲜明特色,从“残疾人权利研究”到“人权契约论”,从“WTO规则的法理分析”到“社会性别视角下的法律分析”,显示出其指导论文选题取向的宏阔性与时代性。

2. 学术团队模式。从学科理论发展的逻辑上看,无论是个人的学术生涯还是某一理论的进阶之路,都不是一蹴而就的,都有着与前人理论的某种承继与扬弃关系。比如,分析实证主义法学一脉的边沁、奥斯丁、哈特、拉兹、马默、比克斯……随着社会关系的复杂化,法学理论这一学科面向的广泛性越来越凸显,而哲学、历史学、政治学、逻辑学、社会学、伦理学、语言学乃至自然科学的多学科交叉综合成为未来法学理论研究的方向。然而,任何一个理论研究者都难以做到面面俱到。因此,学术团队模式成为未来各院校法学学科传统形塑中的重要力量。而这种学术团队的科研模式,在法学理论专业博士论文选题方面产生的影响已初露端倪。比如,山东大学法学院就形成了以法律方法论研究为取向的学科传统。由陈金钊教授领衔的法律方论研究团队,首先形成了法学研究由“立法中心主义向司法中心主义转移”的共识性命题。在团队的协作下,搭建了“山东大学法律方法论研究中心”,创办了《法律方法》集刊,成立了山东省法学会法律方法研究会,创立了“玛珈山法律方法论坛”,成就了一批法律方法研究骨干。在学术团队的影响下,山东大学法学院

---

⑥ 参见史凤林、付洁:《改革开放四十年法理学在中国发展的反思与展望》,载《时代法学》2018年第6期。

法学理论专业博士生论文选题集中在“法律语言”“法律逻辑”“法律渊源”“法律解释”“法律论证”“利益衡量”等法律方法研究领域,形成了特色鲜明的法理学研究群体。

四、结语

(一)法学理论专业博士学位论文选题的基本判断

1. 论文的选题极为关键。当发现一个好的选题时,就看到了它的学术价值。把这个具有学术价值的题目作为研究选题,对这个问题的研究差不多就有了一半的成功。⑦ 如果选题不成功,往往导致两种情况,一种是在论文撰写过程中发现无法进行下去;另一种是即便完成了最后的“皇皇巨著”,但是有可能是个残次品。所以,完成一篇高质量的法学理论专业博士论文,其中的一件大事就是选好题。

2. 论文选题要紧跟导师的研究方向。向导师请教选题,看他们的研究领域中是否存在被不当忽视的空白点。⑧ 在兼顾兴趣的同时,要注意使自己的论文选题尽量处于导师的理论研究范围。通过对参考性对象的分析,上乘之作多是同指导老师的研究方向相契合的,是在导师的理论背景下有所创见的。

3. 论文选题要有问题意识。在主体性对象的分析中,我们发现一篇博士论文的标题就是一个理论命题,它不是一种现象或者经验事实,而是在经验事实的基础上,经过抽象思维总结出来的一种概念化的命题,是能同古今中外既有理论进行对话的理论命题。而处于巨大社会转型和法制变革中的中国,几乎成为世界上最为丰富的“问题来源地”,无论在法律制度的构建还是司法改革方面,也无论是在观念革新还是理论转

---

⑦ 参见杨立新:《法学学术论文的选题方法》,载《法治研究》2016年第2期。

⑧ 参见[美]尤金·布洛克:《法学论文的撰写、编辑与发表》,朱奎彬译,西南交通大学出版社2018年版,第4页。

型方面,都存在各种各样的问题。[9] 这些都是法学理论研究的好问题。

4. 论文选题要体现时代性。在掌握了扎实的理论功底的基础上,要做到与时俱进。面对这个百年未有之大变局的时代,理论的推陈出新不仅是必要的而且是可能的,一个对既有理论的更新而不是介绍或者梳理,才是这个时代所需,也是法学理论专业博士学位论文的标准。

5. 论文选题要把握中国问题。这不是要否定西方法律思想,而是要更好地形成中西方的法理对话。诚然,理论对实践具备构成性效果,理论框架的意义不但取决于对于过去和现在法律实践的总结,还在于它能够大致合理地说明未来可能发生的情形。[10] 而实践中出现的疑难情形正是理论更新的源泉。面对转型中国的法治建设这个富含大量西方世界所不具备的疑难情形,理论的发展也具有了前所未有的增长空间。

(二)法学理论专业博士学位论文选题的总体趋势

1. "法律系统"问题将成为论文选题的基础来源。基于我国进入新时代的高质量发展态势,法学理论专业博士学位论文选题将呈现实践域宽、说理性强、专业度高的三大转变。作为第五个现代化的"治理体系和治理能力现代化",蕴含着法治中国的治理逻辑。法治与治理现代化之间已经建立起某种必然联系,这意味着法治将全面渗入公共管理的各个领域。随之而来的选题模式将不单是更宽领域上的"法律 + ",而是更具理性逻辑的" + 法理",未来的法学理论专业博士论文选题将进入到用专业的法理话语清晰诠释法律实践问题的新阶段。

2. "竞争型命题"将成为论文选题的重要方向。无论是科学技术方面的基因工程、人工智能,还是生态环境领域、经济金融领域,都对发挥法律功能提出了新要求。法律体系的日益繁盛,要求作为支撑这一体系的理论更具说服力。作为法律体系大厦的基石和灵魂,法学理论必须对不断变化的社会系统中的法律问题给出专业回答。诞生在西方中心主义背景下的西方法学理论在诠释中国问题的过程中显然并未给出正解。改革开放四十年,中国发展的速度、力度、密度都是史无前例的,同时,中

---

⑨ 参见陈瑞华:《论法学研究方法》,法律出版社2017年版,第63页。
⑩ 参见陈景辉:《实践理由与法律推理》,北京大学出版社2012年版,第8页。

国的法治问题也没有现成的理论答案。基于此,未来的法学理论专业博士学位论文选题将更多聚焦于提出新的理论范式,向竞争型命题迈进。

3."法理思维"将成为论文选题的主导方式。放眼全球,先进国家对于法理话语权的追逐从未停止。提炼出法理话语(法理命题)应当成为法学理论专业博士生自觉的学术追求。面对世界格局的深刻变动,如何提出具有国际意义的法理话语(法理命题)? 不可否认,我们的博士论文选题多是在法律的规范思维和法治的主体思维模式下展开,而作为这两种思维桥梁的法理思维在某种程度上处于失语状态。因此,我们一方面感觉到法学理论专业博士学位论文的丰富;另一方面却感觉到具有独创性、国际性的法理话语的缺失。所以,未来的法学理论专业博士学位论文选题方式将会凸显法理思维的主导地位。

4."学术团队模式"将成为论文选题的新兴模式。放眼未来,在"法律系统命题""竞争型命题""法理思维命题"为选题趋势的主体性对象命题之外,"学科团队模式"因其兼容并包的学术研究结构、包容互鉴的学术研究氛围、理论争鸣的学术研究旨趣,更符合未来多元化的价值体系、清晰化的商谈体系、专业化的学科体系要求。因此,以"师承模式""学科带头人模式"为基础的"学术团队模式"将成为进一步拓宽和深化法学理论专业博士学位论文选题的重要的参考性对象,为法学理论专业学术成果的繁荣和法理话语(法理命题)的形成提供更加开阔的理论视野。

Analysis on the Topic Selection of Doctoral Thesis in Legal Theory

—Taking 256 Papers of Chinese Doctoral Thesis Full-text Database as a Sample

Liu Liming

Abstract: The author of this article carried out a visual analysis on

China CNKI Database of Full-text Doctoral Dissertations, which mainly examines the graduation thesis of doctor candidates of jurisprudence at 13 domestic universities from 2008 to 2018. With the typological investigation and comparative analysis, the author of this article analyzed the doctoral candidates' thesis in order to explore the problem consciousness, propositional consciousness and theoretical consciousness since the Reform and Opening-Up. By combing and summarizing the topic selection characteristics and general trends presented by 256 doctoral dissertations, this article attempts to clarify the analysis model of the subjects and reference objects of the topics by means of topic selection and categorized differentiation in order to provide a holistic perspective to explore the methods of domestic doctoral candidates' thesis topics.

Key Words: legal system, legal thinking, competitive choices on theses, academic team mode

比较研究

美国高等教育中的华裔法律史*

李晓郛** 周 全***

摘 要：虽然过去的二十年间，历史学、社会学等展示出对华裔浓厚的研究兴趣，但是通过检视美国法学院课程表、教材和资料汇编、知名学者的专著以及法律史研究方法的变迁，可以发现华裔法律史刚刚进入美国高等教育和法学研究领域，尚处于边缘地带。表面上看，华裔法律史被边缘化的一大原因是美国主流法学圈不了解华裔法律史的研究进展和成果，深层次原因是白人至上主义影响下的“核心价值观”，特别是学者们保守的价值取向导致华裔法律史研究出现停滞，关注领域集中在“二战”之前。华裔法律史研究应在美国高等教育中占据应有的位置，其兴盛离不开学人的推动以及自身族群的壮大。建议抓住美国法学院吸收 Ph. D. 学位教师的契机，利用交叉学科研究的大趋势，改变华裔法律史研究

---

* 2019 年教育部社会科学青年基金项目“《密勒氏评论报》涉华法律史料整理、翻译与研究”（项目编号：19YJC820064）以及 2020 年度上海学校德育实践研究课题“自媒体时代大学生法治教育研究”（项目编号：2020 - D - 080）。

** 李晓郛，华东政法大学中国法治战略研究中心副研究员，美国旧金山大学法学院客座教授，法学博士，应用经济学博士后。研究方向：自由贸易区、公共卫生、法学教育。

*** 周全，华东政法大学法律学院宪法学与行政法学 2018 级硕士研究生，研究方向：宪法学与行政法学。

被边缘化的现状。

关键词:法学教育　白人至上　华裔法律史　保守主义　边缘化

一、问题的提出

过去的二十年间,有关华裔史的学术研究呈现欣欣向荣的局面,成果不仅成倍增长,而且逐渐走出美国历史学科的边缘地带。自 2008 年以来,美国历史协会(AHA)在美国宪法史的基础上出版了一系列包含“移民与公民”内容的介绍手册和论文,算是弥补协会在建国两百周年纪念日(1976 年)出版类似读物,却忽略了“移民与公民”内容的遗憾。新版的《剑桥美国法律史》显示了学术界对“移民与公民”领域浓厚的学术兴趣。作为法学与历史学交叉研究的重要刊物,《法律与历史评论》(Law & History Review)在过去的二十年间,持续关注“移民与公民”领域和华裔史,并发表了多篇论文。在历史学的影响下,越来越多的声音呼吁将华裔法律史作为美国高等教育和法学研究的必要内容。历史学家艾丽卡·李(Erika Lee)多次在演讲及论文中指出,亚裔/华裔的发展史是美国移民史和社会发展的重要组成部分,历史无法否认其重要性。学者科勒(Richard P. Cole)和钦(Gabriel Jack Chin)甚至在 20 世纪末就撰文指出,华裔法律史已毋庸置疑地成为学术研究的主流。①

近年来,随着大量移民和难民涌入欧美,在经济不稳定因素的发酵下,白人至上主义/白人优越主义出现回潮,甚至发生多次、大规模的暴力事件。华裔与非裔、拉美裔等少数裔总是被当作“白人至上”的对立面。大学常被人们比作“象牙塔”,对华裔史的研究兴趣以及部分学者有关华裔法律史的论述是否表明华裔法律史已经进入美国高等教育范畴?华裔法律史研究在美国法学界处于何种地位?华裔法律史在美国

① See Richard P. Cole and Gabriel J. Chin, “Emerging from the Margins of Historical Consciousness: Chinese Immigrants and the History of American Law”, *Law & History Review*, 17 (1), 1999, p. 325.

高等教育的未来如何？下文将从法学研究方法以及美国法学院提供的课程、参考书籍、知名学者的学术成果等角度入手，回答上述问题。

二、华裔法律史长期处于美国高等教育的边缘地带

（一）传统研究方法下华裔法律史没有受到重视

尽管在很长的一段时间里，亚洲移民因为没有美国公民身份而被排挤出法律实践，但是在“二战”后，亚裔可以较轻松地生活在美国制度之下，并且获得工作。欧洲裔与亚裔共同的议题有种族、移民、证据等。然而，在传统方法和视角下，白人为主的欧洲裔法律史是美国法学界的焦点，绝大多数专著或者案例汇编都不会涉及任何亚裔/华裔的内容或者资料。学者霍维茨（Morton J. Horwitz）曾经概括传统研究方法和视角的特点：在一般方法和对研究主题的选择上，传统美国法律史在很大范围内是伟大法官的传记和对普通法发展的论述。霍维茨教授甚至形容法律史为“曾经堕落到为证明世界而存在的悲惨角色”。②

传统研究方法下诞生的两类法律史课程在法学院一直大受欢迎。一类专注“普通法的发展”（development of common law），这类课程本质上是教义学史，正如社科法学的代表人物弗里德曼教授（Lawrence M. Friedman）指出的那样，这类课程强调法律史的起源、发展和成长。知名著作如格兰特·吉尔莫（Grant Gilmore）的《美国法的时代》（*Ages of American Law*，1977），又如弗雷德里克·凯宾（Frederick G. Kempin）的《盎格鲁—美利坚法律史》（*Historical Introduction to Anglo-American Law*，1990），抑或 21 世纪以后的畅销书，怀特（G. Edward White）不到 160 页的《美国法律史概要》（*American Legal History：A Very Short Introduction*，2014）、中等篇幅（642 页）的《盎格鲁—美国法律遗产》（*The Anglo-American Legal Heritage：Introductory Material*，2004）等，一直在美

② See Morton J. Horwitz，“The Conservative Tradition in the Writing of American Legal History”，*American Journal of Legal History*，17（1），1973，pp. 275 – 281.

国法学院销量不错。如果把美国法律制度看作英国的一项"遗产",那么这种类型的专著或者案例汇编未包含任何亚裔/华裔法律史内容既是现实状况,也符合传统研究的逻辑。

另一类课程专注英美法律制度的发展,近期代表作如兰博约(John Harriss Langbein)1184 页的长篇专著:《普通法历史:盎格鲁—美国法律制度的发展》(*History of the Common Law: The Development of Anglo-American Legal Institutions*,2009),该书致力于论述美国宪政和政治史以及多个社会经济层面的框架构建,关注陪审团制度的出现和转型以及法律部门的分权,也包括了审判程序的发展以及法律教育和法律职业的历史。

可以说,传统美国法律史研究的是"内史",缺少亚裔/华裔法律史不足为奇。1973 年 1 月,有学者在《美国法律史杂志》(The American Journal of Legal History)中列出一份有关美国法律史研究的成果清单,涵盖了学术专著、期刊论文和学位论文等。从这份清单中可以发现,并无研究成果以华裔法律史作为题目或者主要内容。③

(二)赫斯特革命后法学院仍然无法提供华裔法律史的专业课程

"赫斯特革命"(Hurstian Revolution)后,社科法学和法教义学在美国法律史研究中交相辉映,传统方法和新方法同时出现在课程和教材/专著中,传统方法倾向于考察普通法学说的发展和美国不同州之间司法系统和制度,新方法则将视角拓宽至美国法律发展和法律如何反映社会结构变化方面。

经统计,全美超过八成的法学院(177 所)至少开设了一门涉及法律史的课程。课程名称已经不局限在"美国法律史"(American Legal History)或者"盎格鲁—美国法律史"(Anglo-American Legal History)。

不单是法律史课程,在其他课程中,如果提到"国籍""平等"字眼,涉及亚裔/华裔的判例,如 Yick Wo、Chae Chan Ping、Wong Kim Ark、Korematsu 和 Hirabayashi 等,都是必提的经典案例。然而,美国法学院没

③ 1974 年,《美国法律史杂志》对 1973 年的清单做了一份补充。See Hugh F. Bell, "Research in Progress in Legal History", *American Journal of Legal History*, 18(1), 1974, p. 332.

有针对华裔法律史的专业课程。

华裔法律史课程在美国高等教育"奇缺"的背后是研究资料和成果的"供给不足"。学术界公认的、能够代表美国法律史自赫斯特革命以来研究进展的代表作,包括 Presser 和 Zainaldin 共同编著的《美国法律史与法理》(*Law and Jurisprudence in American History*)。该书"被每一位法律学子所知",甚至有学者将其作为理解法律主体(subject)的唯一合格资料汇编。《美国法律史与法理》自 1980 年出版至今已经更新至第 8 版(2013 年),总页数达到 1498 页。尽管这本书有 200 多页的内容关于"法学的灵魂之争"(the battle for the soul of the legal academy),但它未包含任何与种族批判/讨论相关的内容。即便该书用一个长章节描述奴隶制度和内战,加上对 *Plessy v. Ferguson*(163 U. S. 537,1896)和 *Brown v. Board of Education*(347 U. S. 483,1954)经典案例的记载,但这就构成其评价种族主义和相关法律史的全部内容了。《美国法律史与法理》的两位作者没有一次增添关于公民身份和移民法的内容,也没有包括任何华裔法律史的资料或者评述。

与《美国法律史与法理》齐名的是《美国法律历史:案例和材料》(*American Legal History: Cases and Materials*),该书同样包含了丰富的案例和资料汇编,被一些学者认为是"最好的调查教科书",[④]或者是一部"优秀的、关于美国法律史重要主题的论著"。[⑤] 该书由霍尔(Kermit Lance Hall)、韦日科(William M. Wiecek)、芬科尔曼(Paul Finkelman)和伊利(James W. Ely)共同编著,自 1991 年出版至今已经更新至第 5 版(2017 年,总页数为 768 页)。其与《美国法律史与法理》有相似之处,采用社科法学的方法对传统研究长期缺少关注的奴隶制、妇女与法律、家

④ See Scott Douglas Gerber, "Teaching the Legal History You Write About", *American Journal of Legal History*, 53(1), 2013, pp. 410-411.

⑤ Robert L. Jarvis, *Teaching Legal History: Comparative Perspectives*, Wildy, Simmonds and Hill Publishing, 2014, pp. 120, 125.

庭法等进行聚焦。⑥ 与《美国法律史与法理》作者清一色的法学博士背景不同,《美国法律历史:案例和材料》全部作者都有历史学博士学位,且韦日科(Wiecek)和伊利(Ely)还有法学学位。

然而,《美国法律历史:案例和材料》对华裔法律史的分析和评论非常有限:该书第一版只有两处关于美籍亚裔的讨论,包括一处华裔史,出现在"十九世纪的法律和社会"章节:"种族"标题之下,作者对黑人、原住民和华人进行了讨论。华人部分包括 *Yick Wo v. Hopkins* 案件(联邦最高法院解释宪法第十四条平等条款的首例案件)的摘录和"华人与黑人歧视法"(The Chinese and Jim Crow)的一个注脚。第 2 版与第 1 版类似。第 3 版对华裔史增加两处评论,一处是关于"United States v. Wong Kim Ark"案件(涉及宪法第十四条平等条款);另一处是有关《排华法案》(Chinese Exclusion Act,1882 年通过、1943 年废除)的注释。第 4 版和第 5 版涉及华裔版面与第 3 版相同,并无更多华裔法律史资料或者评论。

通过在图书馆借阅数据,以及检索美国著名网站 Ebay、亚马逊等销量来确定美国法学界较有影响力的专著或者案例汇编,笔者发现,只有弗里德曼、霍尔和霍弗三位教授的著作以及《美国法律历史:案例和材料》对部分亚裔/华裔史进行了研究。

法律史研究成果中还有一类属于法律思想史的著作,这类著作更难见到华裔法律史的内容,比如一直畅销的施瓦茨(Bernard Schwartz)的《美国法律史》(*The Law in American, a History*, 1974)就属于这类著作,全书只有一处提到亚裔法律史,在"战争与和平"部分(隶属第六章"福利国家的公法")提到"二战"期间日裔受到驱逐,且未做分析。然而,不少学者认为,上述作品已经可以"充分涵盖"亚裔/华裔法律史。⑦

(三)研究华裔法律史的美国知名学者关注点有限

有学者在世纪之交做过统计,《美国法律史》是自 1978 年以来被引

---

⑥ 霍尔、韦日科和芬科尔曼编写了《美国法律历史》的前两版,霍尔、芬科尔曼和伊利编写了《美国法律历史》的后三版。See Kermit L. Hall, Paul Finkelman & James W. Ely, *American Legal History*, Oxford University Press, (5th. ed.), 2017.

⑦ See E. g., Mark E. Steiner, "Inclusion and Exclusion in American Legal History", *Asian American Law Journal*, 23(1), 2016, pp. 69 – 78.

用次数最多的法律史教材，成为“绝大多数本科生、研究生和法学院研习法律史的标准文献”。⑧

作为赫斯特教授曾经的同事，也是其最重要的追随者，弗里德曼教授于1973年发布《美国法律史》（第1版），该书被认为是传统方法和新方法并存的巨著。弗里德曼教授自己认为《美国法律历史》可作为美国法律的社会史（social history of american law）——法律就是“社会的镜子”。然而，《美国法律史》（第1版）中只有两处涉及亚裔法律史的讨论，一是讨论《加州宪法公约》（1875年）对中国劳工和移民风潮的限制和影响；二是在“种族”（Race）章节对亚裔有所讨论。

《美国法律史》（第2版）中包含两个反华法案的评论。弗里德曼教授特别增添了一段简短的评论，并将加州法规比喻为暴风雪，从而证明当时美国国内对亚洲人的厌恶。他特别提到1880年法律禁止任何公司雇佣中国人和蒙古人。不过，他并未提及是1879年加州宪法赋予制定这部法律的权利。

最新版的《美国法律史》于2005年面世，弗里德曼教授改变了对加州制宪大会（1878～1879年）有关“中国劳工和移民骚动”讨论的看法。他在上一版的《美国法律史》曾表示：“对外国人惧怕、不信任、仇外心理和妄想症滋长了愈演愈烈的经济不安全感。”第3版改为：“强烈的经济不信任感与仇外心理和妄想症同时滋长。”然而，书中没有解释造成骚乱的歧视性立法的原因。同时，在第1版和第2版中，他认为种族主义背后是对中国人影响工资涨幅和当地原有生活形态的恐惧，第3版则改为因为中国人影响工资和社会从而加深了此类激烈言辞带来的恐惧。

弗里德曼教授在第3版中对“受压迫”章节增加了更多细节，包括联邦法律限制中国移民的历史演变以及19世纪下半叶出现的大规模反华暴力运动。同时，他在“20世纪的宪法、权利和公民自由”部分扩大了对亚裔司法史的讨论。由于美籍亚裔史与美国其他少数民族存在相似之

⑧ 该学者统计引用率时只把《美国法律史》（第2版）计算在内。See Fred R. Shapiro, "The Most-Cited Legal Books Published Since 1978", *Journal of Legal Study*, 29(1), 2000, pp. 397－402.

处,他特地添加名为"美籍亚裔"(Asian Americans)的新章节,涵盖了中国移民如何在被排挤的时代成为奇迹,以及禁止亚洲人拥有西海岸土地的法律内容,并描述了美国移民法律在60年代的消亡。

虽然弗里德曼教授在原有研究基础上加入社科法学的新方法,但是其代表作,比如《二十世纪美国法律史》(*American Law in the 20th Century*,2002)与《美国法律史》的上述两个版本内容相近,华裔乃至亚裔法律史的研究内容在时间和空间上都存在局限性。

霍尔教授于1989年首次发表《魔镜之美国法律史》(*The Magic Mirror: Law In American History*)一书;在他去世之后,这本书的第2版于2009年由新作者——历史学家彼得·卡斯特(Peter Karste)发表。两版都在两个章节中讨论了华裔法律史。第1版和第2版在"种族和十九世纪人权法"章节中都保留了霍尔教授开门见山的那句话:"中国人是十九世纪美国移民最重要的浪潮"(the most exotic of the wave)。[⑨]

《魔镜之美国法律史》有关亚裔的讨论首先出现在"种族和十九世纪人权法"章节中,霍尔教授讨论了包括加州宪法公约、Yick Wo v. Hopkins案件和排华法案在内的反华法律。他描述了中国人如何在被法律排斥的年代,于联邦上诉法院获得胜利。其他讨论出现在"文化多元主义、全面战争和现代法律文化形成:1917—1945"一章中,霍尔教授认为:"文化冲突和社会控制"包含20世纪初联邦政府限制移民的做法,他暗指的是1875年的法案,但是没有详细分析它是如何针对中国妇女的。他同时提到了《1882年排华法案》,并指出"1902年政府永久禁止中国移民取得美国公民权"。霍尔教授专门用四个自然段讨论日裔美国人的迁移问题,认为强迫迁移是因为"种族主义、本土主义和战争安全问题"引起的。他还特别提到,在亚裔比较多的加州,白人对日本人如同对中国人一样,带有偏见和愤恨。

佐治亚大学的历史学者霍弗(Peter Charles Hoffer)亦对华裔法律史

---

⑨ Kermit L. Hall, *The Magic Mirror: Law in American History*, Oxford University Press, 1989, p. 148; Kermit L. Hall & Peter Karsten, *The Magic Mirror: Law in American History*, Oxford University Press, (2d ed.), 2008, p. 166.

有所涉猎。与弗里德曼、怀特等学者不同,他将移民法放在法律史突出的位置。《法治国家:美国对公平误入歧途的追求》(*A Nation of Laws: America's Imperfect Pursuit of Justice*,2010)一书的开头就包括美籍亚裔司法史在内的介绍和评论。该书从争议主题——“美国的理想:一个法律国家”入手,认为美国法律是为党派利益和意识形态而立并且解释。因此,并非所有美国人在法律之下都是平等的:“在过去,有些人享受了公民所有的权益,有些人则被排除在外,还有些人甚至从来没有成为法律中的个人。”⑩

在“有争议的类别”章节中,霍弗教授特意用了六页纸分析公民身份和移民法。同研究过亚裔法律史的弗里德曼教授和怀特教授一样,他没有提到“二战”时针对日裔美国人的拘留事件。但是与前两位学者不同,他引用了相关案例 Wong Kim Ark 和 Chae Chan Ping(130 U. S. 581, 1889)。在评论华裔 Wong Kim Ark 案件时,他重提法治国家理想,自问自答道,“谁属于法治国家,谁不属于法治国家?判断的核心是移民法”。

霍弗教授在种族和移民法中所举的例子是 Page Act of 1875 和 1882 年排华法案。对于 Chae Chan Ping v. United States 案件,这是个有关国会全权原则在移民法的适用案件。他把法院判决总结为:“中国人过于与众不同并且充满竞争力,因此不能留下。”霍弗教授解释说:“排斥华裔的冲动背后是一个混合法律和血的强大意识形态。”法官和立法者认为:“有一种盎格鲁萨克逊人或者日耳曼人的法律精神流淌在民族血液中,这是盎格鲁萨克逊人作为法律子民的优势;这种‘近乎神秘’(霍弗语——作者注)的法律精神允许统治种族排除在美国居住的低等民族。”虽然霍弗教授提到 1917 年移民法和 1924 年移民法,但是没有提到“亚洲禁区”(asiatic barred zone)以及之后那些禁止亚洲移民入籍的规定。

值得注意的是,亚裔/华裔法律史“二战”以后的进程和演变没有进

⑩ Peter Charles Hoffer, *A Nation of Laws: America's Imperfect Pursuit of Justice*, University Press of Kansas,2010,pp. 26 – 32.

入弗里德曼、霍尔和霍弗等学者的视野，这是否表示华裔法律史已经被涵盖到美国主流族群的法律史中？单从视角和方法上看，历史学、社会学等学科对华裔的研究不仅有助于华裔法律史的兴盛，而且有助于美国高等教育的宽度和深度，然而，美国大学集体缺乏华裔法律史的专业课程和教材、知名学者研究华裔法律史成果有限，这些现象的背后应该有更深层次的原因。

三、白人至上主义是华裔法律史被边缘化的根本原因

（一）整体上美国高等教育忽视华裔法律史的研究进展和成果

在美国，与少数裔族群关联度较高的期刊容易被学术界忽视，即便是著名的、聚焦非英裔美国人历史的刊物《美国民族历史杂志》（*Journal of American Ethnic History*），其所刊载的文章引用率明显低于关注英裔历史的期刊文章。社会学家优素（Yosso）和索洛扎诺（Solorzano）认为这样的“引用模式”表明一些主流/白人学者在研究中形成习惯，即不常阅读聚焦特定种族的期刊资料，甚至不阅读除白人学者之外其他种族的著作。他们认为，学术研究过程中产生某些学者以种族为依据选择引用内容的不良现象是由白人学者对其他有色人种学者学说的选择性忽略或者根本不知道这些学说、学术成果存在而引起的。[11]

根据笔者近期的检索，2005 年之后，除了弗里德曼教授，研究美国法律史的知名白人学者书稿从未引用少数裔学者有关的亚裔法律史的作品。弗里德曼教授在《美国法律史》（第 3 版）中引用了比尔·翁兴（Bill Ong Hing）教授 1994 年的著作，还在《二十世纪美国法律史》引用了安杰洛·N. 安切塔（Angelo N. Ancheta）和罗纳德·T. 高木（Ronald

---

[11] See Tara J. Yosso and Daniel G. Solorzano, “Conceptualizing a Critical Race Theory in Sociology,” in Mary Romero and Eric Margolis, eds., *Blackwell Companion to Social Inequalities*, Blackwell Publishing, 2005, p. 135.

T. Takaki)的作品。[12] 然而,包括弗里德曼教授在内的白人学者从未引用过女性亚裔学者的相关作品。

同亚裔学者一样,以亚裔史为主题的美国法律杂志在主流法律史文本中缺乏代表性。在法学领域,来自加州的《美籍亚裔法律评论》(*Asian American Law Journal*,1994)和《美籍亚太裔法律评论》(*Asian Pacific American Law Journal*,1991)是两本具有代表性的致力于亚裔法律史研究的专业期刊。然而,这两本期刊文章很少被引用在权威美国法律史资料汇编或者专著中。弗里德曼教授所著的《美国法律史》(第 3 版)中引用了超过 200 篇法律文章,没有一篇来自上述两本期刊;《美国法律历史:案例和材料》(第 2 版)中引用的法律期刊数量超过 50 本,也不包括上述两本期刊中的任何一篇文章。

华裔法律史研究被边缘化不仅反映在华裔著作从未被其他学者引用,包括一些观点较为激进的研究人员所引用的情况,也体现在美国法学界整体对华裔法律史学者的低引用率上。例如,麦克莱恩(Charles J. McClain)教授的著作《公平调查:十九世纪美国华裔抗争史》(*In Search of Equality: The Chinese Struggle Against Discrimination in Nineteenth-Century America*)被历史学家万德(John R. Wunder)等认为是 20 世纪最好、最完整的亚裔法律史研究作品。[13] 该书通过大量的细节描写,细致回顾了加州 19 世纪反华立法和暴力运动这段历史,深入讨论了这些活动的深层次原因以及华裔的回应。然而,作为研究少数裔族群的重要学者,麦克莱恩教授的作品引用率较低:在 HeinOnline 上共有 5 篇论文,被引用 132 次(论文),排名 7494。同以 HeinOnline 网站为搜索基础,比较年龄超过 65 岁的白人法律史学者,弗里德曼教授共有 142 篇论文,被引用 2786 次(论文),排名 158;怀特教授共有 84 篇论文,被引用 1959 次(论文),排名 291;霍维茨教授共有 34 篇论文,被引用 1878 次(论文),

---

⑫ 具体指 Bill Ong Hing 教授于 1994 年出版的 *Making and Remaking Asian America Through Immigration Policy*,1850—1990 一书。

⑬ See John R. Wunder and Clare V. McKanna, Jr., "The Chinese and California: A Torturous Legal Relationship", *The California Supreme Court Historical Society Yearbook*, 2(1), 1995, p. 195.

排名 306;Gabriel J. Chin 共有 79 篇论文,被引用 1619 次(论文),排名 381。其他主要研究少数裔族群的法学家作品被引用率则很低,比如,Richard P. Cole 虽有 6 篇作品,只被引用 36 次(论文),排名 24,230。⑭

如何解释亚裔学者作品在美国法学圈引用缺乏的现象?有几种可能性,一种可能来自"阴谋论"——白人学者正在排挤美籍亚裔学者。少数裔学者理查德·德尔加多(Richard Delgado)在 1984 年和 1992 年两次发表文章,认为研究公民权的白人学者不承认少数裔学者同类型的作品,通过不引用有色人种的学术作品,保留/保护白人学者作品中的"糟粕"。不过,Delgado 相信这种"学术传统"主要存在于民权学说中,其他法律领域的非白人学者似乎没有遭到"同等对待"。⑮

另外一种可能,简·史提芬(Jean Stefenic)认为新学说、新视角被吸收和使用,需要经过一段时间。笔者把四本业界公认优秀的、主要以亚裔史题材为主的专著进行比较,基于 HeinOnline 网站的论文引用数据,以 2005~2015 年为一个时间段,发现学者赛勒(Lucy Salyer)《如老虎般苛刻的法律:中国移民和现代移民法的塑造》(*Laws Harsh as Tigers: Chinese Immigrants and the Shaping of Modern Immigration Law*, 1995)被引用 105 次,艾丽卡·李《美国的入口:排外时代的中国移民(1882—1943)》(*At America's Gates: Chinese Immigration during the Exclusion Era*, 1882 - 1943, 2003)被引用 39 次,而 Mae M. Ngai《不可能的主题:非法外国人和创设现代美国》(*Impossible Subjects: Illegal Aliens and the Making of* 200 *Modern America*, 2005)被引用 98 次。

单从引用数量上看,似乎无法证明越早出版的书籍被论文引用的次数越多:少数裔学者汉尼·洛佩兹(Haney Lopez)的《白人的法律:种族的法律重建》(*White by Law: The Legal Construction of Race*, 1996)也获得了高度评价,且只比 Lucy Salyer 的专著晚出版一年,同一时间段却没

⑭ 为保证数据的公平性,上述几位法学家的检索数据均于 2019 年 7 月 22 日进行。

⑮ See Richard Delgado, "The Imperial Scholar: Reflections on a Review of Civil Rights Literature", *University of Pennsylvania Law Review*, 132 (1), 1995, p. 561; Richard Delgado, "The Imperial Scholar Revisited: How to Marginalize Outsider WritingTen Years Later", *University of Pennsylvania Law Review*, 140(1), 1992, p. 1348.

有被任何 HeinOnline 网站的论文引用。原因可能是该书以种族主义批判为主题,这方面已经有太多的白人学者涉猎和研究。

(二)保守主义是华裔法律史被边缘化的主因

如果回顾知名法学家的论著,就会发现一些"奇怪的倒退":作者回避甚至是删除了自己有关华裔法律史的研究成果。比如,怀特教授在《美国法律史概要》中提出,回顾美国法律史的历程意味着面对美国文明发展的定义问题,法律渗透了生活的方方面面,因为法律决定着美国移民/公民的资格。自相矛盾的是,虽然怀特教授曾对美籍亚裔群体进行过专门研究,文章《消失的拘禁》(*The Lost Internment*,2011)的切入点就是"二战"期间日裔被拘留在阿留申群岛的那段历史,但是《美国法律史概要》并无任何关于亚裔的资料和分析,内容局限在殖民时代的内战爆发,"少数民族的征服"这一章节仅涉及美国印第安人和非洲裔美国奴隶在法律史发展中的讨论。[16] 对此,似乎可以有两种解释,一是鉴于篇幅,《美国法律史概要》对美国法律史涉及的族群进行选择性论述;二是怀特教授有关美国少数裔法律史的内容基本以内战结束为终点,因此采取选择性论述。然而,内战前美国国内法中的歧视性法规和案例已经存在于华裔较为聚集的加州,例如 1853 年 3 月,加州第 62 号法案第 44 章定义"外国人的责任",又如 1855 年 4 月,加州第 194 号法案第 153 章提出"不鼓励非公民向本州移民"。另外,翻阅怀特教授的其他论著,有关土地收购的法律研究包括了殖民地时期法律和内战前的法律,却忽略了 19 世纪末 20 世纪初美国国内对华裔群体实施的具有歧视性质的《亚洲土地法》。鉴于怀特教授同时具有 J. D. 和 Ph. D. 两个博士头衔,有学者认为,这可能是有意为之。[17]

又如,霍尔教授删除了有关亚裔史研究的资料。不同于弗里德曼教授每次修订《美国法律史》都会增加若干亚裔法律史内容的做法,第 2 版的《魔镜之美国法律史》不仅放弃了第 1 版中有关反华法案的一些评论,

---

⑯ See G. Edward White, *The Lost Internment*, Green Bag 2d 283, 2011, p. 141.

⑰ See Jamie Bronstein, Sowing Discontent: "The 1921 Alien Land Act in New Mexico", *Pacific History Review*, 82(1), 2013, p. 362.

而且在索引部分删除了公民身份的条目(第2版继续沿用第1版拘禁日裔的部分)。学术观点似乎还不如二十年前。《魔镜之美国法律史》的两个版本都包含了参考书目。在第1版中,霍尔教授认为,"中国人在美国的法律史正在书写中",并且参考了万德教授的两篇文章。第2版继续保留对万德文章的援引和日裔被拘留的讨论,并增添了赛勒教授有关排华法案的评论。[18] 可是,参考书目中并没有列出任何关于拘禁的学术资料。

著作中回避甚至是删除亚裔/华裔法律史的逻辑和原因实际上"有迹可循":20世纪末,一些美国学者开始探讨美国南方在国家法律体系发展中的角色,并认为法律史研究存在"北方视角"(northern view)的偏差,这实际上是保守政治取向下美国法律史研究的一个缩影。[19] "二战"之前,美国法律史研究集中在白人居民处于多数地位的"自由州"(free state),比如马萨诸塞州、威斯康星州等,即便学术界和社会大众都明知存在独特成文法和判例法的南部地区。这种保守主义延伸到华裔法律史研究上,就变成华裔法律史自己的特点和进程淹没在美国主流种族发展史和法律史中。

以《美国法律史与法理》为例,两位作者没有涉及华裔法律史的内容,一方面是不了解华裔法律史研究的学术进展;另一方面是著作背后的保守取向。由于作者之一的扎纳尔丁(Zainaldin)具有黎巴嫩血统,后者的可能性更大一些。普雷瑟(Presser)在《美国法律史与法理》第1版(1980年)发表后不久就宣称法律史的研究目的是强调美国法律"核心价值观"(core values)。在他确定的四个核心价值观中,最基本的是"法治"(the rule of law)或者"对权力的限制",第二个核心价值是"人民主权"(popular sovereignty)。第三个核心价值是"维护最大的经济机会和社会机会",第四个核心价值是"最大限度地保护和促进私人利益"。对

---

[18] See Lucy Salyer, *Laws Harsh as Tigers: Chinese Immigrants and the Shaping of Modern Immigration law*, University of North Carolina Press, 1995.

[19] See Paul Finkelman, "Exploring Southern Legal History", *North Carolina Law Review*, 64(1), 1985–1986, p. 77.

Presser来说,这些核心价值观一直没有变化。[20] 面对坚持“核心价值观”的作者们,亚裔史在《美国法律史与法理》出现的空间很小:因为亚裔,特别是华裔法律史和日裔法律史,体现了不平等,容易触及美国法律史的阴暗面和对平等的思考,作者们避免出现此类案例汇编或者评述也就在情理之中了。前述霍弗教授提到的驱逐低等民族的“神秘力量”即是证明,弗里德曼教授也曾在论著中提到19世纪的种族关系深入“美国议事的骨髓”(skeleton in America's closet)。

霍维茨教授不是唯一一个忽视南方的白人法学家。作为赫斯特革命的发起者,赫斯特教授论著最关心的可能是威斯康星州的法律制度,其最受关注的作品《法律与十九世纪美国的自由》很少提到南方。该书的宗旨在于探寻经济发展及其与法律之间的关系,虽然奴隶制度是当时南方经济的主要支柱,但是赫斯特教授没有提到南方经济。[21] 赫斯特革命之后,新方法的权威学者如霍尔教授五卷本的《美国宪法和法律史纵览》(*A Comprehensive Bibliography of American Constitutional and Legal History*,1896－1979)只涉及弗吉尼亚一个南方州。[22] 怀特教授的作品,比如《美国司法传统:主要法官的传记》(*The American Judicial Tradition: Profiles of Leading American Judges*),同样存在忽略南方法官和制度的情况。唯一一个出现在怀特教授书中的南方法官是哈兰(John Marshall Harlan)大法官,他可能已经被认为不属于南方阵营了——既放弃了南方出身,又反对将南方奴隶制度和种族隔离制度宪法化。

与南方法律史在“北方视角”中面临的困境类似,同为少数裔,“二战”之前的华裔史多数是被美国政府歧视和压迫的法律史,“二战”之后的华裔法律史继续被忽视,主要原因都是保守的政治取向,加上白人至

[20] See Stephen B. Presser, "Legal History or the History of Law: A Primer on Bringing the Law's Past into the Present", *Vanderbilt Law Review*, 35(1), 1982, pp. 853－857.

[21] See J. W. Hurst, *The Growth of American Law: The Law Makes*, Little, Brown and Company, 1950; J. W. Hurst, *Law and Economic Growth: The Legal History of the Lumber Industry in Wisconsin*, 1836－1915, Harvard University Press, 1964; J. W. Hurst, *Law and the Social Order in the United States*, Ithaca Cornell University Press, 1977.

[22] See Kermit L. Hall, *A Comprehensive Bibliography of American Constitutional and Legal History*, 1896－1979, Krause Publication, 1984.

上主义的影响,多数学者将白色人种法律史等同于美国法律史,进而忽视有色人种法律史。因此,赫斯特、弗里德曼等一批学者虽然吸收了其他学科的研究范式,但白色人种(史)依然是主流,即便近期开始出现“白色为主、黑色为辅”的可能。笔者认为,这才是华裔法律史被边缘化现象在理论上的深层次原因,也是主要原因。

四、未来华裔法律史在美国高等教育的发展因素

(一)法律史研究兴衰与群体自身的发展密不可分

移民既是美国发展的动力,又是美国社会的标志。根据《世界移民报告2015年》的数据,超过4500万移民居住在美国,为全球第一,远超其他任何国家。一个世纪以前,亚裔是“低技能和低收入”的代名词,而在今天,亚裔已经成为“高收入、优秀教育和快速发展”的族群。根据美国人口普查局最近一次全国人口数据调查结果,华裔约有400万人口,是人口最多的亚裔族群,占全美人口总数的1.3%,且人数还在快速增长。加州是华人居住比较集中的地域:1870年,华裔占加州总人口的9%,并提供了25%的劳动力。1965年《移民与国籍法》(*Immigration and Nationality Act*)修订后,大批中国人移民美国,与第一次移民潮不同,留学成为一大趋势,出现了大量的专业人才留美工作。根据智库Pew Research Center于2013年4月更新的一份调查报告The Rise of Asian Americans,华裔在学历和经济上高于全美平均水准:超过一半(51.1%)的华裔至少获得一个学士学位,而全美平均比例不到三成(28%);全职华裔的年收入中位数(5万美元)比全美年收入中位数高出1万美元。

NeilGotanda列出亚裔/华裔在美国法律发展中的三个关键词:移民、国籍和种族,具体而言:(1)移民将亚洲文化风俗等带入美国,成为这个国家不可缺少的一部分;(2)国籍的追求始于移民的结束,长期以来,亚裔居民受到诸多歧视与排斥,对亚裔法律史的回顾,包括对案件、公民地

位、立法史和司法史的反思,能够更全面地反映美国社会;(3)在种族问题上,以华裔为代表的亚裔受到的种族攻击与先前存在的种族攻击不同,华裔等被认为永远无法成为真正的美国人。㉓ 阿里森·布朗内尔·蒂尔斯(Allison Brownell Tirres)指出,虽然数量上,亚洲移民远远少于欧洲移民,但是人口规模并不影响他们对社会和法律发展做出的卓越贡献。她总结道,美国现代移民制度是在对亚洲移民的限制措施中不断完善的;至少有四项重要的法律制度源于亚州移民与当时法律的冲突——国会全权(plenary power)原则的提出、移民局的设立、外国人在美国境内的权利保障(非移民人员)和种族诉讼制度。

然而,华裔对美国社会的影响比较有限,The Rise of Asian Americans 显示,华裔族群英语流利程度较低(51.9%,very well),两级分化明显,公共事务参与度较低,受歧视严重:高达76%的华裔认为族群在美受到歧视,只有1/10的华裔认为与白人相处融洽,这两个比例均领跑整个亚裔。

根据智库 Ascend Found 于2015年5月更新的一份调查报告 Hidden in Plain Sight:Asian American Leaders in Silicon Valley,亚裔占硅谷主要科技公司基层员工的27%,经理级别只有18%,执行官级别仅有14%;另一份媒体调查显示,亚裔占美国律师事务所的11%,而合伙人只占3%;美国法学院协会所公开的数据显示,仅有2.5%的法学院教授为美籍亚裔。㉔ 具体到华裔,相应的比例就更低了。美国大型高科技企业中尚无一名华裔 CEO,世界500强企业中也没有华裔 CEO;尚无华裔总统候选人,也没有华裔在联邦最高法院担任过大法官,而黑人大法官已经有3位,犹太裔和拉美裔大法官各有1位。

同华裔族群在美国社会的现状类似,华裔学者在美国法学圈人数较少,除了像王希教授这样跨学科(历史学)研究美国宪法史的专家外,美

㉓ See Neil Gotanda, "New Directions in Asian American Jurisprudence", *Asian American Law Journal*, 17(1), 2010, pp. 8 – 11.

㉔ See Kevin R. Johnson, "The Importance of Student and Faculty Diversity in Law Schools: One Dean's Perspective", *Iowa Law Review*, 95 (1), 2011, pp. 1564 – 1566.

国主流法学圈中尚难见到华裔身影,这也限制了华裔法律史的研究进展。

(二)跨学科交叉是华裔法律史研究振兴的重要契机

法律史课程在美国高等教育兴盛的一大原因在于法学院重视交叉学科的研究,跨学科人才、新方法对华裔法律史研究也是巨大动力和契机。通过跨学科的方法,特别是社科法学的出现,法学研究自身不仅出现了巨大变革,而且得到了法学院管理者的支持,同时吸引了大批学生自发地投身法律史研究,而不像过去迫于律师资格考试的压力和实践操作的目的忽视法律史课程和研究。

在就业市场的压力下,包括法律史在内的基础课程不受早期的美国高等教育重视,即便如马歇尔(John Marshall)这样的大法官,在成为执业律师之前,仅仅在威廉与玛丽学院(College of William & Mary)接受了不到一年的法律理论课程。[25] 耶鲁大学作为先驱者之一,自 1874 年起要求进入法学院的学生学习"美国法律史"课程。[26] 哈佛大学法学院早期课程也是集中在法律技巧领域,直到 1886 年,院长兰德尔(Christopher Columbus Langdell)才要求将"法律史"(legal history)纳入课程表中。[27] 然而,美国法律史研究始终无法兴盛,进入主流/必修教学课程:1891 年,56 所法学院只有 10 所提供法律史课程;1962 年,全美 115 所法学院仅有 31 所提供法律史课程,只有弗吉尼亚大学把法律史作为必修课。[28]

经过几代学者的努力,美国法律史研究才真正兴盛起来。久居威斯康星大学的赫斯特(James Willard Hurst)及其追随者弗里德曼等一批美

㉕ See R. Kent Newmyer, "John Marshall and the Heroic Age of the Supreme Court", *Law & History Review*, 22(1), 2001, p. 658.

㉖ 1870 年全美共有 31 所法学院,包括隶属大学的法学院和私立法学院两种,多数法学院仅提供一年学制,少数法学院采用两年学制。Albert James Harno, *Legal Education in the United States: A Report Prepared for the Survey of the Legal Profession*, Greenwood Press, 1980, pp. 51 – 52.

㉗ 参见汪习根:《美国法学教育的最新改革及其启示——以哈佛大学法学院为样本》,载《法学杂志》2010 年第 1 期。

㉘ See Joan Sidney Howland, "A History of Legal History Courses Offered in American Law Schools", *American Journal of Legal History*, 53(1), 2013, p. 363.

国法律史学者以功能主义(functionalist approach)的研究方法,改变了美国法律史的发展方向,将“内史”转变为“外史”,使其研究走出“就法律论法律”的“法律盒子”,实现了美国法律史研究的“第二次复兴”。

近年来,随着获得 Ph. D. 学位的教师比例在法学院提高,美国法学界进一步推动交叉学科研究的趋势在增强。文德(Brad Wendel)教授曾对 1996 ~ 2001 年入职的全美 720 名终身制法学教师进行调查发现,超过 1/3 的教师的 J. D. 学位从三所顶尖法学院获得:耶鲁大学法学院、哈佛大学法学院和斯坦福大学法学院。㉙ 剩余的将近 2/3 的教师的 J. D. 学位几乎都是从其他 16 所知名法学院获得。还有极少数法学教师的 J. D. 学位是从其他 U. S. News Top50 法学院获得。㉚

近年来,随着法经济学等领域的出现,美国法学教育已经不再局限于传统的案例教学方法。科斯(Ronald Coase)、波斯纳(Richard Posner)等一批学者的出现,将法经济学从芝加哥(大学)带向全美乃至全球,并逐渐取代赫斯特等人创立的法社会学在美国法学界的主导地位。2016 年,加州大学伯克利分校的若干位学者调查全美法学院教师招聘中拥有 Ph. D. 学位的候选人比例,㉛发现 Ph. D. 学位拥有者在美国法学院教师中的比重显著上升:1960 年,仅有 1/10 的法学院教师拥有 Ph. D. 学位,到了 2011 年,这一比例接近四成。而且,一流法学院更倾向于拥有 Ph. D. 学位的教师候选人。现在,政治、经济、历史和哲学成为美国法学院招聘教师时最受欢迎的四大学科。

㉙ See Brad Wendel, “The Big Rock Candy Mountain: How to Get a Job in Law Teaching”, Accessed May 12, 2019. http://ww3. lawschool. cornell. edu/faculty-pages/wendel/teaching. htm.

㉚ See Brian Leiter, “Where Tenure Faculty Went to Law School, 2000 - 02”, Accessed May 12, 2019. http://www. leiterrankings. com/faculty/2000faculty_education. shtml.

㉛ 这项研究主要由 Justin McCrary、Joy Millian 和 James Cleith Phillips 进行,参见陆子晔:《PhD 在美国法学教师中的崛起:这对美国法学教育意味着什么?》,载:http://www. mylawschool. cn/team,最后访问日期:2019 年 5 月 15 日。

五、结论

现在回到文章最初提及的几个问题。即便华裔对美国社会具有特殊意义、赫斯特等人改变了美国法律史的研究方法,但是受到保守主义、白人至上主义的影响,一直以来,华裔史从未被当作基本文献和资料载入美国法律史,许多法学文献都最小化甚至忽略了华裔史。可以说,华裔法律史刚刚进入美国高等教育,华裔法律史研究在法学圈处于边缘地位,绝大多数美国法律史研究的资料汇编或者专著不包括华裔法律史。华裔法律史走出美国高等教育和法学研究的边缘尚需时日与努力,既要借助新研究方法、学科发展的“东风”,也需要自身族群力量壮大,改变白人至上主义的传统。

The Legal History of Chinese in American Higher Education

Li Xiaofu　Zhou Quan

Abstract: History and sociology have shown a strong academic interest in Chinese American history over the last two decades. However, by checking out the curriculums and compilation of data in American law school, monographs of well-known scholars and changes in legal history study, it demonstrates that legal history of Chinese American is at the margins of American higher education and legal studies. The majority of textbooks or legal best-sellers do not include any Chinese American legal history. One reason is the authors may not be aware of the relevant scholarship. The other reason is the mainstream jurists adhere to the conservative “core values” under the influence of white supremacism. In particular, the conservative values of scholars have led to the stagnation of the progress of Chinese American legal history, focusing on the field before World War Ⅱ. Chinese legal history should occupy a proper position in American higher education. The rise of the study of Chinese American legal history in the future is inseparable from the growth of its own ethnic groups. At the same time, with the increase in the proportion of Ph. D. degree teachers in law schools, there is a tendency to further promote interdisciplinary research in American jurisprudence, which is a positive factor for the study of Chinese American legal history.

Key Words: legal education, white supremacy, chinese legal history, conservatism, marginalization

韩国法学专门大学院评估制度研究

张月霞*

摘　要：韩国自2009年正式导入法学专门大学院制度。为实现《法学专门大学院设置和运营法》所确定的法学专门大学院的教育理念，同法第四章设置了法学专门大学院评估制度，由隶属于韩国律师协会的评估委员会确定评估指标，定期对所有法学专门大学院进行合格评估。我国与该评估类似的是包括法学在内的学位授权点合格评估。此外，我国与法学相关的评估还包括针对法学在内的、具有博士硕士学位授予权的一级学科进行的学科评估。尽管各类评估有所差异，但韩国法学专门大学院评估制度仍可为我国的法学相关评估提供些许启示，促使我们思考评估主体和评估委员会成员的组成、法学学科评估指标是否有必要单独制订以及各级评估指标进一步优化等问题。

关键词：法学专门大学院评估制度　法学　学科评估　评估主体　评估指标

* 张月霞，淮阴师范学院，讲师，法学博士。研究方向：财税法、中韩比较法。

一、引言

2009年韩国正式导入美国的法学院制度，即韩国法学专门大学院（以下简称法学专门大学院）制度，确定将法律人的培养方式从“通过考试选拔法律人”转变为“通过教育培养专业的法律人”，提高法律人的多样化、专业化和国际化，培养更加优秀的法律人才。目前韩国共许可成立了25所法学专门大学院。为了实现《法学专门大学院设置和运营法》的教育理念，同法第四章设置了法学专门大学院评估制度。本文旨在深入研究韩国法学专门大学院的评估制度，以期为我国法学相关评估提供些许参考。

二、法律依据

为确保法学专门大学院制度的落实和发展，韩国政府认为有必要参考美国、日本等国家的做法，设置客观、公正的事后评估制度。通过严格的事后评估，促进教育条件的维持和发展、提高教育质量，并进而实现法学专门大学院的制度化发展。[①] 尤其是评估结果将作为法学专门大学院撤销、变更等重要行政处分的基础资料，因此评估对法学专门大学院的存立与否极为重要。[②] 为此，《法学专门大学院设置和运营法》第四章专设一章规定了法学专门大学院评估制度。从第27～37条，共11个条款，主要包括以下内容：第一，为法学专门大学院评估提供法律依据（第27条）；第二，评估主体：评估委员会的设置、组成、任期、回避和运营等

---

① 《法学专门大学院设置和运营法》（法律第8544号，2007.7.27制定）制定理由，载韩国法制处网：http://www.law.go.kr，最后访问日期：2019年8月21日。

② 이경숙："법학전문대학원 평가혁신을 위한 제도개선방안"，『법학전문대학원 평가 혁신을 위한 토론회 논문집』，2018.9.18，제12면.

(第28~31条、第36条);第三,自我评估(第32条);第四,评估方法和过程:评估指标、事实调查、评估结果通知等(第33~35条);第五,教育部长官的监督:要求评估委员会提交资料等(第37条)。第27条明确规定设置法学专门大学院的大学,要依据总统令的规定,接受法学专门大学院评估委员会(以下简称评估委员会)的评估。

三、评估主体

韩国法学专门大学院的评估采取第三方评估方式进行,由第三方进行评估,这主要参考了日本的第三方认证评价制度。日本法科大学院的评估机构有三家,即日本大学评估与学位授予机构(NIAD-UE)、日本大学认证协会(JUAA)和日本法务研究财团(JLF)。其中,日本大学评估与学位授予机构是行政法人,属于官方机构。日本大学认证协会是自治性质的大学协会,而日本法务研究财团则是隶属于日本律师协会的附属机构。日本大学评估与学位授予机构和日本大学认证协会的评估主要以法律事项的遵守为中心,但日本的主要法学院更倾向于以实务评估为中心的日本法务研究财团的评估。③

尽管韩国参照了日本的经验,但韩国评估机构的设置与日本并不完全相同。韩国法学专门大学院的第三方评估机构为韩国法学专门大学院评估委员会负责,该评估委员会隶属于韩国律师协会,其性质类似于日本的法务研究财团。《法学专门大学院设置和运营法》规定,在韩国律师协会设置法学专门大学院评估委员会,将评估的行政权限赋予该评估委员会,实际上是确认了韩国律师协会作为公务受托人的行政主体地位。这一规定,为以后将教育部下属的法学教育委员会、法务部下属的律师考试管理委员会统一归属韩国律师协会管理提供了可能,将能更好

③ 노명선:"한 · 일 로스쿨 평가에 관한 비교 · 분석『법조』",(732 권),2018. 12,제347-348 면.

地管理法学教育等相关业务。[④] 根据《法学专门大学院设置和运营法》第28条的规定,评估委员会的主要业务包括:①对法学专门大学院的教育、组织、运营和设施等进行评估;②为了确保评估的合理性,开发评估方法、制订评估指标。

(一)委员构成

评估委员会由11名委员组成,设委员长1人,委员长由委员中韩国律师协会会长担任。委员由下列人员构成:①教育部长官推荐的法学教授或副教授4人;②法院行政处长官推荐的具有10年以上法官经历的法官1人;③法务部长官推荐的具有10年以上检察官经历的检察官1人;④具有10年以上经历的律师1人;⑤具有10年以上教育行政经历的公务员1人;⑥德才兼备的其他人员3人(不包括法学助教授以上的人员和具有律师资格的人员)。委员长和委员的任期两年,可以连任。但委员如果在任期中丧失任职资格,则丧失委员身份。

对于评价委员会委员构成的现行规定,韩国律师界意见颇多。律师界认为,法学专门大学院的目标是培养法律实务人才,因此法律实务界人士,尤其是律师的评估更为重要。但11名委员中却有4名法学教授,而法学教授作为与评估对象,即法学专门大学院具有直接利害关系的人员,人数过多,可能导致评估丧失公正性,也无法保证客观性和实效性。尽管11人中包括1名法官、1名检察官和1名律师,法律实务界人士总共有3人,与4名法学教授在人数上基本达到均衡,但法官和检察官是从法院和法务部的立场考虑问题,与律师的立场完全不同,因此有必要扩大律师委员的人数。具有实务经验的律师委员人数的增加,自然可以强化法学专门大学院的实务教育。[⑤] 此外,"德才兼备的其他人员3名"的选定标准较为模糊,未明确相关委员的经历、专业性、代表性等选定标

---

④ 이은기:"변호사 양성을 위한 위원회 위원구성의 개선방안에 대한 지정토론『변호사시", 험관리위원회 및 법학전문대학원 평가위원회 위원 등의 적정 구성을 위한세미나 논문집』,2017. 6. 28,제34 면.

⑤ 손현수:"변호사 양성을 위한 위원회 위원구성의 개선방안에 대한 지정토론",『변호사시험관리위원회 및 법학전문대학원 평가위원회 위원 등의 적정 구성을 위한세미나 논문집』2017. 6. 28,제44 면.

准,也有必要进一步明确。⑥

(二)回避事由

评估委员会委员具有下列情形的,不得参与相应评估:①本人或其配偶在作为评估对象的法学专门大学院所在大学或学校法人任职的情形;②本人或其配偶与下列人员具有《民法》第777条的亲属关系:第一,作为评估对象的法学专门大学院所在大学的校长;第二,作为评估对象的法学专门大学院所在大学的教员;第三,作为评估对象的法学专门大学院所在的学校法人的职员。

(三)下属机构

评估委员会下设特别委员会、调查委员、异议审查委员会和事务局等机构,分别承担不同的职责。

1. 特别委员会

特别委员会的主要任务是研究、讨论评估指标、关联内容、评估活动促进等相关事项,并向评估委员会提出基本方针或完善方案等建议。特别委员会由10名左右委员构成,主要成员是大学法学教授。

2. 调查委员

调查委员是为了进行评估所必须的事实调查时,从评估委员会委员中任命的数名委员。调查时一组一般为8人,包括评估委员会的委员长1人,在职法官、检察官、教育部公务员、会计师、图书馆管理员、市民代表各1人,法学专门大学院教授2人。调查委员的主要工作是对法学院专门大学院提交的自我检查报告书进行书面评估。必要时,也可以由委员组成现场调查团开展现场调查。在现场调查时,通过与教职工和学生面谈、观摩教学、讨论相关资料、调查设施现状等活动,对评估必要的事项进行调查后,完成调查结果报告书并提交至评估委员会。

3. 异议审查委员会

异议审查委员会由评估委员会委员长选任,在作为评估对象的法学专门大学院对评估结果报告书提起异议申请时,异议审查委员会对该异

⑥ 이경숙:앞의 논문,제18－19면.

议进行审查后，将异议审查报告书提交至评估委员会。

4. 事务局

事务局的工作是辅助评估委员会的日常事务，由事务总长 1 人，事务次长 3 人和数名职员构成。⑦

四、评估方法

（一）法学专门大学院自我评估

设立法学专门大学院的大学，须在评估委员会评估开始的两年之前，每年自行对法学专门大学院进行评估，自我评估的指标与评估委员会评估时所采用的评估指标相同。自我评估，是各法学专门大学院对本学院学生、教师、教育过程、教育环境、教育成果等进行的内部分析和评估。自我评估的根本目的是督促各法学专门大学院对本学院存在的问题进行诊断并探寻解决和完善方案。从各法学专门大学院公布的 2015 年自我评估报告书上自我评估的结果来看，⑧各大学院在上述学生、教师、教育过程、教育环境、教育成果五个方面均评估为“合格”，但也有学院提出了自身存在的一些问题，如全南大学在其自我评估报告中提出法学专门大学院教员 1 人课时量不满足的问题。⑨ 此外，自我评估报告书需按照评估委员会的要求制作，并提交至评估委员会。⑩ 评估委员会中的调查委员将对自我评估报告书进行书面评估。从自我评估报告书中，可以获悉相应法学专门大学院的现状、优势、待完善事项等基本信息，并作出专业评估。在此基础上确定是否需要现场调查以及现场调查的内容。⑪

---

⑦ 이영호:“한미일 법학전문대학원 평가기관의 조직에 관한 비교 분석”,『동아법학』(73), 2016. 11, 제3 - 5 면.

⑧ 依据韩国《法学专门大学院设置和运营法》第 32 条和同法施行令第 19 条，自我评估结果应对外公布。

⑨ 载全南大学法学院专门大学院网：http://lawschool.jnu.ac.kr，最后访问日期：2019 年 12 月 26 日。

⑩ 韩国《法学专门大学院设置和运营法施行令》第 19 条。

⑪ 韩国律师协会：《法学专门大学院评估手册》（2017 年版），第 8 页。

(二)评估委员会评估

1.评估时间

法学专门大学院首次招生后的第四年,接受评估委员会的评估。首次评估之后,每隔五年评估一次。但如果存在下列情形,可以临时进行评估:①法学专门大学院所在大学申请评估的;②大学所提交的法学专门大学院自我评估报告书弄虚作假的;③其他存在影响法学专门大学院运营、有必要立即进行评估的情形。[12]

韩国的法学专门大学院2009年开始招生,第一期评估期间为2009~2012年,2013年发布了评估结果。此后每五年进行一次评估。第二期评估期间为2013~2017年,2018年2月发布了评估结果。目前尚未出现临时进行评估的案例。

2.评估指标

评估委员会综合评估各法学专门大学院是否遵守设立标准、入学学生选拔的公正性、教育过程的适当性和毕业生进入社会后的情况等,制订具体的评估指标。相关指标由评估委员会制订后,还需取得教育科学技术部长官的认可。[13]

评估委员会分别于2011年和2017年发布过两版《法学专门大学院评估手册》,2011年版将评估指标分为8大类评估领域,包括教育目标、入学招生、教育过程、教员、学生、教育设施、教育研究支援和关联学位过程。8大类评估领域又分为29个评估项目和59个详细评估项目。2017年版评估指标与2011年版相比,有所整合,包括了5大类评估领域、18个评估项目、40个具体指标,其中5大类评估领域包括学生、教员、教育过程、教育环境和教育成果。限于篇幅,18个评估项目和40个具体指标在正文无法逐一列举,可参考本文附录内容。

3.评估结果

如前所述,韩国的法学专门大学院的定期评估已经开展了两期,相应的评估由韩国律师协会法学专门大学院评估委员会组织并向社会公

---

⑫ 韩国《法学专门大学院设置和运营法施行令》第18条。

⑬ 韩国《法学专门大学院设置和运营法施行令》第27条、第33条。

众公布评估结果。评估结果分为“认可”、“迟延认可”(再评估)和“附条件认可”。第一期评估时,18 家法学专门大学院取得“认可”,另有 7 家法学专门大学院的评估结果为“迟延认可”,即存在不合格之处,后 7 家法学专门大学院经过整改,取得“认可”。第二期评估中,除了庆北大学和西江大学评估结果为“附条件认可”外,其余 23 家均取得“认可”,评估结果好于第一期评估。“附条件认可”是指学生、教员、教育过程、教育环境和教育成果 5 大类评估领域中,有 1 个以上评估领域不合格,但有完善可能的,评估委员会确定其评估结果为“附条件认可”,并将根据相应学院的申请,对其进行再次评估。其中,庆北大学是因为“教育过程”大类中“授课适合性”指标不合格,而西江大学是因为女性教员只有 1 名,导致“教员”大类中“女性教员比例”指标不合格。⑭

五、总结与研究展望

韩国《法学专门大学院设置和运营法》明确规定了对法学专门大学院进行评估的相关内容,其目的旨在通过严格的事后评估,促进教育条件的维持和发展、提高教育质量,并进而实现法学专门大学院的制度化发展。从评估目的、评估内容等来看,其性质是针对韩国法学院专门大学院的合格评估。2017 年年底,韩国完成了第二期定期评估,尽管仍然存在评价委员会委员中律师人数偏少、因不存在依据评级结果予以惩处的相关规定导致评估实效性无法确保等问题,⑮与前一次评估相比,评估方法、评估流程、指标体系已经更趋完善。特别是评估指标具体、细致{如细致到考虑是否配置了“确保幼儿园等育儿设施”[1.3.1 学生支援(8)]},且每一指标均明确了评价尺度和需要提交的相关材料,可以尽可能确保评估的可操作性、科学性和实效性。

---

⑭ “경북대·서강대,대한변협 로스쿨 평가서’ 조건부 인증,载 https://m.lawtimes.co.kr/Content/Article? serial = 140304,最后访问日期:2019 年 12 月 30 日。

⑮ 이경숙:앞의 논문,제19 - 20 면.

我国不同于韩国,全国层面尚未开展专门针对所有法学研究生院的全面合格评估工作。与韩国该评估类似的是国务院学位委员会和教育部依据《学位授权点合格评估办法》所开展的包括法学在内的学位授权点合格评估。此外,与法学专业评估有关的评估还有教育部学位与研究生教育发展中心按照国务院学位委员会和教育部颁布的《学位授予和人才培养学科目录》,定期开展的针对包括法学在内的、具有博士硕士学位授予权的一级学科的整体水平评估,即所谓学科评估。

比较韩国法学专门大学院的评估和我国与法学有关的学位授予点评估和学科评估,笔者认为,尽管学位授权点合格评估与学科评估存在定位、目标、重点和实施主体等方面的不同,韩国的经验对我国目前进行的两类评估有一些共同的启示,特别是以下问题有必要做进一步的研究和探讨。

第一,评估主体和评估委员会成员组成的问题。韩国法学专门大学院的合格评估参照日本法科大学院的评估,引入了第三方评估机制,即由韩国律师协会下属的评估委员会组织开展,而不是教育行政主管机构。评估委员会主要由法学教授、律师组成,此外,还包括具有 10 年以上教育行政经历的公务员 1 人和德才兼备的其他人员 3 人。从委员会的构成来看,既考虑了法学的专业性特点,也考虑了教育主管部门和能够代表用人单位和民众的要求,尽可能反映法律就业市场对法学专门大学院培养学生质量的期待。这一点可为我国所参考,除了考虑引入第三方评估机制外,尤其应当充分考虑法学各专业的特点以及法学毕业生主要就业单位对毕业生质量要求的意见,对于评估专家,除了教育主管部门人员和法学院教授以外,还应考虑吸纳公检法、律师等机构的专家。

第二,包括法学学科在内的所有学科的评估指标是否有必要单独制订的问题。以我国第四轮学科评估为例,第四轮学科结合各学科的特点,兼顾共性与个性,在统一框架下分类设置指标体系。如哲学、文学、历史学门类适用相同的指标体系,法学则与经济学、教育学作为一个门类,适用相同的指标体系。尽管法学与经济学、教育学具有诸多共性,但各学科的差异也显而易见,适用相同的评估指标体系无法准确反映法学学科的实际情况,有必要单独制定评估指标。

第三,各级评估指标进一步优化的问题。我国目前的学位授权点合格评估和学科评估的指标体系均是在广泛、深入调研论证后确定的,已日臻完善。但比较韩国的具体评估指标,可以看出我们的指标更多的是从管理的角度设置的,而韩国的指标除了重视管理之外,还强调体现社会公平(如 1.1、2.1.2 等)、学生为本(如 1.2、1.3、1.4、4.1、4.2 等)、重视雇佣单位需求(如 5.2)等特点。笔者认为,我国相关指标体系还可从以下方面做进一步完善:(1)增加学生招录公平性指标;(2)增加硬件设施数量和质量要求指标;(3)增加法学院学生主要就业单位对教学质量满意度指标;(4)进一步明确二级指标下具体评测点的评价标准。

附录:2017 年韩国法学专门大学院评估项目和具体指标⑯

评估项目	具体指标
1. 学生	
1.1 招生计划的适当性、公正性和学生选拔的多样性	1.1.1 招生计划的公示、具体性、公正性 ★(1)设置为保证招生公正性的制度和规定等 ○(2)向申请入学的学生公开为保证招生公正性的制度和规定,设置独立的监督机构和装置 ★(3)公示招生计划、招生评价方式 ★(4)招生资料的种类和使用方法合理,并以便于任何人获取的方式公示 ★(5)进行特别招生时,包括了具体的选拔对象和标准 ○(6)为防止招生过程中发生错误和偏见,设置学生提出异议和公正处理异议的制度,并保证异议制度迅速、有效实施 ○(7)未收到招生有关的行政制裁(包括财政性制裁),不存在法院判决招生不公平的事实

⑯ 各具体指标对评估结果的重要性程度不同,标注“★”的指标是最为重要的指标,标注“◎”的指标为次重要指标,标注“○”的指标重要性最弱。还有个别指标未作任何标注,表明该指标不影响最终评估结果,属于参考性指标。如 1.1.1“招生计划的公示、具体性、公正性”项目的 7 个具体指标,如果(1)-(7)号全部满足,其中除了(3)号以外,有 3 项以上达到高水准,则为优秀;如果(1)-(7)号全部满足,其中除了(3)号以外,有 3 项以上达到相应水准,则为良好;如果(1)(3)(4)(5)全部满足,(2)(6)(7)中有两项满足,则为普通合格;如果(1)(3)(4)(5)中有一个不满足或者(2)(6)(7)中有两项不满足,则为不合格。

续表

评估项目	具体指标
1.1 招生计划的适当性、公正性和学生选拔的多样性	1.1.2 招生计划的合理性和学生构成的多样性 ★(1)LEET考试、本科成绩和外语能力作为选拔要素 ★(2)未将法令禁止的法学知识作为选拔要素 ★(3)非法学本科入学人数超过1/3 ★(4)非从本校取得学士学位的入学者超过1/3 ○(5)为招录具有多种知识和经验的入学者,除了必要的选拔要素外,还将志愿服务等经历合理地作为选拔参考资料,并且合理地进行入学咨询和说明会 (6)选择透明、公正的书面审查和面试方式 (7)公开最终合格学生的本科学校、专业、性别等内容,并公开选拔要素25%、50%和75%的区间分数
	1.1.3 选拔学生时,对社会弱势阶层的考虑 ★(1)依据具体、明确的标准认定社会弱势阶层,并适用无恣意干涉余地的分类标准选拔学生 ★(2)为判定是否属于社会弱势阶层而要求提供具有公示力的证明材料 ★(3)社会弱势阶层分类标准的适当性和多样性 ◎(4)最终作为特殊选拔录取的学生中,社会弱势阶层出身学生比例占5%以上 ○(5)最终作为特殊选拔录取的学生中,经济条件弱势学生比例占全体社会弱势阶层出身学生比例的30%以上
1.2 学生咨询和指导	1.2.1 教授对学生指导的充分性和适当性 ◎(1)指导教授每学期指导每个学生2小时以上,或者指导所有学生合计20小时以上 ○(2)每个教授指导的学生人数合理 ○(3)分配指导教授时事先公布教授的专业、经历等信息,并尊重学生的选择权 ○(4)选择个别教授的学生人数多过导致无法满足所有学生时,应设置公平的教授分配标准 ○(5)保障变更或追加教授的可能性 ○(6)向教授支付指导学生所需的经费或报酬 ○(7)进行学生满意度调查

续表

评估项目	具体指标
1.2 学生咨询和指导	1.2.2 学生指导中心的设施与运营 ○(1)设置拥有独立空间和物理设施的学生学习、就业指导谈话室等学生指导中心 ○(2)确保学生指导中心适当水平的财政支持 ○(3)为保证学生接受专门的心理咨询,配备专门的心理咨询室并提供咨询的机会 ○(4)设置对学生指导中心活动进行评估并合理反映其结果的制度 ○(5)学生充分利用学生指导中心的设施
1.3 学生福利	1.3.1 学生支援 ○(1)充分设置学生的协会活动、自我活动、编辑学术期刊等所需要的空间 ○(2)为学生的学术期刊出版活动以及其他专业性的社团活动提供足够的物理设施支持,并由指导教授给出适当的指导和建议 ○(3)学生参加校外学术活动时,给与适当的支援 ○(4)法学专门大学院设置残疾人便利设施 ○(5)设置为了残疾人学生的教育支援项目 ○(6)课程评价时,对残疾人学生做适当的调整 ○(7)设置女学生休息室和其他休息室 ○(8)确保幼儿园等育儿设施的使用可能性
1.4 奖学金制度	1.4.1 奖学金制度的确保、奖学金奖励标准的客观性和适当性 ◎(1)考虑经济状况,支付的奖学金中,校内奖学金占 70%以上 ○(2)经济状况的评价标准客观、明确、适当 ○(3)奖学金奖励学生的评选严格、公正 ○(4)设置向学生提供奖学金制度相关信息和咨询的制度体系,并向实际需要奖学金的学生提供相关信息和咨询
2. 教员	
2.1 专职教员的确保和教员的多样性	2.1.1. 法定专职教员和实务经历教员人数的确保 ★(1)专职教员 20 人以上,人均学生数 12 人以下 ★(2)具有律师或外国律师经历且从事 5 年以上相关领域实务工作的教员(实务经历教员)的人数占法定专职教员 1/5 以上 ◎(3)除了专职教员以外,法律界的在职律师、法官、检察官参与实务科目的教学

续表

评估项目	具体指标
2.1 专职教员的确保和教员的多样性	2.1.2 教员构成的多样性 ◎(1)新聘任专职教员中,取得某一特定大学学士学位的人数不得超过 2/3 ○(2)法定专职教员中,包括非法律界的实务经历教员(如外交官、注册会计师、注册税务师等) ○(3)专职教员中,女性教员比例在 10% 以上 ○(4)新聘任专职教员中,女性教员比例在 20% 以上
2.2 教授的教学负担	2.2.1 教员教学负担适当 ★原则上教员的教学负担在每学年(30 周)每周 12 小时以下,但必要时可以依据教学细则另行确定
2.3 专职教员的研究成果	2.3.1 专职教员须具备必要的研究能力 ◎(1)全体专职教员最近五年平均研究业绩在 500% 以上(满分 800%)⑰ ○(2)个别专职教员的研究业绩至少在 400% 以上

⑰ 教员的研究业绩评分比例如下:

(1)著作

项目	评价比例(%)	解释
专门学术著作	100	
教科书	100	初版 100%,一次修订 10%,两次修订 20%,三次以上修订 30%
译著	100	

(2)论文

项目		评价比例(%)	解释
国际学术论文	国际著名期刊	200	SSCI, A&HCI, SCIE 等收录期刊
	定期发行期刊	100	
	其他外文论文集	50	不属于前两项的各种期刊和论文集
国内学术论文	韩国 KCI(候补)期刊	100	韩国研究财团资助的期刊
	定期发行期刊	20	作为定期刊物登记、管理的期刊
	其他论文集	10	不属于前两项的各种论文集

(3)学术大会上发表论文

项目	评价比例(%)	解释
学术大会发表论文	10	

(4)教育用案件记录的制作和法律诊所指导实绩

项目	评价比例(%)	解释
教学用案件记录的制作和法律诊所指导实绩	教学用案件记录每件 50 法律诊所诉讼案件每件 10	1 年内满分 100%,案件记录的制作资料在 10 份以上,数量 30~50 页

续表

评估项目	具体指标
3. 教育过程	
3.1 教育过程的编制	3.1.1. 教育过程对教育理念和目的的反映 ○为了实现《法学专门大学院设置和运营法》第2条规定的教育理念,在教育过程的所有教育活动中,围绕培养学生具有法学知识和业务能力这一教育成果目标展开
	3.1.2. 教育过程确定、运营的自律性和编制的体系性 ◎ (1)法学专门大学院可以不经过大学的许可,自行开设或停开教学课程 ◎ (2)设置可以确保法学专门大学院自行开设或停开教学课程的组织甚至于委员会等制度性机构 ◎ (3)教育过程的构成具有体系性 ★ (4)教育课程包括了法定的5门必修课程 ○(5)必修课程在合理的时间系统开设 ○(6)法律基本科目和实务科目之间达到均衡,开设顺序合理 ○(7)基础法学科目在合理的时间系统开设,选修科目的开设多样化
	3.1.3 教育课程编制的适当性 ◎(1)法律基础科目开设的学分数适当,法律基础科目中必修科目开设的学分适当 ◎(2)为培养律师执业所具备的素质,理论和实务教育融合课程开设充分 ◎(3)实务选修科目和实务必修科目教育内容相互衔接 ○(4)外语授课课程数量适当
3.2 教育过程运行体系的效率性	3.2.1 课程评价和教育方法改进制度的适当性 ○(1)课程评价的时间、次数、方式等适当 ○(2)向教员告知课程评价结果的途径和方式适当,教员个人和学校层面对课程评价结果进行分析和利用的方式适当 ○(3)施行有关改进教育方法和授课方法的制度
3.3 教学的效率性	3.3.1 授课适合性 ◎ (1)课程的授课教员具备充分的该课程的授课和研究经历 ◎ (2)外语讲座科目教员具备充分的该课程的授课、研究和外语授课经历

续表

评估项目	具体指标
3.3 教学的效率性	3.3.2 教学的体系性 ◎ (1)制作教学计划表并在选课之前以适当的方式公开 ◎ (2)教学计划表中明确记载教学目标、教学进度(须明确每周教学内容)、作业、成绩评价方法和标准等 ◎(3)严格遵照教学计划表授课,停课后合理安排补课
3.4 学生管理的严正性	3.4.1 保证学生听课 ◎ (1)为确保上课天数,设置停课、补课制度 ◎ (2)严格确认学生出勤情况,对迟到、缺课者采取严格的出勤管理
	3.4.2 成绩评价制度的严正性 ◎ (1)严格设置成绩评价标准,并严格按照标准客观进行成绩评价 ◎ (2)为保证学生管理的严正性,设置重修、撤回选课的标准并事前予以告知,不设置取消学分制度 ○(3)设置成绩评价异议申请程序,并向学生公开该程序
	3.4.3 毕业相关学生管理的严正性 ◎(1)合理规定并向学生公开取得学位所必须的学分(3年90学分以上)和毕业标准 ◎(2)严格按照毕业标准确定毕业 ◎(3)设置对毕业决定的异议申请程序,并向学生公开该程序
3.5 实务必修科目等的适格性和忠实性	3.5.1 法律职业伦理科目内容的适格性 ◎(1)法律职业伦理科目的授课内容应适于培养学生理解和正确判断法律职业伦理的能力 ◎(2)具有法律实务经验的教员作为授课教师参与教学 ○(3)适当开设由外部法律实务专家授课的法律职业伦理科目
	3.5.2 法律信息检索科目的忠实性 ◎(1)法律信息检索授课内容,通过文献、网站检索或者通过学生作业等方式获取 ◎(2)运行针对法律信息检索结果的教员谈论和具有个别指导效果的反馈机制 ○(3)拥有软件、网站数据库,并构建可以实质性利用该数据库的机制

续表

评估项目	具体指标
3.5 实务必修科目等的适格性和忠实性	3.5.3 法律文书写作科目的适当性 ◎(1)为了有效培养实务能力,进行多种类法律文书写作的实务教学 ◎(2)为保证法律文书教学的效果,课程上课人数在 20 人以内 ◎(3)为进行法律文书教学,保证与先修科目的连接性、体系性 ◎(4)运行针对法律文书的修改指导、讲评过程等具有个别指导效果的反馈机制
	3.5.4 模拟裁判科目的忠实性 ◎(1)模拟裁判课程合理开设 ◎(2)为有效进行模拟裁判课程的教学,运行与民事诉讼法、刑事诉讼法、法律信息检索、法律文书写作等理论和实务教育有机连接的机制 ◎(3)合理运行由具有实务经验的教员通过讨论、讲评、研讨会等具有个别指导效果的反馈机制 ◎(4)对法律分析、法律调查、问题解决和口头交流等,设置评价标准并进行适当的评价
	3.5.5 实习课程运行的适当性 ◎(1)为了保证实习课程符合教育理念,以实际案例为实习对象 ◎(2)实习课程要构建理论和实务教育有机连接的机制 ◎(3)为了确保实习课程的效率运行,合理构建支持组织、专门教职员、学生管理等教育制度 ◎(4)设置通过指定主题研究、研讨会、互助学习等小规模学习进行个别指导效果的反馈机制,并实质性地运用该机制进行指导
3.6 法律诊所开设和运行的效果	3.6.1 法律诊所的开设和有效运行 ◎(1)法律诊所相关科目在授课教员或律师的指导下开设课程 ◎(2)课程内容的构成能够体验实际案例和法律问题解决方案 ◎(3)实质性地、经常性地运行与民事、刑事案件等的当事人面谈、事实关系和证据资料整理、制作意见书、旁听裁判等活动 ◎(4)设置具有个别或集合指导效果的反馈机制,并实质性地运用该机制进行指导

续表

评估项目	具体指标
3.6 法律诊所开设和运行的效果	3.6.2 实习课程中与校外机构合作,提供和运行现场实习课程的忠实化 ◎(1)在 10 家以上校外机构开展现场实习且种类多样化 ◎(2)针对现场实习课程完成时的教育乃至必须进行的内容制订指南,指南的内容应与现场实习的教育目的相一致 ○(3)考虑校外机构接收实习生的能力和规模,在一个学生 40 小时的基准上,接收实习生的人数不超过入学招生人数的 50%
	3.6.3 法律诊所和实习课程的公益性 ★(1)法律诊所和实习课程与积累实务经验这一教育目的相符合 ★(2)法律诊所和实习课程与提供社会志愿活动机会这一教育目的相符合 ◎(3)通过法律诊所和实习课程参加社会志愿活动的学生占入学招生人数的 30% 以上
3.7 国际化和专业化	3.7.1 国际化运营的适当性和支援体制 ◎(1)运营与海外教育机构的关联项目 ◎(2)学生实质性地参加海外教育机构的关联项目 ◎(3)海外教育机构之间的关联项目同其他教育项目适当地连接并运营 ○(4)确保支持与海外教育机构的关联项目的组织和预算
	3.7.2 专业化、体系化和优秀性 ◎(1)3 年间开设的与专业化教育相关联的选修科目数量在 10 门以上 ◎(2)与专业化教育相关联的选修科目的开设顺序和内容形成体系化和专门性 ◎(3)专业化教育与现场实习课程相衔接且教育内容一致 ○(4)专业化教育应以对学生毕业后的就业产生实质性影响的方式进行

续表

评估项目	具体指标
4. 教育环境	
4.1 教育设施	4.1.1 基本设施的确保 ◎(1)拥有必需的共同设施(教室、教授研究室、行政空间、休息空间等) ○(2)必需共同设施面积:确保1名学生12平方米以上 ○(3)确保拥有1间以上入学学生100%以上有座位的大型教室 ○(4)确保20%以上学生入住2人1间的学生宿舍 ○(5)确保行政空间,设置支持教育和研究的行政体系 ○(6)必需的共同设施配备并高效利用与其功能相符的设施设备,并符合环境卫生和食品卫生标准要求
	4.1.2 模拟法庭的设置和利用 ○(1)模拟法庭应具备法庭的基本设施,座位数在入学学生数50%以上 ○(2)模拟法庭区分刑事法庭和民事法庭,相互间可以变化和利用 ○(3)模拟法庭的照明度、音响、VOC等环境舒适,利用模拟法庭充分实施了模拟裁判活动
	4.1.3 法学专门图书馆运营的忠实性 ○(1)配有入学学生70%以上可以利用的阅览室 ○(2)配备持有图书管理员证书的行政人员3人以上(其中一人持有1级以上证书) ○(3)包含50种以上学术期刊,3国3种以上网络数据库 ○(4)入学学生1人每年图书购买费用30万韩元以上 ○(5)图书馆应提供支援教育和研究活动的各类服务,便于使用人利用图书馆资料并充分保证藏书空间
4.2 教育条件	4.2.1 财政筹集和分配的适当性 ○(1)运营收入中学费的依存比率低于55% ◎(2)每学年学费上涨率不超过之前三个年度平均消费者物价上涨率的1.5倍 ◎(3)对每个学生每年投入的教育费在2000万韩元以上 ◎(4)2012~2015年奖学金总额应占学费总额的20%以上,2016年起奖学金总额应占学费总额的30%以上 ○(5)法人资金、捐款收入占运营收入的10%以上

续表

评估项目	具体指标
4.2 教育条件	4.2.2 研究所支援 ○(1)为研究所运营制定合理的规定 ○(2)研究所应确保 2 名以上带薪研究员和 1 名行政职员 ◎(3)确保研究所运营的预算:入学人数 100 人以上的,研究所每年运营经费在 7000 万韩元以上;入学人数 100 人以下的,研究所每年运营经费在 5000 万韩元以上 ◎(4)每年举办两次以上学术活动,研究刊物每年发行 2 期以上。但 2016 年应举办三次以上学术活动 ◎(5)每年发行 2 期体现学院专业化的研究刊物 ○(6)研究所研究项目:入学人数 100 人以上的,评估期间主持的研究项目在 10 项以上,研究费总额 1 亿韩元以上;入学人数 100 人以下的,评估期间主持的研究项目在 4 项以上,研究费总额 7000 万韩元以上
	4.2.3 法律诊所支援 ○(1)为法律诊所运营制定合理的规定 ○(2)法律诊所应确保法律实务教员和带薪职员 ◎(3)法律诊所运营法的确保:入学人数 100 人以上的,每年 3000 万韩元以上;入学人数 100 人以下的,每年 2000 万韩元以上 ◎(4)法律诊所诉讼实习要求:入学人数 100 人以上的,每年 8 件以上;入学人数 100 人以下的,每年 5 件以上 ○(5)每年定期发行 1 期以上反映法律诊所法律咨询、研讨会、法律问题研讨等内容的资料集 ○(6)法律诊所提供的实务指南和资料适当
5. 教育成果	
5.1 律师考试合格率和就业率	5.1.1 律师考试合格率和就业率 ○(1)通过网站等方式合理公示律师考试合格率 ○(2)通过网站等方式合理公示就业率
5.2 学习成果和教育质的改善	5.2.1 实务教育的学习成果 ○(1)毕业生通过法律文书写作,具备了实务家应具备的素养和文书写作能力 ○(2)毕业生通过模拟裁判,具备了裁判实务所必须的能力 ○(3)毕业生通过法律诊所,具备了纠纷解决所必须的问题解决能力

续表

评估项目	具体指标
5.2 学习成果和教育质的改善	5.2.2 教育质量的改善 ★(1)实施自我评价并公布其结果 ○(2)自我评价的程序和结果适当,其结果能够反映发展计划和教育质量的改善 ○(3)依据前一次法学专门大学院评估要求改善教育质量
	5.2.3 教育满意度 ○(1)雇用单位满意度调查结果在70%以上 ○(2)毕业生满意度调查结果在70%以上

A Study on the Evaluation System of Law Schools in South Korea

Zhang Yuexia

Abstract: South Korea has officially introduced the system of law schools since 2009. In order to realize the educational concept of the law schools determined by the Law on the *Establishment and Operation of the Law*, the evaluation system of the law schools is also set up in the fourth chapter of the same law. The evaluation index is determined by the evaluation committee affiliated to the Korean Bar Association, and all the law schools are evaluated regularly. The Master Degree Qualified Evaluation of law in China and China Discipline Ranking on the law major are comparable to it. Although the evaluation system of law schools in South Korea is different from that of the Master Degree Qualified Evaluation and the China Discipline Ranking, it can also provide some common enlightenment for them, and urges us to think about problems such as the composition of the main body of evaluation and the members of the evaluation committee, whether it is necessary to formulate the evaluation index of all disciplines, and how to optimize the evaluation index at all levels.

Key Words: evaluation system of law schools, science of law, disciplinary evaluation, evaluation subject, evaluation index

公法的植入与学术传承

——基于日本公法学者研究动向以及公法学研究和法学教育的考察*

李龙贤**

摘　要:东亚各国的公法学术性体系和框架都不同程度地受到了日本公法学的影响,但我国没有对公法学的发展进行过系统的探讨。本文试图通过介绍东京大学和京都大学法学院公法学学者的研究动向,探讨日本公法学学术之传承对公法学研究、法学教育的作用,以便国内学者把握日本公法学的整体动向和"香火的传承"重要性,为我国的公法学研究和法学教育的发展提供有益的借鉴。

关键词:公法学　植入　学术传承　法学教育　研究型

日本自从 1882 年伊藤博文等考察西欧制宪以

---

* 基金项目:2018 年度司法部国家法治与法学理论研究课题"政府与社会资本合作(PPP)纠纷解决机制研究"(项目编号:18SFB2013)。经台湾地区中原大学财经法律学系林孟楠副教授允许后,部分内容参见了林孟楠:《日本公法学教授之介绍》,载《月旦法学》2010 年第 178 期,特此声明。

** 李龙贤,西北政法大学行政法学院讲师,西北政法大学人权研究院研究员,日本名古屋大学法学院法学博士。研究方向:行政法、比较法、灾害法。

来,开始引进了以德国为中心的大陆法系公法,并逐步形成了日本公法学基础。谈到我国的公法学,自清末到民国初期留日公法学者不占少数,如钟赓言、白鹏飞、范扬等人均在日本不同程度受到公法学框架影响。①

韩国和我国的台湾地区更是如此,因长期饱受日本殖民统治的影响,不仅在政治意识形态上,而且还在公法学领域中或多或少保留了"日本要素的阴影"。"二战"后,随着社会主义革命和民族解放运动的兴起,东亚各国和地区的公法学,为了摆脱"二战"前"日本要素的阴影",在结合本国国情的基础上,逐步借鉴了苏联公法学框架和欧美公法学框架,其变化显著。

如上所述,我国的近代法学的产生源自于清末从日本等国家的植入,而我国近代法学与封建时代律学最大的分歧就在于公法学,特别是有关人民基本权利的宪法学思想的借鉴与贯彻。② 日本公法学学者的学术理论,也对中国的近代公法学的诞生和发展产生了重要作用。特别是,日本公法学在基于学术之传承自成公法学流派的动向,值得我们关注。本文因篇幅限制,仅介绍宪法、行政法、税法等领域的学者,然而日本的行政法学者中不乏研究环境行政法、社会保障行政法、经济行政法等领域,因此并非全面。读者如对上述领域感兴趣,可以自行查阅。此外日本的多数公法学者仍然是以特定的欧美国家为对象,进行比较研究后确立其研究方法和研究风格,唯有税法领域,由于"二战"后的日本税法改革是在美国学者的引领下进行的,因此日本税法学者的比较研究对象基本上是美国。本文因受篇幅限制,仅对东京大学和京都大学两所旧帝国大学的公法学者依次进行介绍③(2019 年 3 月为止,职或已退休著名公法学者),其介绍顺序并不代表上述两所法学院及其公法学者各项实

① 参见王贵松:《美浓部达吉与中国的公法学》,载《比较法学研究》2010 年第 5 期。

② 参见王贵松:《美浓部达吉与中国的公法学》,载《比较法学研究》2010 年第 5 期。

③ 当然绝对不可忽视,其他的旧帝国大学法学院以及早稻田大学法学院、庆应义塾大学法学院、中央大学法学院、关西大学法学院、关西学院大学法学院、同志社大学法学院、立命馆大学法学院等著名私立大学法学院对日本公法学的发展的也起到了重要作用,因本文受篇幅所限,恕无法一一介绍,如有不便望请谅解。

力排名。本文后半部分则着重探讨日本公法学植入、学术传承对法学教育和法学研究的作用和影响,以便读者把握其中的相辅相成之逻辑关系。

一、公法学者的研究动向与学术传承

(一)东京大学法学院(1877年,1886年成为帝国大学)

自美浓部达吉④之后,东京大学开始引领公法学界,全面主宰公法学术通说地位。

宪法学方面,宫泽俊义⑤和芦部信喜⑥各领风骚数十年。之后曾经留学英国的长谷部恭男深受功利主义和约瑟夫·拉兹(Joseph Raz)法哲学的影响,尝试在英美法哲学的背景下从新架构日本宪法理论框架。经过樋口阳一⑦和高桥和之⑧时代,现如今,应首推具有“鬼才”之称的石川

---

④ 美浓部达吉在宪法方面的业绩主要表现在确立了以明治宪法为对象的宪法学。即在立宪君主制的构造下,把国家作为法人,天皇则作为最高机关的“天皇机关说”(议会成为国民代表机关)。行政法方面的业绩在于,确立了日本的行政法学的基础,注重行政法规的实际运用和判例研究。特别是通过依法行政原则明确了行政权的界限。有关美浓部达吉的宪政理论以及对我国公法学的影响,可参见邱磊:《试论美浓部达吉的“天皇机关说”》,哈尔滨师范大学2009年硕士学位论文;另参见韩大元:《美浓部达吉的立宪主义思想研究》,载《比较法研究》2010年第4期;王贵松:《美浓部达吉与中国的公法学》,载《比较法研究》2010年第5期;王贵松:《论近代中国行政法学的起源》,载《法学家》2014年第4期;林海:《奠定中国公法学底色的人》,载《检察日报》2015年9月15日。

⑤ 宫译俊义秉持对“二战”前的明治宪法的一贯批判立场,主张明治宪法是独裁性质的带有法西斯色彩的宪法,拥护和积极解释战后的日本国宪法,主张日本承认波茨坦宣言就意味着主权者由天皇转变为了国民的法的革命(“八月革命说”)。宫泽俊义对宪政研究可参见王天华:《国家法人说的兴衰及其法学遗产》,载《法学研究》2012年第5期;[日]宫泽俊义、芦部信喜:《日本国宪法精解》,董璠兴译,中国民主法制出版社1990年版。

⑥ 芦部信喜的主要业绩在于奠基了日本的宪法诉讼理论。具体可参见[日]宫泽俊义、芦部信喜:《日本国宪法精解》,董璠兴译,中国民主法制出版社1990年版。

⑦ 樋口阳一通过宪法思想史和欧美等国家的宪法研究,推崇和平宪法所具有的进步意义。

⑧ 高桥和之的日本宪法上的私人间效力相关主张,可参见[日]高桥和之:《“宪法上人权”的效力不及于私人间——对人权第三人效力上的“无效力说”的再评价》,陈道英译,载《财经法学》2018年第5期;私人间人权保障研究,参见[日]高桥和之:《日本宪法学的现状与课题》,洪英译,载《环球法律评论》2009年第2期。

健治,石川健治在宪法制度性保障研究方面缜密分析了德日之间的学术理论切合点,具有独到见解,此外在财产权、基本权以及政府体制的理论方面也有较深理论功底。此外,宍戸常寿在德国宪法裁判制度研究,特别是对宪法上的附随性违宪审查制度研究上可谓情有独钟。小岛慎司在结合法国宪法学理论后,对日本现有的选举制度也有独特见解。

行政法学方面,继承美浓部达吉衣钵者应推田中二郎。⑨ 之后应数雄川一郎⑩与盐野宏⑪,小早川光郎⑫作为雄川一郎直系弟子,其主要研究法国行政法,在行政诉讼法、行政程序、地方自治等方面均具有精辟见解。小早川光郎退休之后,应首推研究美国行政法的宇贺克也,⑬其早期研究国家责任法确立学界之地位,之后着手研究行政程序、情报公开、个人情报保护法以及政策评估等领域。继承盐野宏一脉的山本隆司,擅长德国行政法比较研究,近年主要研究公私合作、行政合同以及行政诉讼。此外,在研究行政法各论方面则有太田匡彦,⑭其主要针对日德的社会保障制度特别是针对医疗保险制度进行比较研究。

税法·财政法学方面,先后有杉村章三郎与金子宏⑮奠定坚实基础。现如今则有,中里实尝试用法学与经济学以及财务金融理论作为组

---

⑨ 田中二郎作为美浓部达吉的嫡系弟子,构建了以"行政行为论"为基础的行政法学理论体系。有关田中二郎的行政法体系以及其主要主张,可参见肖军:《田中二郎的行政法思想》,载《行政法学研究》2010年第1期。

⑩ 雄川一郎在国家补偿和行政诉讼方面的著书立说较多。

⑪ 盐野宏的主要业绩之一在于,通过德国奥托迈耶理论的再考察,指出公法私法二元理论的各种缺陷。有关盐野宏的行政法体系以及其主要主张,可参见[日]盐野宏:《行政法Ⅰ[第四版]行政法总论》;《行政法Ⅱ[第四版]行政救济法》;《行政法Ⅲ[第三版]行政组织法》,杨建顺译,北京大学出版社2008年版。

⑫ 有关小早川光郎的行政裁量理论,可参见[日]小早川光郎:《行政诉讼与裁量统制》,王天华译,载《行政法学研究》2006年第3期。

⑬ 有关宇贺克也的行政程序理论,可参见[日]宇贺克也:《日本土地征收法中的行政程序》,肖军译,载《时代法学》2010年第2期。2019年宇贺克也转任到日本最高裁判所担任法官。

⑭ [日]太田匡彦著 鲁鹏宇译:《行政分配的构造与程序》,载《公法研究》2016年第2期。

⑮ 其有关日本租税制度改革以及其沿革介绍,可参见[日]金子宏著:《日本的租税法及租税制度的概况与特征》,吕文忠译,汉典校,载《环球法律评论》1987年第1期。

带，研究租税法制度，重点研究企业课税、跨国课税及金融交易课税等领域研究。在财政方面中里实则力图解释财政与国家活动之间的关系、国家活动与市场经济之间的关系。另一位则是增井良启，主要研究企业课税、地方税以及国际租税领域。此外在财政法领域，则有青年学者水野大，曾经留学美国和在日本银行金融研究所具有实务经历的水野大，主要研究金融管制以及信托法。

（二）京都大学法学院（1899 年）

如果说“东有美浓部达吉，则西有佐佐木惣一[16]”，其统领京大学派数十年。

在宪法学方面，“二战”后佐佐木惣一弟子大石义雄及佐藤幸治[17]先后在学说上与东大学派分庭抗礼。[18] 之后沿袭阿部照哉[19]德国法研究者为初宿正典，大石真[20]在议会制度、宗教法治等方面都有一定建树。现如今具有赴德国法兰克福大学在外研究经历的毛利透，则参照德美法治早先着力于研究民主政治论、主权论以及行政组织论的研究，近年则专研网络媒体中的表现自由及宪法诉讼问题。另一位曾我部真裕主要从事研究媒体法制的法国和日本比较，例如反论权及新闻法制等方面。此外土井真一作为京都学派“法的支配”的掌旗人，其研究基于比较英美

---

⑯ 作为织田万的得意门生、具有德国、美国及英国留学经验的佐佐木惣一，与东京大学的美浓部达吉齐名堪称大正、昭和初期的日本宪法学、行政法学领军人物，是大正时期到昭和初期主张天皇机关说、民本主义以及国民主权论的核心人物，提倡立宪主义学理。佐佐木惣一在 1933 年泷川事件中成为京都大学教授团的中心人物，主张学术自由抗议政府不当举措而辞职，二战后积极参与日本国宪法的制定工作。有关泷川事件的详细经过，具体可参见［日］松尾尊兊著：《京都大学泷川事件》，朱芒译，载《宪政与行政法治评论》2011 年第 00 期，另参见张绍欣：《日本宪法学说史辨》，载《学海》2015 年第 3 期。

⑰ 佐藤幸治的对学界的贡献主要在于，基于民主主义和宪法审查制之间的原理性紧张关系，解释和促进司法制度与政治制度的相互理解。此外通过人格权的自律性概念的解释，确立了以幸福追求权为基础的概括性基本人权学说。

⑱ 在宪法学研究上，京大学派和东大学派的主要学术分歧在于，虽然同属立宪主义学派但解释方法上存在很大差异。东大学派侧重目的解释，而京大学派则强调文理解释。

⑲ 其主要注重，宪法上的平等原则在历史上之展开、差别合理性之判断基准、议员定数不均衡、优先待遇等多个方面，奠定了日本宪法学平等权研究之基础。

⑳ 其有关违宪审查立说，可参见［日］大石真：《违宪审查机能的分散与统合》，潘笛、穆文秀译，载《浙江社会科学》2010 年第 5 期。

法制,研究重心侧重于司法权本质与违宪审查、国家构造与宪法制定权论、人格自律性与概括基本权问题等。

行政法学方面,继承佐佐木惣一者为渡边宗太郎,之后是杉村敏正,㉑继承和发展杉村敏正学术一派者为芝池义一,㉒之后是在学界占少数研究英美行政法的冈村周一。现如今高木光㉓位居长者之位,其在行政诉讼中主张当事人诉讼活用论,此外在行政裁量、行政程序以及行政上义务履行确保制度方面都有资深研究成果,最近则主要研究核发电相关领域诉讼及国家赔偿诉讼。具有外务省(类似于外交部)和内阁法制局㉔(类似与司法部进行整合之前的国务院法制办公室)挂职背景的仲野武志则致力于研究行政诉讼中的诉讼要件,则其最近研究倾向于公物与私领域之间所有权关系、公权力行使以及自卫队武力行使武器使用的法律规制等问题。具有留学德国经历的年轻学者原田大树㉕,重点研究国际化时代背景下的公法与私法关系问题,其构建行政法学多元性构造的主张备受学界瞩目。另外一名年轻学者为须田守,近年则致力于研究行政行为与违法性之间关系以及行政调查等领域。

㉑ 其主要功绩在于,构筑以尊重国民主权和基本人权为中心的新法学理论。

㉒ 作为京都学派的代表性学者,长期研究《行政事件诉讼法》(以下简称行政诉讼法)和《行政手续法》(以下简称行政程序法)。例如,在日本行政程序法的起草过程中,芝池义一曾分别在1980年和1985年,作为第一次研究会成员(共17人)和第二次研究会成员(共13人),直接参与了立法的核心内容审议。1991年到行政程序法成立为止的期间,担任"公正、透明行政程序部会"成员(共16人)直接参与立法工作。有关日本行政程序法逐条解释,可参见[日]室井力、芝池义一、浜川清主编:《日本行政程序法逐条注释》,朱芒译,上海三联书店2009年版。

㉓ 参见[日]高木光:《法的执行体系论与行政法的理论体系》,王贵松译,载《宪政与行政法治论坛》2012年第00期。

㉔ 设置法律依据是1952年8月1日公布实施的《内阁法制局设置法》。日本国会通过的法律90%以上是内阁提出的草案,而内阁提出法律草案时内阁法制局在草案审议等关键环节中的起到重要作用。内阁法制局的成立和演化以及具体立法工作的具体内容可参见吴大英、徐功敏、孙新:《日本内阁法制局》,载《外国法译评》1995年第1期。

㉕ 其立说可参见[日]原田大树:《自主规制的制度设计》,马可译,河东校,载《山东大学法律评论》2008年第00期。

税法学方面，早年有须贝脩一及清永敬次[26]相继奠定坚实基础，现如今则有冈村忠生独当一面，注重个人所得概念及资产取得费等问题研究，此外对国际税法以及法人组织税制也有深入研究。

我们知道，建构"中国法律理想图景"，意味着公法学也应构建批判现实、建构未来的理论基点。这种理论基点更多依赖我国公法学流派的涌现，毫无疑问这也是中国公法学人的夙愿。然而公法学流派像其他任何流派的形成一样，是一个自然的学术传承与争鸣过程，公法学研究的对象及范围、方法论运用、理论体系的构建与创新等是公法学流派形成的主要因素。反观日本公法学，先是植入了欧美公法学的理论，伴随时间的推移，在学术传承与争鸣过程中待其升华为具有本国特色的公法学理论。在此过程中，东京大学以及京都大学法学院的公法学学者，更多是基于学术之传承的师承关系，自成具有类似学术立场、学术风格、研究方法的公法学流派，确保了日本公法学学术观点和理论体系的系统性和可持续发展性，同时为公法学研究和公法学教育提供了坚实基础。

二、公法学的植入、法学教育以及研究型法学院

包括公法学在内的法学教育，可谓为日本社会培养出方方面面"官僚"，因此也可以称之为的官僚法学。因为日本的法学院的法学教育基本特点体现为培养与法律相关的，涉及法律、政治、行政管理等诸多方面的"通才"教育。作为文科中的佼佼者的法学教育，不仅为日本社会培养出大批的法曹人才，更多的是为日本社会培养了大量的"官僚"（管理人才）。"官僚"既会包括传统意义上的政治家、政府的高级官僚之外，也会包括大企业和银行/金融界·商界的领导人以及社会组织管理阶层。可以说这些"官僚"来自旧帝国大学法学院以及一些国公立大学、

---

[26] 其租税回避论的研究对税法学界产生巨大影响。特别是通过比较日本和德国的租税回避否认的一般规定、历史发展、学说以及判例研究，重新构造了20世纪日本的税回避论研究体系。

著名私立大学法学院,在很大程度上日本这个社会由这些没有律师执照的“官僚”(或者说是“法律精英”)统治和管理,而不是通过司法考试的律师。然而上述“通才”教育与法律的植入以及思考视角是紧密相关的。

(一)公法学的植入与法学教育

明治维新后,日本最初植入的是法国法,政府聘请法国巴黎大学的教授波瓦索纳德(Gustave Emile Boissonade)指导法典编撰工作,也就受到法国法的影响。但是在明治时期中期发生了争夺法典系谱的法典争论。因作为基本法的宪法采用的是德国法系,随之包括民法的许多实定法开始被德国法系取代。㉗ 因此日本的现行公法也就更多地受到德国法的影响。虽然“二战”后的日本在程序公正等方面的研究受到了一些英美法的影响,但宪法、行政法等公法领域总体上,更多地倾向于德国法理论的色彩。

在其过程中,先是植入了公法的理论,伴随时间的推移待其升华为具有本国特色的公法理论之后,再把法的制度和法的实践(判例)应用到各法学教育之中。例如明治宪法的时期,日本虽然引进西方公法理论,但没有确立法的实践,法律制度更为缺乏。大正时期日本的学术氛围和学者都比较自由,但随着战争的迫近、右翼军队势力的增强、军国主义盛行,再加上受到纳粹德国掌权的影响,作为民主国家(大正民主时期)的自由风气便渐渐失去了踪影,当然学术的自由之风也不能幸免。但在大学这种特殊的环境中,还存在较为自由的学风。田中二郎曾经有过这样一种论述,在缺乏法律法规或不存在的情况下,可以向学说与判例寻求解决的基准。但是判例在支离破碎、无所适从的情况下,只能制定一般总则性的行政法法典。当时除了法典化,“一战”后的日本公法学界几乎没有别的选择,只能通过法典化这种形式进行法的移植。㉘ 然

㉗ 当时积极采用德国法体系的原因还会包括,从概念体系、逻辑演绎以及适用具体事实方法的德国版概念法学颇得作为精英阶层的日本官僚的喜爱,有助于形成所谓的“官僚法学”。杨仁寿:《法学方法论》(第2版),中国政法大学出版社2013年版,第95~97页。

㉘ 具体参见[日]田中二郎『公法と私法』(有斐閣、1934年)「行政法に於ける法典的立法の傾向——ヴュルテンベルグ行政法典草案を中心として——」、308頁(有斐閣、1955年)。

而在“二战”后,伴随着《判例时报》[29]《行政法判例百选》[30]《宪法判例百选》[31]等研究和探讨判例的一系列刊物的影响下[32],日本公法学教育中的法的实践、判例的衔接问题才有了长足的发展。[33] 基于上述法律的植入过程中,确定了实定法与比较法相结合的日本法学教育特点。

但近年进行的司法考试改革中,渐渐磨灭了前述日本特点,甚至造成法学教育与法曹教育的割裂,这一点上值得我们去反思与思考。[34]

1. 法学教育中的实定法与比较法的视角

虽然比较法视角相比实定法视角容易产生新的解释方法论,但是在法律的适用(实际应用)方面,比较法视角无法具备直接效力。因此包括旧帝国大学的日本各大学法学院以实定法为其“基干课程”(包括宪法、民法、刑法、公司法、民事诉讼法、刑事诉讼法等)。然而比较法和法理学作为法解释的基础,也会包括到法学教育的重要范畴之中。总体而言,日本法学教育的宗旨不局限于形式性的条文解释,还会包括掌握法的根源规范以及价值体系等法的理论,使其法学教育对象具备用法律思考的能力。[35]

2. 法学教育与法曹教育的割裂

如前所述,自明治维新到2004年,日本一直推崇大陆法系的德国为模板建立其现代法律框架以及法学教育。2004年的司法考试改革前日

---

[29] 1953年初刊,初刊题词由我妻荣撰写,判例时报社出版。

[30] 1962年初刊,初刊主编由田中二郎等担任,有斐阁出版。

[31] 1963年初刊,初刊主编由芦部信喜等担任,有斐阁出版。

[32] 其特点在于学者和法律实务人员对判例进行学理评析和解释,此时判例在某种意义上代表了衔接理论和实践的媒介。

[33] 实际上,我国已经制定了大量的法律、法规。但是问题在于,即便我们拥有了作为法制度的实定法,但我们无法很好地驾驭法的实践。换言之对我国的公法学教育而言,如何去发展公法学的理论,特别是公法理论与法的实践、判例的衔接问题,是我们在公法学教育中必须要考虑的首选事项。现我国的一些学者团队也正在进行有益的尝试,例如浙江大学法学院拟编辑出版一套“判例百选”丛书,其中《行政法判例百选》由章剑生教授和胡敏洁教授共同主持编写,这将对我国的公法理论与法的实践、判例的衔接问题的解决,很有可能会确立一种新的导向。

[34] 具体参见后藤昭:《法学院院长退休前的呼吁:法学教育不能沦为法考的附庸》,林裕顺译,载《月旦法学杂志》2016年第12期。

[35] 法律思考的能力的培养更多要依赖于作为研究型法学院的发展,包括法律的植入与学术传承在内的各种法学理论和法学方法论的蓬勃发展。对此具体参见本文的结语部分。

本的法学教育体制是 4 年制的本科教育。其法学教育更多关注实体法规定和成文法解释,从而导致法学教育与司法实践严重脱节,引起了日本社会对法学教育的不满和批评。[36] 为了呼应社会的需求(主要是确保商界对法曹人才的需求),在经过保守派[37]和激进派[38]激烈斗争之后,最终确立法学院存续与非法学的融入、旧司法考试与新司法考试的对接以及司法研修制度的存续三个方面进行双轨制体制改革,其主要效仿了美国版的法曹教育模式。[39] 但是上述容易造成法学教育与法曹教育割裂的尴尬局面。[40]

(二)作为研究型法学院

从 19 世纪末开始,一些具备实力的官办大学开始被政府指定为帝国大学,其中包括:东京帝国大学、京都帝国大学、东北帝国大学、九州帝国大学、北海道帝国大学、大阪帝国大学、名古屋帝国大学等。上述七所帝国大学 ——“旧七帝大”作为“研究大学”,“二战”后的几十年依然矗立于日本大学界的顶峰。[41] 在法学研究而言,“旧七帝大”的“教授会”以及“学术研究自由”在一定程度上也推进了其研究型大学的进程。

1.“教授会”的产生

自成立第一所旧帝国大学——东京帝国大学以来,《帝国大学令》便设置了“评议会”,由此教师团体在对大学的运营的话语权和责任感

㊱ [日]棚濑孝雄:《日本的法学教育及其改革》,王晓芳译,载《法律适用》(国家法官学院学报)2002 年第 5 期。

㊲ 主张通过对教学方法和课程体系的有限改革,提高司法考试通过率。

㊳ 主张废除现有法学教育体系,导入美国式法学院模式。

㊴ 其司法考试改革背景以及具体内容,参见王晨光:《法学教育改革现状与宏观制度设计——日韩经验教训反思与中国改革刍议》,载《法学》2016 年第 8 期。

㊵ 其后果,正好应验了司法考试改革前夕一些公法学学者的忧虑。不但没有克服旧制度下考生“长于考试、弱于能力训练”的弊端,而且带来了新的问题———学生视通过考试为“第一要务”,容易造成其法学理论功底比较薄弱的窘境。具体参见[日]行政法判例研究会・行政法理論研究会「行政法の研究教育の課題」自治研究第七十七卷第十號(2001年)。其实在我国的法学教育与法曹教育的诸多现象中,这种隔离现象现在也是一种常态。

㊶ [日]天野郁夫:《大学的诞生》,黄丹青、窦心浩等译,南京大学出版社 2011 年版,第 2 页。另外作为商科出身的一桥大学和神户大学的法学院研究实力,可谓与旧帝国大学法学院并列。

也随之变大。“评议会”作为旧帝国大学的最高审议机构,由个分科学院的院长出任评议官。“评议会”,不仅审议大学规则以及学生与教师之间的有关事项,还会审议财政预算等一系列问题,在一定程度上杜绝了大学总长一言堂的局面。由于个分科学院已产生实质性的教授会,直接对审议会的提案产生影响,到明治26年(1893年)修改后的《帝国大学令》中,不得不正式允许“教授会”的合法地位。此种“教授会”产生对日本公法学者研究技能的强化以及教员集团的扩大以及其公法学术理论与方法论的形成提供了制度性保障。经过昭和初期弹压学术自由的政治风波之后,“二战”后的旧帝国大学都严格遵循了大学自治和教授治校的基本原则。包括旧帝国大学在内的各国公立大学主要有以下几个特点:(1)在有关研究和教育运营管理方面具有自主决定权;(2)职务上具有独立权,不受上级行政机关的指挥或统治;(3)有关教师以及研究人员的人事权,应由学校自行行使;(4)关于大学内的秩序,除紧急不得已的情况之外,只能由学校当局负责维持,政府和警察不得介入。如前所述“教授会”制度的确立,可以说为研究型法学院的发展提供了制度性保障。

2. 研究型——研究方法论

幕府末期至明治维新,日本开始大量借鉴外国法制,采用并改进适合于本国特色的研究和教育模式。对公法学而言,因编撰宪法时受伊藤博文指导之下采用的是以普鲁士宪法为蓝本制定了《大日本帝国宪法》,所以时至今日,日本不少公法学者的比较研究的主要对象还是在于德国法。然而伴随大正民主运动时期,特别是战后《日本国宪法》中所融入的自由、平等以及民主主义等英美法的基因直接对日本公法学的研究产生了巨大的变化。大体而言“二战”后具备了以下几个特点:(1)在《帝国大学令》体制的保障之下,旧帝国大学的公法学学者具有了一定的“学术研究自由”,并在“二战”后也得到了相应的发展。(2)“二战”前多数公法学者以德国法为师,甚至达到“不知德国法,不能成为法学之人”的地步。然而“二战”后在民主主义的影响之下,以“官僚法学”为著称的德国模式——概念法学,开始被法学界质疑,随之比较研究对象既包括了德国法,也包括英美以及法国法,甚至还包括了社会主义法、伊斯兰法、印度法等,公法学研究开始得到蓬勃发展。(3)由于“一战”以及“二战”,日本与欧美诸列强产生了矛盾和隔阂,在此情况下,其公法学研究不得不向学说与判例寻求解决的基准,开始注重立足于本土的法解释学以及判例研究。“二战”后比较研究、法解释学以及判例研究等开始作为日本公法学者研究的主要方法论,通过结合各大学特色而得到相应的传承与发展。

三、借镜日本公法学研究与教育——若干建议与反思

19 世纪中叶的日本,长期以来闭关自守的日本被佩利的舰队打开了国门,如果想与西方的列强为伍,保持国家的独立,就不得不以“文明开化”为目标,推进急速的近代化近程。对于主导“文明开化”的政府来讲,为了移植西方的先进技术和架构制度框架和法治体系,就要培养能成为近代化中坚力量的精英阶层。此种“文明开化”的起步从 1877 年创设日本最初的近代大学即东京大学(1886 年成为帝国大学)开始。随着京都帝国大学等其他帝国大学的相应组建,至今为止作为“研究型大学”的旧帝国大学依然矗立日本大学界的顶峰。[42] 其中我们不难会发现日本在公法的植入与学术的传承上体现出以下几个特征,本文在总结日本公法学特征的同时,也相应提到一些对我国法学教育的建议。

(一)研究型和教育型的划分

虽然战后已取消帝国大学的旧称号以及一些特权,[43]但是七所旧帝

㊷ 如把日本的大学世界——“大学界”比作是太阳系,帝国大学就是太阳,而其他大学便是围绕其周围的卫星群。有关旧帝国大学的诞生和发展参见[日]天野郁夫:《大学的诞生》,黄丹青、窦心浩等译,南京大学出版社 2011 年版, 第 2 页以下。

㊸ 在教育与研究相分离的二元论体制下,对帝国大学在符合日本国家需要的前提下给予了“学术研究的自由”。虽然之后在军国主义控制下经历了“京都大学泷川事件”等风波,但此种“学术研究的自由”之 DNA 一直保留到了现今,更有甚者研究马克思主义法学。具体参见龚刃韧:《关于法学教育的比较观察——从日本、美国联想到中国》,载《北大法律评论》2001 年第4 卷 · 第1 辑,另参见[日]长谷川正安『マルクシズム法学入門 マルクシズム法学確立のために』(理論社、1952 年),另参见[日]藤田勇『法と経済の一般理論』(日本評論社、1974 年),另参见[日]稲子恒夫『ソビエト法入門』(法律文化社、1965 年)。

国大学法学院，后加之作为著名国立大学的神户大学以及一桥大学法学院，其公法领域中的学术地位可谓是引领了整个日本公法学界的研究方向。而此外的国立大学和地方大学以及私立大学则偏重于承担培养实用型法学人才的任务。

对此，我国可以借鉴在法学教育和研究领域中适当调整中央政府直属大学和地方政府直属大学的研究型和教育型的分担关系。在法学研究型对象中可适当恢复以前的“五院四系”模式，可按地域选拔几所法学教育和法学研究上历史悠久的大学，重点投入相应的人力和财力以及赋予一些特权来发展我国法学研究以及培养研究型人才基地，确保法学流派学术之“香火的传承”。而其他地方政府直属大学的法学院主要以培养实用型教育人才为己任。从而在一定程度上缓解和改善，只看重法学院数量，不重视其质量，只重视“基干课程”，[44]不重视其分工，把研究型和教育型混为一谈的现状。

（二）重视公法学研究中的学术传承

在这里试举东京大学公法学的美浓部达吉和京都大学公法学的佐佐木惣一。比如说，美浓部达吉在宪法学的基点在法心理学，认为立宪主义的发展原动力在于国民对政治的自觉性。因此，宪法学的主要任务不应仅仅局限于文本上的解释，主张宪法学应包括，符合国家的目的以及基于宪法背后的基础精神（法治精神）层面上积极导入比较宪法学，[45]另外立宪主义思想下主张议会地位的绝对性，试图排除排除内务省对国会的干涉。此种对宪法背后的基础精神以及适用比较法方法论的积极解释模式，在某种意义上奠定了东京大学公法学流派“自由奔放”的学术基础。[46] 相

---

[44] 有关其具体弊端，参见龚刃韧：《关于法学教育的比较观察——从日本、美国联想到中国》，载《北大法律评论》2001 年第 1 期。

[45] ［日］田畑忍编『佐々木憲法学の研究』（法律文化社、1975 年）147 頁 ~ 150 頁（上野裕久执笔部分）。

[46] “自由奔放”也会表现在美浓部达吉的弟子对他的学术上的批判上。例如宫泽俊义对他的议会主义代表理论进行过猛烈抨击，田中二郎在公务的时效取得问题上也与美浓部达吉进行过激烈的争辩。具体参见［日］宮沢俊義編『公法学の諸問題』（有斐閣、1934 年）「国民代表の観念」（宫泽俊义执笔部分）以及［日］田中二郎「公物の時効取得」民商法雑誌三巻一〇号（1935 年）。

比重视比较研究方法（植入法治精神）的美浓部达吉之主张相左，佐佐木惣一的研究方法侧重于现行法的解释法学，佐佐木惣一虽赞成彼此制度差异上的比较法研究，但其曾言“外国宪法仅限在外国方可进行解释，但绝不容许用外国宪法之解释适用于吾国宪法”。此外佐佐木惣一还主张，法社会学只能作为解释法学的辅助手段，绝非法学本身；政策法学与法政策学原本也不应属于解释法学，在法学解释上不容许从政策视角的剖析。例如在宪法学解释上佐佐木惣一还主张，解释方法论之解释对象，应是对现行宪法条文的忠实化、客观化以及理论化的规范内容的把控，其解释应局限于宪法条文、宪法文脉以及宪法理论的纯粹化、客观化的理解。佐佐木惣一的理论主义、实证主义宪法解释方法论虽饱受学界的抨击，[47]但其对宪法解释客观化的解释方法论在确保宪法解释学的边界问题上起到了积极的作用（试图通过用严谨的宪法条文解释来确保权力分立原则，以对抗官僚主义横行[48]），这也在某种意义上已成为京都大学公法学的一面旗帜和传统。也就是说，代表东京大学公法学的美浓部达吉和代表京都大学公法学的佐佐木惣一之间的学术之争锋主要表现在，其学术观点为轻，其研究方法论为重。美浓部达吉侧重于比较法和司法政策，佐佐木惣一则侧重于严谨的法解释学中的解释方法论。适用各异的研究视角和方法论，有助于作为社会科学的法学研究之发展，正如前注中所述，在日本甚至有些学者以马克思主义唯物辩证法为法学研究方法论。

对此，我们可以适当借鉴在公法学研究除学术观点之差异之外，应要重视其研究方法论的问题，积极鼓励研究型大学的学者和学术团队构建具有其地域特色的公法学方法论，并在不断的学术争鸣中得到传承和发展。[49]

---

[47] 佐佐木惣一对宪法学研究视角仅仅局限于明治时期的宪法学以及法律学一般的“宪法典学”，缺乏从历史发展的视角对宪法学的客观评价。具体参见［日］鵜飼信成等編『講座日本近代法発達史』（勁草書房、1959年）「憲法学史上」（長谷川正安执笔部分）。

[48] 一直致力于对抗官僚主义建立大学自主权的佐佐木惣一，因“京都大学泷川事件”辞去了京都大学教职，之后曾担任立命馆大学学长（校长）。

[49] 有关近年日本行政法学的研究方法及学理构造趋势，可参见鲁鹏宇：《日本行政法学理构造的变革——以行政过程论为观察视角》，载《当代法学》2006年第4期。

（三）解决“食洋可化”，尚需时间

日本的旧帝国大学以及神户大学、一桥大学等法学院为首的日本多数公法学者，其在中青年阶段仍然是倾向于以特定的欧美国家为对象（主要针对德国、法国、美国、英国等，其中研究德国公法学研究者占多数）进行比较法研究。待此种比较研究方法成熟以及对其进行完整的学术消化之后（一般是学者步入中年以后），构建其研究方法（研究中导入相应的法解释学以及判例研究）的基础上再结合本国实情专研本国公法学问题，建立其独特见解和学术地位。

相对日本的公法学，我国的公法学的起步是从清末的法律学堂和法学移植开始的。在清末到民国时期，法学研究和法学教育方面的移植板块的选择上更多地学习和研究了日本。由此导致公法学中的学术性法言法语和实务性框架和概念都不同程度地受到了日本公法学的影响。此后经过人民大学的组建与苏联法学模式的移植，[50]以及在动荡时期公法学研究和法学教育在政治领域中的消失，改革开放后的公法学研究和法学教育的才得到蓬勃发展近40载。虽然近期的中国公法学研究也是出现一些阶段性问题，但是随着我国经济的崛起，许许多多具有中国特色的社会矛盾还是需要我们从公法学的角度去进行探讨和研究，必不可少地需要具有我国特色的公法学研究，从对西方公法学的“跟随式”研究为主流的范式，转换为深挖中国特有公法学的“本土资源”。但是“冰冻三尺非一日之寒”，中国的公法学发展和研究毕竟才经历了近40载的短暂时光，尚需要较长的时间积累，才能真正融入本国的“土壤”。

四、结语

作为研究中国公法学问题的学者，需要反思急功近利的心态，即“守

---

[50] 参见方流芳：《中国法学教育观察》，载《比较法研究》1996年第2期。

一无二无三"[51]的心态,可从比较法研究中习得或借鉴国外有益的研究和教育方法,待此种研究方法成熟以及进行完整的学术消化之后,再结合本国的"土壤",既要避免"食洋不化",又要避免"食古不化"和"食土不化",[52]扩宽法学教育和研究中的国际视野和研究方法论,构建具有我国特色的一流的学科专业体系。[53]

The Transplantation of Public Laws and the Academic Heritage

—An Investigation Based on the Research Trend of Japanese Legal Scholars of Public Law and the Research on Public Law

Li Longxian

Abstract: The academic framework and practical concepts of public law research in East Asian countries have been affected by Japanese public law to varying degrees, but few scholars have systematically discussed the transplantation of public law, academic inheritance, and legal education. This article attempts to introduce the research trends of public law scholars at the Tokyo University and Kyoto University School of Law, to show the academic heritage and trends of Japanese public law academia, and its role in public

---

[51] "守一无二无三",是 1964 年我妻荣为故乡的母校兴让小学的题词,显示了一位法学者对人生之路坚定的不二选择。此中可窥视出学术研究应去除一些浮华和躁动以及急功近利的心态。急功近利的对象不仅包括学者个人,也包括国家和社会对于学术研究的宽容姿态。

[52] 公法学研究和教育应注意本国的国情,既要避免照搬照抄,也要避免墨守成规,循序渐进地推进本国特色。具体参见郝铁川:《中国近代法学留学生与法制近代化》,载《法学研究》1997 年第 6 期。

[53] 参见马怀德:《优秀法学人才培养的"四梁"》,载《光明日报》2019 年 10 月 5 日,第 6 版。

law research and law education, so that domestic scholars can grasp the overall trends of Japanese public law. The author expect to provide useful reference for the development of public law research and legal education in China.

Key Words: public law, transplantation, academic heritage, legal education, research

教育法制

“一带一路”沿线国家教育法律体系经验综摄[*]

王君妍[**]　陈　鹏[***]

摘　要：教育法律体系是一个由存在等级差异、互相联结的教育法律规范构成的统一体，通常由效力位阶、调整对象、功能作用三个维度构成。“一带一路”沿线国家的教育法律体系已经形成了以效力位阶为导向的纵向基础、以调整对象为导向的横向构成、以功能作用为导向的工具之用等基本特征。当前，我国正处于全面依法治教的关键期，借鉴“一带一路”沿线国家教育法律体系的基本经验，我国教育法律体系仍需在明确价值定位、推动部门法体系化建设、扩展立法领域等方面不断完善。

关键词：“一带一路”沿线国家　教育法律体系　效力位阶　调整对象　功能作用

---

* 基金项目：本文系全国教育科学“十三五”规划国家一般课题“教育供给侧改革的基本理论问题与制度保障研究”阶段性研究成果（项目编号：BAA170014）；中央高校基本科研业务费专项资金资助，陕西师范大学博士研究生自由探索项目“俄罗斯教育法律体系研究”（项目编号：2019TS055）。

** 王君妍，陕西师范大学教育学院博士研究生，研究方向：教育政策与教育法。

*** 陈鹏，陕西师范大学教育学院，教授，教育学博士，研究方向：教育政策与教育法。

作为中国法治建设的重要构成,中国特色社会主义教育法律体系与中国特色社会主义法律体系一脉相承,已发展成为我国教育事业的立法根基。与此同时,教育法律体系“缺乏整体设计和系统性”,①纵向衔接不畅、上位立法推行困难、教育部门规章及配套政策缺位等现实问题逐渐暴露,一定程度上迟滞了我国教育事业的发展进程,法律体系建设亟需进一步完善。伴随“一带一路”倡议的提出,教育对外开放成为新时期中国教育发展的重点议题。教育法律作为教育事业可持续发展的基础,更应该做到以我为主、开放借鉴。本文通过对沿线国家教育法律的介绍,使读者深入了解,以期为我国教育法律体系的发展提供经验,助力人类命运共同体的构筑。

一、以效力位阶为导向的纵向基础

法律效力位阶是不同规范性法律文本在法律渊源体系中的纵向等级,能够表示法律体系内不同等级地位的法律规范之间的多种联系与特征,②是确立法律规范适用规则的前提。尽管“一带一路”沿线国家包括了发达国家、发展中国家及部分宗教国家,各国法律制度存在法系和政体上的差异,但都遵从根本法律—基本法律——一般法律—行政法规—地方法规的基本序列关系,教育法律体系也以此法律效力位阶为法律体系构成基准。

(一)以根本法明确教育权利的基本人权属性

宪法是世界各国各类法律的渊源与基础,将公民教育事项明确为受宪法保护的基本人权是沿线国家的通用做法。《日本国宪法》将教育划归为公民基本权利,其第 3 章第 26 条规定:“所有公民均有权按照自己

① 参见秦惠民、谷昆鹏:《对完善我国教育法律体系的思考》,载《北京师范大学学报》(社会科学版)2016 年第 2 期。

② 参见邓世豹:《法律位阶与法律效力等级应当区分开》,载《法商研究》(中南政法学院学报)1999 年第 2 期。

的能力接受教育。所有公民都有义务依法保护他们的孩子接受普通教育。义务教育应免费。"[③]《俄罗斯联邦宪法》第43条"人人有受教育的权利",并保障学前教育、基础教育和中等职业教育的普及性与免费性[④]的规定奠定了俄罗斯教育法律体系的基础。宗教教育是巴基斯坦国家教育体制的一部分,同时宪法中也保证了教育独立的原则。《巴基斯坦宪法》第22条第3款规定,"由国家资助的任何教育机构不得以种族、宗教种姓或出生地为由拒绝录取学生",确保儿童受教育权利的实现。"在择优录取基础上使人人享有接受职业技术教育及高等教育的平等机会"[⑤],保障教育公平。

(二)以基本法保障教育权利的基本人权属性

基本法在整个法律体系中发挥基础性、贯穿性和全局性的作用。《法国教育法典》用于调整各领域的教育关系,在教育法律体系中仅次于宪法地位,其L. 111－1条规定,教育是国家的首要任务,必须保证每位公民的教育权利。[⑥]《俄罗斯联邦教育法》是俄罗斯教育领域的母法,内容涵盖了各类法律规范对象的教育人权保障。以教师权利相关的内容为例,其第47条将教师权利划分为教学权利与自由和劳动权利两大类型,共包括否决权等8大权利,充分体现了教师尊严与教学自由。[⑦]《吉尔吉斯共和国教育法》规定了教育领域的国家政策原则、教育实施准则和教育组织活动规范,规定吉国公民不论性别、国籍、语言、经济状

---

③ 日本参议院:《日本国宪法》,载日本参议院网:http://www. sangiin. go. jp/japanese/aramashi/houki/index. html. ,最后访问日期:2018年10月25日。

④ Минобрнауки, "Конституция Российской Федерации2008", Accessed Octobrt24, 2018. https://минобрнауки. рф/документы/430/файл/1407/Конституция _ Российской _ Федерации. pdf.

⑤ 巴基斯坦伊斯兰共和国政府:《巴基斯坦伊斯兰共和国宪法》,载巴基斯坦伊斯兰共和国政府网:Constitution of Pakistanhttp://pakistani. org/pakistan/constitution/part2. ch1. html. 最后访问日期:2019年7月20日。

⑥ 参见法国司法部:《LOIS2016》,载法国司法部网:http://www. justice. gouv. fr/art_pix/loi_protection_de_l_enfant_14032016. pdf. 2018,最后访问日期:2018年10月28日。

⑦ Минобрнауки, "О Федеральном законе《Об образовании в Российской Федерации》2013", Accessed July 28, 2019. https://минобрнауки. рф/документы/3444/файл/2272/13. 04. 01 – ИР – 170_17. pdf.

况、宗教、职业、政治主张等均有权接受教育,境内非本国公民和无国籍人士同样享有受教育权利。[8]

(三)以一般法律规范各教育领域基本内容

一般法律是基本法律在具体领域中的延伸,需要在基本法律的框架之内设立针对调整对象的调整内容。《社会法典》之下,德国教育法律体系还包括《高等教育法》《职业教育法》《远程教育保护法》等关于具体教育对象的普通法律,详细规定相关教育领域应当遵守的基本规范。日本《学校教育法》在《教育基本法》的精神上,详细规定学校在各阶段、各类型教育内容当中的角色定位,确立"6·3·3·4"新学制,明确 9 年义务教育。[9] 吉尔吉斯斯坦设立《学前教育法》《初等职业教育法》《教师法》等多部教育法律为该国教育事业提供法律保障。

(四)以行政法规推行重大教育举措

行政法规是教育法律的补充,沿线国家通常采用制定阶段性的国家教育行动规划以促进国民教育的发展。俄罗斯联邦政府颁布的《俄联邦教育发展目标纲要》《俄罗斯 2025 教育发展战略》等以教育改革和创新人才培养为重心,是俄罗斯为全面提高教育质量、提升国家竞争力而实施的教育发展战略。[10] 日本政府在基本教育法指导下推行《教育振兴计划》。该计划实施第三期取得了不俗的推进效果,极大地推动了日本国民教育的发展。[11] 伊朗发布的《教育基本改革》计划,作为上位法律的实施细

---

⑧ 参见吉尔吉斯共和国司法部:《吉尔吉斯共和国教育法》,载吉尔吉斯共和国司法部:http://cbd. minjust. gov. kg/act/view/ru-ru/1216. ,最后访问日期:2019 年 7 月 22 日。

⑨ 参见日本参议院:《学校教育法》,载日本参议院网:http://elaws. e-gov. go. jp/search/elawsSearch/elaws_search/lsg0500/detail? lawId = 322AC0000000026. ,最后访问日期:2018 年 11 月 28 日。

⑩ 参见刘茂媛、高凤兰:《国家复兴关键期俄罗斯教育改革的战略性方向规划——基于对〈俄联邦 2016—2020 年教育发展目标纲要〉的分析》,载《外国教育研究》2017 年第 6 期。

⑪ 参见日本参议院:《教育振興基本計画》,载日本参议院网:http://www. mext. go. jp/a_menu/keikaku/index. htm. ,最后访问日期:2018 年 10 月 29 日。

则,革新了国家课程规划,为未来20年内的教育发展提供了设计蓝图。⑫

(五)以地方法规保证教育法规的可操作性

地方法规是国家法律体系中的基础环节,通过制定符合地方特征的规范,以提升国家教育法规的可操作性。德国各州享有州宪法的立法权限。以巴伐利亚州为例,巴伐利亚自由州《宪法》是联邦宪法的具体实施细则,第2部分第2节规定了本地公民应享有的基本教育权利和保护。⑬《社会法典实施法案》则作为联邦《社会法典》的操作指南,规定公民教育权利的具体保护措施。⑭ 巴伐利亚《教育和公共教育法》是巴伐利亚州制定的专门教育类法律,对学校任务、学校建设、学校管理、义务教育实施措施等内容进行了详细规定。⑮ 日本东京基于国家教育法律,分阶段发布了《东京都教育愿景》(2016年),该愿景聚焦于反映民意,对各学科教育措施、家庭教育计划、教师培育等目标的实现提供切实可操作的办法与措施。⑯

法的效力体现在是否“应当被遵守与适用”,⑰判断教育法律体系存在效力与否,应从它以什么标准为核心说服社会成员共同遵守入手。从“一带一路”沿线国家教育法律的实践可以看出,“受教育权即天赋人权”的价值理念是纵向法律秩序的核心。作为法源的根本法奠定“人权”基调,下位法以此为根基在法律内容中对“受教育权即基本人权”加

---

⑫ 参见伊朗伊斯兰共和国教育部:《伊朗伊斯兰共和国教育基本改革》,载伊朗伊斯兰共和国教育部网:. http://www. dres. ir/safeschool/Downloads/FRDE. pdf. ,最后访问日期:2019年8月3日。

⑬ See Bayeriche Staatskanzlei,“Bayern and Recht”, ,Accessed Octobrt 26,2018. http://www. gesetze-bayern. de/Content/Document/BayVerf – G3_2? hl = true.

⑭ See Bayeriche Staatskanzlei,“Bayern and Recht”,Accessed Octobrt 26,2018. http://www. gesetze-bayern. de/Content/Document/BayAGSG – G1.

⑮ See Bayeriche Staatskanzlei,“Bayern and Recht”,Accessed Octobrt 26,2018. http://www. gesetze-bayern. de/Content/Document/BayEUG.

⑯ 参见东京教育委员会:東京都教育委员会. 東京都教育ビジョン(第3次):http://www. kyoiku. metro. tokyo. jp/administration/action _ and _ budget/action/files/vision2016/kaitei1. pdf. ,最后访问日期:2018年10月23日。

⑰ Sieckmann J R,“Rechtssystem und praktische Vernunft:Zur Struktur einer normativen Theorie des Rechts”,Archives for Philosophy of Law and Social Philosophy,2,1992,pp. 145 – 165.

以诠释,从基本法的标准式定义层层延伸至地方法规的操作细则,将“教育人权”转化为平等、公平、选择、保障、救济等内涵。不同层级的法律规范在其效力范围内设定权利表征,巩固“受教育权即基本人权”的价值理念,成为“一带一路”国家教育法律体系纵向秩序的轴心。

二、以调整对象为导向的横向构成

法律法规体系具有纵横交错的特征。横向维度的教育法律是对不同教育领域特定法律关系的调整,亦既以调整对象为导向形成的教育法律体系。“一带一路”沿线国家的教育法律体系以教育活动类型作为调整对象,与各类教育活动相关的同等级法律、法规、规章组成并列横向体系,在基础教育、高等教育、职业教育、终身教育等方面有较为丰富的教育法律体系建设举措。

(一)强调教育机会的基础教育法律体系

基础教育阶段是人在自我实现与发展过程中的奠基阶段,世界各国尤其关注这一阶段教育机会的保障。新加坡《义务教育法》(2003年)要求“符合义务教育年龄(6~15岁)的必须接受为期6年的义务初等教育”,阻止儿童接受义务教育将被视为犯罪行为。与此相配套的《义务教育(罪行构成)条例》《义务教育(豁免)令》规定了构成妨碍义务教育实施的犯罪行为类型。[18] 法国《义务教育法》(2000年),对义务教育的对象、内容、权利义务等作出详细规定,明确义务教育的强制性,保障适龄儿童的受教育机会。俄罗斯为提高基础教育普及性,颁布了《为学龄儿童创造现代化教育环境决议》,建立“新型学校”,为更多学龄儿童提供基础的教育机会。

(二)注重大学自主权利的高等教育法律体系

以推动高校各项职能实现为目标,通过立法保障高校享有一定自治

---

⑱ See Singapore Statutes Online, “Conpulsory aeaducation Act”, Accessed November 1, 2018. https://sso.agc.gov.sg/Act/CEA2000#pr9 – .

与自主权是沿线国家教育体系中的重要举措。[19] 新加坡各大学章程制式基本一致且具有法案性质。以《南洋理工法案》为例，其声明了南洋理工大学的法人地位，委员会和董事会为学校最高管理机构，享有任命权、学位授予权、学生团体批准权等自主权。[20]《俄罗斯联邦高等及大学后职业教育法》是俄罗斯专门的高等教育法律，明确了高等教育机构拥有一定的自治权和科研自由。乌克兰《高等教育法》[21]总则第3条声明“本法所确定的享有自治权利的高等教育机构不受其他法律或法规的限制”，明确将高等教育与政党、宗教组织区分，保障高等教育机构的自主权和学者的学术自由。此外，乌克兰通过制定《高等教育标准》，与《教育法》《国家资格框架》《学科分类指南》等共同构成乌克兰高等教育法律体系，保障高等教育在法律框架内享有发展的自由。

（三）打造分类精细的职业教育法律体系

德国素以职业教育水平闻名世界，其拥有完善的职业教育培育体系，客观的职业教育社会评价，全面成熟的职业教育法律体系。《联邦职业教育法》是德国职业教育的基本大法。1996年出台的《促进职业发展培训法》用于指导个人职业教育培训资助的申请、获取及其他可能存在的责任。[22] 此外《职业培训条例（2005）》设计了一整套完整的职业教育培训制度，包括一般规定；训练；职业培训组织；职业教育与培训、规划和统计；联邦职业培训学院；行政违法行为；过渡期和最终条款七部分。[23] 在基本的职业教育法律规范之外，针对不同职业类型制定了如《农业服

---

⑲ 参见陈鹏：《论高校自主权的司法审查》，载《陕西师范大学学报》（哲学社会科学版）2004年第1期。

⑳ See Singapore Statutes Online, “Nanyang Polytecgnic Act”, Accessed Octobrt 26, 2018. https://sso. agc. gov. sg/Act/NPA1992.

㉑ 参见乌克兰教育部：《高等教育法》，载乌克兰教育部网：https://zakon4. rada. gov. ua/laws/show/1556 - 18.，最后访问日期：2019年8月1日。

㉒ See Fedral Ministry of Justice and Consumer Protection, “Gesetz zur Förderung der beruflichen Aufstiegsfortbildung (Aufstiegsfortbildungsförderungsgesetz - AFBG) 1996”, Accessed Octobrt25, 2018. http://www. gesetze-im-internet. de/afbg/AFBG. pdf.

㉓ See Fedral Ministry of Justice and Consumer Protection, “Berufsbildungsgesetz (BBiG)”, Accessed Octobrt 25, 2018. https://www. gesetze-im-internet. de/bbig _ 2005/BJNR093110005. html#BJNR093110005BJNG000100000.

务职业培训条例》《养老院护士及老年人护工职业培训和考试条例》等数十种培训和考试条例,与地方职业培训条例共同构成了职业教育法律体系。法国职业教育法律体系以《阿斯杰法》为开端,通过《职业训练法》《职业继续教育法》《技术教育基本法》《雇主分担基本职业技术培训费用法》等多部法律详细规制了职业教育各环节的法律依据。

(四)关注学习可持续的终身教育法律体系

终身学习是创建学习型社会,提高精神教育、健全人格的重要教育形式。日本1949年制定的《社会教育法》(2017年修订),强调社会为大众创造教育环境,推进文化宫、博物馆、社会学校的建设,发展终身教育。[24] 1990年制定《终身教育促进法》,侧重加强社会文化设施建设,督促地方相互合作,创建终身教育大环境。[25] 韩国与日本的终身教育法制建设过程相似,1982年制定《社会教育法》开始关注终身教育,1999年制定《终身教育法》,2007年进行修订。韩国和日本还成立了“国家终身教育振兴院”用以专门处理终身教育相关政策法规、体制建设等,国家每5年修订一次终身教育振兴计划,形成持续性跟踪式的终身教育法规监管机制。1976年法国制定《终身职业教育法》,通过促进职业教育终身发展推动社会教育发展。基于社会发展状况,2004年出台《终身职业培训和社会对话法》,进一步强化以职业发展推动终身教育。

调整、规定和解释社会关系是法律规范的应有之意。[26] 教育法律关系是上升到国家意志的教育社会关系,既要反映教育规律,又必须符合法律规范设定原则。“一带一路”各国教育法律对于各种教育活动规律的理解基本一致,即基础教育的非排他性、高等教育的自主性、职业教育的实用性、终身教育的可持续性等,基于此确立各类教育活动参与者之

---

[24] 参见日本参议院:《社会教育法1949》,载E-Gov:http://elaws.e-gov.go.jp/search/elawsSearch/elaws_search/lsg0500/detail?lawId=324AC0000000207.,最后访问日期:2018年10月25日。

[25] 参见日本参议院:生涯学習の振興のための施策の推進体制等の整備に関する法律,载E-Gov:http://elaws.e-gov.go.jp/search/elawsSearch/elaws_search/lsg0500/detail?lawId=402AC0000000071.,最后访问日期:2018年10月25日。

[26] 参见[英]约瑟夫·拉兹:《法律体系的概念》,吴玉章译,商务印书馆2017年版,第127页。

间的权利义务关系，构成教育法律关系。各国教育部门法依据不同教育活动的属性，确认、保护和发展有利于教育秩序的行为规范，通过国家认可，向社会成员明确各类教育活动的法律属性，确立法律地位。法律表述是一种意识存在，各国教育部门法将教育本质规律融入意识存在，转化为对教育发展、社会发展和文化发展的未来期待。

三、以功能作用为导向的工具之用

定位准确的法律法规能够精准协调调整对象，最高效地实现立法目的。因此以功能作用为价值目标的教育法律相比其他法律更加注重针对性和细节性，更能解决教育问题。“一带一路”沿线国家教育法律体系中普遍存在重视功能导向的法律法规，这些法律法规一方面为基础法律法规提供补充支撑；另一方面具有更强针对性，更加充分地体现了法律的工具属性。

（一）保证教育经费来源

充足的教育经费是教育活动实施的重要保障。德国联邦政府依据《关于设立“育儿延期”专项基金的法案》设立专项基金为 3 岁以下儿童看护计划，保证学前教育的资金充足。[27] 通过颁布《关于发展儿童日托的联邦经济援助法》制定阶段性儿童保育融资计划，对 2008～2020 年儿童日托的资金来源进行规定。[28] 日本 1941 年制定《关于上学困难学生的国家援助法》，为经济困难学生提供持续资助，创造平等的入学机会。新加坡《教育部经济援助计划》中明确了在公办学校就读学生可根据条

---

[27] See Fedral Ministry of Justice and Consumer Protection, “Gesetz zur Errichtung eines Sondervermögens ‘Kinderbetreuungsausbau’ (Kinderbetreuungsfinanzierungsgesetz- KBFG)”, Accessed October25. 2018. http://www. gesetze-im-internet. de/kbfg/KBFG. pdf.

[28] See Fedral Ministry of Justice and Consumer Protection, “Gesetz über Finanzhilfen des Bundes zum Ausbau der Tagesbetreuung für Kinder”, Accessed October25. 2018. http://www. gesetze-im-internet. de/kitafinhg/index. html.

件申请援助,大学预科学生可额外获得生活补助。[29]

(二)优化教育师资队伍

保障师资队伍建设是沿线各国促进教育发展的重要手段,也是教育法律体系中不可回避的重点。日本《大学教师任期法》规定了不同专业级别大学教师的晋升条件,明确大学教师劳动合同必须符合《劳动合同法》的规定。[30] 在基础教育阶段施行《教育工作人员执照法》,规定高等教育之外的教师必须获得教育职业许可证,许可证需要进行定期核查更新,以确保教师质量的跟进。[31] 吉尔吉斯斯坦以保障教师队伍专业性为目的,颁布《教师资格认证程序规范》,设立了教师资格认证制度。[32] 新西兰 2017 年通过了《建立教师能力管理局修正法案》,要求教师拥有良好的实践教学能力,必须按期参加职业培训保障教学质量。[33]

(三)提升人才培养质量

不断提升人才培养质量是教育发展的中心环节,也是沿线各国教育立法的核心。韩国制定《法学院育成法》旨在增进法律实践和学术界间的联系,推动国际机构间的相互合作,实现法治理念的普及与发展,保障国民的生活稳定。俄罗斯《高等教育及研究生教育法》强调高等教育、研究生教育与职业的科学整合,设置高等职业教育和研究生职业教育课

---

[29] See Ministry of Education SINGAPORE, "MOE Financial Assistance Scheme", Accessed October25. 2018. https://www. moe. gov. sg/education/financial-assistance.

[30] 参见日本参议院:《大学の教員等の任期に関する法律 1997》,载 E - Gov:http://elaws. e-gov. go. jp/search/elawsSearch/elaws_search/lsg0500/detail? lawId = 409AC0000000082#32. ,最后访问日期:2018 年 10 月 31 日。

[31] 参见日本参议院:《教育職員免許法》,载 E - Gov:http://elaws. e-gov. go. jp/search/elawsSearch/elaws_search/lsg0500/detail? lawId = 324AC0000000147. ,最后访问日期:2018 年 10 月 25 日。

[32] 参见吉尔吉斯斯共和国教育部:《吉尔吉斯共和国教师资格认证程序规范》,载吉尔吉斯共和国教育部网:http://cbd. minjust. gov. kg/act/view/ru-ru/99220? cl = ru-ru. ,最后访问日期:2019 年 7 月 30 日。

[33] See Education. govt. nz, "Establishing a Competence Authority for teacher", Accessed October25. 2018. https://www. education. govt. nz/ministry-of-education/legislation/the-education-update-amendment-act/establishing-a-competence-authority-for-teachers/.

程体系、规定学制、学位授予标准,[34]构成了完整的高等职业教育和研究生教育人才培养体系。吉尔吉斯斯坦《大中专专业教育机构毕业生认证法》要求大中专毕业生必须通过认证测试后获得资格证书。[35] 严格把控职业教育人才产出,以便向社会供应真正的应用型人才。

(四)强调程序正义

程序正义是法律规范应当坚守的基本原则,也是主体权益得以实现的重要保障。新加坡《教育法》第 56 条对教育相关主体的正当上诉程序进行了规定。国家需设立由政府任命成员的"学校上诉委员会",该委员会受国家教育行政部门监督。[36] 日本《教育公务员特例法》对于校长、教师和行政职员的聘用采取评议考核方式,考核结果公示后,考核人可在 14 天内提出异议,评议会给予一次口头或书面陈述的机会。[37]《俄联邦教育法》制订了教育组织的重组、清算程序,规定教育组织形式进行变更应当符合民事立法程序,需要获得联邦政府的许可并征得当地居民的同意。[38]

(五)丰富教育培养形式

远程教育的最终目标在于满足社会需求,提供社会服务。1954 年日本开始推广远程教育,颁布《远程教育促进法》。意在促进教育公平、扩大教育机会,帮助偏远地区获得教育资源。在高等教育方面,日本制定了《放送大学法》《设立函授研究生院的规定》《关于网络高等教育大

---

[34] Минобрнауки,"О Высшем и Послевузовском Профессиональном Образовании1996", Accessed October25. 2018. https://минобрнауки. рф/документы/885/файл/244/96. 08. 22 - 125. pdf.

[35] Министерство юстиции России, " ПоложениеЕ об Итоговой Государственной Аттестации Выпускников Образовательной Организации Среднего Профессионального Образования Кыргызской Республики", Accessed October25. 2018. http://cbd. minjust. gov. kg/act/view/ru-ru/96148.

[36] See Singapore Statutes Online, "Education Act", Accessed October25, 2018. https://sso. agc. gov. sg/Act/EA1957#P1XIII - .

[37] 参见日本参议院:《教育公務員特例法》,载 E - Gov: http://elaws. e-gov. go. jp/search/elawsSearch/elaws_search/lsg0500/detail? openerCode = 1&lawId = 324AC0000000001_20170401_428AC0000000087#B. ,最后访问日期:2018 年 10 月 25 日。

[38] Российсков Образование, " Федеральный закон 'Об образовании в Российской Федерации'", Accessed October25. 2018. http://www. edu. ru/abitur/act. 30/index. php.

学的设置标准》等。印度是亚洲地区较早发展开放性大学的国家之一,其将高等远程教育置于较高的法律地位,设立如《安得拉邦开放大学法》《英迪拉·甘地国立开放大学法》等法律以推动教育的发展。德国、俄罗斯两国分别制定专门的《远程教育法》推动成人教育发展,成为实现社会教育普及化发展的重要支撑。

正如耶林在《法律的目的》中所说"没有一条法律是不可以归为实践动机目的的",因此法律的工具效用成为其标志性特征之一。"一带一路"各国教育法律体系在法律内容上以教育领域的社会问题为导向。教育是社会化的产物,当公平与效益、自由与秩序、个人利益与公共利益发生价值冲突时,法律便成为最有效的解决方式。法律必须具有前瞻性,以预防潜在矛盾。因此,各国教育法律体系都以庞大的针对性法律规范为补充,以促进教育发展为宗旨,进一步实现教育领域的良法之治。

四、结语

"一带一路"沿线国家教育法律体系为我国构筑"权利之法"与"补救之法"㊴兼顾的教育法律体系提供了经验。首先,应进一步深化我国受教育权的人权属性。"一带一路"沿线国家教育法律体系的设置始终坚持受教育权的人权属性,坚守教育公平。我国宪法同样将受教育权置于基本人权地位,然而各类政策规章、地方配套立法需要对教育权利的本质有更加深入的体现。其次,完善教育部门法体系建设。"一带一路"沿线国家部门法体系化建设较为完善,职业教育方面尤为显著,与其他部门法律紧密契合。我国教育法律体系已经基本建成,但部分部门法存在与其他法律衔接不紧密的技术问题。如职业教育法律与劳动法律未能有效衔接,工伤认定、报酬界定、责任划分等现实问题没有明确的法律条文可依。我国应进一步加强部门法的体系建设,以统一的立法目的

㊴ 参见申素平:《对我国教育立法的思考》,载《中国教育学刊》2018年第6期。

构建法律领域网络,促进立法成熟。最后,扩展教育领域立法范畴。"一带一路"沿线国家数量众多,教育立法实践类型和数量基本实现了全领域覆盖,在职业教育法、教师法、学前教育法、终身教育法等领域成果丰富。我国目前的教育法律体系架构较为清晰,涵盖大部分教育领域,但学前教育、终身教育、家庭教育等领域仍需要进一步完善相关立法。

Comprehensive Experience of Education Legal System from the Countries along "the Belt and Road"

Wang Junyan　Chen Peng

Abstract: The Education Law System is a unified body composed of educational legal norms. This unified body is hierarchically different and interconnected. It usually consists of the legal effect rank, the horizontal composition oriented by the regulative target, and the value development oriented by function. The Education Law Systems of the countries along the "Belt and Road" have formed the basic characteristics of vertical foundation of the legal effect rank-orientation, the horizontal composition oriented by the regulative target, and the utilitarianism of the value development oriented by function. At present, our country is in the critical period of rule of law and great changes happened in the realm of legal education. Learning from the experience of the education law system of the countries along the "Belt and Road" will help China 's education legal system for the improvement of its value position, promotion of the systematization of departmental laws, and expand the field of legislation.

Key Words: countries along "the Belt and Road", education legal system dimensions, the legal effect rank, the regulative target, the function

中国学前教育立法研究的知识图谱分析*

——基于CNKI(1994～2019)的数据

苌庆辉** 吴佳颖*** 陈 涵****

摘 要:本文以1994～2019年中国知网数据库中学前教育立法的文献为样本,运用可视化分析软件Citespace Ⅴ形成中国学前教育立法研究的知识图谱。首先,对发文量、重要作者、被引文献进行分析后发现:2007年开始我国学前教育立法研究论文开始出现第一次重要增长;重要作者和高被引文献数量较少,但呈现集中态势。其次,分析了学前教育立法关键词的共现图谱和时序图谱,从静态和动态的视角呈现出研究热点。最后,通过对两类知识图谱的分析,发现学前教育立法相关研究存在四个不足之处:民办园建设面临的困境、专业因素与非专业因素对幼师建设的影响、政府部门对幼教机构管理职

---

* 基金项目:中国法学会2017年度部级法学研究课题《学前教育立法研究》[CLS(2017)C41]。

** 苌庆辉,天津工业大学经济与管理学院副教授,社会学博士。研究方向:高等教育学。

*** 吴佳颖,天津工业大学经济与管理学院硕士研究生。研究方向:教育经济与管理。

**** 陈涵,天津工业大学经济与管理学院硕士研究生。研究方向:教育经济与管理。

责的缺失、立法进程缓慢，相关研究滞后。因此，法律规范和相关群体共同促进民办园建设、从专业因素和非专业因素加强幼教队伍建设、政府部门履行对幼教机构的管理职责、立法进程与相关研究协同推进或成为今后学前教育立法的研究重点。

关键词：立法　知识图谱　研究热点　研究前沿

近年来，西安枫韵幼儿园和鸿基新城幼儿园违规喂药、上海携程亲子园和北京红黄蓝幼儿园虐童等事件一次次将社会的关注点聚集到学前教育。学前教育立法成为政府和社会各界共同关注的问题。本文运用 CiteSpace V 软件，对中国学前教育立法的有关文献进行可视化分析，针对学前教育立法问题，总结学者的研究内容和研究思路，归纳当前教育立法的困境所在、关注重点，分析未来学前教育立法研究应当着力解决的问题等，以期为学前教育立法提供参考。

一、研究设计

（一）数据来源

本研究使用的数据来自中国知网（CNKI）数据库。中国知网使用者广泛，引用文献收录较为完备，其文献具有很高的参考性。通过搜索关键词或主题“学前教育立法”，将检索时期截至 2019 年 6 月 30 日，检索时间为 2019 年 9 月 18 日。经剔除会议论文、报纸文章、年鉴等得到 302 条有效文献，时间跨度为 1994 ~ 2019 年。

（二）研究方法

本文使用的数据处理工具为 CiteSpace V 软件。CiteSpace V 能够通过可视化的手段呈现科学知识的结构、规律以及分布情况，运用此类方法分析得到的可视化图形称为“科学知识图谱”。[①] 本文运用文献研究

① 参见陈悦等：《引文空间分析原理与应用——Cite Space 实用指南》，科学出版社 2014 年版，第 6 页。

法,对学前教育立法的有关文献进行综合分析。

二、研究分析

(一)发文量分析

最早关于学前教育立法的文献是 1994 年李辉的《关于民办、私立学前教育的立法问题》。1994 ~ 2006 年学前教育立法的文章寥寥无几。2007 年关于学前教育立法的文章数量开始增加,直到 2013 年度发文量达到 37 篇,成为发文的第一个高峰。2014 ~ 2017 年发文量逐年递减,之后发文量再次出现上涨趋势。图 1 为学前教育立法年度发文趋势图。

学前教育立法的发文量变化趋势是有迹可循的,与中央或地方政府政策的变化有着紧密的联系。2006 年,教育部等十部门联合颁发《中小学幼儿园安全管理办法》。2007 年,教育部等先后发布《关于加强农村中小学生幼儿上下学乘车安全工作的通知》和《关于加强民办学前教育机构管理工作的通知》。2010 年国务院先后下发了《国家中长期教育改革和发展规划纲要(2010 ~ 2020 年)》和《国务院关于当前发展学前教育的若干意见》。2011 年,教育部“启动学前教育、家庭教育等立法项目”。2012 年,“推进《学前教育法》起草工作”被写进《国家教育事业发展第十二个五年规划》中。《幼儿园工作规程》修订案 2015 年 12 月经教育部第 48 次部长办公会议审议通过,自 2016 年 3 月 1 日起施行。2017 年 5 月,教育部、国家发展改革委、财政部、人力资源和社会保障部四部门联合印发了《关于实施第三期学前教育行动计划的意见》。2018 年,国务院颁布了《中共中央国务院关于学前教育深化改革规范发展的若干意见》。

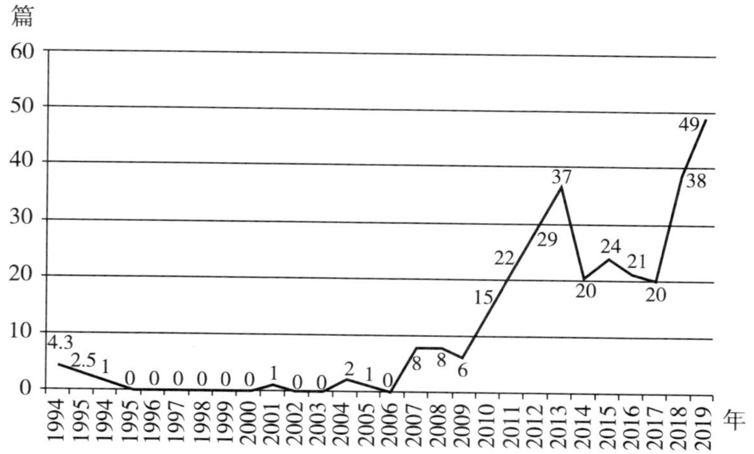

图1　学前教育立法年度发文趋势

（二）作者分析

在 CiteSpaceⅤ第一界面中，节点类型为作者（Author），节点阈值（Selection Criteria）topN 设定 N=30。在第二界面中点击突变（Burstness），选择视图（View）。以发文量为主要关键字、突显值为次要关键字对作者进行排序，得到学前教育立法发文量排名前十的作者。（见表1）

表1　学前教育立法突出作者

发文量(篇)	作者	突显值	开始年份	结束年份
12	庞丽娟	2.2357	2001	2019
7	杨佩昌	1.2731	2012	2013
6	沙莉	1.2625	2007	2015
4	于杰	1.1948	2014	2017
4	虞永平	1.1897	2013	2018
4	张利洪	1.1785	2013	2019
3	刘小蕊	1.2654	2007	2008
3	马方路	0.6496	2007	2007
3	余雅风	0.8175	2008	2019
3	周洪宇	1.2918	2012	2013

从表1中可见,通过发文量可知,持续关注学前教育立法这一问题研究的专家数量不多,研究层面还不够集中和深入。庞丽娟是为数不多的这样类型的专家。她不仅是国家督学、北京师范大学教授,也是全国人大常委会委员。她多次向人大提出议案,不断推动学前教育立法。于杰的4篇文章中,有美国、法国的学前教育立法对我国的启示,也有公平视域下对我国学前教育立法问题进行综述及可行性分析。周洪宇发表的3篇文章中强调了国家的高度重视和社会的广泛关注为学前教育立法提供了良好的发展契机,同时针对我国学前教育发展中的突出问题提出明确的立法重点。

(三)文献共被引分析

在CNKI完成检索界面中,选中的302篇文献点击"被引",呈现学前教育立法的被引文献分布频次表,被引频次最高的前十名如表2所示。

表2　学前教育立法高频次被引文献分布

频次	作者	年份	文献名称	来源
219	庞丽娟、韩小雨	2010	中国学前教育立法:思考与进程	北京师范大学学报(社会科学版)
162	沙莉、刘小蕊、庞丽娟	2007	通过立法强化政府在学前教育事业发展中的职责——美国的经验及其对我国的启示	学前教育研究
124	庞丽娟、韦彦	2001	学前教育立法——一个重大而现实的课题	学前教育研究
66	陶涛	2009	20世纪90年代后美国联邦政府学前教育政策研究	西南大学
65	庞丽娟	2011	加快推进《学前教育法》立法进程	教育研究
62	姚国辉	2008	中国学前教育政策史系统分析研究	陕西师范大学

续表

频次	作者	年份	文献名称	来源
58	国卉男	2013	中国终身教育政策研究	华东师范大学
56	庞丽娟、刘小蕊	2008	英国学前教育管理体制改革政策及其立法	学前教育研究
51	李少梅	2013	政府主导下的我国农村学前教育发展研究	陕西师范大学
46	余雅风	2008	从平等权视角下看学前教育中的政府职责	学前教育研究

庞丽娟团队不仅论文数量多,被引频次也高。她作为第一作者的有3篇中分别强调:第一,学前教育的根本性质是公益性,主张将学前教育纳入公共服务体系现代政府职能中;总结了当前我国学前教育发展中存在的问题和法律缺失,对学前教育立法的基础、进程与立法重点做出思考。第二,对学前教育立法的重要性和必要性做出探讨,并试图对《学前教育法》总体框架做出设想。第三,论证学前教育立法的迫切性和立法基础,并提出立法建议。另外两篇分别对美国联邦学前教育投入的特点和英国学前教育立法保障中政府职责的背景与特点进行研究,对我国学前教育立法有所启示并提出发展思路。可见,其对学前教育立法的研究是全方位的、深入的。

其他重要作者的研究内容有:陶涛对20世纪90年代后美国国会通过的一系列与学前教育有关的法案和《先行计划法》的修订和重新授权情况进行了分析,对扩大学前教育供应面、提高学前教育质量以及加强学前教育研究等几项主要的联邦学前教育政策进行了逐一列举。姚国辉从政策研究的视角出发,将中国学前教育政策发展的历史划分为新中国成立前、解放初至"文化大革命"前和改革开放至今三大时期,明确提出学前教育终将走向立法。国卉男提出构建一套系统完备的终身教育体系,学前教育是其中重要的一部分,提出要建成0~6岁儿童托幼一体化的学前教育体制。李少梅对农村学前立法提出八条建议,强调政府主导,立法先行,保障学前教育的全面发展。余雅风主张,要强化政府在学前教育中保障基本学前教育条件投入的责任,明确其对学前教育机构的管理、监督义务,建立内容全面、系统协调、义务与法律责任相统一的学前教育法律体系。

上述内容对检索结果进行了直观的分析,对主要作者及高被引文献的观点进行了提炼与总结。基于排名靠前的作者和文章的分析具有局限性,下文将运用 Citespace V 对被选文献进行全面、深入的分析。

三、学前教育立法研究的热点与前沿

(一)学前教育立法研究的热点

在 CiteSpace V 第一界面中,选择关键词(Keywords)为节点类型,设置节点阈值(Selection Criteria)为 Top = 10,其他参数设置不变。在第二界面中,布局(Layout)选择聚类视图(Cluster View)绘制出学前教育立法相关文献关键词共现图谱 d 如图 2 所示。

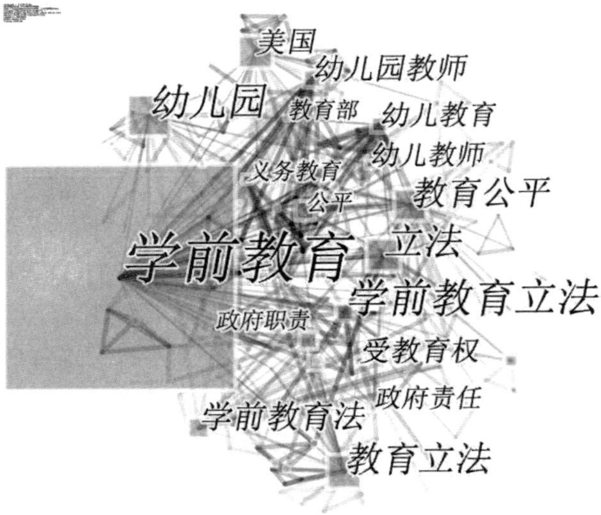

图 2　学前教育立法相关文献关键词共现图谱

方块表示关键词聚类,其大小表示该关键词的频次,方块间的连线多少表示关键词的中心性强弱。为了更直观地研究学前教育关键词,去掉“学前教育”和“学前教育立法”两个高中心性关键词后,筛选频次≥4且中心性≥0.01的关键词并分类,绘制学前教育立法关键词频次与中心性统计表如表3所示。

表3　学前教育立法关键词频次与中心性统计

关键词类型	频次	中心性	时间	关键词
教育立法问题	26	0.16	2003	立法
	20	0.17	2007	教育立法
	5	0.02	2011	地方性法规
	4	0.03	2010	法律保障
	4	0.01	2007	立法工作
政府	17	0.16	2007	教育公平
	8	0.04	2010	政府责任
	6	0.05	2007	政府职责
	5	0.03	2012	学前教育政策
	5	0.03	2008	政策
幼儿教育	26	0.21	2010	幼儿园
	12	0.09	2001	幼儿园教师
	10	0.08	2007	幼儿教育
	9	0.04	2011	幼儿教师
其他地区及国家	11	0.17	2008	美国
	5	0.01	2009	联邦政府
	4	0.01	2009	台湾地区

将关键词归纳整理后分为以下几个方面。

1.教育立法问题。这一部分的关键词紧扣“学前教育立法”的主题,教育立法、地方性法规、法律保障等。关于地方性法规,梁慧娟比较了杭州、江苏、宁波三地学前教育地方性法规的具体内容,提出我国中央及地方学前教育立法应把儿童权益保障置于学前教育立法目的首位;应明确中央政府的职责,并对地方政府履行的相应职责进行监督;关注地方性学前教育法规的实施。② 陈迁研究了2001~2015年我国除港澳台之外的23个学前教育地方性法规,认为我国学前教育地方性法规的立法东多西少;法规数量不足,层次偏低;同一地区差异较大;各地的学前教育法规很少涉及0~3岁阶段的学前教育管理。③ 学前教育立法具有迫切性,学前教育办学经费匮乏,教育资源紧缺,难以实现普及发展;学前教育入园难、入园贵,难以确保儿童的受教育权;学前教育教师队伍建设较为滞后,教师陷入身份迷失困境;社会力量注入学前教育办学缺乏规范与引导,④而我国教育事业发展的迫切要求、经济实力的不断发展、教育法律法规的亟待完善以及社会各界的密切关注等又为学前教育立法提供了良好的发展基础,建议我国学前教育立法抓住影响我国学前教育事业发展的根本性、深层次的核心问题,特别是学前教育性质、政府职责、投入体制、管理体制、办园体制、幼儿教师的身份与待遇等,转变观念,突破思路,重点就这些问题作出规定。⑤

2.政府。表3中与政府职能相关的词语有政府职责、政府责任、政策、学前教育政策。有研究者提出我国学前教育中的政府职责是制定专门的学前教育法律,大力推动并开展学前教育立法工作;建立健全学前教育管理的相关机制体制,完善管理机构设置;加大学前教育资金投入规模,完善教育成本分担机制;发展农村地区学前教育,优先普及农村学前教育;优化幼儿师资建设,建立我国幼儿教师培训机制,完善教师资格认定与聘任,明确身份地位提高工资待遇。⑥ 在政策方面,有研究者从多源流视域视角把学前教育立法的问题源流、政策源流和政治源流进行

---

② 参见梁慧娟:《我国地方学前教育立法的内容分析及其启示——以三个地方性学前教育法规为例》,载《学前教育研究》2013年第4期。

③ 参见陈迁:《我国学前教育地方性法规建设的现状与对策研究》,载《教育科学》2016年第1期。

④ 参见陈鹏、高源:《我国学前教育立法的现实诉求与基本问题观照》,载《陕西师范大学学报》(哲学社会科学版)2017年第6期。

⑤ 参见庞丽娟:《加快推进〈学前教育法〉立法进程》,载《教育研究》2011年第8期。

⑥ 参见罗津:《我国学前教育中的政府职责研究》,中央民族大学管理学院2013年硕士学位论文,第136~143页。

耦合，在政策之窗与政策企业家的共同作用之下，推动我国学前教育立法政策的进程，构建完善的学前教育法律体系。⑦ 同时，随着学前教育的普惠性发展，学前教育政策的性质具有强烈的社会公益性，立法中需摒弃行政意蕴，凸显其社会性，为学前立法巩固根基。⑧

3. 幼儿教育。此类关键词中心性最高的词语是幼儿园，财政分权体制的深化将基础教育财政责任下移，学前教育与义务教育的投入政策开始分化，进一步激化了"入园难、入园贵"的现象。⑨

现实中幼儿教师群体的待遇、资质等方面存在诸多问题。教师成为学前教育立法领域一个重要的研究内容。关键词有幼儿园教师、幼儿教师。我国幼儿园教师待遇普遍偏低。一方面，要明确教师权利，保障教师权益。必须从法律上使学前教师与中小学教师享有同等的身份、地位和权利；应该将学前教师职称评定体系从小学教师职称评定体系中独立出来；要使幼儿教师的工资、福利待遇与义务教育教师保持一致；保障幼儿教师的培训权利，建立、规范幼儿教师培训与专业发展制度。⑩ 另一方面，要强调幼儿园教师应履行的义务以及应承担的法律责任。幼儿教育虽然是整个教育系统中最基础的部分，但并不等于就可以降低对幼儿教师的要求，反而更应该高标准、严要求，明确化、法制化教师的各项责任和权利。⑪ 要解决幼儿园教师工资待遇，就应首先完善学前教育立法，通过法律法规对教师问题进行规范。⑫

4. 经验借鉴。以美国为例，美国学前教育的立法体系庞大、内容丰

⑦ 参见刘小鹏、崔怀坤：《多源流视域下我国学前教育立法的可行性思考》，载《教育探索》2016 年第 4 期。

⑧ 参见屈振辉、杨莹：《我国学前教育政策的社会性和法律化》，载《中华女子学院学报》2013 年第 4 期。

⑨ 参见柏檀、周德群、王水娟：《教育财政分权与基础教育公共支出结构偏向》，载《清华大学教育研究》2015 年第 2 期。

⑩ 参见宋立会：《我国学前教育的法律规制》，载《河北法学》2016 年第 12 期。

⑪ 参见沙莉：《立法保障高素质学前教育师资：美国经验及启示》，载《现代教育管理》2015 年第 10 期。

⑫ 参见李辉：《我国内地幼儿园教师工资待遇改革建议及方案评析》，载《幼儿教育》2013 年第 22 期。

富,涵盖了《提前开始法》《儿童保育与发展固定拨款法》《不让一个儿童落后法》等十几个不同层次的法律规范,形成了学前教育的多元化立法格局,给我们提供了丰富的经验。[13] 台湾地区的学前教育也有许多可取之处。1981年台湾地区出台的"幼稚教育法"成为台湾地区学前教育中的母法,随后颁布的"教师法""教育基本法""教育经费编列与管理法"等"法律"条文对学前教育的相关群体、经费管理等方面进行补充。2011年出台的"幼儿教育及照顾法"在学前教育的目标与内容、结构组织、人员配备、监督管理等方面做出明确规定,为规范学前教育机构、提升学前教育办学质量提供了全面的法律基础。[14] 我国通过借鉴其他国家和地区先进的发展经验,立足于中国国情,实现构建一套中国特色的学前教育法律体系的目标。

(二)学前教育立法研究的前沿

除了静态的分析外,通过关键词时序图谱还可以对各个研究年段关注点的变化进行动态分析。

在CiteSpace Ⅴ第一界面中,节点阈值(Selection Criteria)为TOP = 20%,其他参数设置不变。在第二界面的布局(Layout)中选择时序视图(Timeline View),得到学前教育立法相关文献关键词时序图谱如图3所示。

图3中的时间节点体现了学前教育立法研究热点不断变化的动态过程,1994年开始出现最早的文献,2007年之前节点分布松散,连线较少。2007年之后节点分布紧密且多样,节点之间的连线增多,表示随着时间的推移,学前教育立法研究不断出现新的主题,我国学前教育立法研究走向多元化。结合学前教育立法年度发文趋势图以及共现时序图谱,可以将学前教育立法研究划分为三个发展阶段。

第一,起步阶段(1994～2007年)。在这一时期,对学前教育立法的研究刚刚起步,研究者少,研究范围不广泛。学前教育是我国学制的第一阶段,研究者认识到通过教育立法为学前教育健康发展创造条件的重

---

⑬ 参见于杰:《美国学前教育多元立法对我国的启示》,载《人民论坛》2014年第2期。

⑭ 参见庞丽娟、夏婧、沙莉:《台湾地区"立法"促进私立学前教育健康发展的经验及启示》,载《教育科学》2013年第1期。

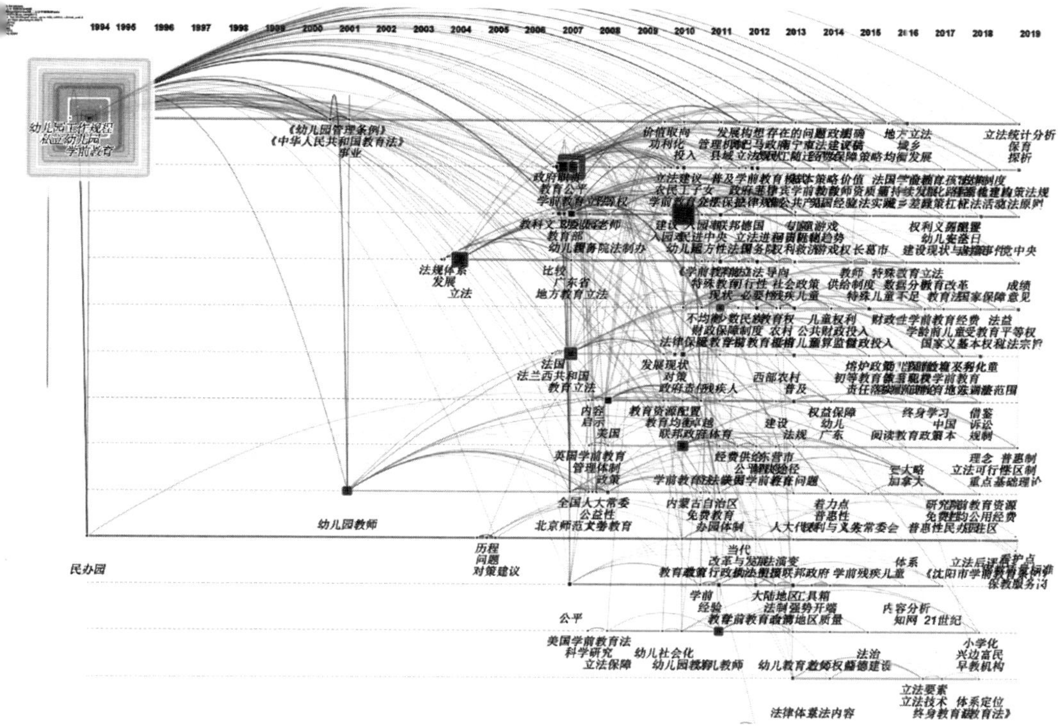

图3　学前教育立法相关文献关键词时序图谱

要性。民办园、地方法规、教师等是研究的重点。

第二，全面深入阶段（2008～2011年）。2007年年底，教育部将学前教育立法作为往后五年立法的重点；2010年“国十条”的出台标志着学前教育立法进入深入研究阶段。这一阶段的研究解读广泛，包括英国、美国、法国的立法现状、政府职责、立法保障、办园体制等，研究的着眼点也有教育资均衡、地方学前教育等。

第三，稳定发展阶段（2012年至今）。2012年后节点密集，发文量基本保持在每年20篇，进入稳定发展时期。为了实现“2020年基本普及学前教育”的战略目标，国家也相继出台了一系列政策举措。对以往的研究点进行更深入探索的同时也出现了许多新的研究点，比如关注特殊儿童学前教育、维护儿童游戏权，以及二孩政策对教育立法的影响等。

在2017年的中国教育学会教育政策与法律研究分会上有学者指出,学前教育立法应坚守公益性、扩大财政投入、明晰权责划分、提升师资水平、重视家长参与⑮。随着立法工作进程的推进,近两年研究热点出现了新的变化,出现立法宗旨、立法原则、立法要素、立法后评估等词语,强调教育平等权、阅读教育政策、生均教育经费、小学化等内容。由此可知,学前教育立法的研究还将更加全面化、具体化、本质化。

四、学前教育立法的不足

从学前教育立法关键词共现图谱和时序图谱的分析表明学前教育立法存在以下问题。

(一)民办园建设面临的困境

公办园由政府设立并实施监管,相对民办园来说管理等方面比较完善,因此民办园建设需要加大研究力度。第一,民办园缺少充足的财政保障。长时间以来民办园很难获得财政支持,尽管"国十条"提出积极扶持民办园、以奖代补支持普惠性民办园,但财政补贴力度仍与公办园差别巨大,缺乏长效的财政保障机制使得民办园运营压力巨大。第二,民办幼儿园收费标准混乱。如《云南省学前教育条例》规定"公办学前教育机构收费标准,由城乡经济发展水平决定,民办园根据办园成本确定收费标准"。我国各省市的学前教育条例中的民办园收费标准基本都是根据成本自行决定,一旦民办园过度市场化势必会影响教育公平的实现。

(二)专业因素与非专业因素对幼师建设的影响

幼儿园教师是学前教育中的责任主体,其工作过程直接影响着学前教育的质量。对幼儿园教师的影响因素可分为专业性因素与非专业性因素。在专业性因素中包括两个因子,分别是专业资质和专业培训。第一,我国幼儿园教师学历为高中、中专的占47%,学历为初中的占6%,

---

⑮ 参见路娟、祁占勇:《教育现代化背景下教育立法与教育政策的变革——中国教育学会教育政策与法律研究分会第十届学术年会综述》,载《教育研究》2018年第2期。

甚至存在小学学历。⑯《提前开始法》2003年修订案中要求美国从2011年9月30日起,所有任职"提前开始"机构的教师均要拥有早期教育的协士、学士或更高学位。⑰ 以立法的形式设定我国幼儿园教师的准入标准需要学者们展开细化的研究。第二,对幼儿教师的培养经费投入不足。2005年提请美国国会审议的《学前班入学法案》中规定,2006年财政年度联邦拨款为20亿美元,到2010年达到100亿美元。该法案规定这笔拨款中的相当一部分要用于学前班教师的各种培训与专业发展,以达到各州对幼儿教师提出的资格要求。⑱ 2012年,我国幼儿园教师培训项目纳入"国培计划"。据统计,至2013年,中央财政为支持"国培计划"发展共投入43亿元,幼师国培项目累计11亿元,占比25.6%⑲。对比可知,我国的幼儿教师培养的相关政策出台晚于美国,而且在支持力度上也低于美国。因此,仍需进一步研究幼儿教师的专业培训与经费投入。非专业因素中也有两个因子:工资待遇与福利保障。例如河南省洛阳市幼儿教师的月工资水平低于2000元的占比超过了45%,一定比例的幼教工资水平处于当地2017年最低工资水平1720元;能够明确提供"五险一金"的幼儿园仅占38.84%。⑳ 公办园与民办园之间、农村与城市之间的幼儿教师的待遇与保障存在更大的悬殊。改善幼儿教师的境况,保障幼儿教师的权益,克服幼儿教师之间的差距都会对幼儿教师队伍建设起到关键性作用。

(三)政府部门对幼教机构管理职责的缺失

第一,由于相关法律法规的缺失,发展学前教育并未完全纳入地方

---

⑯ 参见管华:《学前教育立法应处理好十大关系》,载《湖南师范大学教育科学学报》2019年第1期。

⑰ 参见沙莉:《立法保障高素质学前教育师资:美国经验及启示》,载《现代教育管理》2015年第10期。

⑱ 参见朱丽:《公办幼儿园教师培训经费研究——以苏北L县为例》,南京师范大学教育科学学院2017年硕士学位论文,第21页。

⑲ 参见侯玉娜:《以"三大改革创新"破解学前教育普惠健康发展难题》,载《教育与经济》2018年第1期。

⑳ 皮悦明、王庭照:《幼儿园教师权益保障的显示境遇与立法分析》,载《法学教育研究》2019年第1期。

社会发展的规划,也没有作为政府相关职能部门的责任进行硬性规定。地方政府既没有专职管理学前教育的人员,也没有管理评估标准和监督考核问责机制。只有各省市出台的学前教育条例,且各省市的规定也不尽相同。第二,公办幼儿园在建设保障、保育教育以及从业人员等方面都由市、县级政府统筹安排,而民办幼儿园由多方社会力量参与,政府对民办园进行管理时会出现职责不清,管理混乱的状况。第三,政府是学前教育财政投入的主要责任人,有关学前教育的财政制度还不完善。政府财政投入不足、财政资源分配不合理、政府与市场之间的成本分担等问题都没有制度进行规范。

(四)立法进程缓慢,相关研究滞后

《国家教育事业发展"十三五"规划(2016~2020 年)》中提出要推进学前教育法等法律的研究起草工作,加快制修订教育规章,完善教育法律法规体系。2013 年国家启动学前教育立法调研工作,教育部通过立法座谈会、调研各地学前教育发展和立法状况、委托相关课题研究、国外考察等方式,积累了比较丰富的立法背景资料。但是,目前较少有研究者系统地对教育立法过程本身进行较为深入的研究,如加快推进学前教育立法的关键环节、全国人大立法规划的工作机制和重要影响因素、教育立法的程序、立法资源分配、教育部门责任、社会各界参与等问题。

五、学前教育立法研究的展望

通过对学前教育立法研究关键词共现图谱和时序图谱的分析,对学前教育立法研究中存在的不足进行总结,结合我国当前学前教育立法的现实,笔者认为以下四点或成为未来研究的重点:

(一)法律规范与相关群体共同促进民办园建设

健全幼教机构的办学标准、监管、退出等机制,明确家长等社会群体的教育责任。当前,我国很多省份的幼儿教育是民办园为主体。有关民办园的举办者、资金的使用、集团化办学、上市融资等问题都需要明确的法律规范。我国应进一步研究这些规范与《教育法》《民办教育促进法》等不同法律的协调问题。另外,家长的教育责任、家校委员会制度、家长参与幼教机构的评价等方面也需要有所关注。

(二)从专业因素和非专业因素两方面加强幼教队伍建设

从专业因素来看,根据我国学前教育阶段的学情和需要,设立相对统一的幼儿教师准入标准,满足学历水平和任职资格的基本要求,逐步覆盖全国各地区、各层次的幼教机构。同时政府部门要重视对幼儿教师的培训,加大经费投入,为幼儿教师提供学习与进修的途径。从非专业因素角度来看,学前教育法应重点保障幼儿教师的切身利益。学前教育相关法律法规的缺失使幼儿教师在社会地位、工资待遇以及职称编制等问题上都存在管理盲点。

(三)政府部门履行对幼教机构的管理职责

要建立起完善的学前教育法律法规体系,就必须将政府在学前教育应承担的职责作为一项重要内容。政府在学前教育中履行职责是学前教育健康发展的有力保障。通过制定科学、合理的法律法规来规范和保障学前教育事业的发展,积极推动学前教育立法工作的开展,是政府的重要职责,也是确保学前教育发展和切实落实政府其他各项职能的重要基础与前提。[21] 将学前教育作为公共服务体系的一部分,做好学前教育的监督管理工作,增加学前教育的财政投入,学前教育资源协调分配,优化学前教育资源配置,大力培养建设幼儿教师队伍等都需要政府发挥其管理职能。

(四)立法进程与相关研究协同推进

2019 年 8 月 22 日,教育部部长陈宝生在第十三届人大常委会第十二次会议上针对学前教育事业改革发展情况进行报告,他提到学前教育法草案基本形成,教育部正在组织力量对草案进行修改完善,计划列入国务院 2020 年立法计划;教育部建议全国人大也将学前教育法列入常委会 2020 年度的立法工作计划。国家相关部门在学前教育立法工作中

㉑ 参见庞丽娟、韩小雨:《中国学前教育立法:思考与进程》,载《北京师范大学学报》(社会科学版)2010 年第 5 期。

积累了丰富的理论与经验,学前教育法逐渐成形。在此过程中,相关部委、人大代表、专家等对学前教育法的建议值得学者们论证其科学性;学前教育法出台后,需要研究者们对法律条文进行深度解读;同时,对地方学前教育法、学前教育财政法、学前教师保障法等相关法律的进一步研究,有助于构建一套全面、完善的学前教育法律体系。

A Knowledge Map Analysis of the Research for Pre-school Education Legislation in China-Based on the Literature of Preschool Education Legislation in CNKI (1994 – 2019)

Chang Qinghui　Wu Jiaying　Chen Han

Abstract: This article takes the literature on preschool education legislation in the CNKI database from 1994 to 2019 as a sample, and uses the visual analysis software Citespace V. to generate a knowledge map of China's preschool education legislation research. First, the author analyzed the volume of publications, important authors, and cited literature and found that: in 2007, China's preschool education legislation research papers began to increase for the first time; the number of important authors and highly cited literature was small but concentrated. Secondly, the author analyzes the co-occurrence map and time series map of the keywords of preschool education legislation, and presents research hotspots from static and dynamic perspectives. Finally, through the analysis of the two types of knowledge maps, it is found that there are four shortcomings in the research on preschool education legislation: the dilemma faced by the construction of private running kindergartens, the impact of professional and non-professional factors on the training systems of preschool teachers, and the management of government agencies on preschool education institutions-the lack of responsibilities, the slow legislative process, and related research lag. Therefore, laws and regulations and related administrative agencies and social organizations should jointly promote the construction of private running kindergartens, strengthen the construction of preschool education teams from professional and non-professional factors. In the meantime, government departments should fulfill their management responsibilities for preschool education institutions, the legislative process coordinated with related research, which will become the future research focus on preschool education legislation.

Key Words: legislation, knowledge map, research hotspot, research frontier

学术委员会章程的要素分析及其现实关照

——基于6所部属师范大学的章程文本分析*

侯　佳**　李金碧***

摘　要：学术委员会章程是完善大学学术委员会制度的重要途径，也是彰显大学学术权力的制度保障。本文通过对6所部属师范大学学术委员会章程文本进行分析，发现当前主要面临着学术组织功能不健全，学术治理体系不完善，选举程序比较单一，监督机制不到位等问题，并从加强顶层设计，拓展学术组织功能；增设办事机构，完善学术治理体系；优化选举程序，增强组织成员公信力；作出明确规定，健全学术监督机制等方面进行现实关照。

关键词：学术委员会章程　学术组织运行　学术权力　行政权力

完善中国特色的现代大学制度，首要任务是加

---

* 基金项目：2017年国家社会科学基金教育学青年课题“中国近代大学章程的创立及其实践研究”（项目编号：COA170248）。

** 侯佳，山西大学教育科学学院副教授，教育学博士。研究方向：高等教育学和教育管理学。

*** 李金碧，山西省教育厅高等教育处研究员，历史学博士。研究方向：教育史和高等教育学。

快大学学术组织制度建设，广泛增强大学学术权力，构建学术权力与行政权力协调发展的良性机制。近年来，我国6所部属师范大学以加快推进学术委员会章程建设为切入点，积极拓展与优化师范大学学术组织功能，充分发挥师范大学学术委员会章程在大学学术权力中的积极作用，在完善师范大学学术组织制度建设、营造良好的大学学术氛围方面收效显著。然而，调查研究发现，我国6所部属师范大学学术委员会在实际运行的过程中仍面临着诸多阻力，其中一个重要原因就是学术委员会章程本身尚不完善。为此，笔者对6所部属师范大学的学术委员会章程文本进行了深入的分析和比较，并对其实施情况进行了追踪调查，以期从中发现问题找出原因，进而提出可资借鉴的策略。

一、师范大学学术委员会章程的基本概况

本研究选取我国6所部属师范大学（北京师范大学、华东师范大学、东北师范大学、华中师范大学、西南大学和陕西师范大学），以其各自官网公布的学术委员会章程为研究对象进行研究。经研究发现，6所部属师范大学正在通过学术委员会章程建设进一步完善其相关学术制度，构建鼓励创新、注重实效、更加开放的制度环境，完善适应学校特点和发展要求的现代大学制度。

综观6所部属师范大学的学术委员会章程（如表1所示），主要包括以下几部分内容：

第一部分是总则，指明了制定学术委员会章程的根本目的及其制定依据，并对大学学术委员会的组织性质和地位进行了阐述。

第二部分是组织机构，对大学学术委员会的人员任用资格、人员任用程序以及各个职能机构设置进行了规定。

第三部分是工作职责，主要涉及各个学校学术委员会的主要工作职责、各专门委员会的基本职责、院（系）学术委员会的基本职责，同时规定了学术委员会委员享有的权利与义务。

第四部分是议事规则,此部分内容是章程中最为重要的部分,其中阐明了学术委员会的会议制度和议事原则,同时规定了会议实行亲属回避制度、邀请相关人员列席制度以及复议制度。

第五部分是附则,主要阐明学术委员会章程的生效机制和解释权归属,突出体现章程的规范完整性特征。

6所部属师范大学在制定本校章程的同时,组建了大学学术委员会。在校学术委员会的领导下分设学术道德与学风建设、学术评议、教学指导、申诉与投诉、教师聘任、学科建设、规划与预算等各专门分委员会。一般学术事务的决议由各专门分委员会根据本校的学术委员会章程进行处理,而重大学术事项的议决则由大学学术委员会全体成员参与讨论决定。据调查,华东师范大学学术组织机构由校学术委员会和院(系)学术委员会两级构成。就华东师范大学来看,最高学术审议机构是校一级的学术委员会,同时分设学校学位评定委员会、教学委员会等各专门分委员会。华东师范大学积极开展校学术委员会的换届选举工作以及各专门分委员会的机构组建工作,同时制定出各级学术委员会章程。根据章程规定,依托各级学术组织,完成了《华东师范大学章程》等校内规章制度修订以及相关学术事务的咨询和审议工作。近年来,华中师范大学学术委员会根据其章程规定,依托各级学术组织,切实履行咨询、审议、评定和决策等工作职能,在学校的学术评价与审议、学术道德规范等方面贡献突出,极大地推动了学校各项事业的稳步发展。此外,陕西师范大学在校学术委员会下设置了人文科学学部、社会科学学部和理学部等。为加强学科建设、促进学科间的交叉与融合,在内部管理体制改革方面进行了诸多尝试。

表1 6所部属师范大学学术委员会章程概览

学校名称	相关学术制度及其章程结构
北京师范大学	《北京师范大学学术委员会章程》于2018年10月颁布,共有六章,分别是:第一章 总则;第二章 组织机构;第三章 委员组成;第四章 职责权限;第五章 运行制度;第六章 附则

续表

学校名称	相关学术制度及其章程结构
华东师范大学	《华东师范大学学术委员会章程》于 2014 年 4 月颁布,共有五章,分别是:第一章 总则;第二章 组织机构;第三章 工作职责;第四章 议事规则;第五章 附则
东北师范大学	《东北师范大学学术委员会章程》于 2014 年 12 月颁布,共有五章,分别是:第一章 总则;第二章 组织与规则;第三章 职责;第四章 权利、义务与纪律;第五章 附则
华中师范大学	《华中师范大学学术委员会章程》于 2015 年 5 月颁布,共有六章,分别是:第一章 总则;第二章 组成规则;第三章 职能权责;第四章 会议制度;第五章 议事规则;第六章 附则
西南大学	《西南大学学术委员会章程》于 2015 年 5 月颁布,共有六章,分别是:第一章 总则;第二章 组成;第三章 委员;第四章 职权;第五章 议事;第六章 附则
陕西师范大学	《陕西师范大学学术委员会章程》于 2015 年 12 月颁布,共有六章,分别是:第一章 总则;第二章 组成;第三章 委员;第四章 职权;第五章 运行制度;第六章 附则

二、师范大学学术委员会章程的基本要素构成

6 所部属师范大学学术委员会章程的颁布实施,是其积极构建中国特色现代大学制度,努力践行“教授治学”这一理念的重要方法和途径,也是建构以学术委员会为核心的学术管理体系的首要前提。通过对我国 6 所部属师范大学的学术委员会章程进行分析,可窥见师范大学学术委员会的性质及其章程制定依据、组织机构、工作职责和议事规则等一些既有普遍性又有特殊性的特征。

(一)师范大学学术委员会的性质及其章程制定依据

如表 2 所示,从 6 所部属师范大学学术委员会的基本性质来看,北京师范大学、陕西师范大学、华中师范大学和西南大学都规定了学术委员会是学校的最高学术机构,拥有对学校学术事务的咨询、审议、评定和

决策等权力。其中，华中师范大学的学术委员会既是学校又是各学院的最高学术机构。华东师范大学的学术委员会是处理本校学术事务的咨询、审议和决策机构。东北师范大学的学术委员会则是受校长之委托，对本校有关学术层面的重要事项进行合理规划、有效决策、民主评议、依法监督的学术机构。

从6所部属师范大学的学术委员会章程的制定依据来看，除东北师范大学是依据《中华人民共和国高等教育法》之外，其余5所部属师范大学则都是依据《中华人民共和国高等教育法》《高等学校学术委员会规程》和各自学校颁布实施的大学章程等法规制定。

表2　师范大学学术委员会的性质及其章程制定依据

学校名称	性质（或地位）	章程制定依据
北京师范大学	学校最高学术机构，统筹行使学术事务的咨询、审议、评定和决策等职权	《中华人民共和国高等教育法》《高等学校学术委员会规程》和《北京师范大学章程》
华东师范大学	学术事务的咨询、审议和决策机构	《中华人民共和国高等教育法》和《华东师范大学章程》及其他相关法律法规
东北师范大学	受校长之委托，对本校有关学术层面的重大事项进行合理规划、有效决策、民主评议和依法监督	《中华人民共和国高等教育法》
华中师范大学	既是学校的，又是学院的最高学术机构，统领着大学学术事务的咨询权、审议权、评定权和决策权	《中华人民共和国高等教育法》《高等学校学术委员会规程》和《华中师范大学章程》及相关规定
西南大学	学校最高学术机构，统领着学术事务的咨询、审议、评定和决策等职权	《中华人民共和国高等教育法》《高等学校学术委员会规程》和《西南大学章程》
陕西师范大学	学校最高学术机构，统领着学术事务的咨询、审议、评定和决策等职权	《中华人民共和国高等教育法》《高等学校学术委员会规程》和《陕西师范大学章程》

（二）师范大学学术委员会的组织机构

如表3所示，从6所部属师范大学学术委员会的组织机构来看，大致分为人员任用资格、机构人员组成和组织机构设置等。各师范大学关于人员任用资格的标准可概括为：遵纪守法，作风正派；责任心强，治学严谨，学术道德高尚；在专业领域享有良好的学术声誉及公认的学术成就；热心于学校建设和发展，自愿参与和讨论学术事务，并拥有一定能力，能够正常履行相应职责；具有正高级专业技术职务；年龄不超过60岁等。值得关注的是，北京师范大学学术委员会章程明确指出："其中45岁以下青年委员应占委员总数的15%以上。"①华中师范大学学术委员会章程也同样声明"并应当有一定比例的青年教师"。② 由此可见，以上两所高校的学术委员会非常重视青年教师能否获得学术权力。青年教师既是各院系进行人才培养和学科建设的后备力量，也是各级基层科研机构的学术骨干。积极发挥青年教师在学术事务决策方面的重要作用，可有效促进大学的健康快速发展。

我国6所部属师范大学的学术委员会章程对机构人员组成进行了明确规定，校学术委员会人数基本上都控制在35～45人，同时设主任委员1人。华中师范大学学术委员会章程为落实"以生为本"的办学理念，校学术委员会特设学生委员，列席校学术委员会会议，但无选举权和表决权。学生委员共有5个席位，包括2名本科生，2名硕士生和1名博士生。由此观之，华中师范大学学术委员会有效践行了"以人为本"的学生观，注重对学生个体发展权利的保护，尊重学生的主体地位，极具时代性、规范性和创新性。另一个值得称颂的是西南大学和陕西师范大学在各自的学术委员会章程中明确指出，"学校党委书记和校长一般不担任

---

① 北京师范大学：《北京师范大学学术委员会章程》，载北京师范大学官方网站：http://xxgk.bnu.edu.cn/xxgkml/xqgk/159704.htm.，最后访问日期：2019年6月5日。

② 华中师范大学：《华中师范大学学术委员会章程》，载华中师范大学官方网站：http://aco.ccnu.edu.cn/info/1010/1004.htm.，最后访问日期：2019年6月12日。

主任委员”,[3]表明行政权统领学术权的矛盾得到化解,同时也充分彰显出学校在积极践行教授治学的办学理念。

表3 师范大学学术委员会的组织机构

学校名称	人员任用资格	机构人员组成	组织机构设置
北京师范大学	由具有正高级以上专业技术职务的人员组成,其中45岁以下青年委员应占委员总数的15%以上;拥有较高的学术成就,在专业领域享有良好的学术声誉和公认的学术成果	校学术委员会人数为不少于45人的单数。不担任相关职务的专任教师人数不得少于总人数的1/2	校学术委员会设主任委员1名,由校长提名的专家担任。由校长提名的主任委员须经党委常委会讨论通过,经校学术委员会全体委员选举产生,由校长聘任。由主任委员提名,按照推选程序产生若干名副主任委员
华东师范大学	学术道德高,学术造诣深;责任心强,治学严谨;办事公正,能履行委员职责	校学术委员会人数为31~35人,包括1名主任委员和若干名副主任委员	校学术委员会和各专门委员会下设秘书处作为日常办事机构,负责具体落实相关事务。校学术委员会秘书处设在学科建设与发展办公室
东北师范大学	具有正高级专业技术职务,除特殊专业外,应具有博士生指导教师资格;年龄一般在60岁以下,身体健康;工作在教学和科研第一线,取得突出的教学和科研业绩,在国内乃至国际本学术研究领域有较大影响等	哲学社会科学学术委员会、自然科学学术委员会一般各由25人组成,各设主任1人,副主任1人。主任、副主任由校长任命	学术委员会可根据需要成立若干常设性的或临时性的评议组、评审组或专题组,代表学术委员会处理相关业务或学术问题

---

③ 西南大学:《西南大学学术委员会章程》,载西南大学官方网:http://acad.swu.edu.cn/viscms/acadidex/xuexiaoyouguanzhidu8266/20150505/187846.html.,最后访问日期:2019年6月19日。

续表

学校名称	人员任用资格	机构人员组成	组织机构设置
华中师范大学	由能认真履行职责的教授及具有正高级专业技术职务的专家代表组成,并应当有一定比例的青年教师	由推选委员、提名委员和特邀委员组成。为落实“以生为本”的办学理念,特设学生委员	校学术委员会设立秘书处,包括1名主任和1名副主任,办理校学术委员会的日常工作
西南大学	遵纪守法,作风正派;治学严谨,学术造诣高,具有良好的学术声誉和公认的学术成就;能够正常履行职责;具有正高级专业技术职务;年龄不超过65岁等	40岁以下的青年教师不得少于委员总数的1/10。学校党委书记和校长一般不担任主任委员	设秘书处,负责处理学术委员会的日常事务。设置学科专业建设、学术评价与学术道德建设、专业技术职务评审等专门委员会,具体承担相关职责和学术事务
陕西师范大学	遵纪守法,作风正派;治学严谨,学术造诣高,在本学科或专业领域具有良好的学术声誉和公认的学术成就;新增者年龄原则上不超过60岁	由学校不同学科、不同专业并具有正高级专业技术职务的人员组成	学术委员会设置各学部,作为学术事务分类管理的评议机构

(三)师范大学学术委员会的工作职责

从表4中可以看出,6所部属师范大学学术委员会的工作职责基本上集中在审议、评审、评定和提出咨询意见上。其中,华东师范大学和华中师范大学的学术委员会将其工作职责分别按照校学术委员会、各专门委员会、院(系)学术委员会进行划分,如华东师范大学学术委员会章程明确指出:“校学术委员会的主要职责包括:为学校重要学术事务和发展改革方案的决策提供咨询意见;听取和审议各专门委员会年度工作报告。各专门委员会的基本职责是:讨论、审议与本专门委员会相关的学术事务以及提供决策咨询意见等。院(系)学术委员会的基本职责是:审议本单位的人才培养、学科建设、科学研究等相关学术事务。具体职责在院(系)学术委员会章程中予以规定。”④由此可见,各级学术委员会职责边界清晰、分工具体,充分保障学校各级学术委员会的稳步运行,有力发挥了学校学术委员会章程的积极作用。

表 4 师范大学学术委员会的工作职责

学校名称	工作职责
北京师范大学	对学科建设、师资队伍建设等事项提出咨询意见;对外推荐科研项目、科研成果奖励、学术人才等;决定学术不端行为和学术争议处理程序与规则,受理、审查并处理学术不端行为
华东师范大学	校学术委员会:听取和审议重要学术事务、重大建设项目与发展改革方案等;各专门委员会:讨论、审议与本专门委员会相关的学术事务等;对审议事项保密
东北师范大学	讨论或审议学科建设与发展战略及学科建设经费分配原则;审议高层次学术人才引进工作;评审重大学科建设项目的立项和验收等。同时规定了学术委员会委员的权利、义务和纪律,如发表言论保密
华中师范大学	评定的事项有学校教学、科学研究成果和奖励,高级教师职务聘任人选、高层次人才引进岗位人选等;听取意见和建议的事项有制订与学术相关的全局性、重大发展规划,学校预算、决算中经费的安排及使用等;学院学术委员会:审议本单位科研发展规划,评价本单位选聘教师和推荐人才工作,评审推荐本单位教师及专业技术职务拟任人选等。同时规定了学术委员会委员的权利与义务,如履行保密的义务
西南大学	评定学校教学科研成果奖,高级专业技术职务评聘人选;对制订与学术事务相关的全局性、重大发展规划提出咨询意见等。同时规定了学术委员会委员的权利与义务,如保守学术委员会秘密
陕西师范大学	评定学校教学科研成果奖,对有关学术不端行为的举报进行受理并组织调查,裁决学术纠纷;审议学术机构设置方案,专业技术职务聘任办法;对与学术事务相关的重大发展规划和战略提出咨询意见等

④ 华东师范大学:《华东师范大学学术委员会章程》,载华东师范大学官方网:http://news.ecnu.edu.cn/76/c1/c1833a95937/page.htm.,最后访问日期:2019 年 6 月 16 日。

（四）师范大学学术委员会的议事规则

通过对表5进行分析可知，我国6所部属师范大学的学术委员会议事规则基本上都实行例会制度和相关人员回避制度，坚持民主集中制原则和少数服从多数原则。其中，东北师范大学和华中师范大学学术委员会除坚持民主集中制和少数服从多数原则外，在进行相关会议决议时，采用记名或无记名投票方式进行表决。西南大学学术委员会在进行相关会议决议时，均实行实名制投票。陕西师范大学学术委员会在进行相关会议决议时，则一般实行实名制投票。由是观之，以上几所大学学术委员会在进行相关会议决议时，采用的投票方式各不相同。

此外，东北师范大学学术委员会章程指出："对于学术委员会决策的事项，校长有提请复议的权力。学校党委对学术委员会的审议、评定及决策结果有建议和监督权。"⑤陕西师范大学学术委员会章程指出："学术委员会向教职工代表大会报告本年度工作并接受其审议，包括对学校的人才培养质量、整体学术水平和学科发展现状进行评价，汇报学术委员会运行及履行职责的情况等。"⑥由此可见，以上两所师范大学学术委员会的监督和审议机构有所不同，东北师范大学学术委员会接受的是学校党委的监督，而陕西师范大学学术委员会接受的则是教职工代表大会的审议。

表5　师范大学学术委员会的议事规则

学校名称	议事规则
北京师范大学	校学术委员会全体会议包括例会和临时会议。每学年至少召开两次例会。同时，可根据工作需要召开临时会议。委员不得无故缺席全体会议，因故不能出席，应事先请假，不得委托其他委员表决。会议决策遵从少数服从多数的原则。决议以无记名投票方式表决，也可采用实名投票方式。审议或评定的事项与委员本人或与其配偶和直系亲属有关、或存在利益相关的，委员应当回避。如有异议，可向秘书处提出书面复议申请

⑤　东北师范大学：《东北师范大学学术委员会章程》，载东北师范大学官方网：http://www.nenu.edu.cn/274/list.htm.，最后访问日期：2019年6月5日。

⑥　陕西师范大学：《陕西师范大学学术委员会章程》，载陕西师范大学官方网 http://xxgk.snnu.edu.cn/Study_style_construction.asp? id=24&bh=432.，最后访问日期：2019年6月9日。

续表

学校名称	议事规则
华东师范大学	校学术委员会会议实行例会制和回避制度。当讨论与学生事务直接相关的议题时,须邀请学生代表列席会议。如对审议结果有异议须在一周内提出复议申请
东北师范大学	校长有提请复议的权力。学校党委对学术委员会的审议、评定及决策结果有建议和监督权。学术委员会办公室负责会议通知和材料送达。相关决议可记名或无记名投票进行表决。遇有紧急事项需要表决时,可进行通讯表决。如需表决的事项存在问题时,可暂缓表决。如有必要,可要求有关当事人或邀请有关部门人员到会接受询问或陈述意见
华中师范大学	校学术委员会会议实行例会制,于每年3月、6月、9月、12月第四个星期一召开。学院学术委员会例会由各学院自行规定。学术委员会议实行请假制度和回避制度。学术委员会会议议题由主任、副主任商定,提交秘书处汇总,再由秘书处送达参会委员。选择举手、记名或无记名投票进行表决。如存在尚待调查的问题,可暂缓表决。遇有紧急事宜,可进行通讯投票。表决结果应当场公布并公示。如有异议,可进行复议
西南大学	学术委员会通过投票审定事项时,均实行实名制。如审定事项与委员本人有关联时,相关委员应当回避。学术委员会的决定应予以公示,一般不少于3个工作日,公示期内如有异议,经1/3以上委员同意,可召开全体委员会议复议。根据议题,可邀请有关校领导和职能部门负责人列席,讨论与师生事务直接关联的议题,可邀请师生代表列席
陕西师范大学	一般实行实名制。如审定事项与委员本人有关联时,相关委员应当回避。根据议题,可邀请有关校领导和职能部门负责人列席,讨论与师生事务直接关联的议题,可邀请师生代表列席。决定应予以公示,一般不少于3个工作日,公示期内如有异议,经1/3以上委员同意,可召开全体委员会议复议。学校建立学术委员会发文序列。学术委员会向教职工代表大会汇报本年度工作并接受其审议

三、师范大学学术委员会章程在实施过程中存在的问题

目前,尽管6所部属师范大学都已制定了学术委员会章程,并依据章程分别建立了校级学术委员会和各专门分委员会,有的学校还成立了院级学术委员会,但各级学术委员会的实际运行状况并未达到预期目标。经研究发现,主要问题在于章程文本中对学术委员会的组织功能、治理体系、选举程序和监督机制等的规定尚不完善,严重阻碍了学术委员会功能的有效发挥。

(一)学术组织功能不健全,缺乏决策权

当前,我国已经颁布多项法律法规用以昭示学术委员会在高校中的重要地位与主要职能。例如,《高等学校章程制定暂行办法》中明确规定,学术委员会是高校的常设机构和最高学术机构,统领着与大学学术有关的各项事务等。然而,在现实的学术事务处理过程中,由于各校学术委员会章程文本所体现出的组织功能不健全,导致学术委员会究竟应享有哪些决策权尚不清晰。据调查研究所知,华中师范大学学术委员会章程的职能规定,对审议、评定与咨询职责权限的文本内容最为全面细致,分别有第11条、第5条和第6条,但是并没有明确提出该校学术委员会究竟有哪些决策权,只能从其评定权中体会些许决策意味。从华东师范大学学术委员会章程可知,该校从纵向上看,分别设有校与院(系)两级学术委员会;从横向上看,分别成立了学科建设与科学研究、教学、学术伦理与法律等各专门分委员会。如此一来,可以将原本比较复杂的学术事务细化,交由各个专门分委员会独立处理,这种方法深值其他高校借鉴。但是,该校同样面临着上述问题,即学术委员会章程对组织功能的规定更多地集中在审议方面,缺乏有关决策权的记载,⑦其余高校亦均存在此类问题。

---

⑦ 参见郭腾军、方丽:《高校学术委员会学术权力效力研究——基于69所研究型大学学术委员会章程的内容分析》,载《高教探索》2018年第2期。

(二)学术治理体系不完善,缺乏独立办事机构

从6所师范大学学术委员会章程文本中记载的学术治理体系分析来看,突出表现为缺乏独立办事机构。虽然6所师范大学均在校学术委员会下设立秘书处作为日常办事机构,负责处理学术委员会的日常事务,但只有陕西师范大学将秘书处列入学校管理序列,为其配备专职工作人员和独立办事机构,并将运行费用纳入学校预算安排,有效保证了学术委员会职能的充分发挥。[⑧] 而其他学校多将秘书处挂靠在其他部门,秘书长由其部门负责人兼任。例如,北京师范大学将秘书处设在学校科研管理部门,秘书长由该职能部门负责人兼任;华东师范大学将秘书处设在学科建设与发展办公室,未提及秘书长由谁担任;东北师范大学学术委员会的办公室分别设在社会科学处和科学技术处,秘书长由社会科学处处长和科学技术处处长担任;华中师范大学和西南大学只提及设立秘书处,并未说明秘书处和秘书长的有关具体事项。由此可见,除陕西师范大学外,其他5所学校的学术委员会均缺乏常设的独立办事机构,存在严重的"挂靠"现象。这样,难免会使人们产生一种错误的认识,即学术委员会并非一个独立机构,以致严重影响了学术委员会的权威性以及其有效职能的正常发挥。

(三)选举程序比较单一,缺乏公信力

学术委员会作为学校的最高学术机构,决定着学校的学术工作能否顺利开展及学校中重大学术事务如何进行决策。因此,学术委员会中的委员组成必须具有权威性,尤其是选举程序应广泛体现公信力。然而,从对章程文本的分析来看,关于学术委员会委员的产生方式,北京师范大学、华东师范大学和东北师范大学都采用自下而上的民主推荐方式,学校根据委员席位给各学院下拨委员名额,各学院举荐委员,组成学术委员会。这种选举程序虽然简便快捷,但也存在一定的弊端,使学术委员会的委员缺乏公信力和权威性,严重制约了学术委员会学术权力的有

---

⑧ 参见熊庆年:《清华、北大学术委员会章程建设的治理意蕴》,载《清华大学教育研究》2018年第2期。

效发挥。[⑨] 例如,在主任委员产生方面,东北师范大学学术委员会的主任委员和副主任委员均由校长直接任命,难免会导致行政权力干涉学术权力,影响主任委员和副主任委员的公信力,更有甚者会造成学术委员会的运行不畅。

(四)监督机制不到位,缺乏规范性

任何规章制度的有效实施都离不开必要的监督机制,学术委员会章程的实施也需要有健全的监督机制予以规范。[⑩] 这种监督机制不仅在会议评审的过程中需要,在会议评审结果的公示中也不可缺少。通过对6所部属师范大学学术委员会章程的研究发现,学术委员会例会中均实行列席制度或旁听政策,有些学校明确规定秘书长列席,这在一定程度上保证了会议过程的公开性和公正性,是值得肯定的。然而,在对会议评审结果的公示中,大部分学校在其章程中只是简单地写明:"相关单位和当事人如有异议可提出复议申请。"由此可见,各学校的章程中并没有明确规定可复议的时间期限,也没有规定复议提至对象,即由谁进行监督尚未作出明确规定,从而在实际操作层面易引发出一系列问题。

四、师范大学学术委员会章程的现实关照

现阶段,为有效确保学术委员会能够独立行使其权力,须继续明晰学校学术权力与行政权力之间的权责边界,这是各师范大学学术委员会章程所面临的共性问题。大学学术委员会组织能够为行政机构处理学术事务,支持和保护教师的学术权力切实获得,做出合理的评判和决议等。因此,在现实中,亟需从以下几个方面入手,真正发挥大学学术委员会章程在学校的学术发展与评价、学科建设等方面的重要作用。

---

⑨ 参见史万兵、王韦丹:《大学章程中学术委员会制度的缺陷、成因及改进——基于5所高校的大学章程文本分析》,载《现代教育管理》2016年第7期。

⑩ 参见崔智林:《以学术委员会章程制定为契机着力推进现代大学制度建设》,载《高教探索》2014年第6期。

(一)加强顶层设计,拓展学术组织功能

从以往的研究来看,大学学术组织如学术委员会的功能主要体现在学术咨询方面,在处理学校学术事务的决策过程中缺乏基本的话语权,尚未发挥其决策功能。大学学术组织"名虽存,实则亡"的局面在所难免,长期处于无关紧要的边缘化境地。随着国家相关政策的实施和《中国教育现代化2035》的出台,当前应充分发挥学术委员会章程在学校的学术发展与评价、学科建设等方面的巨大作用。尤其是要重点突出广大教授群体在学校教育教学、科学研究以及学校学院日常管理活动中的决策权。这就意味着国家已经对大学学术组织和教授治学的功能进行了合理定位。借此,必须加强顶层设计,拓展学校和学院学术组织的功能与职责。

(二)增设办事机构,完善学术治理体系

现阶段,构建中国特色现代大学制度,更需进一步解放思想,在大学内部治理体系上深化改革。[11] 学校学术委员会组织统领着学校各个层面的学术事务,然而却无法涉及处理学校学术事务的方方面面。这就要求各校应设立独立的学术委员会办事机构。目前,许多学校的学术委员会缺少独立的办事机构,多数是挂靠在科研处、社科处或某个职能机构之下,缺少独立的办事人员和办事机构,缺少独立的人事权与财政权,缺少学术机构所必须具备的自主性、独立性。这种"挂靠"现象的存在,严重阻碍了学术人员独立享有学术权力、免受行政干预。[12] 事实上,要体现学术委员会的权威性,就必须设置独立的学术委员会办事机构。同时,应为机构人员提供编制,将学术权力切实落到学术委员会,使学术委员会能够真正独立发挥学术管理职能。

---

⑪ 参见张应强、蒋华林:《关于中国特色现代大学制度的理论认识》,载《教育研究》2013年第11期。

⑫ 参见湛中乐、王春蕾:《大学治理中的学术委员会制度建设——兼评〈高等学校学术委员会规程〉》,载《北京大学学报》(哲学社会科学版)2016年第2期。

(三)优化选举程序,增强组织成员公信力

大学学术组织成员的公信力决定着其学术权力作用能否有效地发挥。[13] 调查研究发现,目前,大学的学术组织成员选举程序比较单一且固定,基本上是按照上级下拨的名额指标通过协商推荐产生。这种选举程序的最大特点就是简单快捷,但却使大学学术组织成员的公信力大打折扣。如何才能保证大学学术组织成员的选举程序既不繁冗复杂,又能充分体现出广大教师参与的民主性以及涵盖各个学科构成的合理性特征,进而有效增强大学学术组织成员的公信力,这就不得不积极优化大学学术组织成员的选举程序。如可在本校学术委员会章程中明确规定,校学术委员会委员候选人由各学院(或基层学术机构)组织专任教师以无记名投票的方式选举产生。这种方式有别于平日召开会议的推荐选举方式,这就使选举结果的民主性和可信度大幅提升,同时也增强了本校学术组织成员的公信力。

(四)作出明确规定,健全学术监督机制

大学学术委员会是负责处理大学学术事务的核心机构,具有成员分散性强、专业差异性大的特点。要确保大学学术权力得以充分彰显,关键是要依靠健全学术监督机制予以保障。众所周知,强有力的大学学术组织监督机制,既能促进组织作用的有效发挥,又能完善组织的自身建设。[14] 现阶段,各大学应高度重视本校学术委员会的制度建设与机制设计,尤其应体现在各校学术委员会章程之中。章程专门就学术委员会的工作职责和议事规则以独立成章的方式进行相关规定,目的是确保本校学术委员会能够依据章程开展工作。如可在大学学术委员会章程中作出明确规定:“学术委员会向教职工代表大会报告本年度工作并接受其审议,包括对学校的人才培养质量、整体学术水平和学科发展现状进行评价,汇报学术委员会运行及履行职责的情况等。”由此可见,在学术委员会章程

---

⑬ 参见张继明:《学术本位视域中的大学章程研究》,山东人民出版社2015年版,第95页。

⑭ 参见闫亚林、李丰:《大学内部治理的困境与出路——基于陕西10所省属高水平大学章程的文本分析》,载《法学教育研究》2017年第3期。

中对必要事项进行明确规定,有利于健全学术组织的监督机制。

Elements Analysis and Practical Reflections about Charters of the Academic Committee-A Text Analysis of Charters about Six Normal Universities Subordinate to the Ministry of Education

Hou Jia Li Jin-Bi

Abstract: The charter of the academic committee is an important way to improve the academic committee system of the university, and it is also a system guarantee to demonstrate the academic power of the university. By analyzing the texts of the academic committees of the six affiliated normal universities, the author finds that the current academic committees of universities face the following major problems, including: inadequate academic organization functions, inadequate academic governance systems, relatively simple election procedures, and insufficient supervision. The author suggests that academic committees should strengthen the top-level design, expand the function of academic organization, increase the number of offices, improve the academic governance system, optimize the election process, strengthen the credibility of organizational members, make clear regulations, and improve the academic supervision mechanism.

Key Words: charter of the academic committee, operation of academic organizations, academic power, administrative power

管理经纬

国外高校学术规范：研究领域、实践探索与经验借鉴

祁占勇* 陈 媛**

摘 要：学术规范是学术界根据学术发展规律及要求而统一制定的具有约束性的一系列学术准则和规章制度，其囊括道德、法律、技术、制度四方面规范内容。国外高校学术规范研究主要集中在内容理论、社会价值、技术操作、规范群体、教育责任、惩处限制等方面，为完善学术规范内涵、细化学术规范标准、健全学术规范机制、营造高校学术氛围等提供充足的理论支撑。借鉴国外高校学术规范研究经验，我国应从学术规范概念体系、学术规范条例制定、高校教育责任意识、学术规范研究推进模式、“学术本位”研究理念、学术规范监督机构、学术规范激励与约束机制等方面不断完善高校学术规范制度，从而为新时代教育现代化背景下高校学术规范的科学化管理模式提供保障。

关键词：国外高校 学术规范 研究领域 实践探索

---

* 祁占勇，陕西师范大学教育学院教授，教育学博士，研究方向：教育政策与法律。

** 陈媛，陕西师范大学教育学院硕士研究生，研究方向：教育政策与法律。

20世纪90年代以来,随着学术自主意识的日益增强与学术成果的不断繁荣,遵守学术规范和学术底线道德成为了学术界的基本伦理要求。为了促进学术知识积累与创新,国内外各大高校均树立了重视研究成果质量、淡化研究成果数量的意识,以便逐渐纠正抄袭、剽窃、篡改、欺诈、造假、捏造及低水平重复等学术失范、学术不端以及学术腐败的现象,以净化高校的学术研究氛围。① 长期以来,西方国家针对高校学术规范问题进行了深入研究,并逐步形成了成熟的制度规范,搭建了宽松规范的高校学术研究平台,促进了高素质高层次创新人才的培养,产出了大量具有时代价值的科研成果,在学术规范方面发挥着价值引领作用。目前,我国高等教育正处于全面深化改革的决胜期,高校学术规范方面亟待深入推进,构建统一的高校学术规范、保证高校学术研究活动实现由失范到规范转型已达成共识。

本研究以"Web of science核心合集数据库"中2009~2018年国际学者发表的1900篇关于高校学术规范的论文为研究对象,呈现国际高校学术规范的研究领域,准确把握高校学术规范研究的实践价值,结合我国高校学术规范现实状况,为规范学术治理、促进学术创新提供有效借鉴。

一、国外高校学术规范研究的主要领域

从2009年开始,国外高校学术规范研究主要集中于学术规范的内涵研究、社会价值研究、技术操作研究、规范群体研究、教育责任研究、惩处限制研究等。其研究对象主要是教育、规范、高等教育、态度、规范行为等。

(一)学术规范的内涵研究

学术自由与学术规范是学术活动范畴内的两大基本议题,是推动学

① 参见叶继元:《学术期刊与学术规范》,载《学术界》2005年第4期。

术活动快速进步和创新发展的基础性因素，存在共生关系，缺一不可。学术自由作为学术活动的最高准则，是指学者在进行学术活动时可以自由表达所思所想，不受任何外在条件限制。而学术规范则是学术共同体基于长期学术活动经验、依据一定学术发展规律，为保证学术研究成果更加有效而特地制定的一系列行为准则，是学术活动的最低限度，是整个学术系统都必须严格遵循的伦理道德红线。《韦伯斯特字典》明确强调，学术规范是针对学术失范的一种治理模式，用以规范人们在学术工作上的种种不符规定的行为。② 学术工作的系统性折射到高校学术规范中就显现出一个庞大的学术组成机构，囊括道德、法律、制度、格式、文风、组织、规则等各个方面，涉及自然、人文以及技术科学诸多领域。近年来，因不遵循学术规范要求而爆发的学术失范、学术不端事件屡见报端，影响恶劣，主要有作弊、未经授权的合作、抄袭和捏造三种行为，实质均属于一种不诚实自觉和蓄意行为，是一种有意识的自欺和无知低端的他欺。"学术共享""知识产权"作为知识管理领域的研究热点，形成了学术规范的内在知识结构。语言规范作为学术规范基本的外在表现形式，为学术规范提供统一的外在保护屏罩，是研究者们为了达到学术成果共享目的而设置的统一规范，是如今众国家、多语种进行无障碍学术交流的前提条件。除此之外，作为高校学术规范研究的发言者，《麻省理工学院规章》指出，高校学术规范实际上就是针对学术失范行为而提出的专有治理名词，其实质就是消除作弊、剽窃、未经同意署名、伪造或篡改数据等行为的代言词。③ 高校学术规范对学术规范的内涵进行专业性解读，使之成为期望规范高校师生学术研究行为的一种理想标准，成为构建高校学术规范管理制度、完善高校学术规范监督体系的先决条件。

---

② See Fauchen D Caves S, "Academic dishonesty: Innovative Cheating Techniques and the Detection and Prevention of them", *Teaching and Learning in Nursing*, 2, 2009, pp. 37 - 41.

③ 参见孔玲燕、袁曦临：《国外学界对于"学术失范"问题的认识及其应对措施》，载《新世纪图书馆》2012 年第 7 期。转引自 Massachusetts institute of technology: Academia misconduct and dishonesty[EB/OL]. http://web.mit.edu/policies/10/10.2.html, 2011 - 10 - 30。

(二)高校学术规范的社会价值研究

学术规范的社会价值,主要是指一种基于人性化他律加主动性自律统一标准之上的伦理道德红线,是基于约定成俗而逐渐得到学术界认同,且大家愿意共同遵守的道德观念和价值取向,其实质是一种学术道德或学术伦理的最低社会价值限度。④ 在社会价值上的首要表现就是学术诚信,从本质来看属于一种"诚信、公平、尊重和责任"式的社会诚实性行为,表现出对道德观念、伦理原则和自身价值观的始终如一以及毫不妥协的坚持。申惠英通过对韩国28所高校进行追踪调查,发现学生的学术行为与其社会地位存在一定关联,受敬仰、学术参与和亲社会行为三者之间是相互共生的关系,青少年在展开学术研究时会将自己的研究动机与积极的社会地位规范相匹配,保证学术参与的规范性,以帮助他们获得更高的社会地位。⑤ 这是一种抱有明确目的性的学术研究,学生之所以愿意遵循高校学术规范要求实则属于无奈之举,无形中为学术规范的社会价值束上了枷锁,当遇到道德困境时学生便更倾向于选择自欺性抄袭或捏造等行为,以获得暂时性的外在利益,促使了学术失范事件的发生。故此,为加强学术群体成员的社会价值认同感、实现学术的高度融合,特地搭建了一个线上密集型网络,即科尔曼模型(1990),其实质是通过学者们的线上讨论促进彼此间的学术交流、增加学术认可的概率,以充分发挥高校线上学术团体的学术规范作用。遵守高校学术规范是科研人员展开学术研究的先决条件,其实质是基于社会价值认同和社会传统规范两种基本视角而建构的一种学术研究态度,这种学术研究态度对于保障高校学术秩序、促进学术繁荣将起到直接的约束作用。⑥ 无论是基于社会价值而强化的高校学术规范意识,还是借助高校学术规范而强化的社会价值认同,其都是为了实现维持学术研究秩序、

---

④ 参见陈学飞:《谈学术规范及其必要性》,载《中国高等教育》2003年第11期。

⑤ See Shin Huiyoung, "Examining Early Adolescents' Peer Climate Using Descriptive and Status Norms on Academic Engagement and Aggressive Behavior in the Classroom", *Asia Pacific Education Review*, 3, 2017, pp. 309-320.

⑥ See Howard Alper, "How can Research Integrity be Best Achieved?", *Materials Today*, 11(4), 2008.

恪守学术研究诚信、繁荣学术研究成果、促进学术共享创新的发展目标。

（三）高校学术规范的技术操作研究

乔治·萨顿说"科学的诞生就意味着学术规范的产生"，这说明学术规范并不是凭空出现的，它是学术进步发展的表现。高校学术研究的技术操作规范主要指学术研究的基本形式要求，侧重学术成果的行文格式以及文字叙述方面的规范要求，囊括学术写作规范、学术注释规范等内容，是学者们必须遵守的强制规范。哈伍德（Harwood）基于对12名计算机科学家和社会学家的访谈对引文写作相关规范的描述性研究和提供的跨学科以及跨学科异同的证据，展示了学术论文中规范性引用的重要性，并强调，正是由于学术研究者无视学术规范自身的约束价值，而促使其在撰写论文时造成常带有随意性抄袭现象肆意横生，进而产生学术成果贬值、学术道德滑坡的负面影响。⑦ 另外，英国众高校（如牛津布鲁克斯大学 、莱斯特大学等）则选择借助电子剽窃检测工具对学生所要发表的学术论文进行鉴别和监督，在一定程度上强制学生进行学术研究时要严格遵守高校学术规范，保证学术过程的科学性和学术成果的权威性。⑧ 学术研究技术规范属于学术规范的基本准则，其约束对象除了高校师生外，还包括出版等机构在监督审查环节中所应遵守的技术标准。美国作为学术规范研究的楷模，颁布了 *The Chicago Manual of Style*（芝加哥格式手册）、*Modern Language Association*（现代语言协会）、*Publication Manual of the American Psychological Association*（美国心理学会出版手册）三大标准，对学术写作的具体内容进行了专门化规定，尤其是注释和引文的标准要求，为高校师生以及第三方审核机构提供直接的行为价值参照体系。⑨ 除此之外，美国的学术期刊还采用同行匿名专家的方式进行外部审稿监督，这是为了加强学术规范性操作而进行的"二

---

⑦ See Harwood Nigel, " An Interview-based Study of the Functions of Citations in Academic Writing Across two Disciplines ", *Journal of pragmatics*, 3, 2009, pp. 497 – 518.

⑧ 参见李艳、寸晓宏：《高校学术道德教育现状分析——以云南省为例》，载《保山师专学报》2008年第4期。

⑨ See William B, Weeks et al. , "Changes in Authorship Patterns in Prestigious US Medical Journals", *Social Science and Medicine*, 59, 2004.

重保险”,其作为一种非直接研究型学术活动规范享有真正的公平公正原则,对于遏制不良学术风气、净化学术生态环境起到了最后防线的作用。[⑩]

(四)高校是学术规范的主要规制对象

学术规范之所以在目前受到社会各界的高度关注,原因在于其的相对独立性,表现为规范群体的特殊性,囊括各学术科研机构、各出版机构、各高校师生以及其他学术研究者。学术领域是一个多元群体并存的融合场域,若缺乏确定性学术规范准则,将会成为制约各大学术研究群体进行学术创作与学术交流的主要因素。从外部利益相关者所要求的学术标准来看,学术规范标准主要是对高校这一知识成果产出的精英群体而施加的强大枷锁,作为贯穿于这诸多关系群体互动发展的主力军,促使其在教育教学研究中强调学术规范的被动性与一致性。故在学术标准明显提高的知识经济时代,在学术规范软实力的约束下,高校作为特殊的规范群体如何面对和处理学术规范问题,防止学术捏造和学术造假现象是目前亟须解决的一大难题。约翰和伊丽莎白·L. 斯坦通过使用 Weidman, Twale and Stein(2001)开发的“研究生和专业学生社会化框架”来研究学术规范对博士生产生的影响,基于社会科学学科博士生对其所在学院学术氛围的体验,发现学生和导师之间规范性的社会互动行为将会为学生进行科学规范的学术研究带来一定的积极效用,营造一种支持性的高校学术研究氛围,为后续的学术研究提供坚实的保障基础。[⑪] 同时,美国公共卫生署(United States Public Health Service)为了真正做到淡化高校学术不良风气,避免发挥推波助澜的辅佐作用,还特地对学术不端行为给出官方定义,认为那些捏造、剽窃、伪造和其他严重偏离科学界提出或报告的科学研究行为,以及那些不符合学术规范的学术

---

⑩ See Louis J. Virelli, “Scientific Peer Review and Administrative Legitimacy”, *Administrative Law Review*, Vol. 61(4), 2009, pp. 723 – 780.

⑪ See John C Weidman and Elizabeth L. Stein, “Socialization of Doctoral Students to Academic Norms”, *Research in Higher Education*, 44, 2003, pp. 641 – 656.

研究行为均属于学术不端行为，必须明令禁止。⑫

（五）高校学术规范的教育责任研究

各大高校作为学术共同体的精英群体，是学术成果产出的主要发源地，其学子的学术行为与学术规范教育之间存在共生关系，故对高校学生进行一定学术规范教育是学校必须肩负的学术使命。文化嵌入的教育背景给高校学术规范奠定了浓厚的历史底蕴，定义了高校师生在学术研究中如何规范化地进行学术论文撰写工作，以明确的标准要求、含蓄的规范理解帮助学生掌握学术文化规范，使自己的学术研究具有时代价值。⑬ 高校文化教育在一定程度上增加了师生对学术规范的认可度，学术规范的执行情况则直接体现着师生对于学术研究的价值认同，但这远远不够，还需要基于高校文化熏陶对在校师生开展专业的学术规范教育。如美国高校的国土安全教育让学生系统地掌握学术规范的基本教育标准，以便与将来所要进行的学术研究搭建立交桥。⑭ 新西兰高校则对在校学生开设了研究行为方式课程教育，并有学者对其效果进行了追踪实验，发现那些接受相关课程教育的学生更有可能在学术研究中从事一种“诚实”行为，据此强调学术规范课程在重塑学生道德行为观念和规范学生学术研究行为中发挥的重要作用。⑮ 与上述两国家不同，英国高校则借助课堂教学和网络学习相结合方式对在校师生进行学术规范化教育指导，以网络渗透的教育方式使学生们意识到学术规范的重要性。学术研究是各大高校的固有属性，也是其根本属性，需要高校灵活

---

⑫ See Wikipedia, “United States Public Health Servie” Accessed April 1 2019. https://en.wikipedia.org/wiki/United_States_Public_Health_Service.

⑬ See Bain Butler, “Student and teacher perceptions of academic English writing in Russia”, *Social Science Electronic Publishing*, 2016-02-21.

⑭ See Ramsay James D. and Renda-Tanal Irmak, “Development of Competency-Based Education Standards for Homeland Security Academic”, *Journal of Homeland Security and Emergency Management*, 3, 2018.

⑮ See Marcus A. Henning et al., “Ethical Learning Experiences and Engagement in Academic Dishonesty: A Study of Asian and European Pharmacy and Medical Students in New Zealand”, *The Asia-Pacific Education Researcher*, 24, 2015, pp. 201-209.

运用已有教学资源开展学术教育,净化学术环境、保障学术秩序。⑯ 现代化信息技术的发展使学术规划教育也不再拘泥于线下,如加拿大滑铁卢大学基于第三方机构——学术诚信办公室——建立了学术诚信主题网站,为全校师生不定期发布各种学术诚信报告,切实督促师生遵守学术规范,避免学术道德滑坡,实现了线上线下教育的无缝对接。⑰ 澳大利亚的阿德莱德大学颁布的《科研不端行为处理程序》以及莫纳什大学的《负责任研究调查有关科研不端行为的投诉》等更是为了加强对学校科研人员的教育监管,规范学校的学术研究秩序而颁布的合理化管理条例,从宏观战略高度避免学术失范与学术越轨行为,净化高校学术风气。

(六)高校学术规范的惩处限制研究

高校学术规范不应只单单属于一种简单的书面规范,更应是一种联结了相关配套惩罚措施的完善制度。波勒等人通过分析国家管理标准对高校学术研究的影响来凸显建立高校学术规范标准的重要性,强调学术规范监测标准对研究者进行学术研究起到一定的规避限制作用。⑱ 由学术共同体建构的"自愿学术问责"体系试图借助同行的客观评审以达到对学生学术研究的规范化治理,避免学术不端行为的屡屡发生。⑲ 随后詹妮弗和斯巴菲为客观真实地了解学者们对将学术成果送至同行评审所呈现的价值,还特定展开了一项国际及跨学科的深度调查。研究表明,在一定程度上同行评审的确有助于学者们创新自己的研究成果,

---

⑯ 参见王恩华:《学术越轨与大学学术管理》,华中科技大学高等教育学系2004年博士学位论文。

⑰ See University of Waterloo, "Office of Academic Integrity.", http://uwaterloo.ca/academicintegrity/Academic Integrity/index.html, Accessed April 22, 2019.

⑱ See Pohle Anna et al, "The Impact of International Management Standards on Academic Research", *Sustainability*, 12, 2018.

⑲ See Ramsay James D and Renda-Tanali Irmak, "Development of Competency-Based Education Standards for Homeland Security Academic", *Journal of Homeland Security and Emergency Management*, 3, 2018.

提高学术成果的可读性和价值性，同时体现学术研究的温度和深度。[20]制定明确的惩处制裁措施将对于形成高校学术规范观念提供一种强制性的制度保障，构建一种合理的法治秩序将会为高校规范学术研究环境带来一种强制性的外在压力，能够发挥法律在社会利益之间的平衡调节作用。基于此，德国成立了德意志研究联合会(DFG)，其主要工作内容涉及派专人负责指控案件、进行调查取证、处理各种学术违规行为，同时将调查意见上报至DFG资助委员会，并由其依据相关法律条文规定对各案件参与者进行惩处制裁等，这一系列工作内容的最终指向是力求保证学术规范研究的有理可据，形成实实在在的惩罚约束。[21]

二、国外高校学术规范的实践探索

高校学术规范在促进国际学术研究事业的有序运行和诚信代言方面起到了保障作用，对知识产权的保护发挥着基础作用。就目前而言，国外高校学术规范研究在世界范围内处于领先地位，不仅对推进全球化、众领域、多层次的学术研究活动发挥着关键性的引领与调控作用，而且对我国完善学术规范体系提供了理性智慧，故通过对其进行深度剖析和综合判断，将会对我国高校完善学术规范的实践探索产生直接的价值引导。

（一）完善学术规范内涵边界，助力高校学术观念形成

学术规范标准对于学术共同体的价值取向是一种基础性的指导，是为了避免学术价值观的阶段性错位而存在的。美国作为学术规范管理成效最为突出的国家，其在1985年出版的《现代语言协会文体手册》(出版第2版时修改为《MLA文体手册和学术出版指南》)对学术撰写

---

⑳ See Rowley Jennifer and Sbaffi Laura, "Academics' Attitudes Towards Peer Review in Scholarly Journals and the Effect of Role and Discipline", *Journal of Information Science*, 5, 2018, pp. 644 – 657.

㉑ See Stefanie Stegemann-boeh, "Misconduct in Science and the German Law", *Science and Engineering Ethics*, 6, 2000, pp. 57 – 62.

过程中的诸项要求进行了详细规定，包括学术手稿、硕士论文和博士论文等内容，还在附录中列举了引用文献的格式要求，以达到学术的高质量标准规范的最终目的，实现学术的创新和积累。[22] 穆尔·卡普斯坦在 *The Servant of the People* 一书中强调，学术规范不仅是一种遵守书面和非书面规则的文字性约束，还应与人们普遍接受的道德观念保持一致。这是因为学术规范是一种融合了道德、伦理和法律规范现象的积极模式，其与遵守规则和社会期望、道德和法制、行动和态度等因素有着直接关联，是自律和他律的结合体。学术规范内涵涉及学术道德、制度、法律、技术等方面，是学术界约定成俗的“游戏规则”，如果缺乏明确的内涵边界，会使学术研究变成无源之水、无本之本。

(二)制定学术规范政策法规，助力高校学术标准的细化

国外在高校学术规范方面之所以有较大建树，主要得益于其出台的众多法律条文。这是因为学术规范是主动性自律和人性化他律的统一结合体，践行学术规范，一方面需要仰仗自身的道德自律意识，另一方面需依靠国家出台的法律政策予以强制性他律要求，形成权威性文字约束，为学术规范的实现提供合理的法律框架。美国在1974年制定的《国家研究法》(The National Research Act)要求高校及其他学术研究中心均应建立机构审查委员会(IRB)以审查该学术机构产出的研究成果，保证研究数据的真实性。[23] 颁布的《公立学校问责法》(The Public Schools Accountability Act)明确了承担学术责任的主要措施，规定了学术规范惩戒措施的层次性。[24] 在俄罗斯，政府为加强学术规范制度化建设采取了学术机构与行政机构分离化、学术研究课题招标与评价匿名化、评审专家、专家与被评审者之间无关化等形式，从源头上为整个评审过程杜绝

---

[22] 参见约瑟夫·吉鲍尔迪:《MLA文体手册和学术出版指南》(第2版)，沈弘、何姝译，北京大学出版社2002年版。

[23] See Silberman Sam and Katherine Kahn (December 2011), “Burdens on Research Imposed by Institutional Review Boards: The State of the Evidence and Its Implications for Regulatory Reform”. *The Milbank Quarterly*. 89 (4), pp. 599-627.

[24] Wikipedia, “Public Schools Accountability Act”, Accessed March 27, 2019. https://en.wikipedia.org/wiki/Public_Schools_Accountability_Act.

学术腐败、形成学术规范筑起了一道坚实的防火墙，使学术机构在整个评审过程中具有完全的决定性权力。[25] 英国作为一个传统上有着契约文化历史背景的国家，其对学术规范治理并未采取直接的强制性管理措施，主要是依靠行业自律来监督学术规范的人性化管理模式。如英国大学为了防止高校学生做出学术抄袭行为而专门建立"电子文库"软件系统，对所提交发表的论文进行逐字逐句的扫描对照，以此来检查论文是否有抄袭现象，达到保障高校学术成果高质量产出的目的。[26] 除此之外，英国还建立了由学术杂志编辑组成的出版道德委员会，并出版了学术期刊实践准则《编辑行为准则》，借助文字性约束保障学术期刊出版活动的规范性发展，为学术规范工作架建最后防线。[27] 澳大利亚作为民主性国家，在坚守共同参与、共同制定、共同遵守的前提下，其在 2007 年修改出台了最新学术诚信法律规范条文，即《澳大利亚负责任研究行为准则》。该行为准则属于一种官方性质且附带法律权威的学术规范指南，适用于各学术研究领域，明确了学术研究机构与学术研究者在进行学术研究的整个过程中所应承担的责任与所应履行的义务。[28]

（三）设立学术规范监督机构，助力高校学术机制的健全

近年来，由于缺乏学术监督机制而导致学术造假、观点剽窃、内容抄袭等违背学术规范、扰乱学术秩序、造成学术越轨的现象不断滋生，要遏制这种现象，就必须借助高校监督机构的力量。故世界各大高校在学术规范监督机构的设立与学术约束机制的健全方面都给予了高度重视，尤其以美国为重。最著名的则属克莱姆森大学国际学术诚信中心（ICAI），该中心是由国际民航组织提供的一个拥有 240 个机构成员及近 1500 名个人代表所构成的交流学术诚信经验、提供学术规范研究的高

㉕ 参见杨政：《俄治理学术腐败有招》，载《光明日报》2011 年 12 月 28 日，第 8 版。

㉖ See Wikipedia, " British Library: Act ", Accessed March 27, 2019. https://en.wikipedia.org/wiki/British_Library.

㉗ See Wikipedia, "Committee on Publication Ethics", Accessed March 27, 2019. https://en.wikipedia.org/wiki/Committee_on_Publication_Ethics.

㉘ See Kelso Anne, " Review of the Australian Code for the Responsible Conduct of Research". The Medical journal of Australia, *Vol.* 205 (2), 2016, p. 49.

校学术保障联合论坛,其目的是分享学术诚信经验、提供学术规范灵感,促进教育机构对学术诚信的承诺,监督高校师生的学术规范行为,避免产生学术不端行为。㉙ 除此之外,美国还建立了大批学术团体,这些学术团体对促进学术的规范发展发挥着外部约束作用,如美国科学促进会(AAAS)作为国际非营利组织,以规范科学学术发展制度、有效促进科学对话、捍卫科学自由、鼓励科学责任、支持科学教育、进行科学合作为宗旨,以达到规范学术发展和造福全人类为终极目的。物理学会(APS)提出的《职业行为指南》规定,发表论文的作者必须是那些在研究中做过重要贡献的研究者,以有效避免部分学者钻空子,将学术生产力沦为年终奖励和绩效考核的量化牺牲品。㉚ 学术团体的存在促进了学术规范的发展,强化了学术诚信的重要性、规范了学术道德的必要性、净化了学术生态环境,对学术研究活动的进步起到了一定的监督规范作用。设立学术规范监督机构、健全学术监督管理机制、推进学术规范体系的建立将有利于指导和规范各国范围内的学术研究行为与学术研究秩序,为学术研究成果提供制度性保障。除此之外,澳大利亚还根据《就业、教育与培训法》的相关要求成立了澳大利亚研究理事会(Australian Research Council),力图借助学术规范制度管理来倡导有序的学术研究秩序和良好的学术研究氛围,其实质就是一个具备监督和管理双向职能的独立机构,履行强化学术管理和自我治理的职责,以规制学术研究秩序、营造学术研究氛围。㉛

(四)重视学术规范课程教育,助力高校学术氛围的营造

发达国家学术规范研究已基本形成了自上而下、相辅相成的较为完善的学术管理制度和具有可操作性的学术规范教育体系,建构了科学化的学术规范治理路径。普林斯顿大学作为美国的传统名校,其针对本科

㉙ See Wikipedia, "International Center for Academic Integrity", Accessed March 26, 2019. Https://en. wikipedia. org/wiki/International_Center_for_Academic_Integrity.

㉚ See Wikipedia, "American Physical Society", Accessed March 26, 2019. https://en. wikipedia. org/wiki/American_Physical_Society.

㉛ See Wikipedia, "Australian Research Council", Accessed April 22, 2019. https://en. wikipedia. org/wiki/Australian_Research_Council.

生实行的一套独具特色且不断完善的学术规范管理制度得到了学术界的高度认可。如在其大学学术章程的《前言》中明确承诺："你可以充分表达自己观点而丝毫不必担心他人窃取此观点的原创性，但是你也必须承诺，你的观点均属于你的原创观点。"这一规定在一定程度上既可以起到保护该校学生学术成果的辅助作用，又可以促使学生养成一种自觉遵守学术规范、约束自身学术行为的良好习惯。[32] 另外，美国还十分重视教师的学术规范知识教育，采取教授治校措施，将学术问题和教学领域的发言权交予教授，鼓励大家重视学术研究质量而非学术成果产量的意识，树立"学术本位"观念。[33] 惠特利（Whitly）和科斯特（Kost）学者指出，如今高校的学术研究课大多是以宏观的技术操作教育为主，偏重学术论文写作格式要求，而与学术道德、法律、制度规范呈脱离状态，这是目前高校学术研究存在的漏洞，将直接导致学生产生学术价值危机。[34] 崔善景同样认为，现在高校学术规范教育发挥的约束作用不尽理想，很多学生在写论文时只知道抄袭，一经发现意味着学业的终结，但并不知道何种程度的抄袭属于违反学术规范，对抄袭的后果也缺乏详尽了解，导致其随意性的研究态度和不严谨的学术作风成为常态，因此他认为应设置直截了当的学术规范教学环境，对学生进行学术规范课程教育，探索建立大学生学术规范途径。[35] 学校有向学生传输学术规范知识的责任义务，帮助学生在遵守学术规范基础上产生创新性研究成果，使其真正掌握学术规范知识，形成批判性、创造性思维，充分发挥学术规范课程教育的内化作用。

---

[32] See Princeton University website, "Academic charter of Princeton university", Accessed April 22, 2019. https://odoc.princeton.edu/curriculum/academic-integrity.

[33] 参见杨萍等：《高校学术道德与学术诚信体系建设问题研究》，西南财经大学出版社 2015 年版，第 119～138 页。

[34] See Bernard E. Whitley JR and Cecily R. Kost, "College Students' Perceptions of Peers Who Cheat", *Journal of Applied Social Psychology*, 29(8), 1999.

[35] See 최선경, "A Practical Education Program of Ethical Writing for University Students", *Korean Journal of Rhetoric*, Vol. 10, 2009, pp. 299－321.

三、国外高校学术规范研究与实践探索的启示

(一)界定学术规范内涵

20世纪80年代,我国人文社会科学界首次提出"学术规范"的概念,现如今,它已成为学术界广为流传、约定俗成的"游戏规则"。它既是时代发展的产物,也是净化学术研究环境、促进学术繁荣发展的产物。但何为学术规范?仁智之见,学术规范,是指"学术共同体根据学术发展规律参与制定的有关各方共同遵守的有利于学术积累和创新的各种准则和要求,既是整个学术共同体在长期学术活动中的经验总结和概括,也是整个学术系统中各个组成部分都必须遵循的准则"。[36] 学术规范内涵是广泛的,应包括四层含义:一是学术道德规范,主要是对学术工作者从思想修养和职业道德方面提出的要求标准,是学术规范的自律部分。科学技术部、教育部、中国科学院、中国工程院、中国科协1999年11月18日发布的《关于科技工作者行为准则的若干意见》中提到,学术道德规范是一种较为泛化的道义约束。二是学术法律规范,是指学术活动必须在国家法律法规许可的范围内展开研究,具体包括《中华人民共和国宪法》《中华人民共和国著作权法》《中华人民共和国保密法》等有关法律法规条款,宪法着重强调研究者的学术自由保护,著作权法和保密法则凸显研究者个人的合法权益保护,强调知识具有继承权,但并不意味着可以无限制抄袭。三是学术写作技术规范,是指在以学术论文、著作为主要形式的学术写作中必须遵守的有关形式规格要求。如国家标准局1988年1月1日实施的《科学技术报告、学位论文和学术论文的编写格式》指出了学术论文封面和正文上标注署名的规范要求以及论文的整体编写格式等具体要求。四是学术评价规范,涉及课题项目的立项、学术成果鉴定或评价、各级各类优秀成果评奖、职称评定中对科研成果考

---

[36] 叶继元:《学术期刊与学术规范》,载《学术界》2005年第4期。

核认定以及教学、科研人员工作考核考评等诸多方面,这是一项复杂而又细致的学术工作,但尚未上升至法律层面,只是各管理制度上的弹性约束。[37] 总体来看,以上四方面内容较全面地概括了高校学术规范体系,是一种基于伪学术、假学术以及泡沫学术为一体的控制性界定。

(二)制定专门的《高校学术规范条例》

立法是保障学术规范良性发展的关键一环,国外高校学术失范问题和学术不端行为能够得到有力遏制离不开完备的学术规范法律体系的支撑,既有明确的学术写作规范条例,也有严格的预防惩罚措施以及一体化的学术督导小组准则,这些法律法规协同作用于高校学术规范治理,对保证学术研究健康发展提供了强有力的法律保障。目前,我国尚未出台正式的《高校学术规范条例》,还停留在摸索阶段,仅仅依靠《著作权法》《专利法》《国家通用语言文字法》等一系列辅助法作为支撑,是时候健全法制教育宣传体系,建立起以知识产权法为核心、囊括刑法、著作权法等基本法的高校学术规范防护网。

自20世纪90年代以来,学术规范的讨论就在全国范围各学科领域中得以开展,教育部也随后出台了一系列政策文件以支持学术规范化发展,如原国家教委在1996年印发的《全国普通高等学校人文社会科学研究“九五”规划要点》中明确规定:“提倡说理的、健康的学术批评,巩固和发展团结、民主、和谐、融洽的氛围,促进学术的活跃和繁荣。”[38]随后教育部陆续出台了《关于加强学术道德建设的若干意见》(2002)、《关于严肃处理高等学校学术不端行为的通知》(2009)、《高校人文社会科学学术规范指南》(2009)、《高等学校科学技术学术规范指南》(2010)等文件,均明确表达了国家对高校学术规范的高度关注,但这些部门文件大多都只是一种原则性规定,缺乏强制约束性。加之近年来,社会舆论的导向性,各大媒体见诸了高校极端学风、学术失范、学术造假、道德滑

---

[37] 参见张积玉:《学术规范体系论略》,载《文史哲》2001年第1期。

[38] 国家教育委员会:《全国普通高等学校人文社会科学研究“九五”规划要点》(教社科[1996]10号),载百度文库:https://wenku.baidu.com/view/bbb576e0178884868762caaedd3383c4ba4cb417.html.,最后访问日期:2019年12月17日。

坡以及学术不端行为等严重违背了高校学术规范的重大事件引发社会对高校教育的质疑。因此,加大学术规范治理力度,净化学术生态环境,制定《高校学术规范条例》时机已经成熟。该条例应对规范学术研究程序、学术研究方法、论文写作规范、学术评审规范、学术发表规范等内容作出明确的具体规定,特殊情况下可以就不同学科研究领域的不同要求进行特殊规范。此外,最关键的是对违反高校学术规范行为所给予的惩罚措施应予以明确规定,将可能发生的各种学术不端行为进行分类概括,同时建立行为处理指标、失范惩戒体系,以法律的形式把控高校学术规范的各个环节,将法治理念贯穿于学术规范的整个路径中,建立一种学术规范研究预警模式,真正做到先建设学术规范,再践行学术规范,最后达到学术自律的根本目标,避免因罔顾学术失范法律后果、缺乏基本法律知识而诱发的学术不端行为。

(三)形成遵守高校学术规范的责任意识

学术规范是参与学术活动的每个学术人都应该遵守的基本底线,但从高校担任学术研究成果的主要精英群体角色来看,其承担着培养高素质高水平现代化创新性人才的社会责任,对促进学术繁荣产生着不可估量的影响,故对高校师生进行学术规范教育是我国各大高校的一项刻不容缓任务。整体来看,遏制学术不端行为、解决学术失范问题不容乐观,学术造假、抄袭、捏造等行为仍时有发生,2019年发生的翟天临论文事件引发社会人士纷纷议论。一方面,高校虽纷纷出台了教师学术规范及违规处理办法、研究生学术道德规范管理条例,如复旦大学《学术规范及违规处理办法》、同济大学《教师学术道德规范》等,但是这些条例缺乏可操作性和主动建构性,加之高校为维护学校声誉和名人效应而对学术不端行为采取了“大事化小、小事化了”的处理态度,使学术规范游离于条例之外;另一方面,高校的部分教师并未起到学术规范表率和指导作用,教师缺乏起码的学术规范教育培训经历。因此,借鉴欧美发达国家经验,一是应加强培养高校学术规范教育责任意识,让学术规范走进高校每个角落,既要对高校教师进行岗前学术规范教育培训,使他们真正对学术规范问题有深入理解,真正做到内化于心,发挥教师的表率作用。

二是应要求学生进行学术规范课程的系列学习，如北京大学开设的学术道德规范与科技论文写作课程，四川大学开设的学术道德与论文写作课程等都是很好的尝试。无论是本科生，还是研究生，都应接受学术规范的系统教育并通过考试，使其真正意识到学术规范的重要性，知晓学术规范的具体内容，并运用到学术研究中。

（四）强化“学术本位”的学术规范研究理念

学术规范研究是高校师生展开学术研究的立足之本，是保证学术研究正常进行、学术秩序正常运转、学术精神正常流传、学术事业正常运作的前提条件。但现如今，受“官本位”思想的腐蚀造成学术成果带有浓厚的政治性和功利性色彩，且呈蔓延之势，学术生产力成为衡量师生能力的唯一指标，等级化与定量化倾向明显。如此一来，势必会污染学术规范研究的生态环境，故强化“学术本位”的学术规范研究理念迫在眉睫。一是要加大对学术成果的审查力度，借助互联网载体对投稿原件进行严格审查，避免学术抄袭、学术捏造等事件的发生。二是借鉴美国经验重视同行专家的外部评审作用，增加评审结果的权威性和客观性，有效强化“学术本位”色彩，淡化功利性色彩。三是加大“学术本位”规范理念的渗透式教育，“学术规范先在建设，重在践行，贵在自律”，[39]“学术本位”理念的形成不是一朝一夕就可以实现的，它需要高校通过引导、宣传、教育等逐步渗透的方式，让师生于潜移默化中自觉树立“学术本位”理念，自觉认可学术规范研究价值，避免学术规范研究理念的错位。四是高校制定合理的职称评定和评奖评优制度，从源头上杜绝“官本位”理念的滋生，避免权力寻租行为的发生。

（五）创新高校学术规范研究的推进模式

随着学术规范研究的统筹规划，已有的学术规划研究推进模式已不能完全适应现代化知识经济时代，故基于以往学术规范研究的反思来创新其推进模式，对于保障学术秩序有着积极的推进作用。一是谋求学术规范研究的内在驱动力。学术规范研究仅仅依靠宏观政策条例规定的

---

[39] 顾海良：《学术规范与学术道德：他律与自律》，载《社会科学论坛》2005 年第 1 期。

驱使并不能完全适应新时代学术研究的发展要求,它更多的则是依靠高校师生的主观内在驱动,高校师生作为学术研究成果的研发群体,其受学术规范研究的直接束缚。在今后学术规范研究中应更好地谋求内在驱动力,从高校师生角度出发切实展开学术规范战略规划研究,提升学术规划研究的整体水准,以点带面,促进学术规划研究的高效发展,勾勒出以学术规范化治理为重心的高校自治蓝图。二是由重产量向重质量推进。目前高校的学术规范研究存在重产量现象,学术成果直接与职称评定、评奖评优挂钩已成为常态,导致学术研究成果缺乏学术价值,学术研究产量的增加在一定程度上的确代表了学术研究的进步,但治标不治本。故在今后学术规范研究中要加强对学术内容研究的深度,保证学术规范研究的高质量运行,真正做到为促进学术繁荣发展保驾护航。三是融合众筹众创,建构合作化管理模式。想要真正促进学术规范研究,就必须做到政府、高校、出版机构三方齐发力,鼓励政府为夯实学术规范研究提供法律政策支持,鼓励高校为丰富学术规范研究提供活力源泉,鼓励出版机构为学术规范研究坚守最后防线,真正做到共同参与、共同制定、共同遵守的基本要求,以实现多主体合作化服务模式,创新学术规范研究推进模式。

(六)建立有效的高校学术规范监督机制

2006年教育部社会科学委员会下设了学风建设委员会,其是全国高校哲学社会科学学术规范、学术道德、学术风气建设的指导机构和咨询机构。㊵ 学风建设委员会在一定程度上促进了我国学术规范的建设,但其没有直接的处罚权限,只是简单地提供学术规范的指导和咨询业务。2015年修订的《中华人民共和国高等教育法》第42条规定:高等学校应设立学术委员会,履行调查、处理学术纠纷;调查,认定学术不端行为;按照章程审议、决定有关学术发展、学术评价、学术规范的其他事项

㊵ 参见教育部社会科学委员会学风建设委员会:载360百科文献库:https://baike.so.com/doc/291586-308649.html.,最后访问日期:2019年12月17日。

等职责。2018 年的修订版延续了这一规定。[41]虽然，从设立依据来看，学术委员会承担着学术规范的主要责任，但现实中学术委员会的运行因受行政权力的牵制，并没有真正发挥学术评议、牵制的作用，甚至出现了学术权力的“寻租”现象。我们认为，在厘清学术规范边界的基础上，还应确立高校学术规范管理机制，一是成立全国性的高校学术规范监督机构，赋予其独立调查权，并保证调查过程与结果的公开透明化，以严格的监督过程达到预期的学术警示目标。二是各大高校应根据实际情况，以国家学术规范要求为依据，成立学术规范监督小组，制定学术评价公示制度。三是制定高校学术规范监督细则，拓展学术规范职能，建立科学合理的学术资源配置模式和科学公正的学术评价体系。四是建立高校信息公开制度，信息公开制度将打破原有的信息封闭状态，为高校建立高质量的学术规范监督运行机制提供了制度保障。

（七）注重高校学术规范激励和约束机制建设

高校学术规范激励机制与约束机制的建立，不仅有助于达到鼓励学校师生勇于探索、勇于创新、勇于质疑的目的，而且有利于将学术研究的探索精神融入整个学术研究中，营造一种积极、充满正能量的学术求知氛围。我国高校对教师进行绩效考核时，更多的是强化学术成果所带来的升职加薪，严重地污染了浓郁的学术研究氛围，间接助长了学术投机行为的发生。因此，学术成果的生产与规范应兼顾管理与约束功能，一是学校要制定符合教师发展规律、被广大教师接受并认可的绩效考核机制，由单纯地注重学术产出转变为重视学术成果质量，并依据学科的差异性、研究课题的难易程度对教师的学术成果予以客观性、科学性评价，打破“唯成果论成败、唯论文定职称”的社会普遍观念，这是规范学术发展的必要前提。二是学校要努力营造积极向上、追求进步的良好氛围，建构以凸显人文精神和科学精神为重心的校园文化，使师生们愿意在温馨舒适的环境中进行学术研究活动。三是建立高校学术规范约束机制，对学术不端行为、学术失范问题实施“零容忍”制度，

---

[41] 中华人民共和国高等教育法：载百度百科文献库：https://baike.baidu.com/item/中华人民共和国高等教育法/2342685?，最后访问日期：2019 年 12 月 17 日。

完善高校学术规范约束法律机制,严格监督,严肃处理,将师生的失范行为记入个人档案,实施信息公开,从源头上杜绝弄虚作假、剽窃抄袭行为的发生。

Research on Study Areas, Practical Explorations and Experience Borrowing of Academic Norms at Overseas Universities

Qi Zhanyong　Chen Yuan

Abstract: Academic norms are a set of binding academic norms and rules and regulations that are uniformly formulated by the academic community according to the laws and requirements of academic development, which include moral, legal, technical, and institutional norms. Foreign scholars' research on academic norms mainly focuses on content theory, social value, technical operation, normative groups, educational responsibility, and punishment restrictions. The main purpose of their research is to provide sufficient theoretical support for improving the content of academic norms, refining academic norm standards, improving academic norm mechanisms, and creating an academic atmosphere in universities. In terms of learning from foreign universities' academic norms research experience, the author of this paper points out that China should continuously improve the academic norms system of colleges and universities in order to provide a guarantee for the scientific management model of academic norms of colleges and universities in the context of modern education. Among them, the main aspects involved are: the academic norm concept system, the establishment of academic norms and regulations, the consciousness of university education responsibility, the academic norm research promotion model, the "academic standard" research concept, the academic norm supervision institution, the academic norm incentive and restraint mechanism.

Key Words: overseas universities, academic norms, research areas, practical explorations

新时代卓越法治人才培养的理论与实践

——《法学教育研究》第三届专题研讨会综述

郝雯雯*

摘　要：随着社会主义法治国家建设的推进、国家治理体系治理能力建设的深入，与之相适应的新时代卓越法治人才培养的改革创新也亟须日益深化。新时代卓越法治人才的培养较以往有着更具体的标准和更丰富的内涵。须从德法兼修卓越法治人才培养的研究与实践、法学学科建设的理论与实践、新技术对法学教育教学的影响与应用、域外法学教育视界等视角积极推进与改革创新，《法学教育研究》要更加积极适应新时代法治人才培养的新要求，为推进法学教育质量的提升，服务法治国家建设提供智力支持。

关键词：新时代　法学教育　卓越法治人才　德法兼修

2019年11月15～16日，由西北政法大学主办，西北政法大学高等教育研究所、《法学教育研究》编

* 郝雯雯，西北政法大学2018级教育经济与管理专业硕士研究生，研究方向：高等教育管理学。

辑部承办的以“新时代卓越法治人才培养的理论与实践”为主题的《法学教育研究》第三届专题研讨会在西安召开。来自中国社会科学院大学、复旦大学、西安交通大学、西北工业大学、首都经济贸易大学、中国海洋大学、苏州大学、西南政法大学、华东政法大学、西北政法大学、华东师范大学、云南大学、西南大学、湖南师范大学、湖北经济学院、淮阴师范学院、温州大学、昆明理工大学、山西大学、山西师范大学、山东工商学院、西藏民族大学、西安建筑科技大学等国内 23 所高校的专家学者,共计 100 余人,做了 39 场报告,交流法学实践教学模式、课程与教学法、法治理念与法律职业伦理、域外法学教育等方面的论题,现综述如下。

一、新时代卓越法治人才培养研究

习近平总书记 2017 年在中国政法大学考察时强调要坚持中国特色社会主义法治道路,坚持以马克思主义法学思想和中国特色社会主义法治理论为指导,立德树人,德法兼修,培养大批高素质法治人才。

西北政法大学副校长王健教授以 1.0 版本为比较对象,分析了卓越法治人才培养 2.0 版的十个特点:一是改“律”为“治”,从法律人才培养共同体升格为法治人才培养共同体;二是丰富了法治人才培养目标的内涵;三是把法律职业道德这门课明确为法学专业的必修课;四是以重点建设 120 个国家一流专业和 200 门的线上线下法学重点课程来推动内涵式发展;五是提出了培养双语法治人才的概念和任务;六是把接受法科实习生作为政法实务单位的一项专门的职责;七是建设全国性法学专业教师培训基地来统筹全国法学师资队伍建设;八是法学教学和新技术融合问题;九是培养熟悉“一带一路”沿线国家法治人才;十是从管理上再次强化了法学专业的三级认证、标准和办法。这些特点源于国家全面依法治国的背景。提出法学教育能不能按照法治建设的时间表构建出一个更加成熟、更加定型的法治人才培养制度?如何更好地处理法治人才培养机制内部的复杂问题,如何解决宏观上的地区结构问题?这些都是新时代法治人才培养面临的重大挑战。

西北政法大学汪世荣教授认为,我国法科研究生还未适应教育培养和基层社会治理实践的需要,应将新时代"枫桥经验"的核心价值理念对法治人才培养的新要求转化为法科研究生培养目标的内涵。他将"枫桥经验"的核心价值理念融入并应用到法科研究生科研能力的培养中,通过把现代大学的人才培养、科学研究和社会服务三大职能有机结合,将日常学习、实训、学位论文三个环节有机结合,将课题牵引、阶梯提升、成果测评三种方式有机结合,形成面向基层法律实践、坚持问题导向、协同育人的培养理念。缪志心助理研究员总结了华东政法大学在涉外法治研究生人才培养中从坚持国际化的办学理念,建立具有前瞻性、开放性的教育教学体系,实施科学合理的培养模式、课程体系和教学内容等方面加强研究生在特定专业领域科学研究能力的培养,依托国际学生交流项目和国际科研合作项目培养研究生关注国际学术前沿的能力;加强法律职业教育,强化国际化的实践平台,提高学生涉外法律实践能力,培养理论与实践并重的高层次法治人才,为我国深入实施对外开放和"一带一路"倡议服务。西北政法大学陈玺教授在关于非全日制法律硕士人才培养的困境破局与出路探索的报告中认为,现有非全日制法律硕士培养模式依附于全日制法律硕士教育,应在充分了解非全日制法律硕士自身特点与需求的前提下,科学制定一套针对非全日制法律硕士的培养制度,在加强和细化教学管理、增加社会认同度等方面持续发力。尊重人才培养的普遍规律,彰显人才培养的西北特色,关注法律人才的应用能力,为新时代法治人才培养提供智力支持和队伍保障。

温州大学王宗正教授就跨学科培养卓越企业法务人才的探索进行了交流,他以温州大学为例,认为要基于区域经济社会发展及办学定位,着力跨学科培养服务民营企业的卓越企业法务人才。他提出研究制定包括知识标准、能力标准、素质标准在内的个性化培养标准;以法学为主导,组建包括法学、管理学、经济学等学科师资的虚拟跨学科组织,构建跨学科课程体系;共建国内第一个依托高校设立的劳动人事仲裁派出庭,做实实践教学等三条基本经验。苏州大学王健法学院博士研究生黄文瀚认为,当前存在将法律实践教育视同于职业实践教育的功利性问题,不断强化法律学习者的实践技能,却忽略了现代法律人文精神之提升。他认为,法律实践不单是法律职业共同体的高超技能,更重要的是包含法律秩序下人的实践热情,要在实质意义上彰显实践教育下法律学习者的职业温度与人文关怀。华东师范大学博士研究生罗阳、刘睿提出,法学教育既要立足于书本,同时还要面向职业实践。通过对×市执业五年内的296位青年律师的实证调查,发现法律职业化教育不仅需要学院教育的基础,也离不开职业实践中的"社会化"教育,二者应当协同并重,要明确学院教育与职业教育的分工与定位,重视青年律师的职业培训与职业教育。昆明理工大学唐刚助理认为,现代学徒制在高校法学专业人才培养中面临的挑战主要包括培养目标不明确、培养方案不科学、课程体系设置不合理、培养过程管理不到位、相应的保障措施缺乏。如何制定健全完善的校企合作机制,进一步明确学校和律师事务所的权利与义务,培养和选拔高素质的校内外指导教师等,这些问题仍有待进一步探索和完善。西北工业大学博士研究生齐昌聪提出,我国司法学徒制教育应遵循"适用性""学习性""中枢性"的基本思路,并结合法律人才培养需求,设计了来源、条件、数量、工作年限、产生方式、工作内容、离职限制等具体要素。

二、新时代法学教育教学中新技术的影响与应用

在新时代背景下,要积极主动地去面对现代信息技术给法学教育教学带来的挑战,通过人工智能技术和智慧法治建设的成果提升人才培养质量。

西南政法大学朱福勇教授在报告中指出,人工智能时代催生了新型的法学教学关系,这将为法学项目教学法带来极大的冲击和挑战。他提出从情景设计、任务驱动、自主探究、协作交流、精准指导方面来构建通过人工智能实现法学项目教学的方法。需要破解教研团队建设、教学质

量监控、智能技术支持、自适应资源利用和智能环境营造等方面的局限性,以化解法学教育存在的知识与理论、方法与智慧以及实践与技能脱节的难题。西北政法大学陈京春教授认为,智慧法治建设给法学教育带来了新的机遇和挑战,法学实践教学应适应社会发展的要求,充分利用人工智能技术和智慧法治建设的成果,突破高校与实务部门之间的壁垒,推进法学实践教学的升级改造。基于人工智能的类案推送给案例教学带来新的可能,智慧辅助系统将极大地提升学习的深度和广度,推进法科学生广泛参与诉讼服务和普法活动。法学实践教学应成为法治共同体的共同责任。

西南大学杨攀副教授探讨了在线教育课程质量保障法律的问题,他认为,在线教育课程质量标准、质量确认问题是化解在线教育法律纠纷,保障在线教育健康发展的核心问题。在线教育课程质量保障在重点制度建设上,应当从在线教育课程市场需要国家适度规制、需要保持门槛开放性、在线教育课程质量保障需要专业机构介入、现有在线教育课程质量监督机制问题需要化解等方面进行现实考量;以结构主义理论和共建共治共享理念为理论依据;从认证的具体制度与认证结果的应用来构建基本制度内容。西南大学张海鹏讲师认为,智慧法学教育应以增进学生智慧为目标,着重培养学生的职业能力及法律伦理。为适应未来法律职业要求,学校不仅需要开设选修课增加学生的数字素养,还需要将数字素养培育融入法学知识、职业技能及法律伦理教育的全过程。智慧学习环境强调利用数据和算法了解和服务学生,智慧学习方式倡导开展网络化、个性化及无边界学习,智慧教育管理推崇更加高效、灵活、多元的教育管理形态。

三、新时代法学教育内容与方法的改革

为响应新时代本科教育发展要求,高校的办学理念、教育理念也应适当调整。要大力推行法学教学方法的改革和创新,及时更新教学内

容,增加实践教学、案例教学的应用等。

中国社会科学院大学马岭教授将《共同纲领》与《五四宪法》的政体内容相比较,做了宪法学作业的一次讲评。在异同比较研究的过程中,不断加深学生对宪法核心内容、价值坚守、国家政体构成形态等的理解与把握。比较发现,《五四宪法》在政体方面有更清晰的阐释,而《共同纲领》符合中华人民共和国成立初期的时代需求,最大限度地维持社会秩序、稳定政权、恢复正常的生产生活。通过指导学生进行比较研究,使学生对我国人民代表大会制度的起源有了新发现。

西北政法大学潘俊武教授探讨了双语课堂与英文模拟法庭竞赛互动式教学实践。他认为,通过双语课堂教学和双语模拟法庭训练及比赛形成"一体"教学环境,其目的是实现从单一双语课堂教学到多元化实践教学的转换,形成课堂学习、比赛训练和比赛参与"三位一体"的培养机制,使有限的课堂教学资源转变成"立体化"的教学资源环境,增加学生的外语"接触度"和实践频率,营造一种"国际司法文化"氛围,服务于培养卓越涉外型法律人才的目标。湖南师范大学于熠讲师认为,法律职业者作为一个整体,具有区别于其他职业的特殊思维方式。法律思维培养的不足恰恰是当前中国法学教育实践的弊端之所在,这也是湖南师范大学法学院联合长沙市中级人民法院推出"三段六步全程参与式实践教学法"的原因。他以"三段六步"实战教学法在H省C市中级人民法院的实践案例为核心,探索我国法学实践教学如何培养学生的法律思维,实现对法学实践教学方法的重构设想。

湖北经济学院郑雅方副教授认为,我国法学本科实践教学改革应以法律职业技能课程重构为重要抓手。在课程定位上,从"单纯技能课程"升华为"技能方法论课程",并设置为实践教学的基础核心课。在课程内容上,应以培养法律思维为根本,以掌握技能规律原理为基础,以技能方法为具体运用。在课程完善中,应注重德法兼修,补齐职业伦理的短板,确立法律技能运用的道德底线。首都经济贸易大学陈磊讲师对"双师同堂"教学模式进行了探索。他认为,在实体法与程序法分开教授的教学模式下,培养出来的法律从业者有着天然的结构缺陷,难以满足司法实践的需要。双师同堂教学模式能够摆脱传统教学理念和模式的束缚,突破实体法教学与程序法教学之间的壁垒,实现二者的有机对话。双师同堂还可迫使教师理解和尊重对方的理论工具,缓解或消除"重实体、轻程序"的错误观念,实现实体法与程序法知识体系的共享,打破不同学科之间的人为隔阂。

西南政法大学马勇讲师提出,课堂教学应当是法律职业伦理教育的"主战场"。教学方法应从课程目标层面注重职业伦理的养成教育、教学方法层面培育学生的伦理问题意识、课程考核层面探索非标准化答案的考试三方面去完善。西北政法大学博士研究生胡晓辉认为,法学教育的修德教育短板表现在教育理念存在严重偏差、课程设计比例失衡、课程师资的专业化程度低、道德教育的教学方法低效四个方面,提出法治人才"修德"教育的实践应真正树立"德法兼修"的法学教育理念、落实法治人才修德教育的课程、进行典型案例的实践教育。山西师范大学常冰霞讲师认为,《中国法律史》是课程建设的首要与核心问题,其课程体系具有基础性与引导性的作用。反思《中国法制史》的课程体系,应以法的理念与价值作为其课程体系的构建原则,创新课程体例、优化课程结构与课程内容,充分挖掘与发挥传统法制价值,为当前法制建设提供可借鉴的本土资源。

四、法学教育历史与文化研究

我国应确立有中国特色的通识教育与法律职业教育相结合的法学教育目标,与时俱进,培养面向世界、面向未来、面向现代化的新时代卓越法治人才。

西北政法大学李其瑞教授、博士研究生冯飞飞对中国法学教育从古至今特别是中华人民共和国成立70年以来的历程进行了回顾,认为我国法学教育取得了令人瞩目的成绩,法学教育规模从数量到质量发展,培养了一大批法律专业人才,形成了多层次、多类型法学学位的人才培养体系。他们认为,我国法学教育在法学实践教育、跨学科领域的复合型法律人才及涉外人才培养等方面仍存在比较明显的不足。因此,我国法学教育需要形成中国特色社会主义的法学教育模式,加强学科之间的交流与融合,着力推进法律人才实践能力的培养,积极探索涉外法律人才培养模式。西南大学李明辉副教授认为,传统文化教育对于提高法学专业大学生道德水平具有重要意义,要通过开设传统文化课程、诵读领悟经典精神、深入实践提高道德等传统文化教育方式提高法学专业大学生的道德水平。

复旦大学陈立副教授介绍了20世纪前半期具有国际声誉的国际法大家郑斌。根据对郑斌的档案研究与访谈,从历史的角度研究卓越国际法人才的养成。主要论及三个问题:郑斌是谁?他的本科如何学的?他的博士论文是如何做的?郑斌出生背景特殊,出生于外国,其父是第一个获得英国法学博士学位的中国人,是国际法院法官。郑斌掌握多种语言,曾在瑞士日内瓦大学等地旁听国际法,后来继续在另一处住宿学校学习罗马法、法哲学、国际法等,攻读了很多跨学科课程。他深受罗马法的逻辑思维模式、不同学校教学方法以及重视口试的考试方式的影响。郑斌勤奋钻研,以归纳法完成了自己在航空法领域的博士论文,获得两位答辩委员的高度赞誉。1950年成为英国第一位中国籍法学教师。华东政法大学李晓郛副教授剖析了白人至上主义对美国法学教育的影响。通过检视美国法学院课程表、教材和资料汇编、知名学者的专著以及法律史研究方法的变迁,可以发现华裔法律史尚处于美国高等教育和法学研究领域的边缘地带。表面上看,华裔法律史被边缘化的一大原因是美国主流法学圈不了解华裔法律史的研究进展和成果,深层次原因是白人至上主义影响下的"核心价值观",特别是学者们保守的价值取向导致华裔法律史研究出现停滞,关注领域集中在"二战"之前。建议抓住美国法学院吸收 Ph. D. 学位教师的契机,利用交叉学科研究的大趋势,改变华裔法律史研究被边缘化的现状。

五、结语

本届研讨会上,专家学者们以“德法兼修的卓越法治人才培养的研究与实践”为核心议题,报告内容在法治人才培养理念与模式、法学实践教学如何适应社会发展的要求、法学教学方法的改革和创新、法学教育新目标等方面提出了建设性意见。《法学教育研究》在对如何培养人才、如何做好教学、如何提高卓越法治人才培养质量方面产生了积极作用。面对信息时代、网络社会的发展,法学教学方法应进一步创新、改善与提升。中国法学教育改革新的飞跃需要大视野,要有开放的国际视野,以不断拓宽学生的国际视野,完善协同创新和实践教学体系,培养具有国际视野的人才。卓越法治人才的培养要更加突出教师的主体作用。人们常说奉法者强则国强,培养的学生具有良好的品德与职业素养,才算是奉法者强。如何培养,教师必须率先垂范,身体力行。作为一线的教师,应有目标、有高要求,做法学教育与创新的示范者、引领者、推动者。

培养新时代卓越法治人才关乎全面推进依法治国之大事,今天法学院校面临继续深化教育改革、聚焦高水平法学人才培养体系与能力建设的重要任务。为适应信息化社会的新要求,法学教育应在培养目标、课程体系、教学方法等方面不断进行创新、改革与完善。坚持立德树人,不仅要提升学生的法学理论知识水平,而且要培养学生的思想道德素养。需要更加突出教师在教学研究与改革创新中的主体作用,培养具有良好品德与职业素养的学生,共同为推进法学教育质量的提升,服务法治国家建设提供智力支持,携手共建德法兼修、协同育人的新时代卓越法治人才培养体系。

Theory and Practice of the Cultivation of Excellent Legal Talents in the New Era

—A Review of the Third Symposium on Law Education Research

Hao Wenwen

Abstract: With the advancement of the construction of a rule-of-law socialist country and the deepening of the governance capacity of the national administration system, the reform and innovation in the training of excellent legal talent under the rule of law in the new era corresponding to this need to be further deepened. In the new era, the training of excellent legal talent serving for the rule of law has more specific standards and richer connotations than in the past. The author of this article believes that the training of the excellent rule-of-law talent must be positive from the perspectives of research and practice in training talents with a combination of promoting both virtue and law, the theory and practice of legal discipline construction, the impact and application of new technologies on law education, and the perspective of extraterritorial law education. The journal, *Legal Education Research*, should more actively adapt to the new requirements for the training of legal personnel in the new era, and provide intellectual support for improving the quality of legal education and serving the construction of rule of law in our country.

Key Words: the new era, legal education, excellent legal talent, promoting both virtue and law

《法学教育研究》稿约

《法学教育研究》创办于2009年，是国内较早系统关注法学教育研究的专门性学术出版物，由西北政法大学主办、法律出版社定期出版。2017年起本书每年出版4卷，现已入选CSSCI收录集刊(2017～2018)目录。

宗旨：本书恪守科学性、实践性、创新性、开放性原则，集中出版法学教育教学研究成果，探索法学教育教学规律，促进法学教育事业的发展。

主要栏目：理论探讨、教学研究、比较研究、教材体系、管理经纬、学问人生、教育法制、法务反哺、法学资讯等栏目。

《法学教育研究》致力于搭建高水平的学术探讨平台，所有来稿均以学术价值为遴选标准。敬请作者来稿时提供：(1)中英文题目及作者姓名，标题尽量确切、简洁；(2)中英文摘要(不超过200字)；(3)中英文关键词(3～5个)；(4)作者简介(含姓名、工作单位、职称、学历学位、研究方向、通信地址、邮政编码、联系电话、电子邮箱)，如果来稿系作者承担的省级以上科研基金项目，请注明项目名称和编号；(5)正文；(6)注释。

注释：是对文内某一特定内容的进一步解释或补充说明。用①②③……数字标注序号，采用当页脚注整篇连续编号形式。著作类包括“序号,著者:《书名》,出版社出版年,起止页码”。论文类包括“序号,作者:《题目》,载《报刊名》出版日期或期号”。

声明:《法学教育研究》已许可中国学术期刊(光盘版)电子杂志社在中国知网及其系列数据库产品中以数字化方式复制、汇编、发行、信息网络传播全文。《法学教育研究》已许可北大法宝法学期刊数据库以电子形式对本书进行制作、以不脱离于数据库的形式进行传播和销售;《法学教育研究》已被维普网全文收录。如无特别说明,作者提交文章发表的行为即视为同意上述声明。

本书的微信公众号为 fxjyyj-xfd,定期发布相关信息,敬请关注,官方网站为 http://ler. nwupl. cn/。本书的网络采编系统现已开通,网址为:http://fxjy. cbpt. cnki. net,请您通过网络采编系统投稿。

联系方式:

E-mail:fxjyyj@126. com

电话:029 - 88182796

地址:西安市长安区西长安街 558 号

西北政法大学长安校区 80 号信箱

邮编:710122

图书在版编目(CIP)数据

法学教育研究. 第29卷 / 杨宗科主编. -- 北京 : 法律出版社, 2020

ISBN 978－7－5197－4645－2

Ⅰ. ①法… Ⅱ. ①杨… Ⅲ. ①法学教育－研究－中国 Ⅳ. ①D92－4

中国版本图书馆CIP数据核字(2020)第101758号

法学教育研究(第29卷) FAXUE JIAOYU YANJIU(DI-29 JUAN)	杨宗科 主编	责任编辑 黄琳佳 曲 杰 装帧设计 李 瞻

出版 法律出版社
总发行 中国法律图书有限公司
经销 新华书店
印刷 三河市龙大印装有限公司
责任校对 王沁陶
责任印制 陶 松

编辑统筹 学术·对外出版分社
开本 710毫米×1000毫米 1/16
印张 24.75
字数 338千
版本 2020年4月第1版
印次 2020年4月第1次印刷

法律出版社/北京市丰台区莲花池西里7号(100073)
网址/www. lawpress. com. cn
投稿邮箱/info@ lawpress. com. cn
举报维权邮箱/jbwq@ lawpress. com. cn
销售热线/400－660－8393
咨询电话/010－63939796

中国法律图书有限公司/北京市丰台区莲花池西里7号(100073)
全国各地中法图分、子公司销售电话:
统一销售客服/400－660－8393/6393
第一法律书店/010－83938432/8433 西安分公司/029－85330678 重庆分公司/023－67453036
上海分公司/021－62071639/1636 深圳分公司/0755－83072995

书号:ISBN 978－7－5197－4645－2 **定价**:88.00元
(如有缺页或倒装,中国法律图书有限公司负责退换)